QUANGUOCHENG GONGCHENG ZIXUN CONGSHU

全过程工程咨询丛书

工程项目规划及设计咨询

主　编　孙冲冲

副主编　滕靖靖　郭晓平

参　编　刘彦林　孙　丹　马立棉

徐树峰　杨晓方

中国电力出版社
CHINA ELECTRIC POWER PRESS

内 容 提 要

本书以全过程工程咨询项目规划与设计为主线，内容包括全过程工程咨询理论及工具简介、工程项目规划与决策咨询、工程项目评估咨询、工程项目勘察与设计咨询、全过程工程咨询典型案例等，专业性强，具有很强的实操性。

本书适用于全过程工程项目咨询设计及管理者，及接受全过程工程项目咨询培训者等使用。

图书在版编目（CIP）数据

工程项目规划及设计咨询 / 孙冲冲主编. —北京：中国电力出版社，2021.1
（全过程工程咨询丛书）
ISBN 978-7-5198-4348-9

Ⅰ.①工…　Ⅱ.①孙…　Ⅲ.①工程项目管理　Ⅳ.①F284

中国版本图书馆 CIP 数据核字（2020）第 029087 号

出版发行：中国电力出版社
地　　址：北京市东城区北京站西街 19 号（邮政编码 100005）
网　　址：http：//www. cepp. sgcc. com. cn
责任编辑：王晓蕾（010-63412610）
责任校对：黄　蓓　郝军燕
装帧设计：张俊霞
责任印制：杨晓东

印　　刷：北京天宇星印刷厂
版　　次：2021 年 1 月第一版
印　　次：2021 年 1 月北京第一次印刷
开　　本：787 毫米×1092 毫米　16 开本
印　　张：18.75
字　　数：460 千字
定　　价：68.00 元

前言

全过程工程咨询是工程咨询方综合运用多种学科知识、工程实践经验、现代科学技术和经济管理方法，采用多种服务方式组合，为委托方在工程项目策划决策、建设实施乃至运营维护阶段持续提供局部或整体解决方案的智力性服务活动。其核心是通过采用一系列工程技术、经济、管理方法和多阶段集成化服务，为委托方提供增值服务。

2017 年 2 月，国务院办公厅印发了《关于促进建筑业持续健康发展的意见》（国办发〔2017〕19 号），首次明确提出“全过程工程咨询”的概念，之后住房和城乡建设部相继出台了《关于开展全过程工程咨询试点工作的通知》《关于征求推进全过程工程咨询服务发展的指导意见（征求意见稿）》和《建设工程咨询服务合同示范文本（征求意见稿）意见函》等一系列文件。国家发展改革委于 2017 年 11 月出台了新的《工程咨询行业管理办法》（2017 第 9 号令），从多个角度对全过程工程咨询做了推进、阐释和规范工作。2018 年 3 月，住房和城乡建设部发布了《关于推进全过程工程咨询服务发展的指导意见（征求意见稿）》（建办市函〔2018〕9 号），对全过程工程咨询进行了规范化，对培育全过程工程咨询市场、建立全过程工程咨询管理机制、提升工程咨询企业全过程工程咨询能力和水平等问题提出了指导意见。

国家大力推行全过程工程咨询，旨在完善工程建设组织模式和全过程工程咨询服务市场，鼓励投资咨询、勘察、设计、监理、招标代理、造价等企业采取联合经营、并购重组等方式开展全过程工程咨询，培育一批具有国际水平的全过程工程咨询企业。提出政府投资工程应带头推行全程工程咨询，鼓励非政府投资工程委托全过程工程咨询服务。

全过程工程咨询有别于传统建设模式的优势是：

（1）全过程工程咨询涉及建设工程全生命周期内的策划咨询、前期可研、工程设计、招标代理、造价咨询、工程监理、施工前期准备、施工过程管理、竣工验收及运营保修等各个阶段的管理服务。

（2）强调项目总策划。总体策划咨询是全过程工程咨询的首要工作，对未来项目实施起指导和控制作用，是开展工程咨询服务的行动纲领和指南。

（3）重视设计优化。全过程工程咨询模式紧紧抓住前期和方案设计阶段，实现项目设计价值的最大化。

(4) 全过程工程咨询以建设目标为出发点，对项目各个阶段的服务进行高度集成，并以有效的手段和合同机制进行系统性全方位管理。

(5) 强调独立性。独立性是第三方咨询机构的立业之本，更是国际咨询机构的典型特征，全过程工程咨询服务模式始终要求坚持此特性。

(6) 全过程工程咨询更加注重责任划分和合同体系。可借助法务人员作用，规范咨询管理行为，减少过程控制风险，促进和提高咨询成果质量。

本丛书以全过程工程咨询实践经验为基础，对其产生背景、内涵与特征、服务范围与内容等进行全面讲解，以助推全过程工程咨询模式的发展。具体特色如下：

(1) 实用性。注重应用性，将咨询服务管理制度、操作流程和业务分类安排编写，使读者阅读时能尽快掌握书的主旨和要领。

(2) 专业性。根据工程咨询专业术语和规范及相应内容“量身定做”每一阶段业务知识。

(3) 指导性。用典型的案例给读者以借鉴和指引。

(4) 前瞻性。将全新的思维和理念融入全书内容之中。

(5) 通俗易懂。从全过程工程咨询参与各方考虑和安排书的结构，用咨询项目涉及人员便于理解的角度和语言进行描述。

由于时间所限，书中不妥和疏漏之处还望各位读者朋友批评指正，在此表示感谢！

编　者

目录

第一章

全过程工程咨询理论及工具简介

第一节　全过程工程咨询简介

一、国际工程咨询业的发展

工程咨询产生于18世纪末19世纪初的第一次产业革命，它是近代工业化进程下的产物。

19世纪初期，工程师一般受聘于政府部门或工厂企业，从事工业生产、工程设计和施工管理工作。自19世纪上半叶开始，随着西方国家工业革命和社会经济技术的发展，一部分工程师分离出来，凭着自身的专业技能和丰富经验，提供建筑工程咨询服务。随着从事工程咨询人员的增多，建筑领域开始出现行会组织。1818年英国建筑师约翰·斯梅顿组织成立了第一个土木工程师学会，1852年美国建筑师学会成立。参加学会的土木工程师和建筑师，虽然没有冠名为咨询工程师，但他们从事的却是工程咨询性质的业务。1904年丹麦成立了国家咨询工程师协会，随后美国、英国、比利时、法国、瑞士等国家也相继成立工程咨询协会，表明工程咨询作为一个独立行业已经在欧美一些国家形成。1913年国际咨询工程师联合会成立，由此标志着工程咨询作为一个独立行业，已经在世界范围内形成。

由上述分析可知，国际工程咨询业的发展大致经历了三个阶段：个体咨询阶段、合伙咨询阶段和综合咨询阶段。

个体咨询阶段——在19世纪，土木工程师和建筑师，独立承担从建筑工程建设中分离出来的技术咨询，这一时期的工程咨询活动具有分散性、随机性、经验性的特点。

合伙咨询阶段——在20世纪，工程咨询已从建筑业扩展到工业、农业、交通等行业领域，咨询形式也由个体独立咨询发展到合伙人公司，技术咨询水平进一步提高。

综合咨询阶段——第二次世界大战以后，工程咨询业又发生了三个变化：从专业咨询发展到综合咨询，从工程技术咨询发展到战略咨询，从国内咨询发展到国际咨询。同时，出现了一批著名的工程咨询公司，如福陆公司（FLUOR）、柏克德公司（Bechtel）、奥雅纳工程顾问公司（ARUP）等。

20世纪50年代信息技术的产生和发展掀起了第三次产业革命的热潮，推动了工程咨询业的进一步演进，各行各业使用工程咨询服务越来越普遍，促使工程咨询业在数量和规模上均出现了新的飞跃。此外，由于经济的发展逐渐突破民族经济和地缘经济的概念而变得日趋国际化，工程咨询服务也逐步走向国际化。随着国际经济技术交流与合作不断加强，发展中国家的工程咨询业也迅速崛起，并吸引了 AECOM（艾奕康）、SWECO（斯维可）、福陆公司、BV（必维）、柏克德等一大批国际工程咨询企业进驻中国。

美国咨询业十分发达，其咨询营业额占全球咨询市场的比重很大。美国工程咨询业针对客户经营环境日趋复杂多变，经营存在着管理水平低、人员素质低、技术人员和管理人员缺乏等问题，依靠自身对问题专业化研究的优势和长期咨询服务积累的丰富经验，为客户提供具有独立性和客观性的建议。同时可为企业提供专项研究方案、专门技术、新的管理方法、经营经验等。美国的咨询业注重服务的策略性与实用性，成为美国企业越来越依赖的重要智力支持力量。

美国工程咨询业具有以下特点：

（1）政府扶持力度大。美国政府十分重视工程咨询业的市场需求，其主要做法是：帮助咨询公司打开业务渠道，充分保证咨询公司的业务来源；在咨询公司的管理方面，政府除了从税收、保险等方面通过经济手段加以调控外，还从审计等方面进行严格管理；美国政府提倡用外脑、政府部门及企业习惯找咨询公司为其服务，咨询项目在招标的基础上公开竞争。此外，为鼓励咨询业的发展，政府还采取将企业的咨询费用可计入成本的方式来刺激企业的咨询需求。

（2）私有化程度高。从美国工程咨询业的发展规律来看，咨询业的主要动力是具有“企业性质”的民间咨询机构的介入，它们直接接受市场的考验，并将成为国家咨询产业的主要力量。例如，美国 80%咨询公司具有私营企业性质，它们一般不隶属于政府部门或企业单位，而是独立地选择或承担咨询项目，客观、中立地开展咨询业务，为企业提供具有“高附加值”的咨询服务。

（3）具有完善的服务体系。美国工程咨询业的构成比较合理，既有世界一流的大型咨询公司，又有众多专业分工非常细的小型咨询公司，已经形成了市场运作规范、专业化程度高、收费合理、相对稳定的服务体系。

（4）完善的人才资源管理机制。美国工程咨询业在人力资源的建设与开发方面也有许多成熟的做法。例如，严格的资格认证制度，人力资源的目标管理制度，为专业人员营造的客观性、公正性和科学性工作氛围，强调遵守其职业道德，以及设立相对独立的项目进度及质量审查小组等。另外，通过采用激励机制、约束机制与良好文化氛围的互相作用方式，使得美国咨询业在人力资源管理方面机制更加完善。

英国咨询业历史悠久，经验丰富，服务范围大致可分为工程咨询以及产品、技术、经营管理咨询两大类。目前，全英国有 900 余家工程咨询公司，涵盖 90 多个专业，分别从事工程咨询全过程的各项服务。英国工程咨询主体包括咨询工程公司、咨询合伙人公司和独立咨询工程师。大中型咨询工程公司有 284 家，在设计和项目管理方面有着丰富的实践经验和人力资源，客户群也比较广泛。咨询合伙人公司一般是由多名有经验的和有资质的工程师合作经营的咨询实体，他们的客户大多来自当地或英国国内，客户群相对稳定。独立咨询工程师是即将退休的或已退休的有着丰富咨询经验的工程师。他们多是在项目中以顾问或第三方咨询工程师的身份出现。

从咨询的业务权重来看，土木工程设计、房屋建筑设计、基础工程设计、路桥设计、现场勘察、渠务工程设计、水处理系统设计、防洪工程设计、交通规划、施工安全咨询和铁路设计等业务占了整个英国咨询业务的75%，其余的25%包括电力系统设计、隧道工程、防火工程、石油管道工程和防震工程等。有时在业主委托下，咨询服务业也涉及工程项目管理或施工过程中的监理。

由于英国国内咨询市场已被充分开发，咨询主体的利润率已被压缩到1%～3%，近些年，一些颇具规模的咨询公司已把业务重点放到远东环太平洋地区和中东的迪拜，中国市场也是他们争夺的重中之重。

德国、法国两国工程咨询业都有着悠久的历史，在本国和世界多数国家的建设活动中起着重要作用。目前，这两个国家的咨询机构规模呈两极分布状态，以大型或小型公司发展。日本咨询业虽在20世纪60年代才兴起，但目前已进入稳步发展的阶段，日本政府成立了“日本海外工程咨询公司协会”，着力开拓海外咨询业务。此外，其他一些欧洲国家以及澳大利亚也都拥有实力强劲的工程咨询行业，并积极参与国际市场竞争。

在国际工程咨询市场上，工程咨询企业大体上有以下三种类型：

(1) 专门的工程咨询机构。如独立的顾问公司、工程咨询公司等。

(2) 工程咨询和工程设计二者兼营的咨询设计机构。这类咨询机构既承担项目前期工作，又承担项目设计和有关技术文件的编制，包括完整的分段深度设计图纸和相应的方案资料，还可提供现场设计服务和项目监理。

(3) 集咨询、设计、采购、建设于一体的工程公司。其服务范围包括项目建设的“全过程”，即从项目投资前期工作开始直至建成投产（或交付使用）为止，也就是所谓的“交钥匙”方式。这也是一个时期以来，国际建筑市场上受推崇和应用较多的方式。国际工程咨询企业，特别是大型工程咨询企业，具有如下特点：①规模特大、经验丰富、跨国性；②在经营和发展模式上，利用金融手段进行企业兼并和重组；③吸收多国人才，全球布点，构建网络型组织，开展多种国际合作模式，实现全球化服务；④提供全生命周期咨询服务，系统性问题一站式整合服务；⑤提供综合性很强的多元化服务，包括各种类型工程的咨询服务，包括房屋建筑、工业建设、基础设施（公路、铁路、地铁、航道等）、建筑设备、环境工程和水务工程等；⑥拥有国际著名的规划和建筑设计团队；⑦拥有一批设计、施工和工程管理经验非常丰富的咨询工程师。

国际工程咨询业的发展趋势：

(1) 开拓广泛的专业咨询服务。为了生存与发展，一些国际咨询工程师将业务重点转向专业咨询业务，并努力开拓更广泛的专业咨询领域。国际咨询工程师常以专业咨询服务为先导，以此进入新的咨询服务市场，并在专业咨询服务基础上进一步开辟全方位、全过程的工程咨询服务。

(2) 加强与当地咨询工程师的合作。在许多国家，由于地方保护政策的原因，外国咨询工程师一般很难单独被委托从事项目的咨询服务工作。即使在外国咨询工程师可以自由地从事咨询业务的地区，也经常遇到外汇的短缺和对可汇兑货币的汇款限额问题，对外国咨询业进入当地造成一定困难。所以，目前国际咨询工程师常常采取与当地的咨询工程师合作、合资经营的方式承担项目的咨询服务工作，或是为当地的咨询工程师或业主提供各专业的技术专家进行技术服务。

二、国内工程咨询业的发展

1. 国内工程咨询业发展历程

新中国成立以来，我国工程咨询业从无到有、由小到大，取得了长足的发展。随着改革开放的深入和社会主义市场经济体制的确立，工程咨询产业化、工程咨询单位市场化步伐明显加快，行业规模显著扩大，人员素质不断提高，服务质量和水平稳步提升。总结中国工程咨询业发展历程，大致可以分为四个阶段：萌芽阶段、起步阶段、与国际接轨阶段和快速发展阶段。

（1）萌芽阶段。“一五”期间，我国工程咨询业初步萌芽，当时我国的投资决策体制沿用苏联的模式，采用“方案研究”“建设建议书”“技术经济分析”等类似可行性研究的方法，取得了较好的效果，并由此成立了一批工程设计院，由这些设计院担任大量的工程设计及项目前期工作。但当时的咨询工作都是在政府指令性计划下完成的，服务内容和服务形式与现代化的咨询服务在深度和广度上均有所差异。

（2）起步阶段。我国真正意义上的工程咨询业始于20世纪80年代初期。在此期间，我国工程咨询业务大部分属于工程前期项目咨询，机构大体上可分为两个部分——绝大部分是当时计划经济体制下诞生的勘察设计单位，其次是依托各级发展规划等政府部门或建设银行等金融机构而成立的各类工程咨询服务公司。

1992年，中国工程咨询协会的成立及1994年《工程咨询业管理暂行办法》的颁布标志着我国工程咨询行业正式形成，国家产业政策也明确把工程咨询纳入服务业。然而，此时从事战略性规划和工程项目后评价等业务的工程咨询机构比较少，工程咨询主业仍局限于前期论证和评估咨询，综合性工程咨询公司极少，而工程勘察设计单位的业务范围还是以工程勘察设计为主。

（3）与国际接轨阶段。随着1996年中国工程咨询协会代表我国工程咨询业加入国际咨询工程师联合会（FIDIC）和2001年我国加入WTO，我国政府机构改革、科研设计单位全面转制，在此契机下，国内各类工程咨询单位也进行了与政府机构的脱钩改制工作，工程咨询市场进一步开放。与此同时，国外工程咨询机构也开始大力开拓中国市场，在中国设立办事处或公司。此外，国内工程咨询企业也开始尝试进入国际市场，我国工程咨询业进入了全面迎接国际竞争的时代。

（4）快速发展阶段。2001年，中国工程咨询协会启动了《工程咨询单位资格认定实施办法》的修订工作。

2002年，人事部、国家计划委员会决定对长期从事工程咨询工作、具有较高知识技术水平和丰富实践经验的人员，进行注册咨询工程师（投资）执业资格的认定工作。

2005年，国家发展和改革委员会颁布实施《工程咨询单位资格认定办法》，并首次将工程咨询单位资格认定纳入行政许可。

2008年，国务院正式明确了“指导工程咨询业发展”是国家发展和改革委员会的主要职能之一，在新中国历史上首次明确中国工程咨询业的归口管理部门。随后，国家发展和改革委员会编制印发了第一个工程咨询业发展纲要——《工程咨询业2010—2015年发展规划纲要》。由此，标志着一个法律法规、运行制度日益完善的行业发展态势和政府指导、行业自律、市场运作的工程咨询市场正在形成。

2010 年，国际咨询工程师联合会和中国工程咨询协会共同正式启动了 FIDIC 工程师培训和认证试点工作，进一步加快了我国工程咨询行业的国际化进程。

2012 年，工程咨询行业成为国家鼓励类产业目录并被列入《服务业发展“十二五”规划》，并于 2016 年列入《中华人民共和国国民经济和社会发展第十三个五年规划纲要》加快发展的生产性服务业。

2016 年，中国工程咨询协会出台了《工程咨询业 2016—2020 年发展规划》，分析了我国工程咨询行业发展状况和面临形势，提出了工程咨询行业发展的总体要求、具体内容和政策措施建议。

2017 年，国务院《关于促进建筑业持续健康发展的意见》提出，完善工程建设组织模式，培育全过程工程咨询。鼓励投资咨询、勘察、设计、监理、招标代理、造价等企业采取联合经营、并购重组等方式发展全过程工程咨询，培育一批具有国际水平的全过程工程咨询企业。

2017 年，国家发展和改革委员会颁布《工程咨询行业管理办法》取消行政许可，取消了准入门槛。行业管理由行政许可模式转为政府监管、行业自律、企业自主的管理模式，由静态管理转为动态管理，由事前许可管理转为事中事后监督管理。

此外，一批涉及工程咨询行业管理、市场准入、市场监管、质量控制的规范性文件陆续出台，各项鼓励支持工程咨询业发展的政策措施进一步落实，使工程咨询的行业认知度有效提升，行业自律管理与服务有效加强，行业发展环境持续优化。

2. 我国工程咨询企业的构成

(1) 按照资质认定的不同管理部门进行划分，主要分为以下两大类别：

一类是由国家发展和改革委员会颁发工程咨询资质的企业或事业单位。主要为投资项目开展前期论证、评估等环节提供咨询服务，从业人员以注册咨询工程师（投资）为准入资格。此类称之为“工程咨询（投资）机构”。

另一类是由住房和城乡建设部等其他政府部门颁发资质的工程咨询机构。包括投资建设项目的勘察设计、工程监理、工程造价咨询及工程招标代理等，从业人员也分别设置了相应的准入资格，如注册建筑师、注册结构工程师、注册监理工程师、注册造价工程师等。

(2) 按照工程咨询机构的性质和服务阶段划分。我国工程咨询机构主要由三类构成：

第一类，综合性工程咨询机构，主管部门为各地发展改革部门。承接业务范围涵盖投资建设项目的前期决策、勘察设计及实施阶段的咨询服务，其中，服务内容以项目前期决策咨询为主，项目实施阶段咨询为辅。

第二类，各行业的研究院、设计院以及咨询机构等。主管部门为国家各行业管理部门，承接业务范围涵盖从勘察设计到实施阶段的咨询服务。

第三类，企业性质的工程咨询机构，企业规模通常为中小型。承接业务范围涵盖投资建设项目的前期决策、勘察设计及实施阶段的咨询服务。该类工程咨询机构普遍具有相对科学的企业管理体制、运营体制和高效的员工激励机制，具有较为广阔的成长和发展空间，未来发展趋势良好。

3. 我国工程咨询行业的发展趋势

伴随着我国经济的快速发展、固定资产投资规模的不断扩大，我国工程咨询行业发展迅速，主要呈现以下特点和发展趋势：

(1) 行业实力明显增强。我国咨询行业规模稳步扩大，可持续发展的人才队伍日益壮大，具有国际竞争力的工程咨询公司（集团）不断增加，工程咨询单位体制机制改革创新力度不断加大，工程咨询行业差异竞争、优势互补、协调共进的多元化发展格局逐步形成。至 2015 年底，全行业年营业收入超过 3 万亿元，20 家工程咨询企业进入《工程新闻记录》（ENR）“全球工程设计公司 150 强”，同时，有 21 家工程咨询企业进入“国际工程设计公司 225 强”。

(2) 市场化进程显著加快。2017 年 7 月 17 日，国家发展和改革委员会投资司发布《工程咨询行业管理办法》（征求意见稿），该办法中不再提“工程咨询单位应取得工程咨询单位资格证书，在认定的专业和服务范围内开展工程咨询业务”等条款，工程设计、工程监理等也从咨询业务范围中去除。此外，2017 年 9 月 22 日，国务院印发《关于取消一批行政许可事项的决定》，该决定中也取消了工程咨询单位资格认可行政许可事项，放开工程咨询市场准入。由此，工程咨询行业的市场化、产业化进程进一步加快，并进一步激发了工程咨询单位及市场的活力，从而可以更好地为经济社会发展服务。

(3) 业务范围有待充实。受我国特殊国情影响，我国工程咨询服务在长期的建设过程中逐渐形成了分阶段分部门的特点。根据项目的建设过程，工程咨询业服务的过程大体上可分为：项目建设前期的策划、项目的可行性研究、勘察设计、招标和评标服务、合同谈判服务、施工管理（监理）、生产准备、调试验收与总结评价等。现阶段工程咨询单位主要集中在投资策划与可行性研究阶段，设计阶段还没有成形的咨询服务，而施工阶段由监理公司来承担建设项目的质量和工期的监督管理工作，造价环节由造价咨询公司来进行，其他阶段由其他单位完成，工程咨询单位的工作分开开展，由此很难实现全过程的控制与管理。

4. 我国工程咨询行业面临的问题

与发达国家相比，我国工程咨询业起步较晚，基础薄弱，整体发展水平与经济社会发展的要求并不完全适应，制约行业发展的问题相对比较突出，具体如下：

(1) 行业法律法规不健全。现有法规尚未形成体系，工程咨询的法律地位和法律责任没有得到明确界定。

(2) 行业多头管理、政出多门，缺乏对全行业的统一指导。

(3) 全社会对工程咨询认识不足。工程咨询概念模糊，与国际通行的“为投资建设提供全过程服务”的理念存在差异。各类投资主体的咨询意识普遍淡薄，并且行业的社会认知度不高。

(4) 行业发展的政策环境不理想。收费结构不合理，对行业发展起引导、保障和扶持作用的相关政策缺位。

(5) 市场发育不健全。市场分裂割据，行政干预与地方保护现象较多，市场机制难以有效发挥作用，无序竞争现象严重。

（6）缺乏统一的行业自律管理组织，行业自律管理与服务不完善。

（7）工程咨询单位自身建设的力度有待加强。创新动力不足，咨询服务质量有待提高，高素质人才匮乏，管理体制及运行机制不灵活，信息化建设滞后，国际化水平低。

三、全过程工程咨询的产生背景

建筑业是国民经济的支柱产业，产业关联度高，全社会资产投资的50%以上要通过建筑业才能形成新的生产能力或使用价值。目前，我国的建筑业还处于一种粗放型和数量型的增长过程，能耗大、成本高、效率低，并且投资效益较低、建筑产品质量难以进一步提高。与粗放型经济增长方式相比，集约型经济增长方式消耗较低，成本较低，投资效益和质量能得到进一步提升。实现建筑业集约型经济增长方式的重要途径之一是通过建设项目全过程的集约化管理，实现投资决策的科学化、实施过程的标准化、运营过程的精细化。全过程工程咨询的组织管理模式可以对投资项目的规划、决策、评估、设计、采购、设计、监理、验收、运维管理、后评估等各个环节进行有效的控制，提升项目投资效益，确保工程质量。

另外，随着我国经济和社会的发展，对工程建设的组织管理模式提出了更高的要求，加上"一带一路"倡议的推进，建筑业国际化、市场化程度不断提高，需要政府从工程建设的微观、直接管理向宏观、间接的管理职能转变，从事前监管向事中、事后监管职能转变，社会化、专业化的全过程工程咨询服务资源可以充分发挥其在建筑服务市场中技术和管理的主导作用，客观上促进了政府职能的转变，促进了工程咨询服务企业的转型升级。因此，全过程工程咨询的提出适应了时代发展的要求。

综上所述，全过程工程咨询的提出，是转变建筑业经济增长方式的需要，是促进工程建设实施组织方式变革的需求，是政府职能转变的需求，是提高项目投资决策科学性、提高投资效益和确保工程质量的需要，是实现工程咨询类企业转型升级的需求，是推进工程咨询行业国际化发展战略的需求。

四、全过程工程咨询相关概念

根据目前国家和有关省市的最新政策文件，并参考 FIDIC 等有关国际专业组织惯例，本书对全过程工程咨询的相关概念定义如下：

1. 全过程工程咨询

全过程工程咨询是指对项目从前期决策至运营全过程提供组织、管理、经济、技术和法务等各相关方面的工程咨询服务，包括全过程项目管理以及前期决策咨询、规划、勘察、设计、造价咨询、招标代理、监理、运行维护咨询以及 BIM 咨询等专业咨询服务。全过程工程咨询服务可采用多种组织方式，由投资人委托一家单位负责或牵头，为项目前期决策至运营持续提供局部或整体解决方案以及管理服务。

2. 全过程工程咨询单位

全过程工程咨询单位是指建设项目全过程工程咨询服务的提供方。全过程工程咨询单位应具有国家现行法律规定的与工程规模和委托工作内容相适应的工程咨询、规划、勘察、设计、监理、招标代理、造价咨询等一项或多项资质（或资信），可以是独立咨询单位或咨询单位组成的联合体。

3. 全过程工程咨询总咨询师和专业咨询工程师

总咨询师是指全过程工程咨询单位委派并经投资人确认的，应取得工程建设类注册执业资格或具有工程类、工程经济类高级及以上职称，并具有相关能力和经验为建设项目提供全过程工程咨询的项目总负责人。总咨询师应具有良好的职业道德和执业信用记录，遵纪守法、廉洁奉公、作风正派、责任心强；有承担项目全过程工程咨询任务相适应的专业技术管理、经济和法律等知识体系。

专业咨询工程师是指具备相应资格和能力，并在总咨询师管理协调下，开展全过程工程咨询服务的相关专业人士。专业咨询工程师主要包括（但不限于）：注册建筑师、勘察设计注册工程师、注册造价工程师、注册监理工程师、注册建造师、咨询工程师（投资）等相关执业人员。

全过程工程咨询是“咨询型代建”，应以全过程项目管理为核心，以项目策划为灵魂，以总咨询师为负责人，以资源整合为抓手，全面集成前期决策咨询、规划咨询、勘察、设计、造价咨询、监理、招标代理、运行维护咨询以及 BIM 咨询等专业咨询服务，为建设项目提供全方位、全要素的咨询服务，实现项目增值和项目目标。

五、全过程工程咨询的内涵与特征

1. 全过程工程咨询的内涵

全过程工程咨询的含义可以理解为：全过程工程咨询是对工程建设项目前期研究和决策以及工程项目实施和运行（或称运营）的全生命周期提供包含设计和规划在内的涉及组织、管理、经济和技术等各有关方面的工程咨询服务。

（1）全过程工程咨询的性质。全过程工程咨询是咨询服务、管理咨询和技术咨询兼而有之。

（2）全过程工程咨询的目的。提高投资决策科学性；实现项目的集成化管理；提升项目投资效益的发挥，确保工程质量。

（3）全过程工程咨询的作用。①有利于工程建设组织管理模式的改革；②有利于工程咨询服务业发展质量的提升；③有利于工程咨询行业组织结构的调整以及行业资源的优化组合；④有利于工程咨询企业水平和能力的提升；⑤有利于工程咨询行业人才队伍的建设和综合素质的提升；⑥有利于建筑师制度的建立和推动；⑦有利于工程咨询业的国际化发展。

（4）全过程工程咨询的服务对象。全过程工程咨询主要为业主提供咨询服务。

（5）全过程工程咨询的服务周期。可以包括项目决策、设计、施工、运营四个阶段的全生命周期（可以称之为“完整全过程”），或者至少涵盖两个或两个以上阶段的工程咨询服务（称之为“阶段性全过程”）。

（6）全过程工程咨询的推进原则。坚持政府引导与市场选择相结合的原则。

2. 全过程工程咨询的特征

（1）咨询服务覆盖面广。服务阶段覆盖项目策划决策、建设实施（设计、招标、施工）全、运营维护等过程。服务内容包括技术咨询、管理咨询，兼而有之。

（2）强调智力性策划。工程咨询单位要运用工程技术、经济学、管理学、法学等多学科的知识和经验，为委托方提供智力服务。如投资机会研究、建设方案策划、融资方案策划、招标方案策划、建设目标分析论证等。

（3）实施集成化管理。工程咨询单位需要综合考虑项目质量、安全、环保、投资、工期等目标以及合同管理、资源管理、信息管理、技术管理、风险管理、沟通管理等要素之间的相互制约和影响关系，实施集成化管理，避免项目管理要素独立运作而出现的漏洞和制约。

六、全过程工程咨询的服务范围和内容

1. 全过程咨询的服务范围

全过程工程咨询的服务范围是投资项目的全生命周期，包括决策阶段、实施阶段（设计和施工）和运营阶段，具体由委托合同约定。

2. 全过程咨询的服务内容

全过程工程咨询的服务内容是合同委托范围内全过程（或相对全过程）实施的策划、控制和协调，以及单项或单项组合专业工程咨询。其服务内容可以简单表达为“1＋X”模式，其中：

“1”——全过程（或相对全过程）工程咨询管理服务，服务内容是全过程（或阶段全过程）的策划、控制和协调工作，接近于以往业主工作，是贯穿全过程的服务管理咨询。

“X”——专业工程咨询管理服务的集合，可以用｛（x_0，x_1，x_2，…，x_n）｝表达，具体单项专业工程咨询（不限于此）。承担全过程工程咨询企业可以根据委托方意愿、自身服务能力、资质和信誉状况等承担其中的一项或多项专业工程咨询服务，“剩余”的其他专业工程咨询服务可以由委托方直接委托或全过程工程咨询企业通过转委托、联合体、合作体等方式统筹组织和管理。

七、全过程工程咨询的服务模式

从全过程工程咨询上述定义可以看出，全过程工程咨询与代建制、项目管理承包(PMC)、工程总承包（如 EPC)、工程监理等项目管理模式虽有近似之处，但也有一定的差别。

1. 代建制

《国务院关于投资体制改革的决定》（国发〔2004〕20 号）中规定：“对非经营性政府投资项目加快推行‘代建制’，即通过招标等方式，选择专业化的项目管理单位负责建设实施，严格控制项目投资、质量和工期，竣工验收后移交给使用单位。”代建制是为了实施对于政府投资公益性项目建设的有效管理、建立科学的责权分担机制，而根据法律法规和行政规章的规定，通过市场竞争的方式或其他方式从具有相应代建资质的项目管理企业或专业机构中选任合格的代建人，政府作为投资人和业主以代建合同的方式将投资项目实施建设的全过程委托其管理，并支付相应代建费用的项目实施管理方式。

代建制主要强制适用于政府投资项目实施全过程项目管理，而全过程工程咨询可适用于一般项目而由项目投资人自行选用；代建项目单位主要是提供全过程的项目管理服务，一般不提供专业咨询服务；而全过程工程咨询单位既可提供全过程项目管理服务，也可提供各专业解决方案；代建项目单位可直接与建设项目的承包人签订合同，并负有直接监督合同履行的责任，而全过程工程咨询单位不直接与承包人签合同，而是协助投资人与承包人签订合同，并根据投资人的委托监督合同的履行；代建项目单位交付的是建设项目实体，对全部项目管理行为和项目成果承担责任，因而风险较大，而全过程工程咨询单位主要提供的是项目解决方案，就项目管理和专业咨询方案对投资人负责，风险比代建单位要小。

2. 项目管理承包（PMC）

PMC 承包商担保投资人对建设项目进行全过程、全方位的项目管理，包括项目的总体规划、项目定义、工程招标，选择设计、采购、施工，并对设计、采购、施工进行全面管理。PMC 是受投资人委托对项目进行全面管理的项目管理承包，一般不直接参与项目的设计、采购、施工和试运行等阶段的具体工作；而全过程工程咨询既对项目进行全过程项目管理，也可直接负责项目的前期决策咨询、勘察设计、招标采购、工程监理、竣工验收等具体工作，并且可提供项目运行维护的咨询服务；PMC 交付的最终成果是建设项目实体，而全过程工程咨询交付的主要成果是项目管理和各专业咨询的专业意见和解决方案，供投资人决策和采纳实施。

3. 工程总承包（如 EPC）

工程总承包（如 EPC）是指从事工程总承包的企业受投资人委托，按照合同约定对建设项目的勘察、设计、采购、施工、试运行（竣工验收）等实行全过程或若干阶段的承包。在 EPC 模式下，投资人将包括项目勘察设计、设备采购、土建施工、设备安装、技术服务、技术培训直至整个项目建成投产的全过程均交由独立的承包商负责。承包商将在“固定工期、固定价格及保证性能质量”的基础上完成项目建设工作。工程总承包（如 EPC）不是咨询服务方式，而是承包商责任划分与风险承担的一种模式，如在 EPC 模式下，全过程工程咨询单位仍具有自己的投资人顾问及项目管理的角色。EPC 承包人与投资人是合同甲乙方关系，EPC 承包人按合同约定履行乙方责任，承担项目管理和建设工程，向投资人交付项目实体；而全过程工程咨询单位与投资人是委托代理关系，全过程工程咨询单位根据投资人的委托，代行投资人的职责。

4. 工程监理

工程监理是根据法律法规的规定，建设项目必须由项目投资人委托的具备相应资质的监理单位进行监理的一个工程管理制度。1997 年颁布的《中华人民共和国建筑法》以法律的形式作出规定，国家推行建设工程监理制度。在工程监理中，作为项目建设监督管理专家的注册监理工程师接受投资人的委托，以自身的专业技术知识、管理技术知识和丰富的工作实践经验，有效地对项目建设的质量、进度、投资进行管理和控制，公正地管理合同，使建设项目的总目标得到最优化的实现；工程监理单位主要是对建设项目施工阶段的质量、进度、投资等内容进行监督和控制，履行专职的监督辅助职能，向投资人承担责任的范围仅限于其监理工作的范围之内；而全过程工程咨询单位对项目提供管理和各专业咨询服务工作，其中涵盖了监理工作的全部内容和责任。

5. 全过程工程咨询服务模式

根据当前国内的情况和实践的状况，目前大致有以下三大类服务模式：

（1）全过程工程咨询顾问型模式。该模式是指从事全过程工程咨询企业受业主委托，按照合同约定，为工程项目的组织实施提供全过程或若干阶段的顾问咨询服务。特点是咨询单位只是顾问，不直接参与项目的实施管理。

（2）全过程工程咨询管理型模式。该模式是指从事全过程工程咨询企业受业主委托，按照合同约定，代表业主对工程项目的组织实施进行全过程或若干阶段的管理和咨询服务。特点是咨询单位不仅是顾问，还直接对项目的实施进行管理。咨询单位可根据自身的能力和资质条件提供单项咨询服务。

（3）全过程咨询一体化协同管理模式。该模式是指从事全过程工程咨询企业和业主共同组成管理团队，对工程项目的组织实施进行全过程或若干阶段的管理和咨询服务。

以上三种模式，咨询单位可根据自身的能力和资质条件提供单项或多项咨询服务。

八、全过程工程咨询的原则和特点

1. 工程咨询的原则

（1）独立。是指全过程工程咨询单位应具有独立的法人地位，不受其他方面偏好、意图的干扰，独立自主地执业，对完成的咨询成果独立承担法律责任。全过程工程咨询单位的独立性，是其从事市场中介服务的法律基础，是坚持客观、公正立场的前提条件，是赢得社会信任的重要因素。

（2）科学。是指全过程工程咨询的依据、方法和过程应具有科学性。全过程工程咨询要求实事求是，了解并反映客观、真实的情况，据实比选，据理论证，不弄虚作假；要求符合科学的工作程序、咨询标准和行为规范，不违背客观规律；要求体现科学发展观，运用科学的理论、方法、知识和技术，使咨询成果经得住时间和历史的检验。全过程工程咨询科学化的程度，决定全过程工程咨询服务的水准和质量，进而决定咨询成果是否可信、可靠、可用。

（3）公正。是指在全过程工程咨询工作中，坚持原则，坚持公正立场。全过程工程咨询的公正性并非无原则的调和或折中，也不是简单地在矛盾双方之间保持中立。在投资人、全过程工程咨询单位、承包人三者关系中，全过程工程咨询单位不论是为投资人服务还是为承包人服务，都要替委托方着想，但这并不意味盲从委托方的所有想法和意见。当委托方的想法和意见不正确时，全过程工程咨询单位及其咨询工程师应敢于提出不同意见，或在授权范围内进行协调或裁决，支持意见正确的另一方。特别是对不符合国家法律法规、宏观规划、政策的项目，要敢于提出并坚持不同意见，帮助委托方优化方案，甚至做出否定的咨询结论。这既是对国家、社会和人民负责，也是对委托方负责，因为不符合宏观要求的盲目发展，不可能取得长久的经济和社会效益，最终可能成为委托方的历史包袱。因此，全过程工程咨询是原则性、政策性很强的工作，既要忠实地为委托方服务，又不能完全以委托方满意度作为评价工作好坏的唯一标准。全过程工程咨询单位及总咨询师、专业咨询工程师要恪守职业道德，不应为了自身利益，丧失原则性。

2. 全过程工程咨询的特点

全过程工程咨询的特点主要表现在以下几个方面：

(1) 每一项全过程工程咨询任务都是一次性、单独的任务，只有类似而没有重复。

(2) 全过程工程咨询是高度智慧化服务，需要多学科知识、技术、经验、方法和信息的集成及创新。

(3) 全过程工程咨询牵涉面广，包括政治、经济、技术、社会、环境、文化等领域，需要协调和处理方方面面的关系，考虑各种复杂多变的因素。

(4) 投资项目受相关条件的约束较大，全过程工程咨询结论是充分分析、研究各方面约束条件和风险的结果，可以是肯定的结论，也可以是否定的结论。结论为项目可不可行的评估报告，也可以是质量优秀的咨询报告。

(5) 全过程工程咨询成果应具有预测性、前瞻性，其质量优劣除了全过程工程咨询单位自我评价外，还要接受委托方或外部的验收评价，要经受时间和历史的检验。

(6) 全过程工程咨询提供智力服务，咨询成果（产出品）属非物质产品。

九、全过程工程咨询的目标

1. 文化为本

中国现代建筑学是以建立在西方哲学基础上的西方建筑学为参考系来寻找自己的发展道路的，但两者差异较大。这种仅以“模仿”为基础的发展道路使中国对传统建筑的继承与研究同现实情况产生了差距。建筑设计与先进技术的结合是必然的，而具有民族性、地域性以及社会性的传统文化直接影响着现代建筑设计运动，复兴中国优秀传统文化也是必然趋势，优秀传统文化是发展现代建筑设计的本质和内涵，是全过程工程咨询的根本出发点。

近年来，复兴优秀传统文化逐渐得到了社会各界的重视。中国共产党第十九次全国代表大会报告中提出，要坚持中国特色社会主义，激发全民族文化创新创造活力，建设社会主义文化强国。这也对全过程工程咨询单位提出了更深层次的咨询要求。

如何策划和设计出一个客体以承载深邃的背景文化，需要更深刻地了解其内在本质，继承传统文化精神的内涵，创造性地运用现代技术与材料，建设具有中国特色、中国元素的建筑。同时，在将本国工程咨询推出国门的过程中，既要尊重当地文化，又要保持中国特色文化，和谐共处，减少冲突。

在推行全过程工程咨询发展中继承与弘扬优秀传统文化，是“坚定文化自信、推动社会主义文化繁荣兴盛”精神的体现，是全过程工程咨询单位不可推卸的责任。

2. 绿色为先

绿色是指在全过程工程咨询的工作中，需要强调营造绿色生态自然环境和社会环境，打造优质建设项目产品和咨询产品。绿色是全过程工程咨询的前提，起着导向和引领的作用。

绿色生态自然环境是指全过程工程咨询充分应用现代科学技术，在建设项目中一方面加强环境保护，发展清洁施工生产，不断改善和优化生态环境，使人与自然和谐发展；另一方面使人口、资源和环境相互协调、相互促进，建造质量优良，经济效益长久，具有较高的社会效益，有利于维护良好的生态环境和少污染的建设项目。绿色生态自然环境是实施工程项目乃至全社会可持续发展的主要保障，其本质特征就是可持续发展。

绿色社会环境是指全过程工程咨询单位的总咨询师具备良好的职业道德，通过个人品格影响利益相关方，协调各方意见，尊重各方差异，促进各方相互理解，减少冲突矛盾，营造和谐融洽、求同存异的工作环境，维护健康向上、正当竞争的社会秩序，坚持客观公正的态度，拒绝低价恶性竞争等不良现象发生。

3. 集约发展

集约化原是经济领域中的一句术语，本意是指在最充分利用一切资源的基础上，更集中合理地运用现代管理与技术，充分发挥人力资源的积极效应，以提高工作效益和效率的一种形式。

集约发展是将集约思想融入全过程工程咨询中，充分有效地发挥全过程工程咨询的作用，才能真正提高建设项目的质量和效率，才能使建设资源的运用更加科学、合理、节约。

集约发展是动态的，是一种循序渐进、不断创新的过程。

4. 价值创新

价值创新是全过程工程咨询的目的，不仅要通过创新有效的咨询建议或方案，优化建设项目，提高建设项目产品的技术竞争力，更要在有限的经济条件下提升建设项目服务能力，为顾客创造更多价值。

综合分析建设项目的消耗、合理平衡建设成本和运营成本是取得建设项目效益的关键。在此基础上实现价值创新，总咨询师对建设项目应做到：一是从经济的实现条件出发，选择恰当的技术设置，有机协调建设的各个要素，提高整体效率；二是根据社会生产力水平、国家经济的发展状况、人民生活的现状等因素，确定建设项目的合理投入和建造所要达到的建设标准，以求在全过程工程咨询服务中做到以最小的投入去获取最大的经济和使用效益；三是善于把技术问题与经济指标相结合，通过经济分析、经济比较及效果评价等手段正确认识和处理先进技术与经济合理之间的相互关系。

全过程工程咨询单位只有把控制建设项目成本的概念渗透到决策、设计、招标采购、施工、竣工、运营等阶段中，对经济先进技术的合理性进行全面评估，并在实际经济基础上合理大胆地采用先进技术，才能真正实现全过程工程咨询的创新发展。

十、全过程工程咨询的服务对象

由于全过程工程咨询服务的空间范围、专业领域和业务内容极其广泛，全过程工程咨询服务对象也相当广泛，主要服务对象如下。

1. 为投资人服务

（1）为政府投资人服务。全过程工程咨询单位接受政府部门、机构委托，为其出资建设项目、课题研究提供服务，包括（但不限于）：①规划咨询，即规划研究、规划评估等；②重点研究综合、区域、专项发展规划，内容包括发展目标、发展战略、经济结构、产业政策、规模布局等；③项目评估，以项目可行性研究评估为主，重点评价项目的目标、效益和风险；④工程勘察设计，包括工程勘察、方案设计、初步设计、施工图设计等；⑤工程造价管理、招标代理、合同管理、工程监理等；⑥项目后评价，即通过对项目投入运营后的评价，重点评价目标、效益和项目的可持续能力，总结经验教训；⑦政策咨询，即宏观专题研究。从宏观层面研究地区或行业的发展目标、产业政策、经济结构、规模布局、可持续发展等问题，为政策的调整和完善服务。

（2）为银行贷款人服务。全过程工程咨询单位为贷款银行服务，常见的形式是受银行的委托，对申请贷款的项目进行评估。受委托的全过程工程咨询单位必须满足与该项目有关各方没有任何商业利益和隶属关系的条件。全过程工程咨询单位的咨询服务，有利于帮助银行理清贷款项目的工艺方案和投资估算的准确性，并对项目的财务指标再次核算或进行敏感性分析，帮助分析项目投资的效益和风险。银行要求全过程工程咨询单位及其咨询工程师保持独立，不受投资人和项目其他有关当事人的影响，提出客观、公正的报告。独立的项目评估报告是银行贷款决策的重要参考依据。

（3）为国际组织投资人服务。国际组织是指跨国的金融、援助机构，包括世界银行和联合国开发计划署、粮农组织以及其他地区性开发机构，如亚洲基础设施投资银行、亚洲开发银行、泛美开发银行、非洲开发银行等。这一类机构的贷款基本上用于援助发展中国家：为世界银行等国际金融组织提供的咨询服务，包括全过程工程咨询单位或专业咨询工程师作为本地咨询专家，受聘参与在华贷款及技术援助项目咨询服务；投标参与这些机构在其他国家或地区贷款及技术援助项目的咨询服务。

（4）为企业及其他投资人服务。随着我国社会主义市场经济的发展和成熟，多元投资主体的投融资格局的形成，国有企业投资自主权不断扩大，民营投资者融资能力增强，国外投资者大量涌入，扩大了全过程工程咨询的服务对象和服务内容。他们除了需要全过程工程咨询单位按照工程项目程序提供常规的咨询服务，更加关注投资的直接目的和投资时机，更加关注项目的财务和经济效益，更加关注投资的风险。因此，对于不同的投资人，全过程工程咨询服务的内容、重点和深度也有所不同。

2. 为承包人服务

承包人是指为工程项目提供材料、设备的厂商和负责土建与设备安装工程的施工单位等。投资人多采用招标（竞争性）的方式选择承包商，以期在保证较高技术水平和质量的前提下争取较低的工程造价。对于大中型项目，一般设备制造厂、施工单位都和全过程工程咨询单位合作参与工程投标。此时，全过程工程咨询单位是作为投标者的分包商为之提供技术服务。由于实力较雄厚，可以和设备制造咨询单位分包工艺系统设计、生产流程设计以及不属于承包人制造的设备选型与成套任务编制设备材料清册、工作进度计划等，有时还要协助澄清有关技术问题，如果承包人以项目交钥匙的方式总承包工程，全过程工程咨询单位还要承担土建工程设计、安装工程设计，并且协助承包商编制成本估算、投标估价，同时帮助编制现场组织机构网络图、施工进度计划和设备安装计划，参与设备的检验与验收，参加整套系统调试、试生产等。全过程工程咨询单位以分包商身份承担工程项目咨询，直接服务对象是工程的承包商或总承包商，咨询合同只在咨询单位和承包商之间签订。

十一、全过程工程咨询的评判标准

全过程工程咨询服务，有利于打造优质建设项目产品，满足社会大众日益增长的生活需要，促进解决不平衡、不充分的发展问题。打造优质的建设产品即是全过程工程咨询价值和目标的实现方式。优质的建设产品在建设项目的基础上提出更高的标准，是反映当地文化的特色建设产品，满足绿色、可持续发展的环境要求，提高建设项目的效率和价值。

根据国家发展改革委《中央企业固定资产投资项目后评价工作指南》（国务院国有资产监督管理委员会 2005 年）和《关于印发中央政府投资项目后评价管理办法和中央政府投资项目后评价报告编制大纲（试行）的通知》（发改投资〔2014〕2129 号），财政部《关于印发（财政支出绩效评价管理暂行办法）的通知》（财预〔2011〕285 号）、《关于推进预算绩效管理的指导意见》（财预〔2011〕416 号）及《关于印发〈预算绩效评价共性指标体系框架〉的通知》（财预〔2013〕53 号）等相关文件规定，本书将项目的后评价和绩效评价中的指标因素作为优质建设项目和全过程工程咨询服务的评判标准，具体如下：

（1）项目立项的规范性。包括项目申报合规性，项目决策必要的过程。

（2）绩效目标合理性。包括绩效目标依据充分、合法合规和绩效目标可行性。

（3）绩效目标明确性。包括项目绩效目标的投资目标、功能目标、规模目标、技术目标、环境目标、节能目标、社会满意度目标的可衡量性。

（4）项目实施准备情况。项目勘察设计的合规性及程度，招投标组织实施的合规性。

（5）项目资金审核的合规性、资金的到位率和及时率。

（6）制度执行的合规性和落实性。

（7）合同管理的可控性强，少变更。

（8）项目质量标准的健全性和质量控制措施，安全施工措施的充分性。

（9）管理制度的健全性、资金使用的合规性、财务监控的有效性。

（10）质量目标的实现程度高、时间目标的实现程度高、投资目标的实现程度高、劳动安全卫生消防目标实现程度高。

（11）较好的社会效益、生态效益，对所在地的可持续影响。

（12）项目技术的先进性、适用性、经济性、安全性。

（13）项目对地区、企业效益的作用和影响。

（14）项目对环境和社会的影响性。

十二、全过程工程咨询相关主体关系

1. 建设项目各参与方的关系

目前国内有关省市陆续推进建设项目全过程工程咨询工作，如山东、广东、江苏、浙江、福建、湖南等省，虽然各地对全过程工程咨询的定义及业务范围表述不一致，但本质是相同的，即全过程工程咨询是指采用多种服务方式组合，为项目决策、实施（设计、发承包、实施、竣工）和运营阶段持续提供投资咨询、勘察、设计、监理、招标代理、造价和运维的解决方案以及管理服务。全过程工程咨询各参与方的关系如图 1-1 和图 1-2 所示。

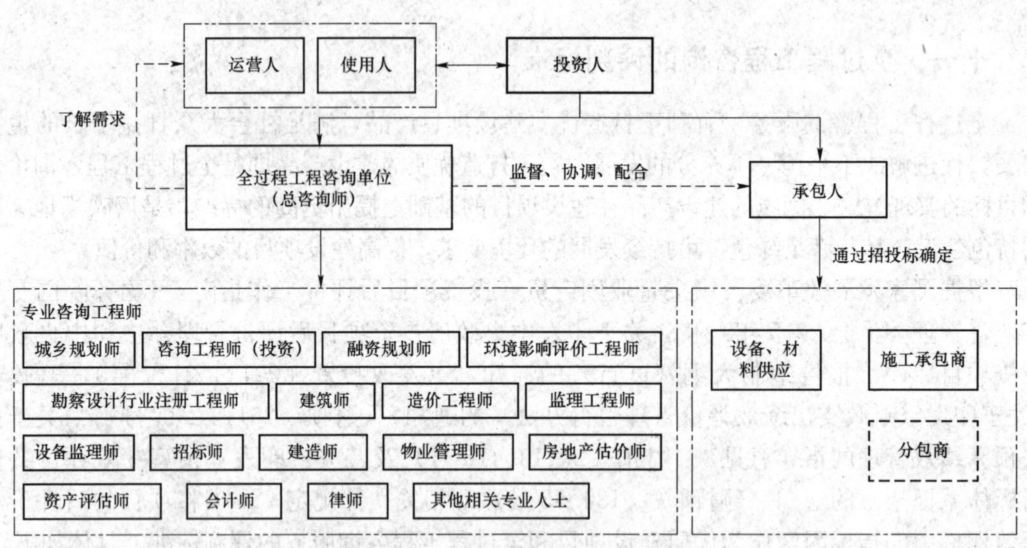

图 1-1　DBB 模式下各参与方的组织关系图

注：勘察设计行业注册工程师包括土木、电气、公用设备、化工、环保、结构等专业。

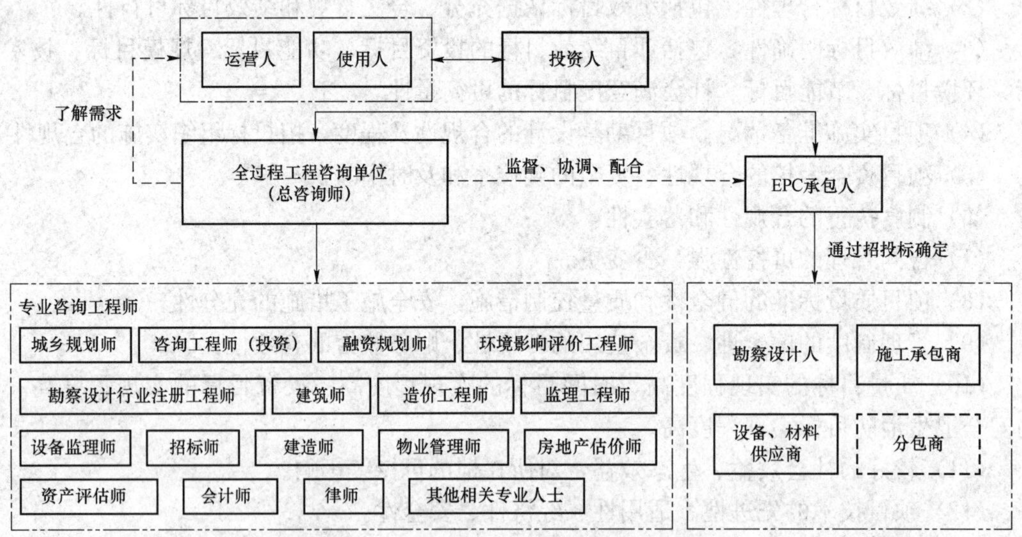

图 1-2　工程总承包（EPC）模式各参与方的组织关系图

注：勘察设计行业注册工程师包括土木、电气、公用设备、化工、环保、结构等专业注册工程师。在 EPC 模式下全过程工程咨询单位的总咨询师需要对设计优化进行管理协调。

2. 总咨询师与专业咨询工程师的关系

本书建议全过程工程咨询实施总咨询师负责制，由总咨询师负责统筹项目可研、设计、招标、施工、竣工验收、运营、拆除全生命周期管理工作，负责确定并管控估算、概算、招标控制价、合同价款、结算和决算。如何培养总咨询师是推进全过程工程咨询的难点和重点，可以借鉴中国香港地区的认可人事制度，从建筑师、造价工程师、监理工程师、结构工程师等相关注册专业人员中培养选拔。

香港地区认可人事制度的可借鉴之处在于，这部分通过政府审查合格的“放心人士”是进行建筑市场监管的主要人员，又因为这些人是来自各专业的资深专业人士，自身有可靠的技术功底和丰富的实践经验，可使建筑市场运行建立在行业自律的基础上，政府完全可以利用这只“无形之手”实现彻底的监管和宏观调控。总咨询师与各参与方的关系如图 1-3 所示。

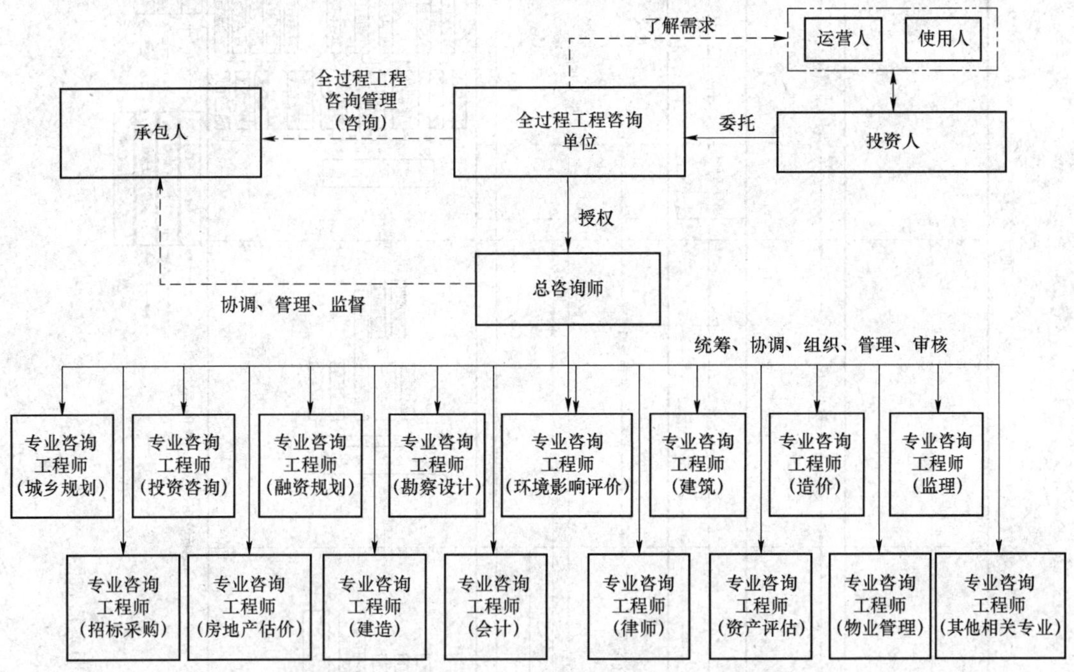

图 1-3　总咨询师与各专业咨询工程师的关系图

总咨询师应由全过程工程咨询单位授权，作为项目全过程工程咨询的总负责人，对项目的咨询工作起到统领、协调、组织、审核的作用。对专业咨询工程师有利于集约管理，资源共享；对承包人有利于协调沟通，监督管理；对投资人有利于项目增值，提高效率；对全过程工程咨询单位有利于统筹咨询，打破信息不对称。总咨询师可根据项目全过程工程咨询服务需要，下设各专业咨询的负责人，协助总咨询师协调、管理本专业咨询工程师工作。专业咨询负责人应具有本专业的执业资格。

十三、全过程工程咨询服务内容

根据国务院办公厅《关于促进建筑业持续健康发展的意见》（国办发〔2017〕19 号）的文件精神，同时结合《工程咨询行业管理办法》（2017 年第 9 号令）等文件的规定，全过程工程咨询企业可为项目提供全过程工程项目管理以及建设可行性研究、项目实施总体策划、工程规划、工程勘察、工程设计、工程监理、造价咨询、招标代理、BIM 咨询及项目运行维护管理等全方位的全过程工程咨询服务。

全过程工程咨询应以建设项目为载体，将项目各阶段所需要的咨询产品和内容结合，形成全过程工程咨询概览图，如图 1-4 所示。概览图将咨询产品和建设项目有机联系起来，使建设项目全过程工程咨询流程和建设项目的工作流程相呼应，明确了全过程工程咨询产品是为实现优质建设项目产品服务的。

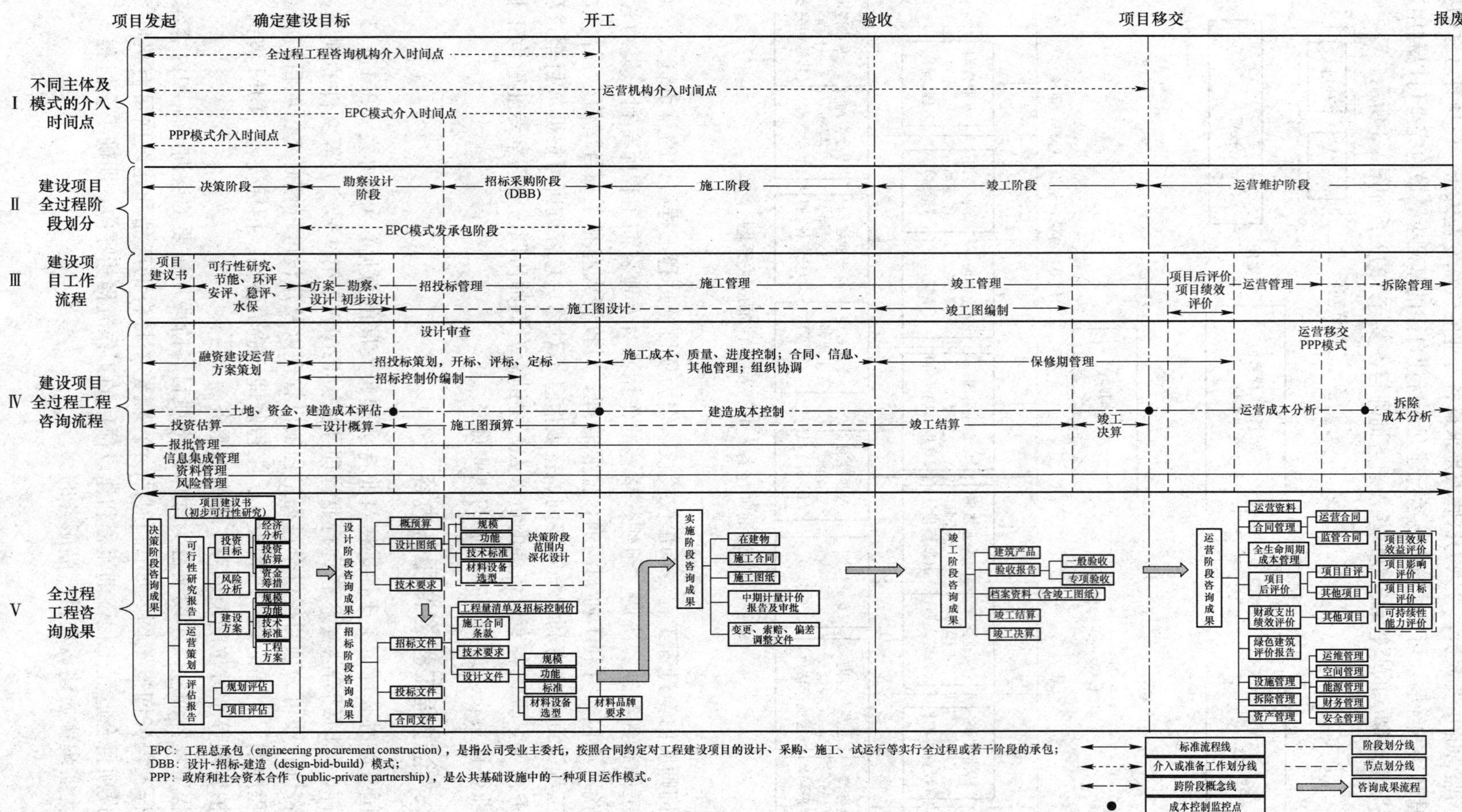

图 1–4 全过程工程咨询服务概览图

考虑到管理模式的不断创新，概览图明晰了影响项目质量的工作或相关机构的最晚介入时间要求，明确全过程过程咨询单位、运营人最晚介入的时间和可以介入的时间点；说明了除传统工程发包模式外的其他 EPC、PMC、PMA 等不同模式的最早发包时间和条件，将 PPP 的融资模式提前到决策阶段研究；将建设项目工作流程中的初步设计完成时、开工时、验收移交时和生命结束并拆除时的造价作为投资控制的监控点。将全过程各阶段的过程咨询成果联系起来，解决了现阶段条块分割无法打通的问题，实现了全过程工程咨询目标。

（1）决策阶段。通过了解研究项目利益相关方的需求，确定优质建设项目的目标，汇集优质建设项目评判标准。通过项目建议书、可行性研究报告、评估报告等形成建设项目的咨询成果，为设计阶段提供基础。

（2）设计阶段。对决策阶段形成的研究成果进行深化和修正，将项目利益相关方的需求以及优质建设项目目标转化成设计图纸、概预算报告等咨询成果，为发承包阶段选择承包人提供指导方向。

（3）招标采购阶段。结合决策、设计阶段的咨询成果，通过招标策划、合约规划、招标过程服务等咨询工作，对优质建设项目选择承包人的条件、资质、能力等指标进行策划。并形成招标文件、合同条款、工程量清单、招标控制价等咨询成果。为实施阶段顺利开展工程建设提供控制和管理的依据。

（4）实施阶段。根据发承包阶段形成的合同文件约定进行成本、质量、进度的控制；合同和信息的管理；全面组织协调各参与方；最终完成建设项目实体。在实施过程中，及时整理工程资料，为竣工阶段的验收、移交做准备。

（5）竣工阶段。通过验收检验是否按照合同约定履约完成。最后将验收合格的建设项目以及相关资料移交给运营人，为运营阶段提供保障。

（6）运营阶段。对建设项目进行评价，评价其是否是优质建设项目。通过运营使其建设项目体现优质建设项目的价值，实现决策阶段设定的建设目标。最后把运营人的运营需求进行总结，并反馈到下一个项目的决策阶段，使建设项目的前期决策具有更充分的依据。

因此，全过程工程咨询不是传统的碎片化、分阶段的咨询服务，而是由一个具有目标明确的各类专业人员组成的集合体，通过统一规划、分工实施、协调管理、沟通融通，来提供综合性咨询服务。全过程工程咨询单位能有效提高建设项目质量与进度，从而能更好地完成优质建设项目的目标。

十四、全过程工程咨询委托方式

投资人应将全过程工程咨询中的前期研究、规划和设计等工程设计类服务，以及项目管理、工程监理、造价咨询等工程项目控制和管理类服务委托给一家工程咨询企业或由多家企业组成的联合体或合作体。

投资人选择全过程工程咨询单位时，可采用“根据质量选择咨询服务”。鼓励全过程工程咨询单位采用最合适的技术、创新的解决办法和最合理或最经济的项目周期费用，为投资人提供最好的咨询服务。即投资人选择全过程工程咨询单位时，要以业务能力，管理能力，可用人力、财力资源，业务独立性，费用结构的合理性，业务公正性和质量保证体系为依据。提倡“优质优价、优质优先”，投资人可在招标文件和工程合同中约定优质优价奖励条款。

投资人可采用直接委托、竞争性谈判、竞争性磋商、邀请招标、公开招标等方式选择全过程工程咨询单位。公开招标是政府投资项目选择全过程工程咨询单位的主要方式，符合相关法律法规规定的，可以采用邀请招标、竞争性谈判等方式选择全过程工程咨询单位。

投资人在项目筹划阶段选择具有相应工程勘察、设计或监理资质的企业开展全过程工程咨询服务，可不再另行委托勘察、设计或监理。同一项目的工程咨询企业不得与工程总承包企业、施工企业具有利益关系。

工程咨询企业应当自行完成自有资质证书许可范围内的业务，在保证整个工程项目完整性的前提下，按照合同约定或经建设单位同意，将约定的部分咨询业务择优转委托给具有相应资质或能力的企业，工程咨询企业应对转委托企业的委托业务承担连带责任。

十五、全过程工程咨询组织模式

1. 全过程工程咨询单位组织模式

全过程工程咨询服务可由一家具有综合能力的工程咨询企业实施，或由多家具有不同专业特长的工程咨询企业联合实施，也可以根据建设单位的需求，依据全过程工程咨询企业自身的条件和能力，为工程建设全过程中的几个阶段提供不同层面的组织、管理、经济和技术服务。由多家工程咨询企业联合实施全过程工程咨询的，应明确牵头单位，并明确各单位的权利、义务和责任。

2. 全过程工程咨询团队组织模式

全过程工程咨询单位应根据全过程工程咨询合同约定的服务内容、服务期限，以及项目特点、规模、技术复杂程度、环境等因素，组建项目全过程工程咨询团队（项目部）。全过程工程咨询单位应书面授权委托项目全过程工程咨询的负责人，即项目的总咨询师，并实行总咨询师负责制。总咨询师可根据项目全过程工程咨询服务需要，下设各专业咨询的负责人，协助总咨询师协调、管理本专业咨询工程师工作。

全过程工程咨询团队（项目部）由总咨询师、专业咨询工程师和行政人员组成，团队（项目部）应根据服务内容配备齐全专业人员，数量应满足建设项目全过程工程咨询的工作需要。总咨询师应根据全过程工程咨询单位的授权范围和内容履行管理职责，对项目全过程工程咨询进行全面的协调和管理，并承担相应责任。

3. 全过程工程咨询质量安全责任模式

根据现行的法律法规和有关政策，全过程工程咨询服务应明确各方主体对项目的质量安全责任，如下所述。

（1）全过程工程咨询单位承接项目的全过程项目管理以及投资咨询、勘察、设计、造价、招标采购、监理等全部专业咨询服务的，且同时具备相应的勘察、设计、监理等资质，则勘察、设计、监理等专业咨询工作必须由全过程工程咨询单位实施，不得转包或分包，全过程工程咨询单位承担相应的工程质量安全等责任。总咨询师可同时兼任项目的勘察负责人、设计负责人、总监理工程师之一项或多项职务，并承担相应的质量安全等责任。总咨询师不兼任项目的勘察负责人、设计负责人或总监理工程师的，总咨询师应任命具备相应资格的专业咨询工程师担任，由被任命的项目勘察负责人、设计负责人、总监理工程师承担相应的质量安全等直接责任，总监理工程师向总咨询师履行质量安全报告责任，总咨询师承担质量安全等连带管理责任。总咨询师向投资人履行质量安全报告责任。

(2) 全过程工程咨询单位承接项目的全过程项目管理以及投资咨询、勘察、设计、招标采购、监理、造价咨询等全部专业咨询服务的，如全过程工程咨询单位自身不具备勘察、设计或监理等资质，可将项目的勘察、设计或监理等专业咨询业务合法依规进行分包，承接项目的勘察、设计或监理。专业咨询业务的分包单位可以是一家或多家，分包的勘察、设计或监理单位报总咨询师批准后任命项目的勘察负责人、设计负责人、总监理工程师。勘察、设计或监理的分包单位以及其任命的勘察负责人、设计负责人、总监理工程师向全过程工程咨询单位和总咨询师履行质量安全报告责任，并承担相应的质量安全等直接责任，全过程工程咨询单位和总咨询师承担质量安全等连带管理责任。

(3) 当全过程工程咨询单位采用联合经营方式时，应在全过程工程咨询服务合同中，明确一家咨询单位为联营体牵头单位（即全过程工程咨询单位），联合经营单位（协办方）应接受全过程工程咨询单位的管理协调，并对其所提供的专业咨询服务负责。全过程工程咨询单位应向投资人承担项目全过程咨询的主要责任，联合经营单位（协办方）承担附带责任。

(4) 全过程工程咨询单位根据投资人的委托承接项目的全过程项目管理等咨询服务的，但投资人将项目的勘察、设计或监理等专业咨询服务另行发包的，承接该项目的勘察、设计或监理等专业咨询服务的单位（可以是一家或多家）任命项目的勘察负责人、设计负责人或总监理工程师，向投资人履行质量安全报告责任，并承担相应质量安全等直接责任。全过程工程咨询单位不承担投资人另行发包的专业咨询服务的质量安全责任。

十六、全过程工程咨询计费方法

全过程工程咨询服务的成本和产出有非常大的调整空间。一份咨询报告，如果按照专业的标准、详尽的尽职调查、全方位的分析和客观中立的评价，需要大量的人力、物力投入，需要足够的时间去完成。由于专业水准的不同，人力的价值差别很大，咨询人员的能力和经验、咨询机构的品牌等无形资产的价值也不同。如果这些价值都算在一起，一份优秀的咨询报告将价值不菲。因此，价格的恶性竞争必须得到有效遏制。

现已有部分省市，如广东省、浙江省等推进试点工作时，积极探索计费模式，提出了实行基本酬金加奖励方式，按照全过程工程咨询单位提出并落实的合理化建议所节省的投资额，鼓励投资人提取一定比例给予奖励，奖励比例由双方在合同中约定。全过程工程咨询服务费的计取应尽可能避免采用可能将全过程工程咨询单位的经济利益与工程总承包企业的经济利益一致化的计费方式。

现阶段，建设项目的咨询服务收费依据国家出台的相关文件无法满足全过程工程咨询服务收费需求。本书建议全过程工程咨询服务可参照以下三种取费方式，由委托双方平等协商并在合同中约定。

1. 固定费率模式

根据“1＋X”的服务模式，全过程工程咨询服务计费可采取“1＋X”叠加计费的方法，“1”是指“全过程工程项目管理费”，可参照国家财政部《关于印发〈基本建设项目建设成本管理规定〉的通知》（财建〔2016〕504 号）规定的费率执行；“X”是指项目全过程各专业咨询（如投资咨询、勘察、设计、监理、造价咨询、招标代理、运营维护、BIM 咨询等）的服务费，各专业咨询服务费率可参照原收费标准执行。

2. 基本酬金加奖励模式

委托双方根据全过程工程咨询服务内容和服务周期，协商约定咨询服务的基本酬金；再按照全过程工程咨询单位落实的咨询服务合理化建议所节省的投资额，提取一定比例给予奖励，奖励比例由双方在合同中约定。

3. 人月费单价法

人月费单价法是目前国际竞争性咨询投标中常用的费用计算方法，它由酬金、可报销费用和不可预见费用三部分组成。

十七、推行全过程工程咨询服务的必要性

传统建设工程的目标、计划、控制都以参与单位个体为主要对象，项目管理的阶段性和局部性割裂了项目的内在联系，导致项目管理存在明显的管理弊端，这种模式已经与国际主流的建设管理模式脱轨。“专而不全”“多小散”企业的参与，通常会导致项目信息流通的断裂和信息孤岛现象，致使整个建设项目缺少统一的计划和控制系统，业主无法得到完整的高质量的建筑产品和完备的服务。

现阶段建设工程普遍具有规模化、群体化和复杂化等特征，而通常不具备项目管理能力的业主方必须参与建设过程，并需要承担许多管理工作和由此带来的责任风险，大量成本、时间和精力将被消耗在各种界面沟通和工作协调上，甚至会出现众多参建方相互制衡和各项管理目标失控等复杂情况。虽然随着市场的演变，逐步发展出了类似“代建整合＋专业服务”的管理模式，但从客观的角度来看，以代建方为主附带其他单项或多项的服务模式依旧没有从根本上解决传统建设模式之间分散和割裂的固有缺陷，这也导致工程建设服务市场长期处于“小、散、乱、差”的窘境之中。

回顾过去的几年，建筑行业出现重大变革，一些企业的发展陷于“坡顶”困境。人工、材料、运营成本处于历史高位，“营改增”等重大政策相继出台，经营压力空前增大。由于新常态背景下产业结构的调整，房建领域的建设高峰一去不复返，市场需求缓慢下降，新兴的商业模式不断碾压传统模式，大型央企和民营企业之间的竞争边界日益模糊，取而代之的是“僧多粥少”的惨烈竞争局面。

推行全过程工程咨询服务是深化国内工程建设项目组织实施方式改革，提高工程建设管理水平，提升行业集中度，保证工程质量和投资效益，规范建筑市场秩序的重要措施。同时也是国内现有勘察、设计、施工、监理等从业企业调整经营结构，谋划转型升级，增强综合实力，加快与国际建设管理服务方式接轨，摆脱现有“小、散、乱、差”窘境的最

佳举措，更是适应社会主义市场经济发展的必然要求。

十八、全过程工程咨询的优势和价值

1. 优势

（1）节省投资。承包商单次招标的优势，可使其合同成本大大低于传统模式下设计、造价、监理等参建单位多次发包的合同成本，实现“1＋1＞2”的效益。由于咨询服务商的服务覆盖了全过程，整合了各阶段工作服务内容，更有利于实现全过程投资控制，通过限额设计、优化设计和精细化管理等措施降低“三超”风险，提高投资收益，确保项目的投资目标。

（2）缩短工期。由一家单位提供全过程工程咨询服务，一方面，承包单位可最大限度地处理内部关系，大幅度减少业主日常管理工作和人力资源投入，有效减少信息漏洞，优化管理界面；另一方面，该模式不同于传统模式冗长繁多的招标次数和期限，可有效优化项目组织和简化合同关系，并克服设计、造价、招标、监理等相关单位责权分离、相互脱节的矛盾，缩短项目建设周期。

（3）提高品质。各专业过程的衔接和互补，可提前规避和弥补原有单一服务模式下可能出现的管理疏漏和缺陷，承包商注重项目的微观质量，更重视建设品质、使用功能等宏观质量。这种模式还可以充分发挥承包商的主动性、积极性和创造性，促进新技术、新工艺、新方法的应用。

（4）减小风险。在五方责任制和住房城乡建设部“工程质量安全三年提升行动”背景下，建设单位的责任风险加大，服务商作为项目的主要参与方和责任方，势必发挥全过程管理优势，通过强化管控，减少甚至杜绝生产安全事故，从而较大程度地降低或规避建设单位主体责任风险。同时，可有效避免因众多管理关系伴生的廉洁风险，有利于规范建筑市场秩序，减少违法违规行为的发生。

总之，全过程工程咨询服务的试点推行，符合供给侧改革指导思想，有利于革除影响行业前进的深层次结构性矛盾，提升行业集中度，是国家宏观政策的价值导向，更是行业发展不可阻挡的趋势；全过程工程咨询服务方式的推广，有利于集聚和培育出适应新时代的新型工程建设服务企业，加快国内投资建设模式与国际建设管理服务方式接轨；同时对于提升建设管理行业的服务价值，重塑智力密集型和管理密集型企业形象有着重要意义。

2. 全过程工程咨询的价值

推行全过程工程咨询有助于实现建设项目绿色、可持续发展，解决项目利益相关方的冲突矛盾，打造求同存异的工作环境，有利于维护良好的生态环境和减少污染的建设项目；推行全过程工程咨询有助于建设项目继承传统文化，实现传统文化的创造性转化、创新性发展，有利于传统与当代文化的相融相通；推行全过程工程咨询有助于建设项目进行集约管理，全过程工程咨询将集约思想融入建设项目中，充分发挥全过程工程咨询的作用，有利于提高建设项目的质量和效率，使建设资源的运用更加科学、合理、节约；推行全过程工程咨询有助于更好地提升建设项目价值，提高工程建设管理水平，提升行业集中度，保证建设项目获取最大的经济和使用效益。

在建设项目咨询服务过程中，全过程工程咨询一方面通过协调管理打破过程中的信息与资源壁垒，提高沟通效率，保证项目顺利运营，达成建设项目边际效益最大化的目标；另一方面实现工程咨询机构转型升级，增强综合实力，加快与国际建设管理服务方式接轨，是适应社会主义市场经济发展的必然要求。

（1）提高投资效益，打破条块分割。采用投资人单次招标的方式，使得其时间成本、交易成本远低于传统模式下设计、造价、监理等参建单位多次发包的成本。由一家咨询单位或者采用联合体的形式通过总咨询师的协调管理，将咨询服务覆盖工程建设全过程，包含传统模式下设计、造价、监理等各专业咨询单位的职责义务，这种高度整合各阶段的服务内容，一方面，将更有利于实现全过程投资控制，有效解决各阶段各专业之间的条块分割问题；另一方面，通过限额设计、优化设计和精细化管理等措施提高投资收益，确保项目投资目标的实现。

（2）保障项目合规，助力政府监管。当前建设市场还不完善，监管需加强，一些地方存在违规审批、违规拆迁、违法出让土地等损害群众利益的问题，扰乱了社会主义市场经济秩序。通过全过程工程咨询与管理，能够集约整合社会资源对建设项目进行有效监管，为政府提供强有力的全过程监管措施；由总咨询师统一指导梳理建设项目全过程的报批流程、资料，避免出现错报、漏报现象，有利于规范建筑市场秩序、减少违法违规行为。

（3）加强风控预防，降低项目风险。发挥全过程管理优势，通过强化管控决策、投资、过程、运营、自然、社会等风险，对于项目而言，有效降低决策失误、投资失控的概率，减少生产安全事故；对于社会而言，也可避免自然环境的破坏，保护生态，有效集约利用资源，减少浪费。

（4）提高项目品质，增强行业价值。首先，不同专业咨询工程师组成咨询团队参与全过程工程咨询，各专业咨询工作统筹安排，分工协作，可极大提高服务质量和项目品质，弥补了多个单一服务团队下可能出现的管理疏漏和缺陷；同时，有利于激发专业咨询工程师的主动性、积极性和创造性，促进新技术、新工艺和新方法的应用；其次，响应“十九大”的号召，培养具备国际视野的人才，促进行业转型升级，提高工程咨询行业国际竞争力；借助“一带一路”倡议带来的发展机会，支持工程咨询行业走出去，在国际建设项目中立足；此外，可吸引优秀的国际化人才，保持行业的可持续性发展。

十九、全过程工程咨询与工程总承包的区别与联系

“全过程工程咨询”和“工程总承包”同属于国家为完善工程建设组织模式而衍生出的新的服务模式，也同属于建设单位进行工程建设项目组织方式，两者之间既有区别，又有一定的联系。全过程工程咨询是对工程建设项目前期研究和决策以及项目实施和运行的全生命周期提供包含设计和规划在内的涉及组织、管理、经济和技术等各有关方面的工程咨询服务，虽然可以做规划、勘察、设计等生产活动，但更偏向工程管理类服务，属于一种项目管理模式。工程总承包是指从事工程总承包的企业受业主委托，按照合同约定对工程项目的勘察、设计、采购、施工、试运行（竣工验收）等实行全过程或若干阶段的承包，并对工程的质量、安全、工期、造价等全面负责的一种生产组织方式。

1. 全过程工程咨询与工程总承包的主要区别

（1）管理范围和工作的内容不同，工程总承包是“包工程建设”，而全过程工程咨询是“包工程服务”。工程总承包是将无形的智力成果与有形的、分散的材料、机械设备相融合并最终物化为建筑产品、形成固定资产的行为，最终提供的是有形的工程；全过程工程咨询属于工程咨询的范畴，不涉及有形产品的生产制造，其提供的工作成果形式是咨询、项目管理、设计服务、施工监理、造价管理、招标代理、试运行管理等，本质上是提供能够产生收益但不产生“所有权”的服务。提供全过程工程咨询服务的企业管理范围更广，工作范围涵盖了项目的整个生命周期中所有的管理和咨询服务，除了前期帮助业主进行机会研究、项目建议和可行性研究、选择相关合作方等，还包括对相关合作方的管理和监督，提供招标、造价、监理等各方面的咨询。而工程总承包单位根据和业主谈判的结果，根据合同约定参与工程价值链的某些环节，最为典型的是设计—采购—施工环节。

（2）收费模式不同。以EPC工程总承包模式为例，其所计取的费用不仅包含设计等咨询服务类费用，还包括材料设备购置款、建筑安装工程费、试运行费用等，通常采用总价合同方式；全过程工程咨询收取的报酬是各项或各阶段咨询服务内容的服务费，这种服务费通常采用“成本＋酬金”和各专项服务费叠加后增加统筹费的方式。

（3）合同关系不同。全过程工程咨询主要接受业主的委托负责全过程的项目管理服务，在合同关系上更偏向于委托合同，为业主提供有偿的咨询服务；而工程总承包模式下承包商和业主签订的是承包合同，通过合同规定发包方和承包方的权利和责任。

（4）承担的风险不同。工程总承包商需要对项目的质量、造价、工期等目标全面负责，风险较大；而工程咨询公司主要为整个项目提供一整套咨询服务，并按照合同的约定收取一定的报酬和承担一定的管理责任，风险相对较小。

2. 全过程工程咨询与工程总承包的内在关联

（1）两者均体现了对工程总承包或全过程工程咨询的资质要求。目前政策层面对工程总承包商的资质要求是具备与工程相适应的设计或施工总承包资质；而关于全过程工程咨询，因涉及多项咨询行业相关资质，虽暂无统一规定，但通常要求企业具备勘察设计、监理：造价咨询等一项或多项资质，且上海、广东两地明确允许具备施工资质的单位也可承接全过程工程咨询，可见全过程工程咨询与工程总承包均体现相应工程行业的资质要求。

（2）两者均指向工程建设的全过程或若干阶段，且均着重强调“设计”的关键性和全局性。工程总承包建设组织模式包含了项目设计、采购、施工和试运行的全过程或若干阶段，但从提高建设效率，对工程质量、安全、造价、进度负责等角度而言，将较大程度依赖于工程全阶段设计的先导优势，形成设计、采购与施工的深度交叉融合，降低工程建设过程中多环节工作协调造成的内耗损失。全过程工程咨询虽涉及建筑咨询多个行业的重大变革，但落实到现阶段的具体实践中，核心在于对建筑师执业权利的扩大和相应执业责任的提升。住房城乡建设部也提出“推进建筑师负责制，充分发挥建筑师主导作用，鼓励提供全过程工程咨询服务，明确建筑师权利和责任，提高建筑师地位”。

（3）全过程工程咨询与工程总承包单位之间存在管理与被管理的关系。一般情况下，全过程工程咨询单位受建设单位委托，按照具体的委托内容对工程提供项目建议、前期策划、勘察设计、监理、招标代理、造价咨询、项目竣工后评价及运营等多元化的咨询服务，并在授权范围内代表建设单位对工程总承包单位进行监督和管理。

(4) 推行全过程工程咨询和工程总承包有利于提高工程管理的质量、效率和造价控制水平，两者均为政府投资工程所鼓励的管理模式。

全过程工程咨询和工程总承包两种模式相辅相成，相互促进。根据《关于进一步推行工程总承包发展的若干意见》(建市〔2016〕93 号) 和最新发布的关于征求房屋建筑和市政基础设施项目工程总承包管理办法（征求意见稿）意见的函（建市设函〔2017〕65 号）对建设单位项目管理提出的要求，都明确提到“建设单位应当加强工程总承包项目全过程管理，督促工程总承包企业履行合同义务。建设单位根据自身资源和能力，可以自行对工程总承包项目进行管理，也可以委托项目管理单位，依照合同对工程总承包项目进行管理。项目管理单位可以是本项目的可行性研究、方案设计或者初步设计单位，也可以是其他工程设计、施工或者监理等单位，但项目管理单位不得与工程总承包企业具有利害关系”。即表示一个项目建设可以采用工程总承包模式，也可以同时委托项目管理公司对其进行监督。提供全过程工程咨询服务的企业利用自身在管理、技术、法律等方面的专业知识，接受业主的委托，通过对总承包商的监督、管理和咨询服务，为项目的顺利进行提供保障，有利于工程总承包市场的健康发展。

第二节 全过程工程咨询运行相关理论及工具

一、全过程工程咨询理论

(一) 项目运行理论

由于专业化分工，使得原本可以由单个组织独立完成的工作，需要多个组织协作才能完成，另外，由于企业规模的扩大，层级之间的划分显得越来越有必要，这就产生了公司治理。而在工程建设领域，由于工程项目产品的独特性和个性化的需求，项目化形式的要求，相应地产生了项目治理的概念。项目治理的概念取自公司治理，国内外对公司治理的研究已经很多了。但从目前的情况来看，对项目治理的研究才刚起步不久，远远落后于项目管理领域的研究。随着新制度经济学和博弈论等理论研究的突破，对项目治理的研究成果出现“丛林”现象。

如果说公司治理结构体现了一组联结并规范公司所有者（股东）、经营者（董事会与经理人）、使用者（职工）之间权利与利益关系的制度安排，进而解决公司内部不同权利主体之间的监督、激励和风险分配等问题，那么工程项目治理结构则体现了工程项目主要利益相关者如项目投资人（发起人）、项目建设负责人（项目经理）、承包商、供应商、分包商、工程咨询机构以及其他利益相关者之间权责利关系的制度安排，在这种制度框架安排下完成一个完整的项目交易。项目治理是一个系统通过两个方面运行：一是在项目组织外部，通过市场体系实现，即外部市场治理机制；二是在项目组织内部，通过内部组织体系实现，成为内部治理机制。

（二）项目运行的理论基础

信息的不对称和合约的不完全性使代理人的行为不符合委托人的利益，也就是偏离了委托人建立的目标函数；代理人的信息完全与委托人所获得的信息不完全的事实，导致委托人对代理人的监管约束具有很大的局限性，最终导致委托人利益受损的现象，这就是制度经济学中的委托代理问题。

由于委托人和代理人利益目标之间的偏差以及信息的不对称性，使得代理人的行动并不符合委托人的利益，而且这样的行为并不容易被委托人所直接观测，由委托人可以观察到的代理人的行为多大程度上反映出委托人的利益之间的纽带，就是委托人根据可观测代理人的行为并且对其行为进行激励约束，使得代理人最大限度地做出对委托人有利的行为，这就是治理。此外，代理问题的存在以及交易费用大到该问题不能通过合约完全解决，这样，治理问题就会产生。而建设项目的本质就是一种临时性的契约组织，显然，在建设项目委托代理关系中，项目治理的问题必然会产生。

（三）项目治理的治理体系

在项目治理研究中，业主与总承包商、业主与工程师之间的关系归入垂直交易治理中；将水平交易治理划分为水平分级治理和水平市场治理两类。沙凯逊教授则在此研究的基础上，提出了工程项目治理的（1+3）C模型，将项目治理问题划分为两条线：一是以委托代理理论为基础的垂直治理；二是以博弈论中的合作。

在工程实践中，工程项目治理源自委托代理问题，即在工程项目交易委托代理关系中，由于双方的利益并不一致，或存在冲突，于是就提出了工程项目治理问题。反之，合作双方若不存在利益冲突，也就不存在治理问题。根据这一逻辑，工程项目治理问题完全可用工程合同关系来分析。当存在合同关系时，一般均存在利益的不一致，甚至冲突，治理问题不可回避。事实上，合同中的相关约定就是治理中的制度安排。因此，对于一个工程项目，一般存在多层次、多类型的项目治理理论，如图1-5所示，将项目治理分为基本治理和政府投资项目的特殊治理。政府投资项目由于其特殊性，治理主体和客体以及治理方式有别于一般项目的治理。政府投资项目的治理方式是以行政或者合同的方式进行治理。政府的基本职能是行政，当然其也受纳税人的委托，对公共投资项目进行管理。但是，政府不是投资人。事实上，当中央政府决定用国库的钱投资建设某地方（县市级）工程，如水利工程时，就存在了多重委托代理关系，纳税人委托中央政府，中央政府委托省级政府，省级政府委托县级政府，县级政府委托项目法人/建设单位（或指挥部）。其中，各级政府间委托代理关系相对较为简单：而最后一级政府与项目法人的委托代理关系较为复杂。主要表现为：

（1）最后一级政府如何选择代理人（或组建项目法人），经常存在“政企分开”的问题。

（2）项目法人是市场主体，但其并不是项目的业主（或投资方），而仅是政府的代理人。

（3）项目法人有其自身利益，其与政府投资项目的利益并不完全一致。

根据项目不同主体间（业主与项目团队、承包企业与项目团队）不同的治理方式，可以将工程项目的基本治理分为以下两类：

（1）交易治理。业主方主导，依据项目交易合同对项目及承包公司（包括项目团队）

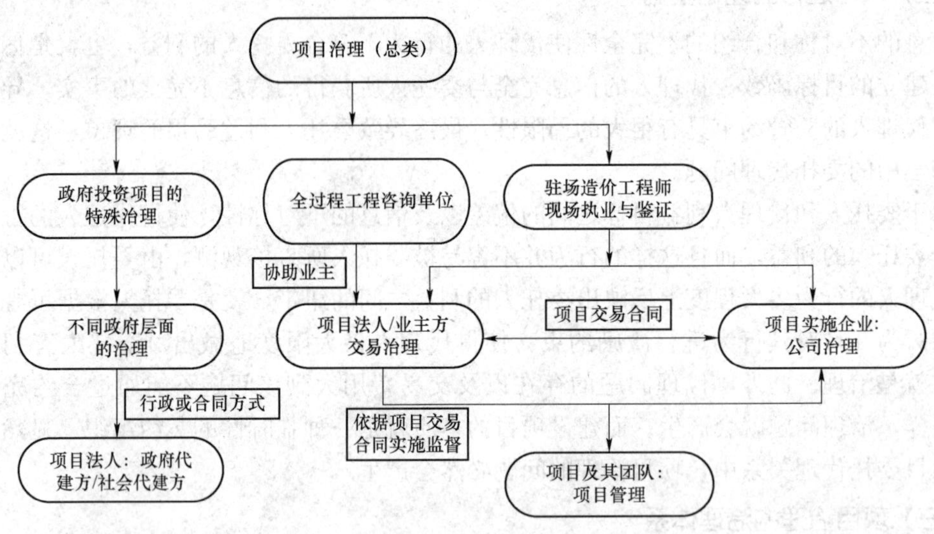

图 1-5　项目治理理论

实施监管。

（2）公司治理。公司治理由承包项目的公司管理层主导，以公司和项目团队的实施协议对项目及项目团队实施监管。需要强调的是，这里的公司治理是一个狭义的概念，即公司内部治理。

（四）项目治理理论与全过程工程咨询

在全过程工程实践中，由于项目一次性特点显著，这种一次性特点导致控制权人的一次性博弈愿望强烈，而不愿长期博弈。因而项目建设过程中各方合同中就会出现剩余索取权没有或不足，只能采用别的激励手段。以下为项目治理的四大激励手段。

（1）基于风险分担效应的信任。这个手段起激励作用的机理是：在全过程工程实践中，初始信任使投资人在招标文件中采用风险分担方案，承包商认为按此方案就能获得预期利润，因而投桃报李，奋力履约。从而双方在项目实施过程中“风平浪静”，项目顺利完成。信任在其中起了至关重要的作用，凭什么保证承包商“投桃报李”而不“背信弃义”。目前的解决方案是信任“高速公路”，只要有“背信弃义”行为，通过信任传递让其被建筑业抛弃，背信成本高昂。

（2）基于参照点效应的公平。这种公平激励的机理是：契约中的代理方如果认为在契约里受到了公平对待，就会努力履约，促使字面履约和完美履约双丰收，这称为参照点效应。关键是如何使代理人感觉受到了公平对待，从而诱致完美履约。按照公平理论，全过程工程建设项目各个参建方总是拿付出与回报比，拿自己与别人比，拿现在与过去比。所以，在全过程工程项目实施中变更、调价、不可抗力、不利现场、业主指令错误五个关键环节采用风险分担原则，承包商就会感受到公平对待，起到激励效果。

（3）基于网络传递效应的关系。建设项目中，正式合同、法律约束制度框架外的可以影响到个人或组织行为的非正式的规范，构成了建设项目的关系治理机制。这些规范通过关系网络可以加速扩散，发、承包双方的任何履约表现均可得到放大并发酵。尤其通过交互性新媒体网络的传播，就形成网络传递效应，对不正常履约行为形成限阻。这种效应可以降低交易中的阻滞，润滑合作，维护和促进发承包方之间交易的和谐性，作为正式契约治理的重要补充，最终提高全过程项目管理绩效。

（4）基于位势差效应的权力。发、承包双方本应属于平等交易主体，但因建筑市场的业主方市场，承包商“僧多粥少”造成实际的从属地位，从而形成业主的实际市场地位高于承包商的市场地位，这就是位势差。位势差的弊端是：业主不采用风险分担，承包商则采用变更、调价、索赔方法使投资失控风险回流业主造成投资失控。按因势利导的原则建立大标段发包，标段大到容纳十几个子公司的规模（如100亿元以上），并赋予总承包方内部分配任务给子公司的权力。相当于发包方给予总承包人相当大的激励——企业内部的行政计划体制得以保证，用总承包人的权力归属感换取项目监管交易成本下降，全过程项目管理绩效相应提升。

（五）集成管理理论

1. 集成管理理论简介

1953年，日本丰田汽车公司提出了准时制造（just in time，JIT）的生产方式，JIT强调汽车制造商与客户、供应商之间的紧密合作，其实质就是实现物质流与信息流在生产活动中的集成。“集成”的概念可以理解为两个或两个以上要素集合在一起并组成一个有机系统的动作或过程。这种要素之间的集成并不是简单的叠加或合并，而是一种符合一定规则的科学的构造和组合，其集成的目的在于提高这个由多要素组合而成的系统的整体功能，产生“1+1>2”的效果。

集成管理是指将集成思想应用于项目管理实践，即在管理思想上以集成理论为指导，在管理行为上以集成机制为核心，在管理方法上以集成手段为基础。具体而言，就是要通过科学的创造性思维，从新的角度和层次来对待各种资源要素，拓展管理的视野，提高各项管理要素的集成度，以优化和增强管理对象的有序性。集成管理的理论基础是集成理论和系统理论，其技术与方法已不仅仅是一种或几种科学管理方法，也不纯粹是某几种工程技术和手段，而是综合各类方法的、定性与定量分析相结合的综合集成方法体系。

而工程项目的集成管理就是指依据工程项目管理的特点，应用系统论、协同论、信息论和控制论等理论，综合考虑工程项目从决策、勘察设计、招标采购、施工、竣工验收到运营维护的全过程各阶段的衔接关系，质量、工期、成本、安全及环保等各目标要素之间的协同关系以及主管部门、投资人、勘察设计单位、施工单位、监理咨询单位及供应单位等各参与单位之间的动态关系，采用组织、经济及技术等手段，运用项目相关参与人员的知识能力以实现项目利益最大化的一种基于信息技术的高效率项目管理模式。

类似于“集成”的概念，工程项目的集成管理也不是管理要素的简单叠加，而是通过管理要素之间的选择搭配和优化，并按照一定的集成原则和模式进行的构造和组合。工程项目集成管理要求在项目的发起阶段就对项目全生命周期中的多重约束条件进行系统的考虑，明确各项目参与方之间的影响和依赖关系，构建合适的沟通和协调平台，明确和平衡项目各目标之间的关系，全面实现项目的整体目标。

全过程工程咨询集成管理的基本思想是：根据全过程项目特征，将其看作在一定项目环境之中、由多个相互联系又相互作用的要素组成、为达到整体目标而存在的系统工程，使系统各阶段、各要素有效集成为一个整体，解决整体系统的管理问题，对管理方法进行综合优化与控制，达到提高全过程项目管理水平的目的。

2. 集成管理理论与全过程工程咨询的结合

（1）全过程工程咨询要素集成管理。

1）全过程工程咨询外部环境。外部环境是指能够对全过程项目绩效造成潜在影响的外部力量和机构。外部环境由两个部分组成，即具体环境与一般环境。全过程项目外部环境是指对项目有影响的所有外部因素总和，其处在一个不断快速变化的环境中，具体如图 1-6 所示。

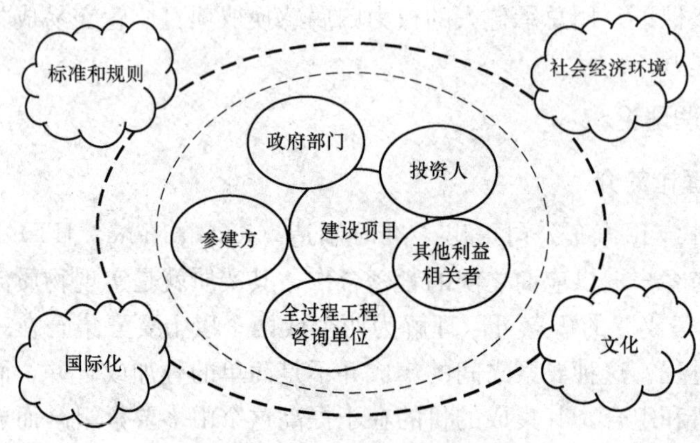

图 1-6 全过程项目外部环境

a. 具体环境。具体环境包括对全过程工程咨询单位决策和行动产生直接影响，并与实现项目目标直接相关的要素。不同项目面对的具体环境要素是不同的，主要包括投资人、政府部门、参建方和公众、媒体等利益相关者。

b. 一般环境。一般环境包括：①社会经济环境影响的持续性；②文化影响；③标准和规则。

c. 外部环境对项目的影响。外部环境对项目有重大影响，主要体现在：①外部环境决定着对项目的需求，决定着项目的存在价值；②外部环境决定着项目技术方案和实施方案及它们的优化；③环境是产生风险的根源。

2）全过程工程咨询内部环境。是指项目内部的特定资源和相应能力状况，主要包括项目组织及其结构、项目管理团队、项目信息、项目文化等要素，具体如图 1-7 所示。

a. 项目组织及其结构。将全过程项目管理视为一个系统，系统组织包括系统结构模式、分工及工作流程。

b. 全过程工程咨询单位。全过程工程咨询单位包括总咨询师和项目组其他成员，是直接负责管理项目的组织。全过程工程咨询单位在总咨询师领导下，以项目总体目标为导向，确保项目全部工作在预算范围内按时、优质完成，满足投资人和政府相关部门要求。

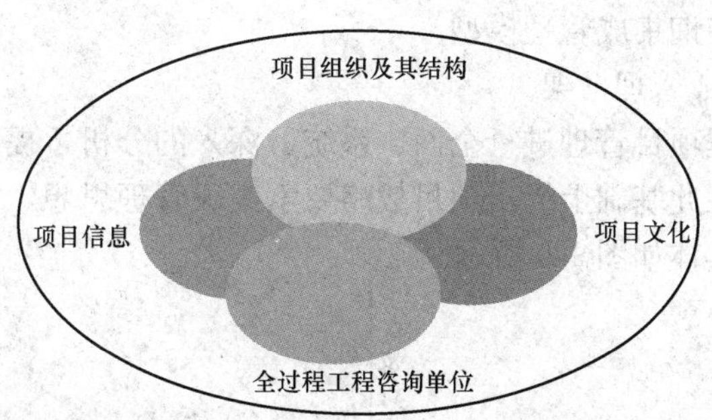

图 1-7 全过程项目内部环境要素

c. 项目信息。项目中的信息流包括两个最主要的信息交换过程：①项目与外界的信息交换，包括由外界输入的信息、项目向外界输出的信息；②项目内部的信息交换，主要包括自上而下的信息流、自下而上的信息流及横向或网络状信息流。

d. 项目文化。全过程项目文化是指项目特有的领导风格、管理方法、工作水平、成员素质、成员信仰、价值观和思想体系，是项目共同的价值观、认同感、行为规范和组织氛围，是项目内部环境的综合表现。

3）全过程环境要素集成模型。全过程项目环境要素集成是指全过程工程咨询单位以促进项目时间维、逻辑维、知识维的集成为导向，对项目内外环境各要素进行有效管理，并深入分析各要素相互间的关系和影响，将它们进行有效集成，形成全过程项目的坚实管理基础和保障，最终实现项目总体目标。全过程项目环境要素集成模型如图 1-8 所示。

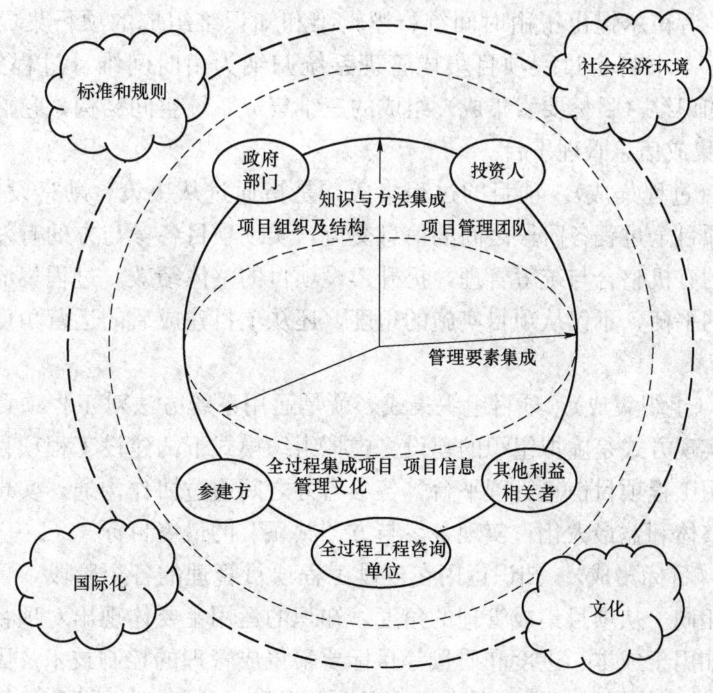

图 1-8 全过程项目环境要素集成模型

（2）全过程工程咨询集成管理模型。

1）全过程项目集成管理框架。

本书通过对全过程项目管理进行全面、系统、深入的分析，提出全过程项目集成管理的三维结构体系，并在此基础上提出项目战略要素集成管理思想，构建了全过程工程咨询集成管理总体框架，具体如图 1-9 所示。

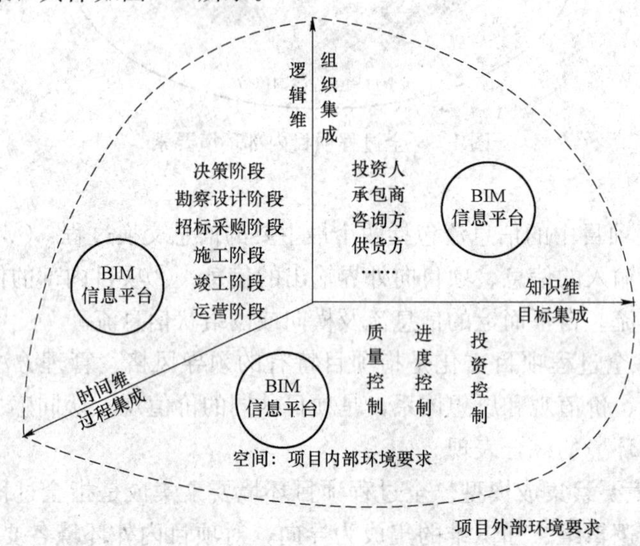

图 1-9 全过程项目集成管理系统框架模型

根据美国学者霍尔提出了由时间维、逻辑维和知识维组成的项目集成“三维结构体系”这一思想，本书将全过程项目集成管理系统归纳为由时间维（过程集成）、逻辑维（组织集成）、知识维（目标要素集成）组成的三维集成系统空间结构，它们的纽带就是基于 BIM 技术的集成信息管理平台。

a. 时间维（过程集成）。项目的过程集成，是指通过从决策、勘察设计、招标采购、施工到运营等项目全过程各阶段之间的信息交流，实现项目各参与方的有效沟通与协同合作，实现项目的有机整合与统筹管理，提升建设项目的整体绩效。过程集成致力于寻找建设期和运营期的平衡，不仅从项目实施的角度，还从项目建成后的运营角度来进行项目的规划与决策。

b. 逻辑维（组织集成）。项目组织集成，就是运用系统方法对工程项目组织进行的集成管理，主要实现方式是虚拟组织的建设。虚拟组织模式下的建设工程项目各参与方的集成，就是指利用工程项目信息管理平台，各参与方之间通过协作沟通，实现优势互补，从而使得项目的整体利益最大化，实现各参与方“共赢”的最终目标。

c. 知识维（目标集成）。知识运用在建设工程项目管理的各个阶段，且不同阶段所运用的知识各不相同。从项目集成管理的角度，知识的运用主要体现出对项目管理所使用的集成化技术，如用于成本、进度和质量等目标要素集成管理的控制技术。因此，从某种意义上讲，“三维结构体系”中的知识维就体现在目标集成控制的技术和方法上。

d. 支撑条件（信息集成）。所谓信息集成就是在项目建设过程中，根据建设项目管理的特点，利用现代信息技术和手段以及统一的项目管理制度，实现建设项目的信息共享、项目各目标的协调和整体优化，以获得最佳项目管理效果。信息集成是实现项目集成管理的最好的途径，项目管理组织通过建立信息集成平台，可以充分利用项目信息资源，提高信息资源的利用效率。

2）全过程项目集成管理模型。

全过程项目中有两种工作过程，一种是为完成项目对象所必需的专业性工作过程，另一种是在这些专业性工作的形成及实施过程中所需的计划、协调、监督、控制等项目管理工作，二者之间存在大量的实物传递和信息传递。上一过程的成果作为下一过程的输入，管理工作过程和专业性工作过程之间存在大量的管理措施运用和效果反馈。项目最终输出也有两种，一种是项目运营输出，另一种是项目各过程后评价总结、提炼出的知识和经验。

本书根据全过程项目特点建立了全过程项目集成管理模型，清晰地表达出项目从决策、勘察设计、招标采购、施工到运营整个过程的基本功能及其过程之间的联系，为项目全过程有效集成管理提供依据。

集成管理作为项目管理中的新理论，它将项目管理实践提高到了一个新阶段。全过程工程咨询集成管理的基本思想是：根据全过程项目特征，将其看作在一定项目环境之中由多个相互联系又相互作用的要素组成，为达到整体目标而存在的系统工程，使系统各阶段、各要素有效集成为一个整体，解决整体系统的管理问题，对管理方法进行综合优化与控制，达到提高全过程项目管理水平的目的。

（六）范围经济理论

范围经济这一经济学名词最早是由美国经济学家 David J. Teece 在探讨多产品公司的效率基础理论时提出来的。David J. Teece 以美国石油工业为例分析了企业多样化经营的策略，通过建立一个成本函数进行分析得到范围经济与企业的经营范围没有直接的关系。但是，如果范围经济是基于共同和经常使用的专有知识或一个专门的和不可分割的有形资产之上产生的，那么多元经营策略是提高企业经济活力的有效途径。Bailey 等人则对范围经济这一假说进行了进一步的证实，他们的主要成果是就生产方面分析了企业的范围经济性。随后有不少学者对这一假说在不同的行业和领域进行了实证检验，其中美国经济学家小艾尔弗雷德·钱德勒在其著作《规模与范围——工业资本主义的原动力》一书中，把范围经济定义为利用单一经营单位内的生产或销售过程来生产或销售多于一种产品而产生的经济。他分别从生产和批发经销两个方面考虑了范围经济的实现，并指出一个企业的范围经济性是有限的。美国经济学家 Robert S. Pendyck 在其著作《微观经济学》中认为，如果两个企业分配到的投入物相等时，那么范围经济存在于单个企业的联合产出超过两个各自生产一种产品的企业所能达到的产量之时。

结合前人的研究成果，我们可以把范围经济定义为：范围经济是指单个企业联合生产或经营多种产品比相应的多个企业分别生产或经营各种产品更节约成本的经济现象。范围经济是研究经济组织的生产或经营与经济效益关系的一个基本概念，它是以降低成本为宗旨。范围经济的存在本质上在于企业的多个业务可以共享剩余资源。

具体来看，范围经济产生的原因主要有两个方面。一方面是来自企业的生产过程：①在生产过程中有些生产要素一旦用于一种产品的生产，那么它们同时也能以较小成本用于其他产品的生产，这样就能够提高生产要素的使用效率，降低产品的生产成本；②在生产过程中企业更充分地利用闲置生产能力，这样企业就能以更多的产品分摊固定成本，从而使得单位产品的成本得到节省；③企业进行多产品经营时，通过优化企业的内部管理，以内部市场代替外部市场，企业内各单位之间的产品和服务就能够更有效率地交换，从而可以减少交易成本。另一方面，在企业的销售过程中的一些因素也能产生范围经济：①一个企业所销售的产品类型越多，存货周转就越大，对现有人员、设施以及存货所投入的资本使用就密集，因此单位产品的销售成本就越低；②如果一个企业所生产的主要产品在消费者心目中有着良好的信誉，那么这一良好信誉对企业的其他产品的销售就会产生出信誉溢出效应，这样不但节约了新产品开拓市场的成本，而且对其他跟进者也设置了巨大障碍；③成功的广告所带来的收益不但会大大地超出其花费的成本，而且对提高企业的知名度及促进企业其他产品的销售方面都有着重大的作用。总之，由于特定投入都有最小规模的要求，这种投入在经营一种产品时可能未得到充分利用，但在经营两种或两种以上的产品时就能使这种投入的成本在不同产品中分摊，使单位产品成本降低，从而产生范围经济。

在工程领域，自 20 世纪 80 年代以来，国际工程领域出现了一种趋势，即全过程工程咨询和工程总承包的形式越来越普及并成为主流的建设管理方式，且很多投资人越来越愿意采用全过程工程咨询方式。由于建筑市场中出现了此类需求，一些工程咨询公司的业务范围开始由专业咨询向全过程工程咨询拓展，即开始为投资人提供多方位或一系列的服务。也就是说，在工程咨询业，范围经济即表现为一个咨询商或多个咨询商组成联合体所提供的全过程工程咨询的成本低于多个咨询商分别提供专业咨询的成本。

范围经济的存在可以降低企业的生产成本，提高利润，一直以来都备受关注。从近些年的文献来看，范围经济通常存在于以下几种情况中：企业纵向一体化策略、企业多样化策略、成本互补性商品生产、销售渠道、品牌效应等。对于咨询企业而言，基于纵向一体化或虚拟企业的全过程工程咨询业务扩展尤其值得借鉴。

1. 纵向一体化

纵向一体化是范围经济的一个具体体现形式。所谓纵向一体化是指沿着某种产品生产链扩展企业的生产经营范围，在企业内部连续完成原料生产、零部件生产和最终产成品生产等各个阶段的生产。企业通过前向兼并或后向兼并可以实现纵向一体化，也可以通过向上游生产阶段或向下游生产阶段扩展逐渐形成纵向一体化体系。

工程咨询业的纵向一体化是指在专业化经济的基础上，大力发展与国际形势接轨的贯穿项目全过程的工程咨询，在传统专业基础上沿着工程产品的生产链（或价值链）向纵向发展，可以通过企业兼并或扩展企业业务范围建立一批具有国际竞争力的提供全过程咨询服务的综合性工程咨询公司。

2. 虚拟企业

随着现代管理理念的不断创新，新型管理模式的出现给产业发展带来了相当大的冲击，而实践证明，一些新兴的管理模式如虚拟企业同样可以实现纵向一体化，获得范围经济效益，甚至可以获得更大的效益，因为它更能体现成本优势，并且已在一些产业中显示了强大的生命力。虚拟企业是纵向一体化的特殊表现形式，这种纵向一体化并不是通过企业兼并形成的，也没有形成业务流程一体化的实体企业，而是通过现代网络工具或其他方式（包括联合体，战略协议等）建立企业联盟，形成一个能够提供多种产品或咨询服务的虚拟企业，它同样可以达到纵向一体化的效果，如减少交易费用，获得连续生产率和范围经济效益等，只是这种纵向一体化是通过多个企业建立的联盟达到的。并且由于虚拟企业组织特有的扁平化的特点，其管理成本和生产效率与传统方式相比更具优势。

（七）利益相关者理论

1. 利益相关者理论概述

虽然利益相关者理论发展至今已有多年，但关于概念的界定问题，至今没有得到一个普遍的认同。1695 年，美国学者 Ansoff 最早将该词引入管理学界和经济学界，认为：要制定一个理想的企业目标，必须平衡考虑企业的诸多利益相关者之间相互冲突的索取权，他们可能包括管理者、工人、股东、供应商及分销商。Mitchell、Agle 和 Wood 对 30 种利益相关者的定义进行了归纳和分析，总的来看有广义和狭义之分，广义的概念能够为企业管理者提供一个全面的利益相关者分析框架；而狭义的概念则指出哪些利益相关者对企业具有直接影响从而必须加以考虑。其中比较有代表性的是弗里曼与克拉克森的表述，弗里曼认为“利益相关者是能够影响一个组织目标的实现，或者受到一个组织实现其目标过程影响的人”，这个概念强调利益相关者与企业的关系，当然这个概念对利益相关者的界定十分广泛，股东、债权人、雇员、供应商、顾客、社区、环境、媒体等对企业活动有直接或间接的影响的都可以看作利益相关者。克拉克森认为“利益相关者以及在企业中投入了一些实物资本、人力资本、财务资本或一些有价值的东西，并由此而承担了某些形式的风险；或者说，他们因企业活动而承受风险”，这个表述不仅强调利益相关者与企业的关系，也强调了专用性投资。国内学者贾生华、陈宏辉结合了上述二者的观点，认为“利益相关者是指那些在企业中进行了一定的专用性投资，并承担了一定风险的个体和群体，其活动能够影响改企业目标的实现，或者受到企业实现其目标过程的影响”，这一概念既强调专用性投资，又强调利益相关者与企业的关联性，有一定的代表性。

而对于利益相关者的分类，不同的学者也有着不同的观点。一般认为，只有对利益相关者进行科学的分类，才能针对不同类别的利益相关者进行科学管理，而已有的相关文献较为丰富，根据时间线索对利益相关者的分类主要集中在多维细分法和米切尔评分法。Freeman 从所有权、经济依赖性和社会利益三个不同的角度对企业的利益相关者进行分类，所有持有公司股票者是对企业拥有所有权的利益相关者，对企业有经济依赖性的利益相关者包括经理人员、员工、债权人、供应商等，与公司在社会利益上有关系的则是政府、媒体、公众等。Frederik 按是否与企业直接发生市场交易关系而将利益相关者分为直接利益相关者和间接利益相关者。Clarkson 认为可以根据相关群体在企业经营活动中承担的风险的种类，将利益相关者分为自愿的和非自愿的，区分的标准是主体是否自愿向企业提供物资资本和非物资资本投资。米切尔在提出评分法（score based approach）界定利益相关者时，从利益相关者的合法性（即某一群体是否被赋有法律上、道义上的或者特定的对于企业的索取权）、权力性（即某一群体是否拥有影响企业决策的地位、能力和相应的手段）、紧急性（即某一群体的要求能否立即引起企业管理层的关注）三个属性维度，将 27

种企业的利益相关者分为十类，即确定型、关键、从属、危险、蛰伏或有何要求利益相关者。

2. 利益相关者理论与全过程工程咨询的结合

（1）基于利益相关者理论的系统观点。系统的观点在利益相关者理论基础上发展起来，提倡用动态发展的眼光更加全面、系统地考察项目的成功。除了考虑项目实施过程中的造价、进度和质量，还考虑项目给投资人和承包商带来的利益外，更要从项目的全过程、全生命周期出发，关注项目决策、实施和运营阶段所涉及的不同利益群体，如图 1-10 所示。

决策阶段	勘察设计阶段	招标采购阶段	施工阶段	竣工阶段	运营阶段
政府相关部门 投资人 全过程工程咨询单位 环保部门 能源部门 用户 ……	政府相关部门 投资人 全过程工程咨询单位 环保部门 社区 设计方 施工方 用户 ……	政府相关部门 投资人 全过程工程咨询单位 环保部门 社区 设计方 施工方 用户 ……	政府相关部门 投资人 全过程工程咨询单位 环保部门 社区 施工方 用户 ……	政府相关部门 投资人 全过程工程咨询单位 环保部门 社区 施工方 用户 ……	政府相关部门 投资人 全过程工程咨询单位 环保部门 社区 用户 ……

图 1-10　全过程工程咨询项目利益相关者

从对项目成功标准研究的动态演化，人们对项目成功的理解从起初相对单一的“三角”标准逐渐向更加系统化、考虑更多利益相关者、考虑项目全生命周期、全过程方向动态发展。因此，要定义项目的成功不仅仅局限于项目实施阶段，还需要逐步扩展至项目所涉及的众多利益相关者和全过程、全生命周期思想。

（2）基于利益相关者项目的价值分析。关于“价值”的定义，在学术上有着不同的论述和争论，诸如将价值视为一种需求、愿望、兴趣、标准、信念、态度和绩效等，也有提出比如“劳动价值论”“生产费用论”、价值工程中“价值＝功能/成本”等。代表性的研究有：Anita 和 Fellows 对项目价值本质的定义从马克思的劳动价值论的基本观点出发，将价值分为使用价值和交换价值两个方面，基本观点是人类劳动是创造价值的根源：实用价值即对社会或人类的有用性，而交换价值是买卖双方在交易过程中用货币总值衡量表现形式。Schwart 和 Bilsky 给出了项目价值（values）的概念，它至少有 5 个关键元素：①首先是一种概念和信念；②是对最终状态或行为的期待；③要超越一般具体的情况；④是指导对状态或行为的选择或评估；⑤具有相对的重要性顺序。并将价值分为最终价值（terminal value）和作用性价值（instrumental value）。

建筑产品价值的定义，不能单纯从质量、成本和时间三者来考虑。也就是说建设项目的价值，不仅仅是质量、成本和时间的简单综合。建筑产品在规划阶段考虑将价值因素转化为设计因素时一般要考虑多个价值因素，如人文因素、环境因素、文化因素、技术因素、时间因素、经济因素、美学因素和安全因素等。这些因素有些可以量化，有些不能量化，评价的标准也是随着社会经济的发展而发生变化的。因此，建筑产品价值的准确定义比较困难，在定义项目价值的过程中，要考虑到所有利益相关者或关键利益相关者期望的实现程度，根据利益相关者的期望实现程度来衡量价值的大小。对建设项目的核心价值就可以理解为“在公平的前提下，以最优的资源配置有效地实现项目利益相关者的需求”。换言之，项目的核心价值是项目利益相关者共同协商妥协得到的结果，在这个核心价值的指导下，在实现公平的前提下，项目实现了各种有形资源和无形资源的最优配置。

除了成本之外，全生命周期的价值还考虑了时间、质量、功能、符合性以及项目对于社会和环境的影响等多种因素。也就是说，全生命周期的价值体现在成本、时间、质量、功能、符合性以及项目对于社会和环境的影响等多个方面。因此，全生命周期的价值大小更能全面地反映项目综合效益的好坏。因此，全生命周期价值管理的基础是全生命周期造价分析（life cycle cost analysis，LCCA）。生命周期成本分析是一种测定在一定时期内拥有和运营设施的总成本的经济评价方法。

以上对价值的概念的基本观点都是从项目的有用性角度，及项目价值的基本体现是满足利益相关者的利益诉求。同时利益相关者的利益满足也是项目成功标准的体现，如Wateridge（1998）、Turner（2004）在总结项目成功的四个关键条件时谈道：项目开始之前项目成功的标准必须征得利益相关者的同意和认可，这些标准在项目实施的过程中应该反复进行检验；项目的投资人和项目经理之间是一个互相合作的关系，双方都应该把项目看成是一种伙伴关系；项目经理应该给予充分的授权；投资人应该对项目的实施有足够的兴趣。但是一些大型建设项目，特别是政府投资项目涉及的利益相关者复杂多变，不同的利益相关者的价值标准不同，因此，在项目决策过程中不能仅仅以政府管理者或投资人等少数人的利益追求为出发点，这就使得政府投资项目的价值标准确定更加困难和模糊。从项目成功标准看，项目成功的一个重要的标志就是满足各方面利益相关者的利益需求，但是不同的利益相关者对项目的需求各不相同，有时甚至是相互冲突与矛盾的，因此，如何有效解决这些冲突是项目成功的重要保障，从项目价值角度考虑，利益相关者的利益需求冲突解决是衡量项目价值的重要标准。因此，工程咨询的目标即为投资人等项目参与方提供有关造价信息咨询服务，这种服务要平衡利益相关者之间的利益需求，而利益相关者之间的这种价值需求可表述为项目所实现的功能与付出的造价为最佳匹配状态。

（3）基于利益相关者的价值提升路径。若给定某一建设项目，由于不同利益相关者对该项目的利益诉求存在着差异性，将各方的不同利益诉求进行统一，尽可能满足各方的需求是体现项目价值的重要手段，是实现项目价值提升的主要思路。国内目前对于此问题的研究还较为少见，概括而言，主要是利用价值管理的工具和手段，通过项目实施过程中不同阶段的信息集成，实现价值提升。如万礼锋和尹贻林（2010 年）将项目建造、运营及设施管理阶段的信息流向前集成到前期策划设计阶段，即将项目建造期管理信息、运营期设施管理信息向前集成，采用价值管理的思想提升项目价值，缩减成本，使利益相关者对项目的功能期望与项目全生命周期成本达到最佳匹配状态。又如尹贻林和刘艳辉（2009

年）所认为的，通过建立项目群治理框架，可从组织管理、制度管理和集成管理三个层次实现大型建设工程的项目价值的有效提升。

因此，本书将项目价值提升的实质界定为：提升项目价值的核心在于通过集成化的项目管理方式，使项目利益相关者的各种不同的利益诉求进行有机的统一。工程咨询企业在项目建设中为投资人提供了专业性的咨询服务，能够有效地实现项目建设过程中的信息不对称问题。而从项目价值提升的角度考虑，工程咨询企业所提供的咨询服务产品实质上也是项目价值提升的重要组成部分，可从项目建设三个主要阶段分别予以阐述。

a. 项目策划阶段。该阶段是通过对项目的投资环境和条件调查研究，对各种建设方案、技术方案以及项目建成后的生产经营方案实施的可能性、技术先进性和经济合理性进行分析和评价的过程。在此阶段，工程咨询服务形式主要表现为项目建议书、项目可行性研究等，要求它们对项目投资人的目标进行充分的理解，并利用恰当的方法或工具，如价值管理的基本原理，对项目其他利益相关者（这里主要是项目的用户）的利益诉求进行充分的考虑，对项目的预期目标是否能够实现、是否合理等问题进行判断，为设计阶段提供良好的基础。

b. 项目设计阶段。在此阶段，项目投资人的项目目标必须通过设计予以实现，同时，设计质量的优劣还将对项目的运营产生影响，如运营维护费用等。不仅如此，项目的功能将通过设计进行充分的展现，这也会直接关系到项目用户使用的便利性。因此，项目设计阶段在项目建设实施的整个阶段中也是极为关键的环节之一。这就要求工程咨询企业在项目设计阶段能够与项目各方利益相关者进行充分的沟通，如与项目投资人就其对项目所要达成的目标进行详细理解，与项目使用方或运营方就项目所要实现的各种具体功能进行沟通。

c. 项目施工阶段。在施工阶段，工程咨询服务形式包括工程监理、项目管理等。此时，投资人项目目标的实现程度则在相当大的程度上取决于项目实施团队的产出绩效。通过选择最优的项目实施团队，并在项目实施过程中加以必要的监督，是实现投资人项目目标的最为常见的方式。工程咨询企业运用其在项目建设实施过程中积累的知识和经验，协助项目投资人进行承包商、材料供应商的选择工作，并与由承包商、材料供应商等组成的项目实施团队进行沟通与协调，能够有效地保证项目管理的成功，获得良好的项目管理绩效。

综上所述，工程咨询服务产品在某种意义上说是实现项目价值提升的重要手段。因此，工程咨询服务产品必须能够涵盖项目建设实施的全过程，即产品的基础形态为基于项目管理各阶段的专业咨询服务，在客观上促进了项目价值的提升。由于项目利益相关者对于提升项目价值的需求实际上是不断增加的，因此项目价值的提升反过来又在相当大的程度上激励着工程咨询在上述基本形态的基础上，将所提供的咨询服务产品进行拓展，形成更为高端的增值型咨询服务产品。同时，也可对咨询服务产品在项目建议书、工程可行性研究、工程勘察、工程设计、项目管理、项目咨询、招标代理、造价咨询、工程监理等全套工程咨询服务的基础上，就其中的某一个或若干个产品类别为客户提供更深层次的服务，如将工程纠纷的司法鉴定、仲裁、合同纠纷的调解等作为本类别咨询服务产品的高端拓展方向。

二、全过程工程咨询运行相关工具

(一) 全生命周期造价管理 (LCC)

1. 全生命周期造价管理 (LCC) 概述

(1) LCC 的发展概述。全生命周期造价 (life cycle cost, LCC) 也被称为寿命周期费用。对于 LCC 的研究，大致可划分为以下四个阶段。

第一阶段 (1950 年～1970 年)：萌芽阶段。早在 1950 年美国对可靠性的研究过程中就已有萌芽，LCC 概念最早由美国国防部 (DoD) 提出，1966 年 6 月美国国防部开始正式研究 LCC 并主要应用于其军工产品的成本核算，并在 1970 年开始使用 LCC 评价法，使该经济评价方法在国防领域得到了广泛的运用并逐步向民用领域扩展。

第二阶段 (20 世纪 70 年代)：初步形成阶段。Gordon 于 1974 年 6 月在英国皇家特许测量师协会《建筑与工料测量》季刊上发表了《3L 概念的经济学》一文，首次提出“全生命周期工程造价管理”的概念。1977 年由美国建筑师协会 (American Institute of Architects, AIA) 发表的《生命周期成本分析——建筑师指南》一书，给出了全生命周期成本分析初步的概念和思想，指出了开展研究的方向和分析方法。

第三阶段 (20 世纪 80 年代)：发展阶段。英美的一些工程造价界的学者和实际工作者将 LCC 作为一种造价管理方法在工程造价领域应用，后在英国皇家测量师协会 (RICS) 的直接组织和大力推动下，LCC 理论和实践都得到了广泛、深入的研究和推广。Orsha 在《生命周期造价：比较建筑方案的工具》一文中，将全生命周期造价作为建筑设计方案比较的一种工具，并探讨了在建筑方案设计中应该全面考虑项目的建造成本和运营维护成本的概念和思想，提出了对工程项目 LCC 的分析方法，如：工程项目成本划分方法、工程项目造价的数学模型和工程项目的不确定性风险的估算方法；Flanagan R 写了一系列有关 LCC 理论的论文与书籍，包括《生命周期造价管理所涉及的问题》《工程项目生命周期造价核算》《生命周期造价管理：理论与实践》等。Bull J W 在《建筑项目生命周期成本估价》的著作中，分析了建设成本、运营和维护成本与生命周期成本之间的关系并给出了关系图；Robert J Brown，Rudolph R，Yanuck E 给出了生命周期成本估价的应用领域及研究方法。

第四阶段 (20 世纪 90 年代以后)：成熟阶段。《生命周期成本分析手册》(*Life CycleCost Analysis Handbook*) 比较统一地给出了全生命周期造价分析 (LCCA) 的有关概念、术语及实施的总体性步骤。美国的 Sielinda K fuller 和 Stephen R Petersen 给出了 LCCA 的分析流程。而在应用领域，LCC 也不断扩大其范围，制造业、建筑业、能源、交通等领域已将 LCCA 作为比较常用的决策支持工具。

(2) LCC 的基本概念。

LCC 所涉及的概念，各研究者和机构多有定义，如 DOD、NIST 等。比较而言，以《生命周期成本分析手册》(1999 年版) 给出的比较规范和完整，之后相关文献也多采用其概念或受其影响。手册中对进行 LCC 分析的基本术语都给出了如下具体的定义。

(1) 生命周期造价 (LCC)。在一定时期内拥有运行、维护、修理和处置建筑物或建设项目系统所发生的全部成本的贴现值的总和。包括三个变量：成本、时间和折现率。

(2) 生命周期造价分析（LCCA）。一种测定在一定时期内拥有和运营设施的总成本的经济评价方法。

(3) 初始成本（initial cost/expense）。占用建筑物/设施之前所发生的全部成本/费用。

(4) 未来成本（future cost/expense）。占用建筑物/设施之后所发生的全部成本/费用。通常可分为两类：一类是一次性成本（one－time cost），即在研究期内只发生一次而不是每年发生，如大多数的重置/替换成本（replacement cost）。另一类是重复发生成本（recurring cost），即在研究期内每年都要发生，如大多数的运营和维护成本（operational & maintenance cost）。

(5) 残值（residual value）。建筑物/项目在研究期末的净价值。与未来成本不同，它可以为正、负甚至为零。

(6) 研究期（study period）。是用于估测设施拥有和运营费用的时间范围。通常在20～40 年内，与研究者的偏好和项目预期的稳定使用寿命有关。一般研究期比设施的寿命期短。

(7) 折现率（discount rate）。反映了投资者的资金时间价值的利率，它使得投资在现在获得一笔收入和在将来获得一笔更大的收入没有什么不同。可分为两种：名义折现率（nominal discount rate）和真实折现率（real discount rate），二者的区别在于前者包括了通胀率。

(8) 现值（present value）。把发生在过去、现在和未来的现金流通过等值计算折算到基年的价值。

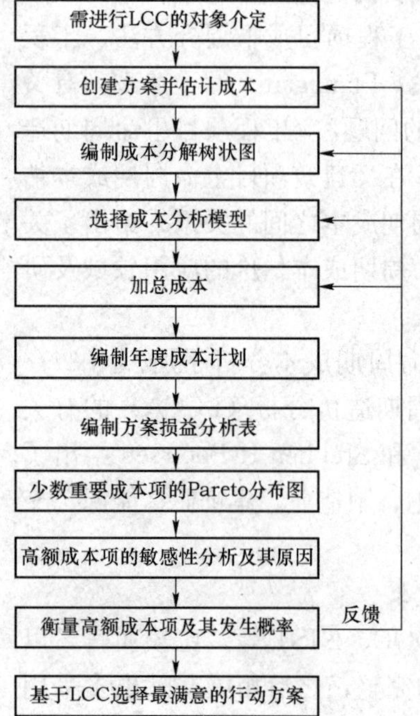

图 1-11 LCC 分析流程

2. 全生命周期造价管理（LCC）的应用

建设项目全生命周期分为项目决策阶段、设计阶段、招标阶段、施工阶段、运行和维护阶段和拆除阶段等，如图 1-11 所示，建设项目全生命周期造价分析的主要任务是基于满足特定的性能（安全性、可靠性、耐久性）以及其他要求的同时，优化建筑产品的生命周期成本。其目的是在建筑产品生命周期的所有阶段，特别是前期的决策、规划和设计阶段，为其做出正确决策提供科学依据。因此，要达到最佳投资效果，投资者就必须综合考虑项目的前期成本、建设成本、未来成本，以及项目的社会成本和项目所产生的综合效益。同时，决策者们必须对项目的整个生命周期进行系统考虑，进行全方位的综合管理。

项目全生命周期造价管理（LCC）的具体内容如图 1-11 所示。

首先，应确定各种目标值，在建设实施过程中阶段性地收集完成目标的实际数据，将实际数据与计划值比较，若出现较大偏差时采取纠正措施，以确保目标值的实现。

其次，工程成本的有效控制是以合理确定为基础，有效控制为核心，贯穿于建设工程全生命周期（见图 1-12）。

在建设项目投资决策阶段、设计阶段、招标阶段、施工阶段和运营维护阶段，把建设项目成本控制在批准的限额以内，随时纠正发生的偏差，以保证管理目标的实现，以求合理使用人力、物力、财力，取得较好的投资效益和社会效益。要有效地控制工程成本，应从组织、技术、经济、合同与信息管理等多方面采取措施，其中，技术与经济相结合是控制工程成本最为有效的手段。通过技术比较、经济分析和效果评价，正确处理技术先进与经济合理两者之间的对立统一关系，力求在技术先进条件下的经济合理，在经济合理基础上的技术先进，把控制工程成本观念渗透到设计和施工措施中去。

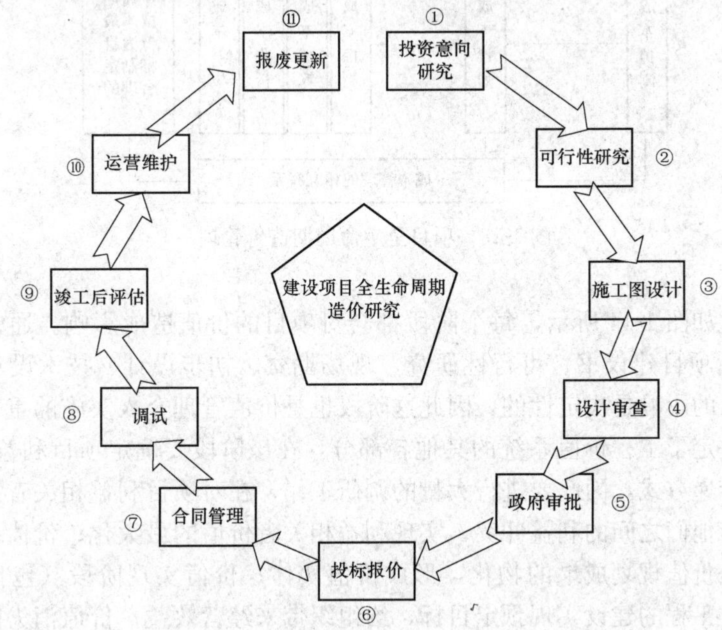

图 1-12　建设项目全生命周期阶段分类

最后，要立足于事先控制，即主动控制，以尽可能地减少乃至避免目标值与实际值的偏离。也就是说，工程成本控制不仅要反映投资决策，反映设计、发包和施工被动地控制，更要主动地影响投资决策，影响设计、发包和施工，主动地控制。

项目全生命周期造价管理如图 1-13 所示。

（二）价值管理

1. 价值管理概述

建设工程项目价值管理是一种以价值为导向的有组织的创造性活动，它利用了管理学的基本原理和方法，同时以建设工程项目利益相关者的利益实现为目标，最终实现项目利益各方最高满意度。

建设工程项目价值管理范围可包括工程项目全生命周期的各个阶段，包括项目建议书、可行性研究、现场勘察、初步设计、技术设计、施工图设计、实施、生产运营、废弃

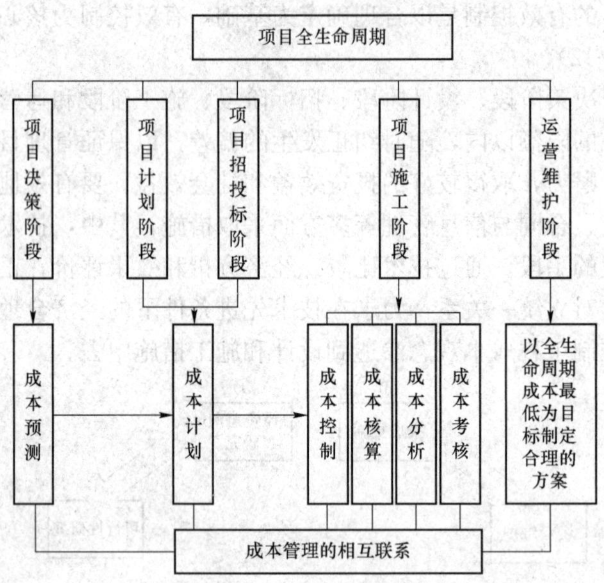

图 1-13　项目全生命周期造价管理

处理等各阶段，如图 1-14 所示，每个阶段都会对项目的价值造成影响。通常项目的价值规划阶段（包括项目建议书、可行性研究、现场勘察、初步设计、技术设计、施工图设计）对项目价值的影响是决定性的，因此这阶段也是价值管理介入实施的重要阶段，其服务成果基本上决定了工程价值系统的其他各部分，在该阶段要确定项目利益相关者价值、内容、大小与传递方式，因此要进行大量的调研工作，在对项目利益相关者需求进行识别的基础上，平衡他们之间的利益冲突，实现利益相关者价值的最大化；价值形成阶段（包括实施阶段）是价值规划成果的物化，形成价值实体；价值实现阶段（包括生产运营阶段）是组织通过工程的建设实现预定目标，给组织带来经营效益；价值消失阶段（包括废弃处理阶段）拆除报废项目并恢复场地和环境，为策划新项目提供可能。

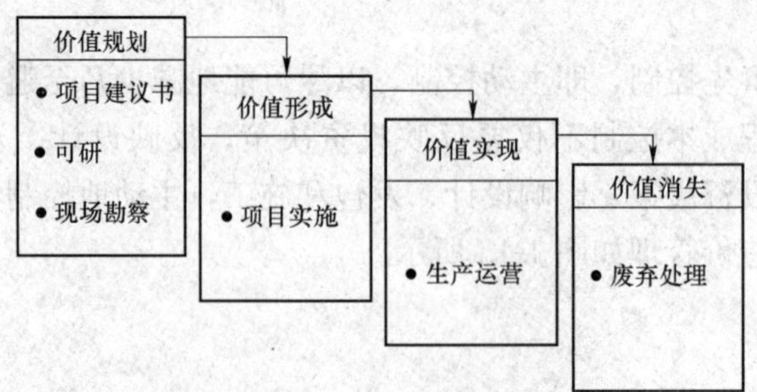

图 1-14　建设项目价值管理范围

2. 价值管理的应用

在项目全生命周期管理中，应用价值管理是十分有必要的。由于项目自身的特殊性，如何以最小化的全生命周期成本实现项目各利益相关主体的最大满意度，体现出项目的物有所值，是一个非常难以控制的复杂过程，因此，需要借助于价值管理等理念与全生命周期管理相结合以提高项目决策与控制的科学合理性。

据已有的实践经验分析，在项目生命周期的不同阶段实施价值管理对 LCC 的影响度是不一样的，或者说运用价值管理思想来进行 LCC 的控制，在不同的项目生命周期有不同的具体方法和手段，如图 1-15 所示。根据项目的进程，分别实施价值规划、价值工程、价值分析（这三者可视为价值管理的子集）以实现政府投资项目的最优 LCC。

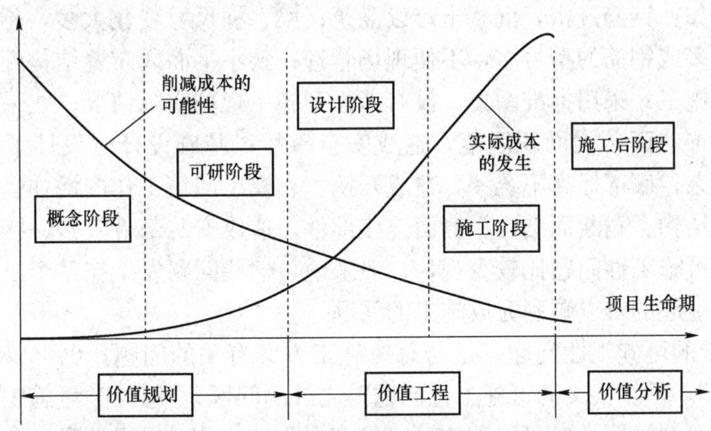

图 1-15　价值规划、价值工程、价值分析在项目生命周期中

从图 1-15 中可以发现价值管理介入的重点是在项目前期的决策阶段，从而可能有最大的 LCC 削减机会，在体现决策方案的设计与施工阶段通过价值工程将价值规划具体实现，施工完成后通过价值分析对其进行评价，以积累经验为将来政府投资项目的全生命周期造价管理提供经验与数据支持。

（三）可施工性分析

1. 可施工性概述

1983 年，英国建筑业研究和信息协会（Construction Industry Research and Information Association，CIRIA）提出了可施工性（buildability）概念：“The extent to which the design of the building facilitates ease of construction，subject to the overall requirements for the completed building。”其优点是：①通过对影响施工的因素来控制设计队伍，建立彼此间联系；②正式提出可施工性概念，进一步补充建筑行业理论，理论意义深远。不足之处是仅仅建立了设计和施工的联系，并没有涉及运行与维护等方面，缺少连续性。同期，美国建筑行业协会（Construction Industry Institute，CII）正在进行以提高成本效率为目标的全质量管理和建筑行业国际竞争理论的研究与发展工作，而可施工性研究是其重要的组成部分。与 CIRIA 相比 CII 定义范围更为广泛：“A system for achieving optimum of construction knowledge and experience in planning，engineering，procurement and field operations in the building process and balancing the various project and environmental to achieve overall project objectives”。到了 20 世纪 90 年代初，澳大利亚的建筑行业协会（CIIA）又对 CII 的可施工性定义进一步深化，其定义为：“A system for achieving optimum integration of construction knowledge in the building process and balancing the various project and environmental constraints to achieve maximization of project goals and building performance.”

崔云静、王旭峰在对建设项目的可施工性进行研究后指出：“第一类设计的可施工性问题”是指常见设计质量问题中那些“不便施工”或“不能施工”的问题，也可称之为“狭义的不可施工问题”。

较为典型的如：钢筋过密，混凝土难以浇筑；梁、柱尺寸变化太多，不便施工；混凝土强度等级变化多或钢筋的型号多，不便现场管理；狭小平面内布置结构件时没有考虑施工工作面，难以施工；采用标准图集，没有考虑到施工现场实际情况；在采用外墙外保温时用面砖进行装饰，面砖大面积脱落，造成安全事故；基础设计时设计了许多单个的基础，基础形状复杂，底部标高不统一，造成开挖、支模、回填工作的增加；结构设计时设计了轻型多支柱结构、宽断面结构、侧面连接部件，造成安装部件较多、接口较多、防火困难等。第一类可施工性问题比较直观，一般来说，这些问题发生在某个工序的施工过程中，是设计原因引起的难以顺利完成施工的问题。

“第二类设计的可施工性问题”是与总体施工方案有关的问题，也可以称之为“广义的不可施工问题”，是“狭义的可施工性问题”之外的问题。“第二类可施工性问题”是与总体施工方案有关的问题，也可以称之为“广义的可施工性问题”。第二类可施工性问题主要表现在项目实施的早期阶段，通常的设计质量管理没有从总体上考虑后续施工的需求。比如总平面图的布置包括各个主体结构、道路、临时设施、设备、起重机械等的布置是否考虑到施工布置的实际需要等，如图 1-16 所示。

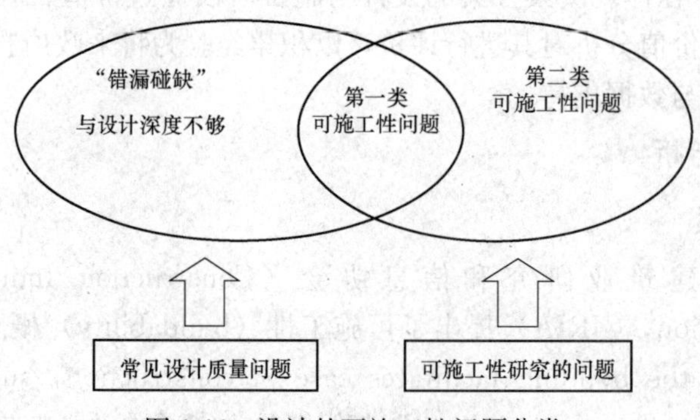

图 1-16 设计的可施工性问题分类

根据以上问题分析产生两类设计的可施工性问题的原因如下。

（1）承发包模式选择的局限性导致设计与施工相分离。设计与施工相分离直接影响了设计的可施工性，一方面，导致设计人员的可施工性经验是通用的，考虑施工问题带有主观性；另一方面，导致施工方在拿到施工图纸后，才可能进行施工组织设计，其优化施工流程的创造性活动受到既有图纸的限制，特别是一些先进的施工技术因得不到设计的有效配合而失去采用的机会。施工方在招投标结束之后才能参与项目，而承包商在项目前期决策阶段无法直接参与设计的可施工性研究。

（2）设计项目管理水平有问题，往往只能从大的原则上来考虑施工的需要，而不能从特定的项目和施工单位的实际情况来进行取舍、加工，不能完全考虑到施工方的实际需要，也不能及时反映施工方的最新需求。

2. 可施工性的应用

（1）实施可施工性研究的要素。

1）施工人员参与。早期的设计决策缺乏对施工方法的考虑是产生可施工性问题的主要原因。选择适当的施工方案和材料可以节约成本和加快施工进度，如采用预制构件、滑模施工和现场拼装等施工方法。由于不了解施工方法，同时又没有施工知识的输入，设计人员在设计阶段普遍对施工的需求考虑不足，在设计决策时往往采用不适当的假设，没有对未来的施工方法进行最优分析。

在传统的施工总承包模式中，承包商在施工图纸完成后才介入项目的实施，其创新性受到设计图纸的约束。如果让有丰富施工知识和经验的人尽早参与项目实施，即在设计阶段就和设计人员合作，能够使设计者在设计过程中就考虑施工的需求，使设计与施工集成，并不断深化，可以解决很多设计人员容易忽视的问题，从而优化施工流程，降低项目全生命周期成本。

2）可施工性研究尽早实施。在项目的早期，项目决策的成本很低，但这些决策却能够对项目的整体成本造成很大影响。施工图或技术说明一旦提交审核，再进行大的变更是非常困难的，不仅设计人员有抵触情绪，而且设计返工对成本和工期的影响都会阻碍设计变更的实施。所以，可施工性研究应尽早开始，并且不能仅局限于对施工图或技术说明进行审核、提出建议等。

在项目概念规划阶段就开始实施可施工性研究，让经验丰富的施工专家尽早参与项目的实施，能够充分利用他们的施工经验，为早期决策提供信息，适当影响投资人、策划者、设计者和材料、设备的供应商等，因此可以产生最大的效益，使项目的工期缩短、总体质量提高，可操作性、可维护性以及使用的可靠性都有所提高，并使项目全生命周期成本降低。图 1-17 表明，在项目实施的不同阶段实施可施工性研究，其效益不同。

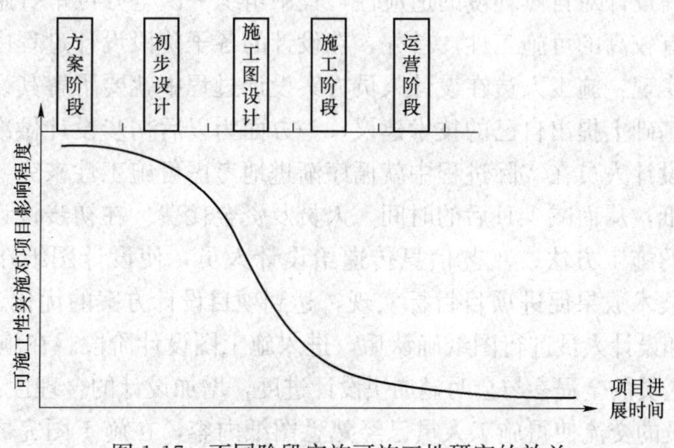

图 1-17　不同阶段实施可施工性研究的效益

3）可施工性延伸至整个项目周期。可施工性研究强调在项目实施的全过程中进行系统地研究，充分发挥施工人员经验和知识的作用。也就是说，可施工性研究应该成为项目实施总体规划的一部分，从投资人提出项目需求构想时开始，在项目的整个实施周期内持续进行，一直延续到整个工程项目竣工、启用为止。

4）多方参与，有组织地进行。可施工性研究是致力于项目目标的集成化、系统化、专业化的研究活动。实施高效的可施工性研究，需要将参与项目的各方人员有效地组织起来，以利用各方的专业知识和经验，优化项目的实施过程。

参与可施工性研究的各方应始终从项目的整体利益出发进行研究。具体包括：①投资人必须在实施可施工性研究过程中发挥重要的作用，投资人将负责选定参与可施工性研究的人员，指定一位负责人，最重要的是，投资人需要赋予施工方在通常的项目规划和设计阶段无法获得的参与项目的权利；②可施工性研究协调人不仅要具有设计方面的知识和经验，而且必须有施工方面的经验和知识，同时，还需要具有良好的交流技巧，以便与其他参与者沟通；③参与可施工性研究的设计人员必须耐心地与其他参与人员交流，能够虚心地接受其他参与者提出的改善可施工性的建议；④参与可施工性研究的施工人员必须具备丰富的施工知识和经验，应当能够作权威性的发言，清晰地提出自己的见解，耐心地与其他参与者交流，可以表达参与项目的意愿，支持有利于优化项目的总体目标（不仅仅是施工目标）方案，以赢得可施工性研究参与各方的信任，使研究顺利进行；⑤可施工性研究还需要其他专业的专家共同参与，以审核某些特殊的工作，如运输、结构、焊接、吊装、管线、涂料及仪器等。

（2）可施工性分析在设计阶段的实施。进入正式的设计阶段后，施工人员发挥的作用就不再是建议性的而是建设性的。设计过程中，设计人员、施工人员、造价人员充分交流、沟通，可通过定期会议制度或组织制度来保证。在设计前，可施工性研究小组应参与制定项目总体进度计划和拟定主要的施工方法，以保证设计方案与进度计划相匹配。

在设计中，重点审查总图方案，分析实现单项设计意图的施工方法，开展价值工程活动，推广应用标准化设计，尽可能多地采用工厂化生产的建筑部件，分析设计项目所需物资的可供性，提高设计对自然环境的适应性，集中组织一次全方位审查施工图的可施工性等，确保设计具有较高的可施工性。首先，在设计的各子阶段设计过程中，可施工性的考虑可以通过如下实现：施工人员在设计人员方案设计过程中就要了解其设计思路和设计进展，并在其设计基础上提出自己的技术建议，一方面为以后初步设计做准备；另一方面可以相互启发，让设计人员在实际进程中就循序渐进地考虑可施工性来完善图纸，减少设计人员返工修改图纸，从而减少日后的时间、人员及资金耗费。在初步设计过程中，施工人员可以把一些新的施工方法、工艺信息传递给设计人员，使设计图纸在实施中更具时效性，利用先进的技术成果促进项目目标实现，达到项目设计方案的优化。在初步设计完成后，由施工人员和设计人员进行图纸确认后，进入施工图设计阶段。在施工图设计过程中，由于前阶段施工人员的全程参与会明显加快设计进度，增加设计的合理性，而且在整个设计过程中，两方人员的交流使得施工人员已经熟悉图纸内容，在施工图完成后就省去了在认识图纸、反馈问题、变更等花费的时间，真正做到专业工种搭配进行，消除设计脱离的问题，用过程的优化替代了以往结果的优化。在施工中，重视并参加设计交底与图纸会审活动，加强对工程变更的管理，建立激励机制，鼓励承包商就设计文件提合理化建议等。

王成芳在分析了建设项目设计的可施工性后指出，设计阶段开展可施工性研究的基本工作程序可分为七步，如图 1-18 所示。

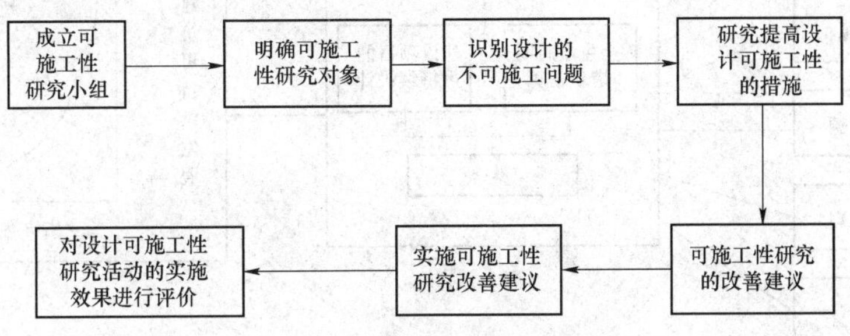

图 1-18　设计阶段可施工性研究的流程图

第一步，组建研究小组。随着建设项目的开展，项目经理应及时将研究人员扩大到施工单位、专业分包商和大型材料设备供应商。

第二步，确定研究的项目目标，明确可施工性研究的对象。

第三步，应用项目结构分解（WBS）方法，识别设计的不可施工性问题。

第四步，研究提高设计可施工性的措施。

第五步，提出改善设计可施工性的建议，并对它们进行技术、经济评价，择优选择。

第六步，应用设计可施工性研究的成果（进行设计变更后实施）。

第七步，对设计可施工性研究活动及其实施效果进行评价。

（四）可持续设计

为了将可持续发展的理念转化成一种具体化可操作的设计策略，美国出版了《可持续建筑设计指导原则》，其中较主要的方面是：①重视对设计地段的地方性、地域性的理解，延续地方场所的文化脉络；②增强适用技术的公众意识，结合建筑功能要求，采用简单合适的技术；③树立建筑材料蕴藏能量和循环使用的意识，在最大范围内使用可再生的地方性建筑材料，避免使用高耗能量、破坏环境、产生废物以及带有放射性的建筑材料、构件；④针对当地的气候条件，采用被动式能源策略，尽量应用可再生能源；⑤完善建筑空间使用的灵活性，以便减少建筑体量，将建设所需的资源降至最少；⑥减少建造过程中对环境的损害，避免破坏环境、资源浪费以及建材浪费。

可持续发展理念实施的体现是可持续建筑在建筑行业中的运用，经过长久以来的发展，可持续建筑已大量出现在人们的生活当中，其功能与理念受到了社会的广泛认可。

影响政府投资项目可持续性的因素包括：经济效益、资源利用情况、环境状况、可改造性、科技进步情况与可维护性。这些因素都影响建设项目的可持续性，并体现在能源、水、土地、材料的消耗和对环境的影响等方面。全生命周期造价与建筑的可持续性呈双曲线函数关系，即在其他条件不变的情况下，全生命周期造价越低，项目就越具有可持续性，所以本书将 LCC 与可持续设计结合在一起进行考虑，提出了基于 LCC 的可持续设计的具体实施框架及相关的技术措施。全生命周期造价 LCC 与项目的可持续设计的关系如图 1-19 所示。

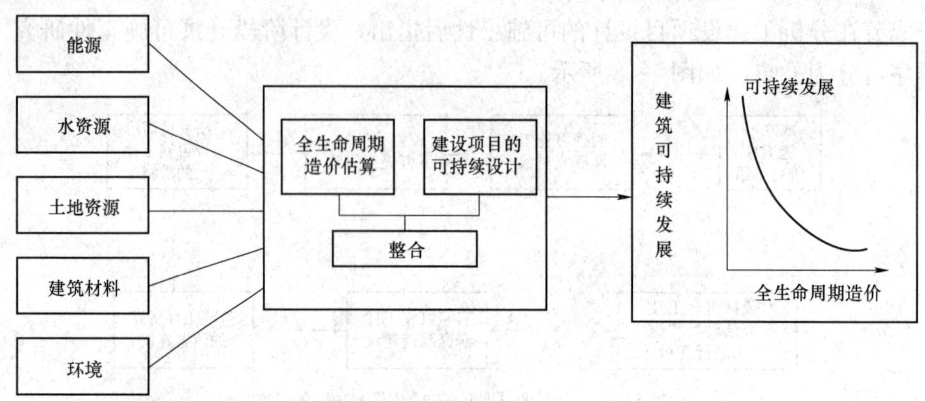

图 1-19 LCC 与项目可持续设计的关系图

1. 基于 LCC 的可持续设计切入点

传统的设计管理方式，缺乏从全生命周期的视角来审视建筑的理念，对建筑的未来运营成本和拆除成本考虑不足，即传统的设计管理方式更多关注的是建筑的建造成本，使得许多建筑缺乏可持续性。例如，许多政府投资项目在建成运行几年或十几年后，由于高额的运营维护费用，或者缺乏前瞻性的功能设计，不得不废弃或拆除，远远达不到项目的设计使用寿命，造成了资源的巨大浪费，并给环境带来极大的负担。因此，有必要引入 LCC 与可持续的理念与方法，改善我国政府投资项目目前的设计管理方式，实施建筑的可持续设计。

基于 LCC 的可持续设计对设计阶段项目管理绩效的改善主要从如下角度切入：首先，限额约束下各子系统优化方案的选择问题，将 LCC 集成到可持续设计包中，利用 LCC 方法评价和比较子系统优化方案，尽可能地降低建筑的 LCC，从而提高建筑的可持续性；其次，将上述建立的能够改善设计阶段项目管理绩效的基于 LCC 的可持续设计包，应用到设计的各个阶段，形成基于 LCC 的可持续设计框架。

(1) 建立能够改善设计阶段项目管理绩效的设计包，即基于 LCC 的可持续设计包。限额设计是传统设计模式中控制造价的有效方法，但是由于限额的存在，设计人员只能在限额内寻求初始成本低的方案，缺乏寻求后期运营/维护低费用方案的激励，忽视了建筑项目的未来成本，使许多 LCC 较低的方案，却因为初始成本过高而被排斥掉，使投资人在未来的运营和维护中，遭遇巨额的资金困难。限额设计下的可持续设计，其方案优化时存在资金约束的问题。即在对基本方案进行优化时，需要对建筑的各个子系统进行优化，每个子系统的优化都可能引发增加投资，因此不可能实施所有的子系统优化方案，只能在资金约束下，从全生命周期的角度出发，选择最具有费用效率的子系统优化方案来实施。LCC 分析能够很好地解决这个问题，可以利用 LCC 及其附加指标对各子系统优化方案进行排序，以最大效率地利用投资，提高建筑可持续性。

(2) 将基于 LCC 的可持续设计包应用到设计的各个阶段，形成基于 LCC 的可持续设计框架。在设计的各个阶段，不论是方案设计、初步设计还是施工图设计，均以如下基本工作内容为核心，即设计方案设计、设计方案评价与设计方案选择。只是各个阶段所设计的对象逐渐由宏观到微观，由整体到局部，会逐渐细化。例如，在方案设计阶段，需要对建筑的整体方案进行设计、评价和优选，初步设计阶段需要对各专业工程的方案进行设计和优选，而在施工图设计阶段，则可能会细化到各个分部分项工程，因此，本书将 LCC 集成到设计阶段的工作内容中，形成基于 LCC 的可持续设计包，在设计的各个阶段依次分别应用该设计包，寻求最终的可持续设计方案，便构成了基于 LCC 的可持续设计框架。

2. 基于 LCC 的项目可持续设计框架

传统的设计注重寻求技术先进、结构坚固耐用、功能适用、造型美观与环境协调和经济合理的设计方案，在一定程度上也很注重建筑的可持续性，但是没有引入 LCC 等先进的方法辅助进行方案设计和方案评价，而且其提高建筑可持续性方面的技术也不够系统全面。

(1) 基于 LCC 的可持续设计包。在项目设计阶段的各部分工作中可以将 LCC 引入进来，即从影响全生命周期成本的因素出发进行方案设计，再利用 LCC 方法进行方案评价和选择，建立了基于 LCC 的可持续设计包，如图 1-20 所示，其主要包括方案设计、方案评价、方案选择三个步骤。

1) 方案设计。明确项目的功能需求和可获资源状况，分析项目全生命周期成本的构成，并寻找影响项目全生命周期成本的主要因素，从这些因素出发，设计能够有效降低项目 LCC 的方案，一般需要设计两个以上的基本方案，并对各基本方案的子系统分别进行优化设计，每个方案最终形成一个基本方案和一个子系统优化方案集的组合。基本方案的建筑特征应基本选定，包括建筑选址、朝向、结构形式、设备选型等；然后再对建筑的子系统进行优化设计，例如将单层窗改为双层窗，改善建筑的朝向、采用节能电器、增加太阳能系统、增加外墙保温隔热系统等，这些就构成了该方案的子系统优化方案集。子系统的优化应集思广益，本着降低建筑全生命周期成本，提高可持续性的原则来设计。

在实际设计工作中，设计人员为避免繁杂的设计和分析工作，通常首先通过分析选定一个基本方案，再针对该方案进行优化。这种方法虽然节省了设计工作量，但是却存在缺陷，即：仅仅对选定的最优基本方案进行了优化，而没有对其他基本方案进行优化，这就有可能造成最优方案的遗漏——非最优基本方案经过优化后，有可能会优于最优基本方案的优化方案。因此本框架提出对所有的基本方案都要进行优化，然后进行全面的比较。

2) 方案评价。利用 LCC 进行方案评价时，相同成本因子可以剔除，方案比较时不予考虑，并计算 LCC 的附加指标。方案评价可分为以下三步：

a. 评价各基本方案，分析其建造成本和全生命周期成本；

b. 评价各子系统的生命周期费用效率；

c. 对子系统优化方案集进行 LCC 分析，在投资限额的约束下，尽可能多的选择各子系统优化方案，以降低该方案的生命周期成本。这需要采用 LCC 附加指标对各子系统优化方案进行排序，优先选择费用效率高的改进方案，直到建筑的建造成本达到投资限额为止。

分析优化后的方案，计算其全生命周期成本。

3) 方案选择。方案选择的原则是以全生命周期成本最低的方案为最优方案，最具有可持续性。

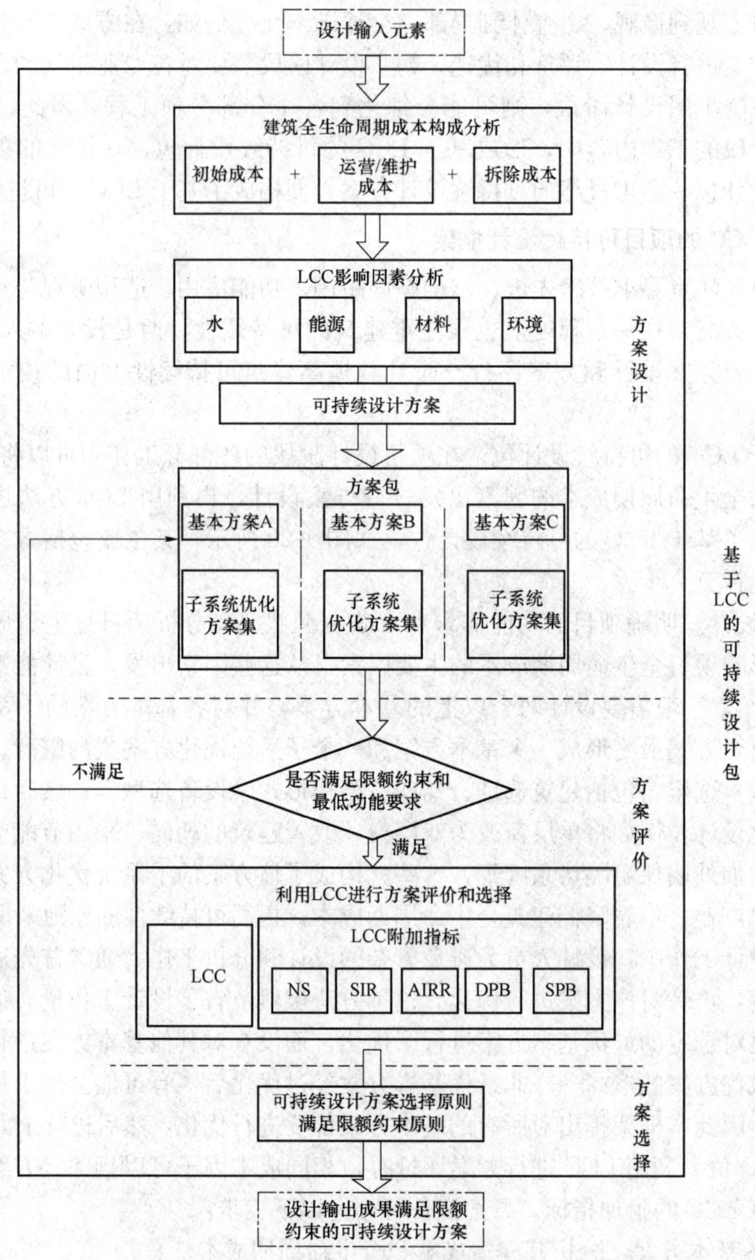

图 1-20 基于 LCC 的可持续设计包

（2）基于 LCC 的可持续设计框架。基于 LCC 的可持续设计包可以应用到设计的各个阶段，改善各个阶段的设计工作，提高各阶段输出成果的可持续性，形成基于 LCC 的可持续设计框架，本书设计阶段对于可持续设计包的应用主要体现在方案设计、初步设计及施工图设计三个阶段。具体如图 1-21 所示。

1）方案设计阶段。建筑方案设计是建筑设计的初始阶段，它是建筑设计人员对设计对象有较深刻的认识，对设计任务、环境、建筑功能等作了一定分析之后，对建筑平面形状、体型及立面处理，层数、层高、开间、进深、结构形式、总体布置等方面提出的初步设想。

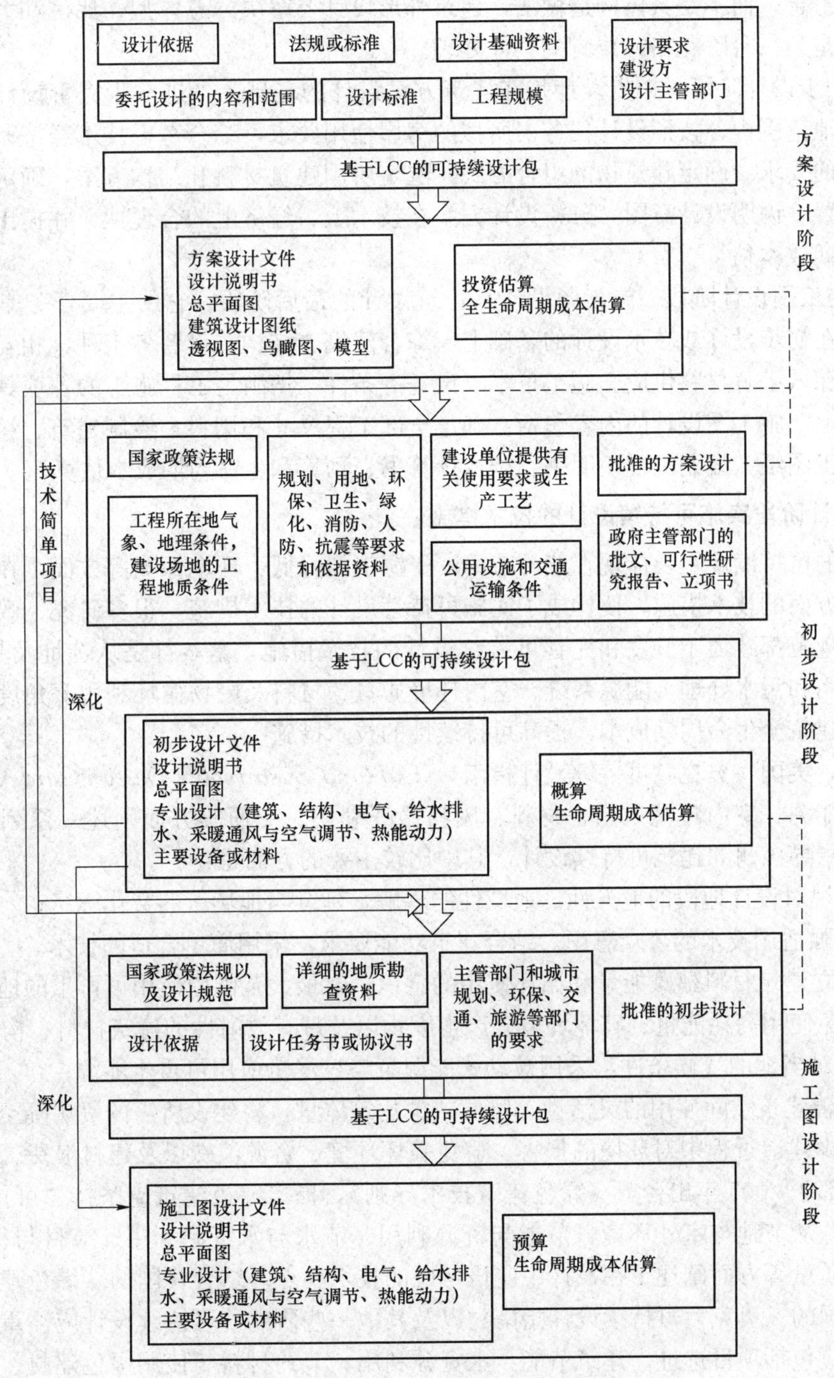

图 1-21　基于 LCC 的可持续设计框架

进行方案设计时，应由总体到局部、由粗到细，注意先解决大的关键问题，如平面方案中主要先考虑建筑功能分区、流线组织、建筑平面形式选择及房屋开间、进深的确定和房间位置的合理安排，而不是门窗的具体尺寸；剖面设计主要是剖面形式、层高，层数确定和空间组合，而不是具体构造做法；建筑外形设计要解决好总体型、比例和大的虚实划分，而不是某一台阶花格或线脚的具体处理。

2）初步设计阶段。初步设计是在建筑方案设计的基础上，进一步完善设计方案，在已定的场地范围内，按照设计任务书所拟的房屋使用要求，综合考虑技术经济条件和建筑艺术方面的要求，确定建筑物的组合方式，选定所用建筑材料和结构方案，确定建筑物在场地的位置，说明设计意图，分析设计方案在技术上、经济上的合理性，并提出设计概算和生命周期成本估算。

3）施工图设计阶段。施工图设计是建筑设计的最后阶段。它的主要任务是满足施工要求，即在初步设计或技术设计的基础上，综合建筑、结构、设备各工种，相互交底、核实核对，深入了解材料供应、施工技术、设备等条件，把满足工程施工的各项具体要求反映在图纸上。施工图设计的内容包括：确定全部工程尺寸和用料，绘制建筑、结构、设备等全部施工图纸，编制工程说明书、结构计算书、预算和生命周期成本估算。

3. 设计阶段实施可持续设计的技术措施

建筑的可持续性主要体现在能源节约、资源消耗降低、环境保护等方面，在设计中致力于上述方面的技术措施，便构成了实施可持续设计的技术措施。很多研究、政府政策法规、设计规范都致力于开发和完善可持续设计的技术措施，基本都是从选址及景观规划、水资源利用和污水处理、能源系统、室内环境质量、材料及废物循环利用等角度出发，来探讨降低建筑全生命周期成本，提高可持续性的技术措施。

其中，美国《奥克兰可持续设计指南》（*Oakland Sustainable Design Guide*）从选址、水资源、能源、室内环境质量、材料、废物循环利用、交通等方面阐述一系列的技术措施，用以指导该州的建筑可持续设计，其中比较主要的方面是：

a. 重视对设计地段的地方性、地域性的理解，延续当地场所的文化脉络；

b. 增强适用技术的公众意识，结合建筑功能要求，采用简单合适的技术；

c. 树立建筑材料蕴藏能量和循环使用的意识，在最大范围内使用可再生的地方性建筑材料，避免使用高耗能量、破坏环境、产生废物以及带有放射性的建筑材料、构件；

d. 针对当地的气候条件，采用被动式能源策略，尽量应用可再生能源；

e. 完善建筑空间使用的灵活性，以便减少建筑体量，将建设所需的资源降至最少；

f. 减少建造过程中对环境的损害，避免破坏环境、资源浪费以及建材浪费。

建设部于2005年出台了《绿色建筑技术导则》，提出绿色建筑应坚持“可持续发展”的理念，并从节地与室外环境、节能与资源利用、节水与水资源利用、节材与材料资源、室内环境质量等方面阐述了在设计中应该考虑的技术要点。结合我国的《绿色建筑技术导则》与美国的《奥克兰可持续设计指南》以及其他一些研究，可持续设计应注重的技术措施，主要应包括项目选址、建筑节能、水资源利用、节约材料与使用绿色建材、废弃物的处置等方面。

1）项目选址。项目选址对于降低项目的全生命周期成本，提高项目的可持续性具有重要意义。项目选址工作包括土地使用规划、交通布局、地址选择、建筑布局和朝向安排，雨水处理系统、植被、水资源利用和化学物质使用等。项目选址与场地规划应本着如下原则：①保护自然生态环境，充分利用原有场地上的自然生态条件，注重建筑与自然生态环境的协调；②场地环境应安全可靠，远离污染源，并对自然灾害有充分的抵御能力；③建筑用地适度密集，加强土地的集约化与高效化利用，充分利用周边的配套公共建筑设施，合理规划用地。

2）建筑节能。建筑节能可以从以下几个方面考虑：降低能耗、提高用能效率、使用可再生能源。

a. 降低能耗。利用场地自然条件，合理考虑建筑朝向和楼距，充分利用自然通风和天然采光，减少使用空调和人工照明；提高建筑围护结构的保温隔热性能，采用由高效保温材料制成的复合墙体和屋面及密封保温隔热性能好的门窗，采用有效的遮阳措施；采用用能调控和计量系统。

b. 提高用能效率。合理选择用能设备，采用高效建筑供能；根据建筑物用能负荷动态变化，采用合理的调控措施；优化用能系统，考虑部分空间、部分负荷下运营时的节能措施，有条件时宜采用热、电、冷联供形式，提高能源利用效率；采用能源回收技术；针对不同能源结构，实现能源梯级利用。

c. 使用可再生能源。充分利用场地的自然资源条件，开发利用可再生能源，如太阳能、水能、风能、地热能、海洋能、生物质能、潮汐能以及通过热泵等先进技术取自自然环境（如大气、地表水、污水、浅层地下水、土壤等）的能量，见表 1-1。

表 1-1　可再生能源的应用*

可再生能源	利用方式
太阳能	太阳能发电
	太阳能供暖与热水
	太阳能光利用（不含采光）于干燥、炊事等较高温用途热量的供给
	太阳能制冷
地热（100%回灌）	地热发电十梯级利用
	地热梯级利用技术（地热直接供暖-热泵供暖联合利用）
	地热供暖技术
风能	风能发电技术
生物质能	生物质能发电
	生物质能转换热利用
其他	地源热泵技术
	污水和废水热泵技术
	地表水水源热泵技术
	浅层地下水热泵技术（100%回灌）
	浅层地下水直接供冷技术（100%回灌）
	地道风空调

* 建设部《绿色建筑技术导则》，2005 年 10 月。

可再生能源的使用不应造成对环境和原生态系统破坏以及对自然资源污染。

3）水资源利用。在进行可持续设计中，本着不损害设施功能的前提下，最大可能节约水的消耗。水资源的节约和利用，主要考虑到如下因素：节约用水可以减轻水资源紧缺的压力，同时可以降低水处理所需要的能源和化学用品，从而降低建筑的生命周期成本。

采用节水系统、节水器具和设备，并将生活用水、景观用水和绿化用水等按用水水质要求分别提供、梯级处理回用；景观用水利用河湖水、收集的雨水或再生水，绿化浇灌采用微灌、滴灌等措施。

综合利用雨污水，采用雨水、污水分流系统；在水资源短缺地区，采用雨水和中水回用系统；合理规划地表与屋顶雨水径流途径，最大程度降低地表径流，采用多种渗透措施增加雨水的渗透量。

水资源的利用主要从以下两个方面着手：提高水资源利用效率、雨污水综合利用。也就是一方面要减少水资源的消耗，另一方面要将污水和雨水资源化。

4）节约材料与使用绿色建材。大量原材料的消耗带来了严重的环境问题，包括在矿产、木材等的开采、加工、使用、废弃等整个生命周期过程中产生的对地质地貌的扰动，水土的严重流失、对生态的破坏等，所选用的建筑材料对室内环境产生很大影响。

在可持续设计中，就应遵循节约使用建筑材料和选用绿色建材的原则。绿色材料（green material，GM）是指那些具有良好使用性能或功能，并对资源和能源消耗少，对生态与环境污染小，有利于人类健康，再生利用率高或可降解循环利用，在制备、使用、废弃直至再生循环利用的整个过程中，都与环境协调共存的建筑材料。

选用可循环、可回用和可再生的建材，减少不可再生资源的使用；选用可降解、对环境污染少的建材，减少施工废料；选用耗能低、高性能、高耐久性和本地建材，减少建材在全生命周期中的能源消耗；使用原料消耗量少和采用废弃物生产的建材；使用可节能的功能性建材。

5）废弃物处置。在工程项目中，可循环使用的材料，如木材、金属等约占废物总量的75%，这意味着回收利用具有很大的空间。由于越来越多的垃圾场达到了容量的极限，新的垃圾场选址存在困难，许多垃圾场又排斥建筑垃圾，因此垃圾排放费用将会上升。在建筑设计阶段应认真规划建筑废弃物的处理，应多选用可以重复利用、循环利用的建筑材料和构件。在项目更新或拆除时，原建筑仍具有功能价值的构件、材料，应在新工程中加以再利用。

（五）质量功能展开（QFD）

1. 质量功能展开（QFD）概述

质量功能展开（quality function deployment，QFD）这一概念是由日本学者 Yoji Akao 于 1966 年首次提出，它作为一种产品设计方法于 1972 年在日本三菱重工神户造船厂首次得到应用，该厂使用了“质量表”，分析如何把用户、消费者的需求变换成工程措施、设计要求。黄如宝（2008 年）指出，从本质上讲 QFD 方法是一种获取客户质量需求并将其转化为可供设计人员理解的质量特性的系统方法，在设计工作开始之前，设计人员须对投资人进行建筑功能需求调查，在此过程中设计人员获取了投资人对建筑内容、规模和标准的基本需求。

QFD可以看作是由一系列关系组成的网络（network of relationships），通过这一网络，顾客需求被转化为产品质量特征，产品的设计则通过顾客需求与质量特征之间的关系被系统地“展开”到产品的每一个功能组成中，并进一步“展开”到每个零件和生产流程中，通过这一过程，最终实现产品设计。QFD包含两个要素：质量展开（quality deployment）和功能展开（function deployment）。质量展开即把顾客需求部署到设计过程中去，它保证产品的设计、生产与顾客需求相一致。

2. 质量功能展开的应用

QFD技术最早应用在制造业中，用于通过收集调查产品客户的需求来了解和熟悉产品的开发设计，将客户需求有效转化为产品的设计方案和设计参数的过程。随着QFD技术应用发展成熟，现已经不断有学者将此项技术引进到工程项目建设领域。

QFD的核心组成部分由矩阵“质量屋（house of quality，HOQ）”来实现，它是QFD基本原理的核心。HOQ是一种形象直观的二元展开图表。HOQ为QFD的要素分解提供了一个基本工具，如图1-22所示。

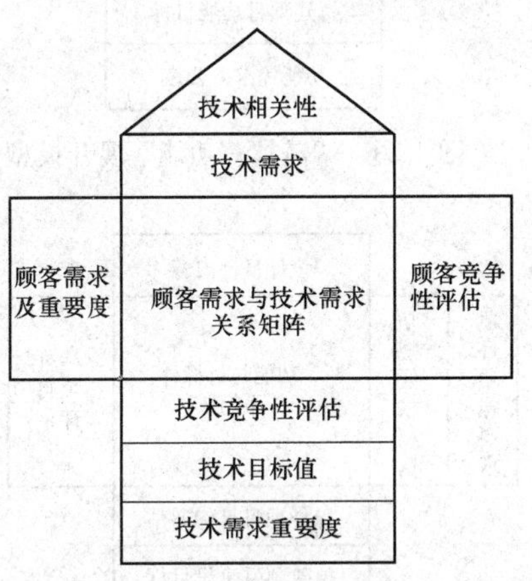

图1-22　质量屋示意图

ASI的开创者Sulliven认为，QFD作为一个总体概念，提供了一种方法，通过这种方法，可以在产品开发和生产的每个阶段把顾客需求转变为适当的技术要求。Sulliven的定义把QFD作为一种方法，看作一种过程。John R. Hauser & Don Clausing以此思想为基础，具体提出了QFD的四阶段过程，即产品规划、零部件展开、工艺计划、生产计划。以QFD的四个阶段为主要工具对建设项目的利益相关者需求、项目功能要求进行逐层展开，以达到建立确定项目的设计要求、建设目标的目的。QFD在传统的制造业中的应用过程是由“顾客需求—产品规划”“产品规划—零部件展开”“零部件展开—工艺计划”和“工艺计划—生产计划”四个阶段逐层展开最终确定产品的生产要求，借鉴QFD的这种指导思想和方法，结合建设项目决策阶段管理工作的实际情况制定一个适合在决策阶段开展，用于指导项目设计阶段工作的项目建设目标的QFD展开过程。

决策阶段项目设计目标体系构建工作的主要目标是根据项目的功能需求，确定项目的建设规模与规格等具体设计参数值，以满足社会对公共项目的需求。借助QFD的思想与方法，以项目利益相关者的需求作为质量功能展开的客户需求，将投资人的需求转化为项目的功能目标，再将功能目标进行展开转化为项目的设计目标。由于利用QFD在项目决策阶段构建项目设计目标，而典型的QFD过程是从产品的规划到零部件规划到工艺生产计划的全过程展开。因此，在决策阶段，不用考虑项目工艺计划和生产计划的展开。结合建设项目目标体系的构成，可以利用QFD方法进行两个阶段的质量功能展开“需求—功能”展开和“功能—目标”展开即可，具体过程如下。

(1)“需求—功能”展开。以利益相关者的需求为依据，建立“需求—功能”质量屋，确定项目功能要求目标和功能目标重要性权重。展开模型如图1-23所示。

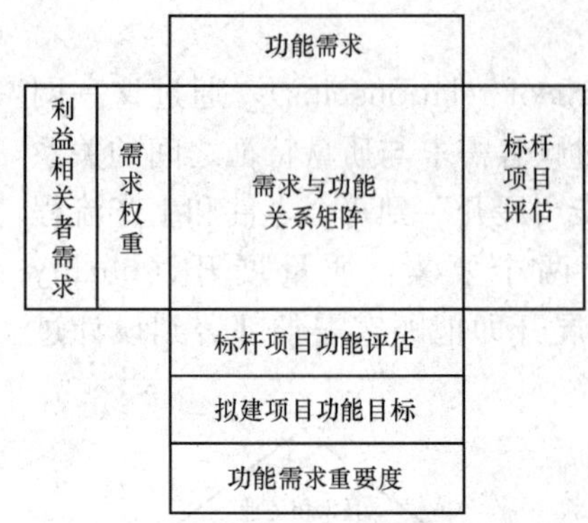

图 1-23 “需求—功能”展开模型

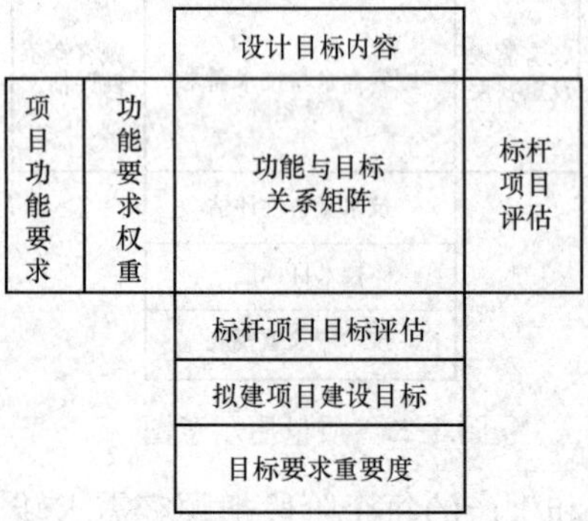

设计目标内容
项目功能要求
功能要求权重
功能与目标关系矩阵
标杆项目评估
标杆项目目标评估
拟建项目建设目标
目标要求重要度

图 1-24 “功能—目标”展开模型

展开过程的成果是项目目标体系中的功能目标及其重要度，建设项目的功能目标既是项目目标体系的构成部分，也是项目设计目标的构建依据，因为项目设计目标的构建便是以项目功能目标为依据，确定项目的设计目标重要度和目标值。即第二个过程：“功能—目标”展开过程。

（2）“功能—目标”展开。“功能—目标”展开是以项目功能要求为依据进行项目设计目标重要度和目标值确定的过程，展开过程和展开方法与“需求—功能”展开过程相同，采用“功能—目标”质量屋模型，以标杆项目的目标值作为参考，进行具体目标的确定，模型如图 1-24 所示。

“功能—目标”展开过程的最终成果是项目设计目标体系，将最终得到的项目设计目标按照目标的属性进行分类整理即可以得到项目设计目标体系，如项目建设规模、质量标准、目标成本和进度目标等。此展开过程需要结合项目的工作分解结构（WBS）和标杆项目的功能分析结果。利用工作分解结构确定的项目可交付成果为项目设计目标内容确定了范围，标杆项目的功能分析为项目的功能评价值提供了参考和标准，利用标杆管理的思想最终目标就是要求达到最佳效果，使得拟建项目的超过标杆项目效果的目的。

（六）PDCA 循环

1. PDCA 循环概述

“PDCA”循环又叫质量环，由质量管理专家戴明博士提出的概念，是质量体系活动应该遵循的科学工作程序，PDCA 循环是能使任何一项活动有效进行的方法，如图 1-25 所示。

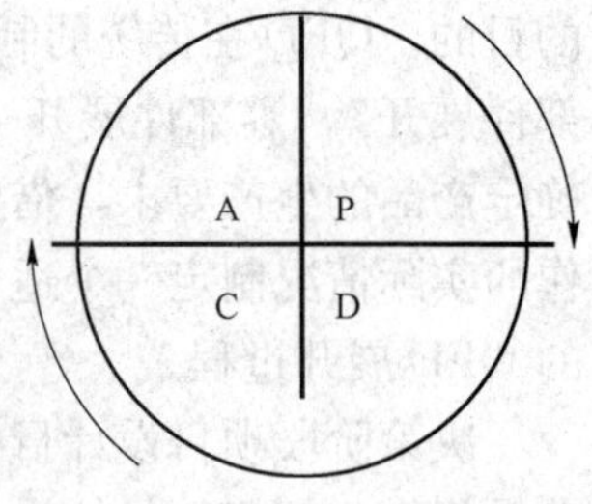

图 1-25 PDCA 循环模型

P、D、C、A 四个英文字母所代表的意义如下：

P（Plan）——计划，包括方针和目标的确定以及活动计划的制定；

D（Do）——执行，执行就是具体运作，实施计划中的内容；

C（Check）——检查，检查计划实际执行的效果，比较和目标的差距；

A（Action）——调整（或处理），包括两个内容：成功的经验加以肯定，并予以标准化或制定作业指导书，便于以后工作时遵循；对于没有解决的问题，查明原因，其解决的方法也就成为一个 PDCA 循环的内容。如此周而复始，不断推进工作的进展。

PDCA 循环理论可应用于多个领域和活动中，它是一个可对管理过程和工作质量进行有效控制的工具，每一项活动都需要经过固定的四个阶段，这四个阶段就是计划、执行计划、检查计划、对计划进行调整并不断改善。PDCA 可通过在项目中的实施并熟练运用而不断提高工作效率，促使管理向一个良性循环的方向进行发展。能不断地提高工作效率。因此，它被人们持续地、正式或非正式地、有意识或下意识地使用于自己所做的每项工作或每件事。

2. PDCA 循环的应用

PDCA 循环应用了科学的统计观念和处理方法。作为推动工作、发现问题和解决问题的有效工具，典型的模式被称为“四个阶段”和“八个步骤”。

(1) 计划阶段（Plan）。

分析现状，发现问题；

分析问题中各种影响因素；

分析影响的主要原因；

针对主要原因，采取解决的措施：

——（Why）为什么要制定这个措施？

——（What）达到什么目标？

——（Where）在何处执行？

——（Who）由谁负责完成？

——（When）什么时间完成？

——（How）怎样执行？

(2) 执行阶段（Do）。执行，按实施计划的要求去做；保存每步实施的记录（数据、提案内容、表格、照片等）。

(3) 检查阶段（Check）。检查，把执行结果与要求达到的目标进行对比；确认是否按日程实施以及实施项目是否能按计划达成预定目标值。

(4) 调整、总结阶段（Action）。标准化。把成功的经验总结出来，水平展开到其他方面，并进行标准化工作。

把没有解决或新出现的问题转入下一个 PDCA 循环中去解决。

PDCA 是对持续改进、螺旋式上升工作的一种科学的总结，将“四个阶段”和“八个步骤”融合在一起，如图 1-26 所示。

PDCA 循环常被运用在施工质量控制当中，施工质量控制当中，PDCA 循环的核心也依然是 A 阶段，从制定目标、执行方案、发现问题、解决问题到制定新目标，当一个循环结束后，只有对已经解决的问题进行总结归纳，吸取经验教训，才能使得质量控制产生效果，使得质量持续改进。只要有未解决的问题，就还需要对存在的质量问题进行处理，便进入了下一轮循环，直至实现施工质量目标。

在具体操作中，PDCA 循环的运行过程可用图 1-27 表示。

由于工程条件和资料的不同，投资估算的准确度可能波动较大，项目的设计人员应结合各专业特点，对建设项目设计任务书的深度从技术、经济两方面科学论证设计方案，合理考虑影响项目投资的动态因素，切实编好投资估算，认真审查投资估算。

1）投资估算应该体现对项目全生命周期成本的考虑。在确定项目设计方案时就应当从项目全生命周期造价管理的角度出发，充分论证，选取最优设计方案，从而使得投资估算能够体现项目的长期经济性。

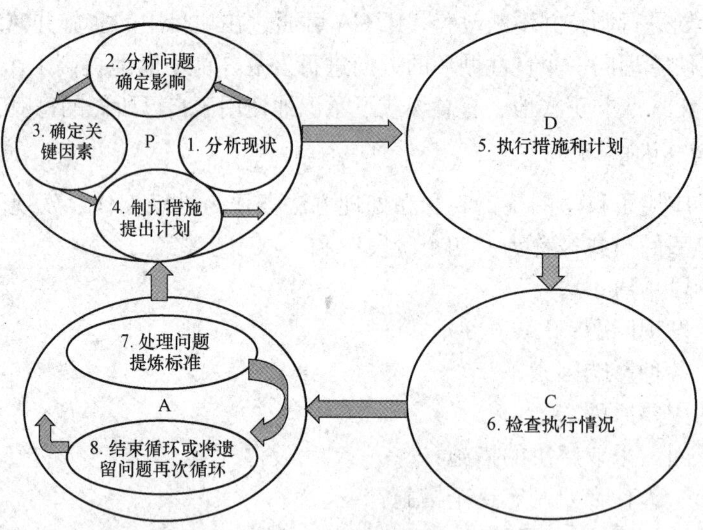

图 1-26 PDCA 循环示意图

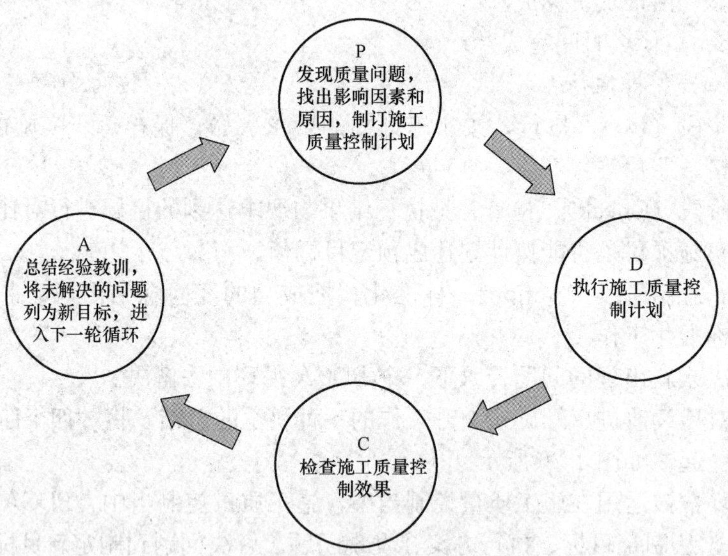

图 1-27 PDCA 循环的运行过程

基于 LCC 的限额设计是在确定限额总值的之前，充分考虑了全生命周期成本，进行了生命周期造价分析。不仅考虑建设成本，即项目从筹建到竣工验收为止所投入的全部成本费用，而且考虑使用成本，即项目在使用过程中发生的各种费用，包括各种能耗成本、维护成本和管理成本等。除了这些资金成本，在进行全生命周期成本估算框定限额的时候，还考虑环境成本和社会成本。对经济成本和可量化的环境成本进行计算，对不可量化的社会成本进行定性分析。

2）全生命周期造价分析（LCCA）分配设计限额。项目限额值主要根据批准的设计概算为依据。在初步设计阶段，概算编制出来之后，对投资目标进行分解，分解为如机电、基坑、材料等专业工程，对分解后的工程限制一个造价的额度，然后再把这个限额设计的额度返回给设计人员，要求设计人员调整设计，并在施工图设计阶段，按此额度进行施工图设计。投资目标分解后，针对造价较大的部分，进行多方案比选，从多个备选方案中选择一个合理的方案。

对限额总值的分配可以依据以下几个步骤进行（图 1-28）：

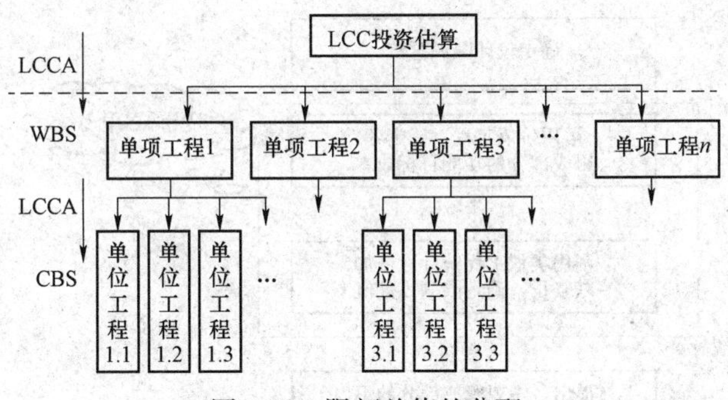

图 1-28　限额总值的分配

a. 对项目进行工作分解结构（work breakdown structrue，WBS），分解为各单项工程；根据 LCC 投资估算，通过 LCCA 进行估算各单项工程工程量和造价，确定单项工程限额。

b. 对各单位工程进行分解，分解为各单位工程，进行生命周期成本分析，通过生命周期成本分解结构（cost breakdown structrue，CBS）进行成本分解，再次估算各单位工程的工程量和造价，确定单位工程限额。

c. 提取类似工程项目，对类似项目进行生命周期成本分析，参考类似工程的 CBS，为项目的限额分配提供参考。

3）用价值工程优化设计限额。在对项目的投资限额进行合理分配之后，还应通过引入价值工程原理，对设计限额总值的分配进行优化，重点关注项目限额分配中功能与成本的匹配。一般按照建设项目各组成部分的功能系数来确定其功能目标成本比例，再结合考虑类似工程的经验数据来进行调整，而不仅仅是机械地参考以往类似工程的技术经济资料，简单地将投资估算总额切割分块分配到各单位工程或分部工程中来确定设计限额，这样有助于限额设计投资分配中功能与成本的有机统一，体现出限额设计的主动性。

通过价值工程的功能分析，对建设项目各组成部分的功能加以量化，确定出其功能评价系数，以此作为设计限额分配时供参考的技术参数，从而最终求出分配到各专业、各单位工程的设计限额值。该方法的目的是使分配到各组成部分的成本比例与其功能的重要程度所占比例相近，即 $V=F/C\approx 1$，从而更大程度地达到项目各组成部分投资比例的合理性。由于直接按功能评价系数确定的成本比例是建立在全生命周期费用基础上的，即该成本中包含了设置费（建设成本）和后期运营维持费（运营成本），因此还不能直接按功能目标成本比例来分配设计限额。这样就需要分析类似工程的经验数据，将功能目标成本中的维持费因素扣除，最后得到项目各组成部分占总造价的比例，设计限额总值就按照该比例进行分配。

具体的步骤是先求出建设项目各组成部分的功能评价值，进而求出功能评价系数，亦即项目各组成部分的功能目标成本比例。该成本比例是工程造价和运营维持费占整个项目全生命周期费用的比重。得到的是项目各组成部分的工程造价占项目总造价（限额设计总值）的比例，只有得到了这个比例值，才能将限额总值按比例分配到各组成部分。在此以初步设计为例，具体的实施过程如图 1-29 所示。

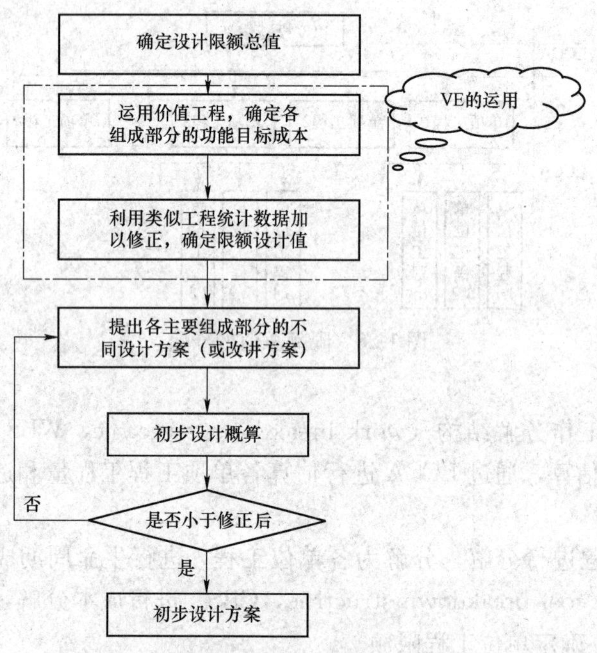

图 1-29 用价值工程优化限额分配流程图

第三节 全过程工程咨询相关政策

一、全过程工程咨询的政策演变

在 2003 年发布的《关于培育发展工程总承包和工程项目管理企业的指导意见》（建市〔2003〕30 号）及 2004 年发布的《建设部关于印发（建设工程项目管理试行办法）的通知》（建市〔2004〕200 号）中就已经提出了未来要走向工程总承包道路并提及开展对工程项目的组织实施进行全过程或若干阶段的管理和服务的思路。2010 年国家发展改革委颁布的《国家发展改革委关于印发工程咨询业 2010—2015 年发展规划纲要的通知》中提出：推动工程咨询业务结构调整，促进全过程工程咨询服务协调健康发展，形成科学发展的咨询服务体系。这是第一次在国家政策规定中出现“全过程工程咨询”。

2017 年以来，以国务院办公厅颁布的《国务院办公厅关于促进建筑业持续健康发展的意见》为开端，国家大力推行全过程工程咨询，颁布了多项法规，引导相关企业开展项目投资咨询、工程勘察设计、施工招标咨询、施工指导监督、工程竣工验收、项目运营管理等覆盖工程全生命周期的一体化项目管理咨询服务，力图通过试点先行打造出一批具有国际影响力的全过程工程咨询企业，从而带动行业整体发展，最终实现工程项目全过程工程咨询服务的产业化整合，培育出一体化的项目管理咨询服务体系。2017 年以来国家颁布的关于全过程工程咨询的相关政策法规见表 1-2。

表 1-2　　2017 年以来国家颁布的关于全过程工程咨询的相关政策法规

政策法规名称	相关规定
《国务院办公厅关于促进建筑业持续健康发展的意见》	培育全过程工程咨询。鼓励投资咨询、勘察、设计、监理、招标代理、造价等企业采取联合经营、并购重组等方式发展全过程工程咨询，培育一批具有国际水平的全过程工程咨询企业。制定全过程工程咨询服务技术标准和合同范本。政府投资工程应带头推行全过程工程咨询，鼓励非政府投资工程委托全过程工程咨询服务。在民用建筑项目中，充分发挥建筑师的主导作用，鼓励提供全过程工程咨询服务
《住房和城乡建设部建筑市场监管司关于印发〈住房城乡建设部建筑市场监管司 2017 年工作要点〉的通知》	推进全过程工程咨询服务。试点开展全过程工程咨询服务模式，积极培育全过程工程咨询企业，鼓励建设项目实行全过程工程咨询服务。总结和推广试点经验，推进企业为民用建筑项目提供项目策划、技术顾问咨询、建筑设计、施工指导监督和后期跟踪等全过程服务。出台《关于促进工程监理行业转型升级创新发展的意见》，提出监理行业转型升级改革措施
《住房和城乡建设部建筑市场监管司关于印发〈住房城乡建设部建筑市场监管司 2018 年工作要点〉的通知》	推动工程建设组织方式变革。推进工程总承包，出台房屋建筑和市政基础设施项目工程总承包管理办法，健全工程总承包管理制度。继续修订工程总承包合同示范文本，研究制定工程总承包设计、采购、施工的分包合同示范文本，完善工程总承包合同管理。出台推进全过程工程咨询服务指导意见，制定全过程工程咨询服务技术标准和合同示范文本，积极培育全过程工程咨询企业。出台关于进一步推进建筑师负责制的指导意见，研究制定建筑师负责制项目合同示范文本，继续在民用建筑工程项目中推行建筑师负责制
《住房和城乡建设部关于开展全过程工程咨询试点工作的通知》	为贯彻落实《国务院办公厅关于促进建筑业持续健康发展的意见》（国办发〔2017〕19 号），培育全过程工程咨询，经研究，选择北京、上海、江苏、浙江、福建、湖南、广东、四川八省（市）以及中国建筑设计院有限公司等 40 家企业（名单见附件）开展全过程工程咨询试点。目的是：健全全过程工程咨询管理制度，完善工程建设组织模式，培养有国际竞争力的企业，提高全过程工程咨询服务能力和水平，为全面开展全过程工程咨询积累经验
《住房城乡建设部等部门关于印发〈贯彻落实促进建筑业持续健康发展意见重点任务分工方案〉的通知》	培育全过程工程咨询。鼓励投资咨询、勘察、设计、监理、招标代理、造价等企业采取联合经营、并购重组等方式发展全过程工程咨询，培育一批具有国际水平的全过程工程咨询企业。制定全过程工程咨询服务技术标准和合同范本。政府投资工程应带头推行全过程工程咨询，鼓励非政府投资工程委托全过程工程咨询服务。在民用建筑项目中，充分发挥建筑师的主导作用，鼓励提供全过程工程咨询服务（发展改革委、住房城乡建设部共同牵头，工业和信息化部、财政部、交通运输部、水利部、工商总局、铁路局、民航局配合）

续表

政策法规名称	相关规定
《住房城乡建设部关于促进工程监理行业转型升级创新发展的意见》	（1）创新工程监理服务模式。鼓励监理企业在立足施工阶段监理的基础上，向"上下游"拓展服务领域，提供项目咨询、招标代理、造价咨询、项目管理、现场监督等多元化的"菜单式"咨询服务。对于选择具有相应工程监理资质的企业开展全过程工程咨询服务的工程，可不再另行委托监理。适应发挥建筑师主导作用的改革要求，结合有条件的建设项目试行建筑师团队对施工质量进行指导和监督的新型管理模式，试点由建筑师委托工程监理实施驻场质量技术监督。鼓励监理企业积极探索政府和社会资本合作（PPP）等新型融资方式下的咨询服务内容、模式。 （2）提高监理企业核心竞争力。引导监理企业加大科技投入，采用先进检测工具和信息化手段，创新工程监理技术、管理、组织和流程，提升工程监理服务能力和水平。鼓励大型监理企业采取跨行业、跨地域的联合经营、并购重组等方式发展全过程工程咨询，培育一批具有国际水平的全过程工程咨询企业。支持中小监理企业、监理事务所进一步提高技术水平和服务水平，为市场提供特色化、专业化的监理服务
《住房城乡建设部关于印发工程造价事业发展"十三五"规划的通知》	坚持培育全过程工程咨询。优化工程造价执业资质资格管理，积极营造工程造价咨询市场良好环境，维护市场公平竞争、激发市场活力。大力推进全过程工程造价咨询服务，鼓励造价咨询企业通过联合经营、并购重组等方式开展全过程工程咨询服务
《住房城乡建设部关于加强和改善工程造价监管的意见》	营造良好的工程造价咨询业发展环境。充分发挥工程造价在工程建设全过程管理中的引导作用，积极培育具有全过程工程咨询能力的工程造价咨询企业，鼓励工程造价咨询企业融合投资咨询、勘察、设计、监理、招标代理等业务开展联合经营，开展全过程工程咨询，设立合伙制工程造价咨询企业。促进企业创新发展，强化工程造价咨询成果质量终身责任制，逐步建立执业人员保险制度
《工程咨询行业管理办法》	全过程工程咨询服务范围包括：采用多种服务方式组合，为项目决策、实施和运营持续提供局部或整体解决方案以及管理服务。有关工程设计、工程造价、工程监理等资格，由国务院有关主管部门认定
《国家发展改革委关于印发〈工程咨询单位资信评价标准〉的通知》	申请甲级评价的专业近 3 年合同业绩应满足以下条件之一： （1）主持完成国家级规划咨询不少于 1 项或省级规划咨询不少于 2 项或市级规划咨询不少于 4 项，且全部服务范围内（规划咨询、项目咨询、评估咨询、全过程工程咨询，下同）业绩累计不少于 10 项； （2）单一服务范围内完成的业绩累计不少于 40 项，或覆盖两个及以上服务范围的业绩累计不少于 30 项； （3）项目咨询、评估咨询、全过程工程咨询三项服务范围内完成的单个项目投资额 15 亿元及以上业绩不少于 10 项

各地方政府为了更好地落实国家法规的要求，促进地方工程咨询行业的健康发展，也陆续颁布了各地方的法规规章来规范和引导地方工程咨询业，各地方颁布的相关政策法规见表 1-3。

表 1-3　各地方颁布的相关政策法规

政策法规名称	相关规定
《江苏省住房和城乡建设厅关于印发〈2017 年全省建筑业发展和市场监管工作要点〉的通知》	培育全过程工程咨询。按照我厅印发的《关于推进工程建设全过程项目管理咨询服务的指导意见》的通知要求，积极推进监理与项目管理服务一体化发展，培育一批智力密集型、技术复合型、管理集约型的大型工程项目管理服务企业。研究制定全过程项目管理咨询服务的合同文本和工作评价标准，在全省公布一批试点企业，年底召开全过程项目管理咨询服务推进会
《吉林省住房和城乡建设厅关于印发〈全省建筑工程质量安全提升行动实施方案〉的通知》	培育全过程工程咨询。推行全过程工程咨询服务模式，制定相关技术标准和合同范本。整合投资咨询、勘察、设计、监理、招标代理、造价等企业采取联合经营、并购重组等方式发展全过程工程咨询。政府投资工程应带头推行全过程工程咨询，各地应选取试点项目，推动落实。在民用建筑项目和非政府投资项目中，鼓励提供全过程工程咨询服务
《陕西省人民政府办公厅关于促进建筑业持续健康发展的实施意见》	培育全过程工程咨询。支持投资咨询、勘察、设计、监理、招标代理、造价等企业联合经营、并购重组，积极培育一批全过程工程咨询服务企业。鼓励拥有单项资质的中介服务机构积极注册建筑师、勘察设计师、监理工程师、造价工程师等专业人员，开展全过程工程咨询服务。改革工程咨询服务委托方式，政府投资工程要带头推行全过程工程咨询服务，引导非政府投资工程委托全过程工程咨询服务，鼓励在民用建筑项目中发挥建筑师的主导作用
《辽宁省人民政府办公厅关于促进建筑业持续健康发展的实施意见》	培育全过程工程咨询。鼓励投资咨询、勘察、设计、监理、招标代理、造价咨询等企业联合经营、并购重组，培育一批高水平的全过程工程咨询企业。政府投资工程应推行全过程工程咨询，鼓励和支持非政府投资工程委托全过程工程咨询服务
《江西省人民政府办公厅关于促进建筑业持续健康发展的实施意见》	培育全过程工程咨询。支持投资咨询、勘察、设计、监理、招标代理、造价咨询等企业合并、并购重组，积极培育一批全过程工程咨询服务企业。依法必须招标的工程建设项目，在项目立项后即可通过招投标择优选择全过程工程咨询企业。工程咨询企业在开展全过程工程咨询服务过程中提出合理化建议节省投资额的，建设单位可给予奖励。采用工程总承包模式的大型公共建筑项目，原则上应委托全过程工程咨询，引导非政府投资工程委托全过程工程咨询服务。鼓励在民用建筑项目中发挥建筑师的主导作用
《江苏省政府关于促进建筑业改革发展的意见》	培育全过程工程咨询服务。整合工程建设所需的投资咨询、工程设计、招标代理、造价咨询、工程监理、项目管理等业务，促进咨询企业提供全过程、一体化服务。引导和支持建设单位将全过程工程咨询服务委托给具有全部资质、综合实力强的一家企业或一个联合体；或委托给一家具有相关资质的企业，并由该企业将不在本单位资质业务范围内的业务分包给其他具有相应资质的企业。各地每年要落实一批有影响力、有示范作用的全过程工程咨询项目。在民用建筑项目中，充分发挥建筑师的主导作用，探索实施建筑师负责制。至 2020 年，全省培育具有全过程工程咨询能力的骨干企业 100 家

续表

政策法规名称	相关规定
《安徽省人民政府办公厅关于推进工程建设管理改革促进建筑业持续健康发展的实施意见》	积极推进全过程工程咨询。政府投资工程应带头推行全过程工程咨询，省相关部门负责制定具体实施办法，支持非政府投资工程委托全过程工程咨询服务。鼓励投资咨询、勘察设计、工程监理、造价咨询等企业通过联合经营、并购重组等方式，加快推进全过程工程咨询，培育一批高水平的全过程工程咨询企业。全过程工程咨询企业或联合体应具备工程设计或工程监理相应的资质，同时还应具备相应执业资格、能力的专业技术人员和管理人员。根据行业特点，制定全过程工程咨询服务技术标准和合同范本。在民用建筑项目中，试行建筑师主导的全过程工程咨询服务
《湖南省人民政府办公厅关于印发〈湖南省贫困地区中小学校建设实施方案〉的通知》	项目实施。年度实施项目经审核确定后，各项目县市要按照既定的项目建设方案组织开展项目建设，不得随意扩大建设规模，改变学校用途。为提高决策水平、提高工程质量、节约建设投资、缩短建设周期，项目学校统一纳入湖南省全过程工程咨询试点项目，通过公开招标选定全过程工程咨询服务单位，由其提供工程勘察、工程设计、工程监理、造价咨询及招标代理等工程咨询服务，省住房城乡建设厅进行指导和监督
《贵州省人民政府办公厅关于促进建筑业持续健康发展的实施意见》	培育全过程工程咨询。开展全过程工程咨询试点工作，支持投资咨询、勘察、设计、监理、招标代理、造价等企业采取联合经营、并购重组等方式发展全过程工程咨询服务，积极培育一批全过程工程咨询服务企业。创新工程咨询服务委托方式，政府投资工程应带头推行全过程工程咨询，鼓励和引导非政府投资工程以全过程管理方式选择工程咨询服务，鼓励在民用建筑项目中发挥注册建筑师的主导作用。鼓励支持企业增项市政、交通、水利、电力、通信等行业资质，积极参与全省大扶贫、大数据、大生态等工程项目建设
《四川省人民政府办公厅关于促进建筑业持续健康发展的实施意见》	加快培育全过程工程咨询。改革现有的分段咨询服务模式，整合投资咨询、勘察、设计、监理、造价咨询、招标代理等咨询服务内容，积极开展对工程建设前期研究和决策以及工程项目实施和运营的全生命周期、全过程集约化咨询服务。政府投资的大中型建设项目要带头推行全过程工程咨询；依法必须进行招标的勘察设计、工程监理咨询服务，建设单位可只招标一家具备相应资质的咨询单位或单位联合体提供全过程工程咨询服务；属于政府采购的咨询服务项目，应依法通过政府采购确定咨询单位；鼓励非政府投资工程委托全过程工程咨询服务管理。建立健全全过程工程咨询管理体系，提高全过程工程咨询服务能力和水平，培育一批具有国际水平的全过程工程咨询企业（责任单位：住房城乡建设厅、省发展改革委）
《营口市人民政府办公室关于推进现代建筑产业发展的实施意见》	培育全过程工程咨询企业，推行全过程工程咨询服务：传统建设模式是将建筑项目中的设计、施工、监理等阶段分隔开来，各单位分别负责不同环节和不同专业的工作，这不仅增加了企业成本，也分割了建设工程的内在联系。全过程工程咨询企业在建设项目的设计、招标、施工、验收及后期跟踪等工程各环节提供全过程工程咨询服务，其高度整合的服务内容在节约投资成本的同时也有助于缩短项目工期，提高服务质量和项目品质，有效规避风险，符合国家政策和建筑行业发展方向。各县（市）区政府及市直有关部门要加快推进本土工程设计、监理企业转型，促进监理企业与设计企业整合，培育全过程工程咨询企业。政府投资项目，要带头采取全过程工程咨询模式，非国有投资项目推荐采取全过程工程咨询模式。鼓励外埠技术领先的优势勘察设计、监理企业落户或与本土企业组成联合体，参与本地重点项目，提供高水平的全过程工程咨询服务，提高本土企业技术水平，带动本土企业发展

续表

政策法规名称	相关规定
《吉林省人民政府办公厅关于促进建筑业改革发展的若干意见》	鼓励监理、设计单位联合投资咨询、勘察、招标代理、造价等企业，采取联合经营、并购重组等方式发展全过程工程咨询。全过程工程咨询服务费用应当根据工程项目规模、复杂程度、服务范围与内容等，在合同中约定。对全过程工程咨询单位提出并落实的合理化建议，可按照节省投资额或产生效益的一定比例给予奖励，奖励比例在合同中约定。制定全过程工程咨询服务技术标准和合同范本。政府投资工程应带头推行全过程工程咨询
《淮南市人民政府办公室关于推进工程建设管理改革促进建筑业持续健康发展的实施意见》	推进全过程工程咨询。政府投资工程应带头推进全过程工程咨询，市相关部门负责制定具体实施办法。支持非政府投资工程委托全过程工程咨询。鼓励投资咨询、勘察设计、工程监理、造价咨询等企业通过联合经营、并购重组，培育一批高水平的全过程工程咨询企业。全过程工程咨询企业或联合体应具备工程设计或工程监理相应的资质，同时还应具备相应执业资格、能力的专业技术人员和管理人员。根据行业特点，制定全过程工程咨询服务技术标准和合同范本。在民用建筑项目中，试行建筑师主导的全过程工程咨询服务
《大连市人民政府办公厅关于促进建筑业持续健康发展的实施意见》	加快推进现代工程咨询业发展。大力培育全过程工程咨询企业，鼓励投资咨询、勘察、设计、监理、造价等企业加快转型发展和人才培养，发展全过程工程咨询服务。政府投资工程应带头推行全过程工程咨询，鼓励非政府投资工程委托全过程工程咨询服务。提高监理企业核心竞争力，创新工程监理服务模式。对于选择具有相应工程监理资质的企业开展全过程工程咨询服务的工程，可不再另行委托监理。强化对工程监理的监管，强化注册监理工程师执业责任落实
《甘肃省住房和城乡建设厅关于转发〈住房城乡建设部关于印发工程勘察设计行业发展“十三五”规划的通知〉的通知》	推行工程总承包，试点全过程工程咨询服务：深化建设项目组织实施方式改革，积极推行工程总承包制。建立适应工程总承包制的管理体系，开展工程总承包业务。设计单位要拓展延伸工程设计咨询服务范围，创造条件积极发展全过程工程咨询服务，探索总结全过程工程咨询的服务模式和管理方式
《湖北省住房和城乡建设厅关于印发〈湖北建筑业发展“十三五”规划纲要〉的通知》	提升工程咨询服务业发展质量。落实国家关于工程咨询服务委托方式改革的要求，落实新的咨询服务技术标准和合同范本，鼓励投资咨询、勘察、设计、监理、招投标代理、造价等企业采取联合经营、并购重组等方式发展全过程工程咨询，培育一批具有国际水平的全过程工程咨询企业。提升建筑设计水平，健全适应建筑设计特点的招标投标制度。完善注册建筑师制度，探索在民用建筑项目中推行建筑师负责制。完善工程监理制度，强化对工程监理的监管
《山东省人民政府办公厅关于贯彻国办发〔2017〕19号文件促进建筑业改革发展的实施意见》	培育全过程工程咨询。鼓励投资咨询、勘察、设计、监理、招标代理、造价咨询等企业联合经营、并购重组，培育一批高水平的全过程工程咨询企业。实行工程总承包的政府投资项目应采用全过程工程咨询模式。鼓励非政府投资工程委托全过程工程咨询服务。全过程工程咨询单位应具备工程设计或工程监理资质，资质范围内的业务自行承担，资质范围外的可直接另行发包

续表

政策法规名称	相关规定
《云南省人民政府办公厅关于促进建筑业持续健康发展的实施意见》	培育全过程工程咨询服务。改革工程咨询服务委托方式，研究制定咨询服务技术标准，规范咨询收费行为，引导有能力的企业通过联合经营、并购重组等方式，开展项目投资咨询、工程勘察设计、施工招标咨询、施工指导监督、工程竣工验收、项目运营管理等覆盖工程全生命周期的一体化项目管理咨询服务。培育具有国内先进水平的全过程工程咨询示范企业。探索在民用建筑项目中推行建筑师负责制，提供全过程工程咨询服务
《浙江省人民政府办公厅关于加快建筑业改革与发展的实施意见》	培育全过程工程咨询服务。大力培育全过程工程咨询企业，鼓励我省投资咨询、勘察、设计、监理、招标代理、造价等企业加快转型发展和人才培养，发展全过程工程咨询服务。积极开展全过程工程咨询服务试点，健全相关管理制度，制定相关招标文件和合同范本，提高全过程工程咨询服务能力和水平。政府投资工程应带头推行全过程工程咨询，鼓励非政府投资工程委托全过程工程咨询服务
《上海市人民政府办公厅印发〈关于促进本市建筑业持续健康发展的实施意见〉的通知》	创新工程监理服务模式，鼓励监理企业在立足施工阶段监理的基础上，向“上下游”拓展服务领域，对于选择具有相应工程监理资质的企业开展全过程工程咨询服务的工程，可不再另行委托监理
《山西省人民政府办公厅关于促进建筑业持续健康发展的实施意见》	积极发展全过程工程咨询企业。鼓励企业通过联合经营、并购重组等方式，整合工程建设所需的工程咨询、招标代理、勘察设计、造价咨询、监理等上下游产业链相关服务业务，推动咨询企业向全过程工程服务企业转型，培育一批具有全国先进水平的全过程工程咨询企业。政府投资工程应当带头推行全过程工程咨询，鼓励非政府投资工程采用全过程工程咨询服务，充分发挥建筑师在项目建设中的主导作用
《河北省人民政府办公厅关于促进建筑业持续健康发展的实施意见》	培育全过程工程咨询。鼓励投资咨询、勘察、设计、监理、招标代理、造价咨询等企业采取联合经营、并购重组等方式发展全过程工程咨询。有条件的企业可先行先试。国有投资项目应带头推行全过程工程咨询，鼓励非国有投资项目委托全过程工程咨询服务。实行工程总承包的国有投资项目应采用全过程工程咨询模式。在民用建筑项目中充分发挥建筑师的主导作用，鼓励提供全过程工程咨询服务（省发展改革委、省住房城乡建设厅牵头，省工业和信息化厅、省财政厅、省交通运输厅、省水利厅、省通信管理局、省公共资源交易监督办公室配合）
《福建省人民政府办公厅关于促进建筑业持续健康发展的实施意见》	培育全过程工程咨询。在房屋建筑和市政基础设施工程等领域组织开展全过程工程咨询试点，建立健全全过程工程咨询管理制度。鼓励投资咨询、勘察、设计、监理、招标代理、造价等企业采取联合经营、并购重组等方式发展全过程工程咨询，打造具有综合竞争力的全过程工程咨询企业。政府投资工程应带头推行全过程工程咨询，将项目决策分析与评估、项目实施总体策划、工程项目管理、工程勘察、设计、监理、招标代理、工程验收阶段专项咨询、后评价等全部或部分业务委托给全过程工程咨询服务企业。鼓励非政府投资工程委托全过程工程咨询服务。在民用建筑项目中，充分发挥建筑师的主导作用，鼓励提供全过程工程咨询服务

续表

政策法规名称	相关规定
《河南省人民政府办公厅关于大力发展装配式建筑的实施意见》	推行工程总承包。建立推行与装配式建筑发展相适应的工程总承包建设模式。健全与装配式建筑总承包相适应的发包承包、施工许可、分包管理、工程造价、质量安全监管、竣工验收等制度，实现工程设计、部品部件生产、施工及采购的统一管理和深度融合。按照总承包负总责的原则，落实工程总承包单位在工程质量安全、进度控制、成本管理等方面的责任。支持大型设计、施工和部品部件生产企业通过调整组织架构、健全管理体系，向具有工程管理、设计、施工、生产、采购能力的工程总承包企业转型。发展装配式建筑全过程工程咨询，政府投资工程带头推行全过程工程咨询，鼓励非政府投资工程委托符合条件企业开展全过程工程咨询（责任单位：省住房城乡建设厅、发展改革委）
《河南省人民政府办公厅关于印发河南省建筑业转型发展行动计划（2017—2020年）的通知》	鼓励省内投资咨询、勘察、设计、监理、招标代理、造价等企业采取联合、重组、并购等方式，向全过程工程咨询企业转型
《黑龙江省住房和城乡建设厅关于加强工程监理工作若干意见的通知》	创新工程监理服务模式。开展全过程工程咨询。鼓励大型工程监理企业向“上下游”拓展服务领域，提供项目咨询、招标代理、造价咨询、项目管理、现场监督等多元化、全过程工程咨询服务，在有条件的地区、企业、项目先试先行，积累经验。对于选择具有相应工程监理资质的企业开展全过程工程咨询服务的工程，可不再另行委托监理
《青海省人民政府办公厅关于促进建筑业持续健康发展的实施意见》	培育全过程工程咨询服务。鼓励投资咨询、勘察、设计、监理、招标代理、造价咨询等企业联合经营、并购重组，开展覆盖工程全生命周期的咨询服务，培育一批高水平的全过程工程咨询企业。政府投资工程应推行全过程工程咨询，依法必须招标的工程建设项目，在项目立项后即可通过招投标选择咨询企业，西宁、海东、海西等市州每年要落实一批有示范作用的全过程工程咨询项目。工程咨询企业提出合理化建议并节省投资的，建设单位应给予不低于节省投资额50%的奖励。在民用建筑项目中，充分发挥建筑师的主导作用，探索实施建筑师负责制（省发展改革委、省财政厅、省住房城乡建设厅、省交通运输厅、省水利厅、各市州人民政府）
《黑龙江省住房和城乡建设厅关于印发〈省住房和城乡建设厅建筑管理处2018年工作要点〉的通知》	推行全过程工程咨询。政府投资工程带头推行全过程工程咨询，支持非政府投资工程委托全过程工程咨询服务。探索全过程工程咨询服务政策体制机制，培育我省全过程工程咨询企业，引导有能力的企业开展覆盖工程全生命周期的一体化项目管理咨询服务
《上海市住房和城乡建设管理委员会关于进一步改善和优化本市施工许可办理环节营商环境的通知》	改革工程监理机制。在本市社会投资的“小型项目”和“工业项目”中，不再强制要求进行工程监理。建设单位可以自主决策选择监理或全过程工程咨询服务等其他管理模式。鼓励有条件的建设单位实行自管模式。鼓励有条件的建设项目试行建筑师团队对施工质量进行指导和监督的新型管理模式
《江苏省住房城乡建设厅关于印发〈2018年全省建筑业工作要点〉的通知》	培育全过程工程咨询服务。推进设计、监理、造价、招标代理等工程咨询服务类企业在聚焦主业的同时，积极向全过程工程咨询方向转型发展。研究出台《全过程工程咨询服务工作标准》和《全过程工程咨询服务合同示范文本》。依据《开展全过程工程咨询服务试点工作方案》，公布一批试点企业和示范项目，并且对试点项目开展情况进行跟踪，及时总结试点经验

续表

政策法规名称	相关规定
《广西壮族自治区人民政府办公厅关于促进建筑业持续健康发展的实施意见》	培育全过程工程咨询。依法必须招标的工程建设项目，可通过招标投标择优选择全过程工程咨询企业。探索全过程工程咨询服务计费方式。全过程工程咨询企业提出合理化建议节省投资的，建设单位可给予奖励。采用工程总承包模式的建筑项目，原则上委托全过程工程咨询。在民用建筑项目中，充分发挥建筑师的主导作用，鼓励提供全过程工程咨询服务
《湖南省人民政府办公厅关于促进建筑业持续健康发展的实施意见》	培育全过程工程咨询。政府投资工程应带头推行全过程工程咨询，鼓励非政府投资工程委托全过程工程咨询服务。对于选择具有相应工程监理资质的企业开展全过程工程咨询服务的工程，可不再另行委托监理。建立全过程工程咨询管理制度，明确全过程工程咨询企业责任，制定全过程工程咨询服务技术标准、取费参考标准、招标文件和合同范本（省住房城乡建设厅、省发改委牵头，省财政厅、省交通运输厅、省水利厅、省经信委、省工商局等有关单位负责）
《湖北省人民政府关于促进全省建筑业改革发展二十条意见》	深化工程项目组织实施方式改革。大力推行工程总承包，政府投资新建项目和国有投资新建项目应带头采用工程总承包，装配式建筑全部采用工程总承包，鼓励社会资本投资新建项目和PPP项目采用工程总承包。健全工程总承包的招投标、质量安全管理和市场准入制度，鼓励工程建设的设计、施工、建造和服务企业融合发展。到2020年，我省新建项目工程总承包占比，武汉市、襄阳市、宜昌市达到30%以上，其他市州达到15%以上；到2025年，武汉市、襄阳市、宜昌市达到50%以上，其他市州达到30%以上。充分发挥湖北工程咨询行业能力强的优势，积极培育全过程工程咨询，鼓励投资咨询、勘察设计、监理、招标代理、造价咨询等企业采取联合经营、并购重组等方式发展全过程工程咨询。政府投资工程应带头推行全过程工程咨询服务，鼓励非政府投资工程委托全过程工程咨询服务。到2020年，培育中南工程咨询设计集团、中信工程设计建设有限公司等10家以上具有全过程工程咨询服务能力的咨询服务企业。支持建筑师在民用建筑项目中发挥主导作用、拓展业务范围、提升综合服务能力，创作出一批水平高、质量优、效益好的优秀工程项目
《海南省人民政府办公厅关于促进建筑业持续健康发展的实施意见》	培育全过程工程咨询。国有资金投资或其占主导地位的建设项目应带头推行全过程工程咨询，鼓励社会投资项目委托全过程工程咨询。依法必须招标的工程建设项目，在项目立项后即可通过招标投标择优选择全过程工程咨询企业。鼓励投资咨询、勘察、设计、监理、招标代理、造价等企业采取联合经营、并购重组等方式发展全过程工程咨询
《北京市住房和城乡建设委员会关于进一步改善和优化本市工程监理工作的通知》	对于总投资3000万元以下的公用事业工程（不含学校、影剧院、体育场馆项目），建设规模5万平方米以下成片开发的住宅小区工程，无国有投资成分且不使用银行贷款的房地产开发项目，建设单位有类似项目管理经验和技术人员，能够保证独立承担工程安全质量责任的，可以不实行工程建设监理，实行自我管理模式。鼓励建设单位选择全过程工程咨询服务等创新管理模式
《山东省住房和城乡建设厅关于开展装配式建筑工程总承包招标投标试点工作的意见》	工程总承包项目的投标人不得是工程总承包项目的全过程工程咨询单位、代建单位、项目管理单位、监理单位、造价咨询单位或者招标代理机构。工程总承包项目宜采用全过程工程咨询服务

续表

政策法规名称	相关规定
《重庆市人民政府办公厅关于进一步促进建筑业改革与持续健康发展的实施意见》	培育全过程工程咨询服务，实现服务集成化。促进工程咨询行业的业务融合，构建科学合理的管理协调机制，推进项目管理服务集成化发展，提高服务质量。引导投资咨询、勘察、设计、监理、招标代理、造价咨询等企业拓宽业务范围，为建设单位提供全过程项目管理咨询服务，实现项目全生命周期的进度目标、质量安全目标、投资目标。政府投资工程应带头推行全过程工程咨询。力争到2020年，培育30家全过程工程咨询服务企业。探索试行建筑师负责制，充分发挥建筑师的主导作用，鼓励提供全过程工程咨询服务

二、《工程咨询行业管理办法》要点解析

1. 工程咨询单位的定义

工程咨询单位是指在中国境内设立的从事工程咨询业务并具有独立法人资格的企业、事业单位。工程咨询单位及其从业人员应当遵守国家法律法规和政策要求，恪守行业规范和职业道德，积极参与和接受行业自律管理。

2. 工程咨询行业的管理部门

国家发展改革委负责指导和规范全国工程咨询行业发展，制定工程咨询单位从业规则和标准，组织开展对工程咨询单位及其人员执业行为的监督管理。地方各级发展改革部门负责指导和规范本行政区域内工程咨询行业发展，实施对工程咨询单位及其人员执业行为的监督管理。各级发展改革部门对工程咨询行业协会等行业组织进行政策和业务指导，依法加强监管。

3. 工程咨询企业实行备案制

对工程咨询单位实行告知性备案管理。工程咨询单位应当通过全国投资项目在线审批监管平台（以下简称在线平台）备案以下信息：①基本情况，包括企业营业执照（事业单位法人证书）、在岗人员及技术力量、从事工程咨询业务年限、联系方式等；②从事的工程咨询专业和服务范围；③备案专业领域的专业技术人员配备情况；④非涉密的咨询成果简介。工程咨询单位应当保证所备案信息真实、准确、完整。备案信息有变化的，工程咨询单位应及时通过在线平台告知。工程咨询单位基本信息由国家发展改革委通过在线平台向社会公布。

4. 工程咨询企业的业务范围

工程咨询服务范围包括：①规划咨询，含总体规划、专项规划、区域规划及行业规划的编制；②项目咨询，含项目投资机会研究、投融资策划，项目建议书（预可行性研究）、项目可行性研究报告、项目申请报告、资金申请报告的编制，政府和社会资本合作（PPP）项目咨询等；③评估咨询，各级政府及有关部门委托的对规划、项目建议书、可行性研究报告、项目申请报告、资金申请报告、PPP项目实施方案、初步设计的评估，规划和项目中期评价、后评价，项目概预决算审查，及其他履行投资管理职能所需的专业技

术服务；④全过程工程咨询，采用多种服务方式组合，为项目决策、实施和运营持续提供局部或整体解决方案以及管理服务。

此外，工程咨询服务含总体规划、专项规划、区域规划及行业规划的编制；含项目投资机会研究、投融资策划，项目建议书（预可行性研究）、项目可行性研究报告、项目申请报告、资金申请报告的编制，政府和社会资本合作（PPP）项目咨询等；各级政府及有关部门委托的对规划、项目建议书、可行性研究报告、项目申请报告、资金申请报告、PPP 项目实施方案、初步设计的评估，规划和项目中期评价、后评价，项目概预决算审查，及其他履行投资管理职能所需的专业技术服务；采用多种服务方式组合，为项目决策、实施和运营持续提供局部或整体解决方案以及管理服务。

5. 工程咨询成果要求

编写咨询成果文件应当依据法律法规、有关发展建设规划、技术标准、产业政策以及政府部门发布的标准规范等。

6. 实行咨询成果质量终身负责制

工程咨询单位应当建立健全咨询质量管理制度，建立和实行咨询成果质量、成果文件审核等岗位人员责任制。要实行咨询成果质量终身负责制。工程项目在设计使用年限内，因工程咨询质量导致项目单位重大损失的，应倒查咨询成果质量责任，形成工程咨询成果质量追溯机制。承担编制任务的工程咨询单位，不得承担同一事项的评估咨询任务。取得咨询工程师（投资）职业资格证书的人员从事工程咨询工作的，应当选择且仅能同时选择一个工程咨询单位作为其执业单位，进行执业登记并取得登记证书。

咨询成果文件上应当加盖工程咨询单位公章和咨询工程师（投资）执业专用章。工程咨询单位对咨询质量负总责。主持该咨询业务的人员对咨询成果文件质量负主要直接责任，参与人员对其编写的篇章内容负责。实行咨询成果质量终身负责制。工程咨询单位在开展项目咨询业务时，应在咨询成果文件中就符合本办法第十三条要求，及独立、公正、科学的原则，作出信用承诺。工程项目在设计使用年限内，因工程咨询质量导致项目单位重大损失的，应倒查咨询成果质量责任，并根据本办法第三十、三十一条进行处理，形成工程咨询成果质量追溯机制。

7. 对参与工程咨询任务的人员和企业的要求

承担编制任务的工程咨询单位，不得承担同一事项的评估咨询任务。承担评估咨询任务的工程咨询单位，与同一事项的编制单位、项目业主单位之间不得存在控股、管理关系或者负责人为同一人的重大关联关系。

8. 工程咨询（投资）专业技术人员水平评价类职业资格制度

国家设立工程咨询（投资）专业技术人员水平评价类职业资格制度。通过咨询工程师（投资）职业资格考试并取得职业资格证书的人员，表明其已具备从事工程咨询（投资）专业技术岗位工作的职业能力和水平。取得咨询工程师（投资）职业资格证书的人员从事工程咨询工作的，应当选择且仅能同时选择一个工程咨询单位作为其执业单位，进行执业登记并取得登记证书。

9. 咨询工程师的地位

咨询工程师（投资）是工程咨询行业的核心技术力量。工程咨询单位应当配备一定数量的咨询工程师（投资）。

10. 工程咨询（投资）专业技术人员职业资格制的监督部门

国家发展改革委和人力资源社会保障部按职责分工负责工程咨询（投资）专业技术人员职业资格制度实施的指导、监督、检查工作。中国工程咨询协会具体承担咨询工程师（投资）的管理工作，开展考试、执业登记、继续教育、执业检查等管理事务。

11. 执业登记相关要求

执业登记分为初始登记、变更登记、继续登记和注销登记四类。申请登记的人员，应当选择已通过在线平台备案的工程咨询单位，按照本办法第七条划分的专业申请登记。申请人最多可以申请两个专业。申请人登记合格取得《中华人民共和国咨询工程师（投资）登记证书》和执业专用章，登记证书和执业专用章是咨询工程师（投资）的执业证明。登记的有效期为 3 年。

12. 资信评级

工程咨询单位资信评价等级以一定时期内的合同业绩、守法信用记录和专业技术力量为主要指标，分为甲级和乙级两个级别，具体标准由国家发展改革委制定。甲级资信工程咨询单位的评定工作，由国家发展改革委指导有关行业组织开展。乙级资信工程咨询单位的评定工作，由省级发展改革委指导有关行业组织开展。开展工程咨询单位资信评价工作的行业组织，应当根据本办法及资信评价标准开展资信评价工作，并向获得资信评价的工程咨询单位颁发资信评价等级证书。

13. 对企业监督检查

国家和省级发展改革委应当依照有关法律法规、本办法及有关规定，制订工程咨询单位监督检查计划，按照一定比例开展抽查，并及时公布抽查结果。监督检查内容主要包括：①遵守国家法律法规及有关规定的情况；②信息备案情况；③咨询质量管理制度建立情况；④咨询成果质量情况；⑤咨询成果文件档案建立情况；⑥其他应当检查的内容。

14. 对咨询工程师（投资）执业情况监督检查

中国工程咨询协会应当对咨询工程师（投资）执业情况进行检查。检查内容包括：①遵守国家法律法规及有关规定的情况；②登记申请材料的真实性；③遵守职业道德、廉洁从业情况；④行使权利、履行义务情况；⑤接受继续教育情况；⑥其他应当检查的情况。

15. 对行业的评估

国家和省级发展改革委应当对实施行业自律管理的工程咨询行业组织开展年度评估，提出加强和改进自律管理的建议。对评估中发现问题的，按照本办法第三十二条处理。

16. 工程咨询单位违规违法应承担的责任

工程咨询单位有下列行为之一的，由发展改革部门责令改正；情节严重的，给予警告处罚并从备案名录中移除；已获得资信评价等级的，由开展资信评价的组织取消其评价等级。触犯法律的，依法追究法律责任。①备案信息存在弄虚作假或与实际情况不符的；②违背独立公正原则，帮助委托单位骗取批准文件和国家资金的；③弄虚作假、泄露委托方的商业秘密以及采取不正当竞争手段损害其他工程咨询单位利益的；④咨询成果存在严重质量问题的；⑤未建立咨询成果文件完整档案的；⑥伪造、涂改、出租、出借、转让资信评价等级证书的；⑦弄虚作假、提供虚假材料申请资信评价的；⑧弄虚作假、帮助他人申请咨询工程师（投资）登记的；⑨其他违反法律法规的行为。对直接责任人员，由发展改革部门责令改正，或给予警告处罚；涉及咨询工程师（投资）的，按本办法第三十一条处理。

17. 咨询工程师（投资）违规违法应承担的责任

咨询工程师（投资）有下列行为之一的，由中国工程咨询协会视情节轻重给予警告、通报批评、注销登记证书并收回执业专用章。触犯法律的，依法追究法律责任。①在执业登记中弄虚作假的；②准许他人以本人名义执业的；③涂改或转让登记证书和执业专用章的；④接受任何影响公正执业的酬劳的。

第二章

工程项目规划与决策咨询

第一节 工程项目规划咨询

一、工程项目规划内涵

规划是国家或地方各级政府根据国家的方针、政策和法规，对有关行业、专项和区域的发展目标、规模、速度，以及相应的步骤和措施等所做的设计、部署和安排。

完整的规划体制涉及规划体系、规划性质、规划内容、编制程序、规划期限、决策主体、规划实施、评估调整等方面。

1. 规划的分类

我国的规划体系由三级、三类规划组成。按行政层级分为国家级规划、省（区、市）级规划、市县级规划；按对象和功能类别分为总体规划、专项规划、区域规划。

（1）规划的特征与功能。

规划的特征主要包括综合性、层次性、衔接性、协调性、导向性五项。

规划的功能主要包括综合协调平衡功能、信息导向功能、政策指导调节功能、引导资源配置功能。

（2）规划编制部门。

国家总体规划和省（区、市）级、市县级总体规划分别由同级人民政府组织编制，并由同级人民政府发展改革部门会同有关部门负责起草。专项规划由各级人民政府有关部门组织编制。跨省（区、市）的区域规划，由国务院发展改革部门组织国务院有关部门和区域内省（区、市）人民政府有关部门编制。

（3）规划期限。

国家总体规划、省（区、市）级总体规划和区域规划的规划期一般为 5 年，可以展望到 10 年以上。市县级总体规划和各类专项规划的规划期可根据需要确定。

2. 各类规划简述

（1）总体规划。是国民经济和社会发展的战略性、纲领性、综合性规划，是编制本级和下级专项规划、区域规划以及制定有关政策和年度计划的依据，其他规划要符合总体规划的要求。

总体规划主要包括以下四方面内容：①经济社会发展情况和面临的形势判断；②规划期的指导思想和发展目标；③规划期的主要任务；④规划期的保障措施。

(2) 专项规划。是以国民经济和社会发展特定领域为对象编制的规划，是总体规划在特定领域的细化和延伸。专项规划的功能，是政府履行经济调节、社会管理、公共服务的手段，也是指导该领域的发展，以及审批核准该领域重大项目和安排重大投资、制定特定领域相关政策的重要依据。

专项规划主要包括行业规划、专题规划、发展建设规划、重大工程建设规划等。专项规划文本的主要内容除法律、行政法规另有规定外，一般包括下列内容：①发展方针和目标；②重点任务、主要建设项目及其布局；③规划实施的保障措施；④其他需要纳入规划的事项。

专项规划内容要体现该领域的特点，符合总体规划要求，发展目标尽可能量化，发展任务具体明确、重点突出、布局合理、保障措施可行。对需要国家安排投资的规划，要充分论证并事先征求发展改革委员会和相关部门意见。

专项规划的规划期原则上要与总体规划保持一致，特殊领域也可根据实际情况确定。

(3) 区域规划。是以跨行政区的特定区域国民经济和社会发展为对象编制的规划，是总体规划在特定区域的细化和落实。跨省（区、市）的区域规划是编制区域内省（区、市）级总体规划、专项规划的依据。

区域规划可细分为区域发展战略、区域空间规划和区域政策，三者是相互联系、相互支撑的整体。区域发展战略是对全国总体空间格局的谋划，指导空间规划和政策的制定。区域空间规划和区域政策是对区域发展战略的支撑，其中，区域空间规划主要是对人口、资源、生态环境和经济活动等进行空间布局安排；区域政策是对资源的合理分配和各方面关系的协调，服从和支撑于区域空间规划。

(4) 城市（乡）规划。是以发展眼光、科学论证、专家决策为前提，对一定时期内城市（乡）的经济结构、空间结构、社会结构发展以及各项建设进行的综合部署、具体安排和实施管理。

城市（乡）规划是人类为了在城市（乡）的发展中维持公共生活的空间秩序而做的未来空间安排的意志，具有指导和规范城市（乡）建设的重要作用，是城市（乡）综合管理的前期工作。城市（乡）的复杂系统特性决定了城市（乡）规划是随城市（乡）发展与运行状况长期调整、不断修订，持续改进和完善的复杂的连续决策过程。

城市（乡）规划具有技术性、艺术性、政策性、法制性、民主性、综合性、地方性和实践性等基本属性。

二、工程项目规划咨询内容

1. 规划咨询的基本概念

规划咨询是指在规划编制部门正式做出规划决策、执行规划管理或在规划许可之前，为了方案择优、技术裁量和利益平衡，继而提高规划科学性和可行性而开展的专家论证、公众征询或分析研究等技术咨询活动。规划咨询是对传统规划体系的有益补充，是规划科学决策的重要依据，同时也是规划执行、建设与管理的重要环节。

规划咨询一般从宏观角度出发，形成决策咨询、管理咨询和技术咨询三个层次的规划体制，主要咨询业务包括规划研究、规划顾问和规划评估。

(1) 规划咨询的原则。为保障咨询质量和效果，规划咨询应坚持客观中立、统筹兼顾、现实可行的原则，坚持“独立、公正、科学、可靠”的服务宗旨，因地制宜地选择与规划咨询项目相匹配的咨询机构、咨询专家和咨询方式。

(2) 规划咨询的目的。主要包括方案择优、技术裁量和利益平衡。

(3) 规划咨询的方法。规划咨询工作应根据具体规划内容的需要，采用多种研究方法进行综合分析评价，包括：定性分析与定量分析相结合，宏观分析与中观/微观分析相结合，理论与实际相结合，技术经济分析与社会综合分析相结合，资料分析与调查研究相结合，必要性分析与充分性分析相结合，政策分析与环境分析相结合，机制调整分析与制度创新分析相结合，单项分析、层次分析与综合分析相结合，对象分析和比较分析相结合，正向目标分析与逆向问题分析相结合，静态分析与动态分析相结合等。

2. 规划研究

规划研究主要指针对上述各级总体规划、专项规划、区域规划、城市（乡）规划等进行编制和相关研究服务。

规划研究一般采用逻辑框架法加以汇总和综合。开展规划研究的逻辑框架要做到：

(1) 研究规划目标。

(2) 确定实现规划目标需要直接实现的目的。

(3) 明确规划的主要任务，即规划产出。

(4) 提出规划应采取的措施，即规划投入。

3. 规划顾问

规划顾问主要指为了更好地辅助规划编制，从第三方角度针对整体或专项相关内容提供的咨询服务，一般可分为决策咨询、管理咨询和技术咨询三个层面。

(1) 决策咨询。通常在规划编制之前进行，主要通过高水平科研、咨询机构的深入研讨和相关各领域专家的“头脑风暴”来集思广益，为规划的编制，尤其是发展战略和总体规划等宏观规划的编制提供思路和参考。

(2) 管理咨询。在规划管理过程中通过规划咨询对项目进行技术复核等，实现规划技术管理与行政管理的相对分离，是城市经济、社会和文化发展到一定阶段后提高城市管理质量与效率的必然要求。规划咨询在降低行政审批强度、提高审批效率的同时，能够避免行政审批权力过大而产生的其他问题，增强公平和公正。

同时，规划的制定过程还是协调各方利益的过程，随着经济形式迈入“新常态”，市场建设及利益主体日益多元化，维护公共利益显得尤为重要。咨询顾问作为中介机构，始终站在第三方立场协调各方关系，能够使各级规划更易于为公共目标服务、更好地维护公共利益。

(3) 技术咨询。规划方案中涉及大量的专业技术性问题，通过引入规划咨询对相关技术要点进行分析，为各项规划设计要点提供专业建议，为规划的科学编制提供了有力的技术支撑，有利于提高城乡规划编制的质量。

同时，由于规划主管部门并非完全规划专业出身，对于规划方案审查审批过程中可能存在的技术性问题理解不够深入和全面，第三方规划咨询的介入可以辅助承担行政审批中的指标核算等一系列技术性内容，咨询机构将按照规划主管部门的工作流程和特点，对规划设计方案进行解读和优化，并整合到一份符合行政审批要求的咨询报告中。通过此种方式加强技术与管理的衔接，提高各级规划的可操作性，有助于推动规划管理向精细化的方向发展。

4. 规划评估

规划评估是指对已提出的各级规划进行分析论证，提出实施与修改意见和建议的咨询服务。规划评估是规划动态实施机制的一个重要环节，通过规划评估可以有效地检测、监督现行规划的实施情况，并得到相关的反馈信息，从而为规划编制、政策制定以及规划管理提出修正、调整的建议，使规划运行进入良性循环。

(1) 规划评估的内容。规划评估按内容主要分为三类：对规划编制成果的评估、对规划实施过程的评估以及对规划实施效果的评估。针对三个方面分别有相应的评估重点与方法。

(2) 规划评估的程序。基于上述规划评估内容，依据科学的评估流程，研究分析影响、编制成果、实施效果和规划过程的因素，进而提出评估结果和优化建议。规划评估程序可总结如图 2-1 所示。

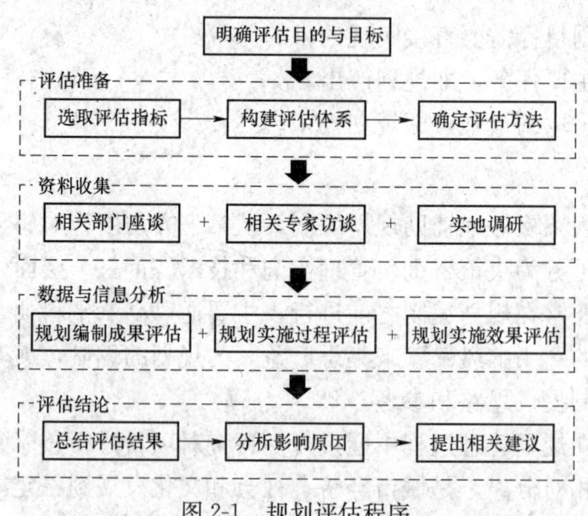

图 2-1 规划评估程序

(3) 规划评估的要点。规划评估不仅仅是对规划实施进行检测评价，更应该为本地区未来调整的方向进行战略研究规划，规划评估应关注以下要点。

1) 关注外部环境的变化过程；

2) 关注空间尺度与时间序列；

3) 关注规划技术的发展变化；

4) 关注规划的延续性。

(4) 规划评估的方法。在评估方法方面，规划评估通常综合运用定量和定性两种方法，如可通过数据和模型等对实施结果与目标蓝图的契合度进行实证分析，也可通过定性描述来说明规划是否为决策提供依据以及是否坚持公正与理性。在规划评估方法的选择与应用上，应注重技术理性与社会理性的融合，也应注重被评估规划与其他相关规划的融合。

5. 规划咨询的原则

（1）有效原则。具有以人为本，全面协调可持续的科学发展观。

（2）合理原则。从实际出发，遵循自然规律、积极规律和社会发展规律。

（3）民主原则。实行科学化、民主化，广泛听取社会各界的意见。

（4）统一原则。统筹兼顾，加强各级各类规划之间的衔接和协调。

6. 规划咨询常用的方法

（1）定性分析与定量分析相结合。咨询研究中最常用的方法包括定性分析方法、定量分析方法和定性定量相结合的分析方法。

定性分析方法是通过研究事物构成要素的相互联系，从内在性质上来揭示事物本质的方法，它是在逻辑分析、推理判断的基础上，对客观事物进行分析与研究，从而找到事物发展的内在规律，确定事物的本质。定性分析方法经常是咨询工作者常用的首选方法。市场预测的类推预测法、德尔菲法、专家会议法，战略分析的波士顿矩阵法和通用矩阵法，社会分析的相关方分析法和逻辑框架法等，均是定性分析方法。

定量分析方法是根据统计数据，建立数学模型，计算出分析对象的各项指标及其数值的方法。市场预测的因果分析法和延伸预测法，财务分析的现金流量分析法，经济分析的费用效益分析法，风险分析的概率树法和蒙特卡洛模拟法等，均是定量分析方法。

定量分析方法和定性分析方法各有一定的局限性。用定性分析印证定量分析，用定量分析说明定性分析，加强分析的力度和效果。定性和定量相结合的方法有系统分析法、层次分析法等。

（2）宏观分析与中观、微观分析相结合。规划的行政流程一般分为编制、审批和筹备三个环节，并通过评估将执行的效果反馈到编制中。与此相对应，可将规划咨询分为决策咨询、管理咨询和技术咨询三个层次。决策咨询通常发生在发展战略和总体规划层面，管理咨询通常发生在分区规划和控制性详细规划层面，技术咨询通常发生在修建性详细规划和建筑单体层面。规划咨询通常需要将这些层面结合起来，既要考虑宏观层面的发展战略，也要服务于区域规划，进而实现微观层面的合理性。

（3）技术经济分析与社会综合分析相结合。技术经济分析主要从经济的角度出发，根据国家现行的财务制度、税务制度和现行的价格，对建设项目的费用和效益进行测算和分析，对建设项目的获利能力、偿债能力和外汇效果等经济状况进行考察分析的一项研究工作。结合各项资源条件、生产力布局状况、市场情况对建设项目提出一个轮廓设想，作为选择建设项目的依据。这一项研究工作的目的是通过分析，定性、定量地判断建设项目经济上的可行性、合理性及有利性，从而为投资决策提供依据。

社会综合分析主要通过以效率为目标的“影子价格”，推算其成本、效益，用以反映真实的社会成本和社会收益，排除市场价格可能造成的假象，解决对没有市场价格的成本、效益进行衡量的问题，目的在于衡量支出项目对整个国民经济的影响。

规划咨询不仅需要从技术经济角度进行分析，还需要从整个国民经济角度进行综合分析。

（4）必要性分析与可行性分析相结合。规划咨询需要必要性分析与可行性分析相结合。必要性分析是指通过收集并分析信息或资料，以确定是否通过培训来解决组织存在的问题的方法。它通过对组织所做的彻底分析，确定组织中存在的问题，是否可以通过培训来解决这些问题，以及解决这些问题的成本和收益等。

可行性分析是通过对项目的主要内容和配套条件，如市场需求、资源供应、建设规模、工艺路线、设备选型、环境影响、资金筹措、盈利能力等，并对项目建成以后可能取得的财务、经济效益及社会环境影响进行预测，从而提出该项目是否值得投资和如何进行建设的咨询意见，财务上的盈利性和经济上的合理性，技术上的先进性和适用性以及建设条件上的可能性和可行性，从而为投资决策提供科学依据的一种综合性的系统分析方法。可行性分析应具有预见性、公正性、可靠性、科学性的特点。

（5）静态分析与动态分析相结合。规划咨询需要采用动态分析与静态分析相结合的方法。其中，动态分析是指在项目决策分析与评价时要考虑资金的时间价值。静态分析是指在项目决策分析与评价时不考虑资金的时间价值，把不同时间点的现金流入和流出看成等值的分析方法。

三、工程项目规划咨询案例

【案例分析：某市文化设施“十三五”规划研究咨询】

1. 规划咨询背景

文化是软实力，赋予城市活力与吸引力，是城市的灵魂，是城市综合实力的重要组成。除显著的社会功能外，城市的文化实力还和其经济实力密切相关，是城市经济发展的重要推力。世界各大城市充分认识到文化对城市发展的重要性，纷纷提出了促进文化发展的战略，并将其上升为城市总体战略的重要内容。

某市经过几轮的发展，面对新一轮的发展，需要将文化放在城市战略的高度，提升城市的文化内涵，并借助文化进一步推动城市经济的发展，实现文化和经济的融合互动。因此，“十三五”规划提出“国际文化大都市”的建设目标。“国际文化大都市”的建设，是该市转变经济增长方式、实现创新转型的重要引擎，是促进社会稳定和改善民生的重要抓手，更是建设国际大都市的重要内容。

建设国际文化大都市是一个重大课题，涉及众多领域，研究内容丰富，将细化提出《某市“十三五”时期文化改革发展规划》。其中，文化设施体系是该市文化“十三五”的重要组成内容，为了辅助和引导规划相关内容的编制，特接受该市委宣传部委托开展该市文化设施的国际比较研究。

本项规划咨询工作开展于 2014 年，为该市文化“十三五”规划中文化设施部分的规划内容编制提供参考和依据。

2. 规划咨询思路

经研究，本次规划咨询主要需回答以下几个问题。

（1）“为什么建”。通过现状分析、国际对标等提出建设的必要性。

（2）“由谁建”。即投资主体，分析国际城市文化设施的投资体系并提供借鉴。

(3)“建成什么样”。通过国际对标、国内外文化设施趋势分析等为该市提供借鉴和启示。

(4)“如何建”。即该市文化设施的发展思路、对策建议等。

(5)“建成后如何运营”。如何保证设施建成后的可持续运营和发展。

基于此，提出规划咨询的整体研究思路为：通过对国际文化大都市的解读，分析国际文化大都市的构成要素和主要特征，并与该市作横向比较。基于文化设施建设对构建国际文化大都市的重要作用，研究并设计文化设施建设的评价指标体系，并对该市主要文化设施的建设情况做国际比较研究，找出该市文化设施建设方面存在的问题和不足。最后结合目前国内外文化设施的建设趋势，提出发展该市文化设施的发展思路和建议(图 2-2)。

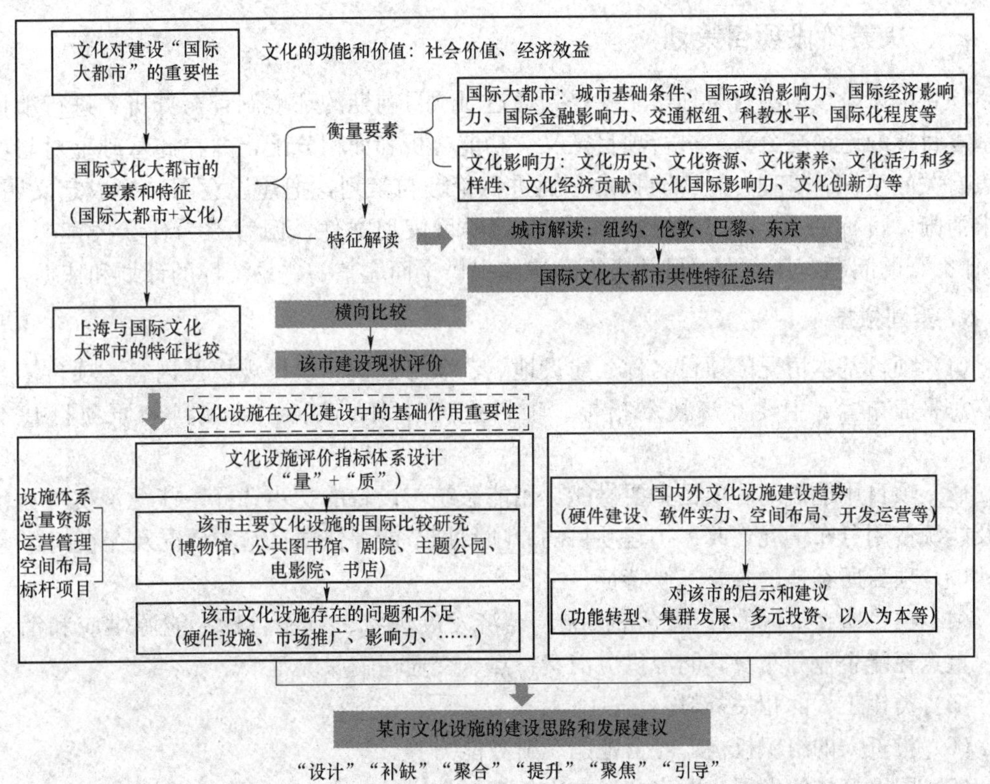

图 2-2　某市文化设施“十三五”规划咨询研究思路与技术路径示意图

3. 规划咨询成果

本次规划咨询成果以研究报告形式呈现，在比较研究和建设趋势分析的基础上，提出某市文化设施的六大发展建议，并就博物馆、图书馆、剧院、主题公园、电影院、实体书店六大重点文化设施形成专题研究。研究方法系统科学、数据翔实、内容丰富，对该市文化设施“十三五”的规划编制形成了良好借鉴与参考，研究成果在最终发布的《某市“十三五”时期文化改革发展规划》中得到了体现。

4. 案例点评

本案例属于规划顾问服务类别下的决策咨询服务项目，规划顾问团队在“十三五”规划出台前进行提前介入，成为政府及规划主管部门的第三方决策智囊团，针对某市的文化设施建设，通过在“为什么建”“由谁建”“建成什么样”“如何建”“建成后如何运营”等几个重点问题上进行研究和回答，为正式的“十三五”文化专项规划相关内容提供合理化建议，从而为规划部门拓展了规划编制的人力和智力、提高规划的准确性和针对性，同时有助于缩短了规划的前期论证与设计时间。

第二节 工程项目决策咨询

一、决策阶段项目策划

项目决策阶段的项目策划，主要是指通过对项目前期的环境调查与分析，进行项目建设基本目标的论证与分析，进行项目定义、功能分析和面积分配，并在此基础上对与项目决策有关的组织、管理、经济与技术方面进行论证与策划，把建设意图转换成定义明确、要求清晰、目标明确且具有强烈可操作性的项目策划文件，回答“为什么要建”，以及“建什么”的问题，从而为项目的决策和实施提供全面完整的、系统性的计划和依据。

1. 策划依据

（1）项目基本情况。项目名称、建设地点、项目性质、建设规模及内容、项目工艺方案、总平面布置、主要经济技术指标、项目进度计划，改、扩建项目的原项目基本情况等。

（2）项目用能概况。项目主要供能、用能系统与设备的初步选择、能源消费种类、数量及能源使用分布情况，改、扩建项目的原项目用节能评估项目基本情况及存在问题等。

（3）项目所在地的主要气候特征。

（4）项目所在地区的社会经济状况。经济发展现状、节能目标、能源供应和消费现状、重点耗能企业分布及其能源供应消费特点、交通运输状况等。

（5）类比工程的相关资料。

（6）投资人的组织机构、经营范围、财务能力等。

（7）国民经济的发展、国家和地方中长期规划。

（8）产业政策、生产力布局、国内外市场、项目所在地的内外部条件。

（9）《投资项目可行性研究指南（试行版）》。

（10）《建设项目经济评价方法与参数》第三版。

（11）其他相关法律、法规、规划、产业政策等。

（12）全过程工程咨询单位的知识和经验体系。

2. 策划内容

项目决策策划是项目管理的一个重要组成部分，是项目实施策划的前提。其最主要的任务是定义开发或者建设什么，及其效益和意义如何。项目决策策划一般主要包括项目环境调查分析、项目定义和目标论证、项目经济策划、项目组织管理策划以及项目产业策划五个方面的内容。具体内容如图 2-3 所示，此外，根据具体项目的不同情况，策划文件的形式可能有所不同，有的形成一份完整的策划文件，有的可能形成一系列策划文件。

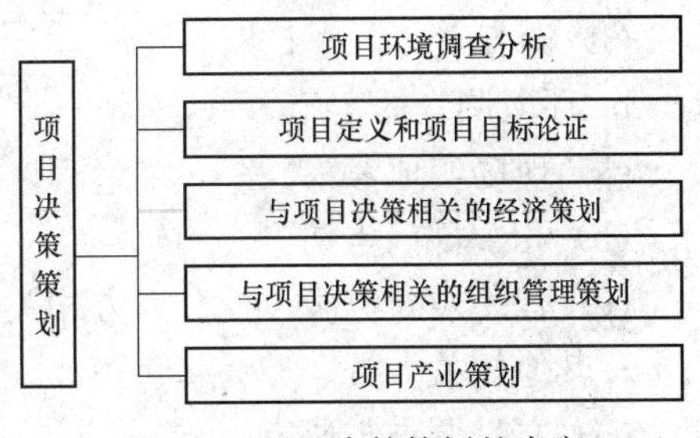

图 2-3　项目决策策划的内容

总的来说，项目决策策划工作，从明确投资人需求开始，在综合分析社会环境的基础上，进行项目定义，对项目进行总体构思和项目定位，并进一步对项目进行功能策划、经济策划、组织管理策划并最终形成项目任务书，在整个策划过程中运用多种方法和手段从技术、经济、财务、环境和社会影响、可持续发展等多个角度对项目进行可行性分析，其中有不断的反馈和调整过程，直至项目能够最终通过审核，形成对设计的要求文件。

(1) 环境调查分析。

1) 项目环境调查分析内容。项目环境调查分析主要包括对自然环境、宏观经济环境、政策环境、市场环境、建设环境（能源、基础设施等）等进行调查分析。项目环境调查分析是对影响项目策划工作的各方面环境进行调查，并进行认证分析，找出影响项目建设与发展的主要因素，为后续策划工作提供较好的基础。

项目环境调查工作主要需要把握以下几点：立足于项目实施，重在环境分析；不可忽视项目的系统性、环境的整体性；重视稳定环境中的不稳定因素。

2) 项目环境调查分析的流程。一般流程如图 2-4 所示。

a. 环境调查的准备工作。

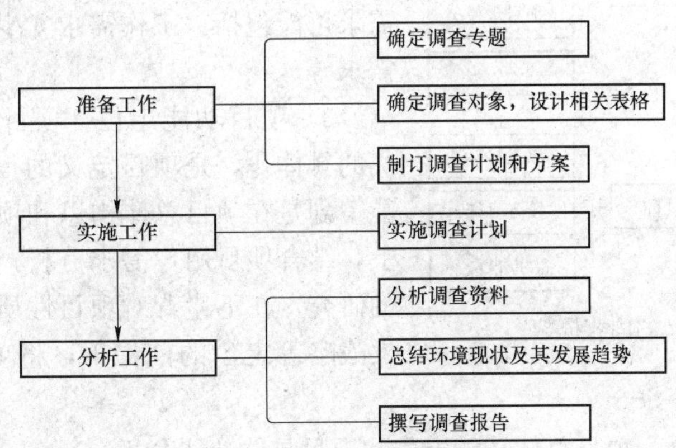

图 2-4　环境调查分析流程图

环境调查提纲包括以下内容。

(a) 调查目的，希望获取哪些资料。

(b) 调查内容，对调查目的的细化。

(c) 被调查者情况，一般包括被调查人所在的部门及其职位。

(d) 调查的问题及备注，准备问哪些问题，并留下谈话记录空间。

(e) 调查的资料编号及其名称，希望索要哪些资料。

（f）调查人与调查日期。

b. 环境调查的实施。

（a）现场实地考察。

（b）相关部门走访。

（c）有关人群访谈。投资人方相关人员；最终用户；有关领导；有关方面专家和专业人士；其他相关人员。

（d）文献调查与研究。

（e）问卷调查。

c. 环境调查的分析和整理。主要包括自然环境分析、历史和文化环境分析、社会发展环境分析、经济环境分析、政策环境分析、产业发展环境分析、需求环境分析、建设环境分析等。

（2）项目定义和目标论证。是将建设意图和初步构思，转换成定义明确、系统清晰、目标具体、具有明确可操作性的方案。它是经济评价的基础，其重点是用户需求分析与功能定位策划。项目定义与项目目标论证的基本内容常常包括以下几个方面。

1）项目定义。包括项目定位（功能、建设规模、组成等）和建设目标（质量、进度、投资）。如图 2-5 所示，不同的项目在进行项目决策策划时，在项目定义中可能还会有其他不同的提法，或者会有不同的内容，但是项目定义的根本目的是明确项目的性质、用途、建设规模、建设水准以及预计项目在社会经济发展中的地位、作用和影响力。

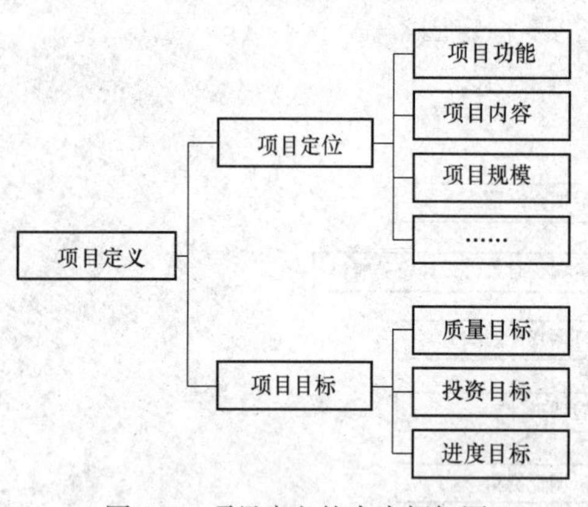

图 2-5　项目定义的内容框架图

2）项目用户需求分析。是对潜在的最终用户的活动类型进行分解，归纳出每一类最终用户的主导需求，是项目功能定位的第一步。用户的需求可能包括：工作需求、生活需求和其他方面需求等。

3）项目功能定位。项目功能策划是项目定义的具体化，是项目定义的很重要的一部分。功能策划是在项目总体构思和项目总体定位的基础上，结合项目用户需求分析，对项目进行更深入的研究，在不违背对项目性质、项目规模以及开发战略等定位的前提下，将项目功能进行细化，以满足项目用户的要求。

项目功能定位分为项目总体功能定位和项目具体功能分析。

a. 项目总体功能定位。基于整个宏观经济、区域经济、地域总体规划和项目产业一般特征而做出的与项目定义相一致的宏观功能定位。总体功能定位应充分重视借鉴同类项目的经验和教训；定位方法应建立在同类项目功能分析的基础上结合项目自身特点确定。

b. 项目具体功能分析。为满足运营活动需要，相关人群的需要，对项目拟将具有的功能、设施和服务等进行详细界定，是对总体功能定位的分解和细化，明确拟建项目究竟要实现哪些功能，主要包括明确项目的性质、项目的组成、项目的规模和质量标准等。

c. 功能分析步骤。

（a）在项目定义的基础上进行引申，对项目的总体功能进行宏观定位。

（b）基于项目的总体功能定位，分析项目投资人的初衷和项目用户的活动类型，对项目的具体功能进行分解、细化。

（c）考虑项目功能的具体实现方式，进行功能区面积分配。

d. 功能区划分要点。

（a）功能区划分应符合项目的整体功能分析结果，充分体现项目功能的完备性，做到不漏项、不重复。

（b）参照项目的功能类别分析结果，分别实现工作功能，相似功能尽量集中分区，并注意相互之间的关系。

（c）不考虑空间的界限，以避免代替规划设计。

（d）不同功能独自分区，但相联系的功能区之间可能会有联系，应予以说明。

4）项目面积分配。也是建设项目决策策划中很重要的一部分，它不仅是对项目功能定位的落实和实施，而且为项目的具体规划提供设计依据和参考，使设计人员在尽可能了解建设意图的基础上，最大限度地发挥创造性思维，使规划设计方案更具合理性和可操作性。

5）项目定位。在最终用户需求分析、项目使用功能分析、项目面积分配等工作基础上，接下来可以对拟建项目进行相对准确的项目定位。项目开发建设的过程中，项目定位是很重要的一个环节，关系到项目开发建设的目标、功能定位，决定项目的发展方向。

6）项目目标论证。必须从技术、经济、管理等方面论证目标的可行性，并往往从三维目标分解空间的两维平面上进行，从不同的侧面或截面论证目标的可行性，从而求得目标系统的整体性。具体内容如图 2-6 所示。

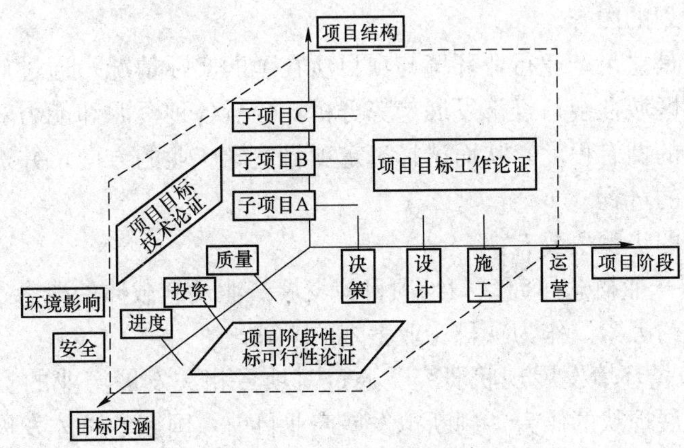

图 2-6　项目目标论证框架图

（3）项目经济策划。是在项目定义与功能策划基础上，进行整个项目投资估算，并且进行融资方案的设计及其有关的经济评价。

1）项目总投资估算。

按照项目时间维度，建设项目投资估算可分为以下三个阶段。

a. 投资机会研究阶段的投资估算。明确投资方向，提出投资建议。该阶段工作比较粗糙，估算的误差率控制在30%左右。

b. 初步可行性研究阶段的投资估算。在投资机会研究结论的基础上，在项目定义和目标论证正在进行并未最终定稿的过程中，逐步弄清项目的投资规模，作出初步评价，误差率控制在20%左右。

c. 详细可行性研究阶段的投资估算。在已有明确的目标论证和项目定义结论基础上，进行全面、详细、深入的技术经济分析论证，评价选择最佳投资方案，估算的误差率控制在10%以内。

2）项目融资方案策划。主要包括融资组织与融资方式策划、项目开发融资模式策划等。

a. 融资组织与融资方式策划。融资组织与融资方式策划主要包括确定项目融资的主体以及融资的具体方式。不同项目的融资主体有所不同，需要根据实际情况进行最佳组合和选择。

b. 项目开发融资模式策划。项目融资主体确定以后，对项目开发时具体的融资模式进行策划。

3）项目经济评价。包括项目国民经济评价、财务评价和社会评价三个部分。国民经济评价和社会评价是从国家、社会宏观角度出发考察项目的可行性。财务评价是在国家现行财税制度和价格体系前提下，从项目的角度出发，计算项目范围内的财务效益和费用，分析项目的盈利能力和清偿能力，评价项目在财务上的可行性。

(4）项目产业策划。项目产业策划超出了纯粹的建筑策划的范畴，是一种比较特殊的策划内容，它从国民经济或区域经济的发展角度考虑，与行业发展规划相关，影响到项目建成后的经济发展情况，同时也影响到最终用户的人群需求分析，因此有些项目在决策策划中加入了产业策划的内容。

项目产业策划是立足产业行业环境与项目所在地的实际情况，通过对今后项目拟发展产业的市场需求和区域社会、经济发展趋势分析，分析各种资源和能力对备选产业发展的重要性以及本地区的拥有程度，从而选择确定项目主导产业的方向，并进一步构建产业发展规划和实施战略的过程。

项目产业策划的步骤主要有：

a. 项目拟发展产业概念研究。归纳项目拟发展产业及其载体的概念、特征，影响该产业发展的促进或制约因素。作为项目产业策划的基础。

b. 项目产业市场环境发展现状研究。通过对项目相关发展产业的宏观市场环境分析和项目所在地产发展现状的研究，判断拟发展产业目前在国家的总体发展情况及本地区产业在市场中所处的水平，并针对性地制定竞争措施。

c. 项目产业市场需求的分析。

d. 城市社会、经济发展趋势的研究。

e. 项目所在地拟发展产业优、劣势分析。

f. 项目产业发展规划。

(5）项目组织管理策划。包括项目组成结构策划、项目管理组织方案策划、项目合同策划方案以及项目总进度纲要策划等几个方面的内容。

1）项目组成结构及编码方案策划。项目组织结构分解是在功能分析基础上得出的，表明了项目由哪些子项目组成，子项目又由哪些内容组成。项目组织结构分解与项目总投资规划、项目总进度规划密切相关，将指导项目总投资分解与编码、总进度的分解与编码。通过对项目进行合理分解，将有利于项目投资、进度、质量三大目标的控制，有利于项目全过程的实施。

2）项目管理组织方案策划。项目管理组织方案主要涉及项目建设管理模式，具体包括项目管理的组织结构和项目建设的工作流程组织。项目管理组织结构反映了项目投资人与项目参与各方之间的关系，以及项目投资人的部门设置、指令系统、人员岗位安排等。有了项目管理的组织结构以后，就可以进行工作任务分工、管理职能分工等。

3）项目合同策划方案。项目的合同策划是指确定决策期的合同结构、决策期的合同内容和文本、建设期的合同结构的确定、合同文本的选择、招标模式、合同跟踪管理、索赔与反索赔等，其中最重要的是合同结构的确定。许多大型建设项目的项目管理实践证明，一个项目建设能否成功，能否进行有效的投资控制、进度控制、质量控制及组织协调，很大程度上取决于合同结构模式的选择，因此应该慎重考虑。

4）项目总进度纲要策划。项目总进度纲要是项目全过程进度控制的纲领性文件，在项目实施过程中，各阶段的进度计划、各子项目详细的进度计划都必须遵守项目总进度纲要。另外，总进度纲要出来以后，在项目实施过程中，还要进行多次的调整、优化，并进行论证。

3. 策划流程

项目决策阶段的策划流程如图 2-7 所示。

4. 注意事项

（1）项目决策策划报告是对决策阶段工作的总结，是决策策划成果的表现形式。项目决策策划报告从形式上可以是一本总报告，也可以是几本专题报告。从内容上，项目决策策划报告一般包括以下几个部分。

1）环境调查分析报告；

2）项目定义与目标论证报告；

3）项目经济策划报告；

4）项目产业策划报告；

5）项目组织管理策划报告；

6）设计任务书。

其中，设计任务书是项目决策策划最终成果中的一项重要内容。项目设计

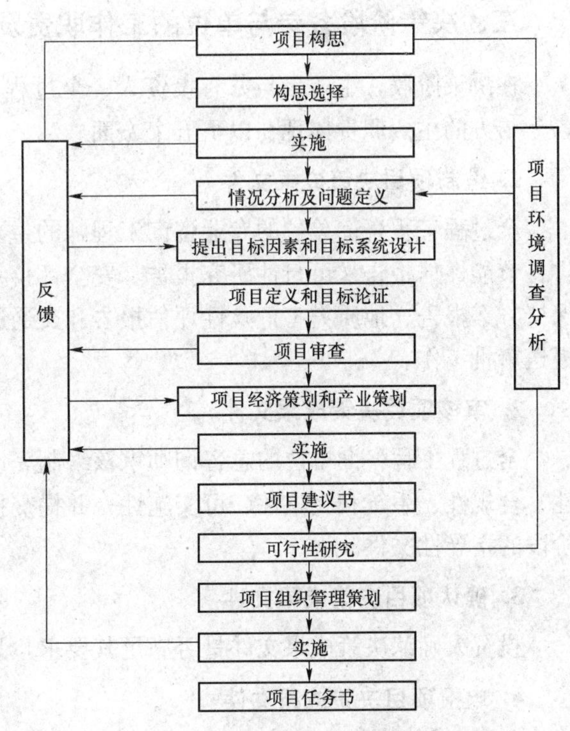

图 2-7　项目决策阶段的策划流程图

任务书是对项目设计的具体要求，这种要求是在确定了项目总体目标、分析研究了项目开发条件和问题、进行了详细的项目定义和功能分析基础上提出的，因此更加有依据，也更加具体，便于设计者了解投资人的功能要求，了解投资人对建筑风格的喜好，能在一定程度上减少设计的返工。设计要求文件是项目设计的重要依据之一。

（2）不同的项目在进行项目决策策划时，可能还会有其他不同的内容，或者有不同的提法。项目决策策划特有的系统性和综合性，决定了其工作内容应该在实践中不断地补充和完善。另外，项目策划完成及其最终目标体系的建立工作不是一次性的，而是一个动态的过程，随着项目实施的进展，要不断进行调整、补充和完善，才能真正实现投资人的意图，才能在获得良好的经济利益的同时获得良好的社会效应，最终形成多方共赢的局面。

二、决策阶段工作流程

建设项目决策阶段主要包括项目建议书、环境影响评价报告、节能评估报告、可行性研究报告、安全评价报告、社会稳定风险评价报告、水土保持方案报告、地质灾害危险性评估报告和交通影响评价报告编制管理等环节。项目建议书编制完成，并经投资主管部门下达批复文件后，项目即立项。在可行性研究报告编制之前，需要根据项目自身特点和当地的相关政策文件编制完成如节能评估报告等内容，并经相关部门审批或备案后进行可行性研究报告编制。

建设项目决策阶段的参与主体主要包括投资人、全过程工程咨询单位、政府审批部门等，建设项目决策阶段的工作流程如图 2-8 所示。

三、决策阶段各参与单位的工作职责及关系

在决策阶段，主要参与方有投资人、全过程工程咨询单位和政府相关行政审批部门，各参与方的主要职责体现在以下五个方面。

1. 编制项目决策成果文件

全过程工程咨询单位的专业咨询工程师的主要工作包括项目建议书、环境影响评价报告、节能评估报告、可行性研究报告、安全评价报告、项目社会稳定风险评价报告、水土保持方案报告、地质灾害危险性评估报告和交通影响评价报告等其他相关报告的编制以及报送审批工作。

2. 审核项目决策成果文件

全过程工程咨询单位的总咨询师审核编制完成的成果文件，审核文件的合法性、合理性、合规性、系统和完整性、可实施性，并提交投资人确认。相关部门审批后可作为下一阶段的指导性文件。

3. 确认项目决策成果文件

投资人确认决策成果文件是否满足其要求，是否具有可实施性。

4. 申报项目决策成果文件

投资人或全过程工程咨询单位将确认的决策成果文件申报政府相关行政审批部门。

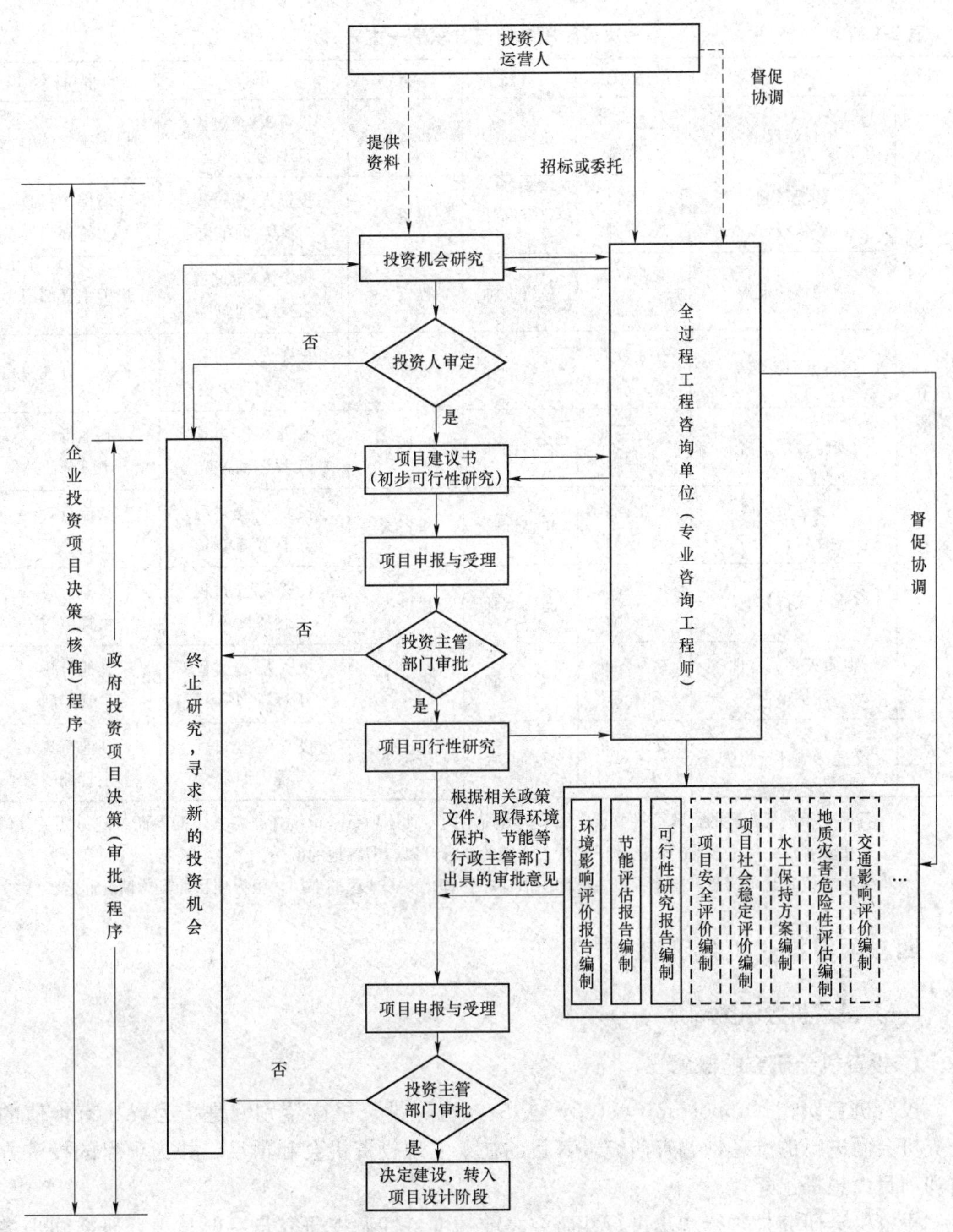

图 2-8　建设项目决策阶段的工作流程图

5. 审批/备案决策成果文件

政府相关行政审批部门，根据国家与当地的相关政策文件对决策成果文件进行审批或者备案。

因此，在项目决策阶段，各参与方的工作职责见表 2-1。

表 2-1　　决策阶段各参与方职责一览表

阶段	工作任务	编制	审核	确认	申报	审批/备案
决策阶段	项目建议书	专业咨询工程师	总咨询师	投资人	投资人/全过程工程咨询单位	投资主管部门
	环境影响评价报告	专业咨询工程师	总咨询师	投资人	投资人/全过程工程咨询单位	环境保护行政主管部门
	节能评估报告	专业咨询工程师	总咨询师	投资人	投资人/全过程工程咨询单位	投资主管部门
	可行性研究报告	专业咨询工程师	总咨询师	投资人	投资人/全过程工程咨询单位	投资主管部门
	安全评估报告	专业咨询工程师	总咨询师	投资人	投资人/全过程工程咨询单位	其他行政主管部门
	社会稳定风险评价报告	专业咨询工程师	总咨询师	投资人	投资人/全过程工程咨询单位	其他行政主管部门
	水土保持方案	专业咨询工程师	总咨询师	投资人	投资人/全过程工程咨询单位	其他行政主管部门
	地质灾害危险性评估报告	专业咨询工程师	总咨询师	投资人	投资人/全过程工程咨询单位	其他行政主管部门
决策阶段	交通影响评价报告	专业咨询工程师	总咨询师	投资人	投资人/全过程工程咨询单位	其他行政主管部门

注　1. 各地关于决策阶段的行政审批要求在细节上有所不同，具体项目是审批还是备案，需参照各地方相关部门的要求，但大体上按照类似的程序进行，详细的要求可以参考各地的网站。

2. 其中投资主管部门是以国家投资主管部门下辖的各省、市、地区的部门，根据项目的具体情况而定。

四、项目投资机会研究

（一）投资机会研究简介

1. 投资机会研究的概念

投资机会研究（opportunity study，OS），也称投资机会鉴别，是指为寻找有价值的投资机会而进行的准备性调查研究，其目的在于发现投资机会和项目，并为项目的投资方向和项目设想提出建议。

投资机会研究是进行初步可行性研究之前的准备性调查研究，一般与规划研究同步进行，以机会研究结果为基础，可以设立备选项目库，进行项目储备，供今后制订投资计划和开展投资项目可行性研究。投资机会研究阶段对项目的建设投资和生产成本一般是参照类似项目的数据做粗略的估算。

2. 投资机会研究的类型

投资机会研究包括一般机会研究和特定项目机会研究。

（1）一般投资机会研究。这是一种全方位的搜索过程，需要进行广泛的调查，收集大量的数据。一般机会研究又可分为以下三类。

1）地区投资机会研究。即通过调查分析地区的基本特征、人口及人均收入、地区产业结构、经济发展趋势、地区进出口结构等状况，研究、寻找在某一特定地区内的投资机会。

2）部门投资机会研究。即通过调查分析产业部门在国民经济中的地位和作用、产业的规模和结构、各类产品的需求及其增长率等状况，研究、寻找在某一特定产业部门的投资机会。

3）资源开发投资机会研究。即通过调查分析资源的特征、储量、可利用和已利用状况、相关产品的需求和限制条件等情况，研究、寻找开发某项资源的投资机会。

（2）具体项目投资机会研究。在一般机会研究初步筛选投资方向和投资机会后，需要进行具体项目的投资机会研究。具体项目机会研究比一般机会研究较为深入、具体，需要对项目的背景、市场需求、资源条件、发展趋势以及需要的投入和可能的产出等方面进行准备性的调查、研究和分析。

3. 投资机会研究的方法和模型

在研究方法上，投资机会研究主要采取基于竞争力理论的行业投资机会分析。通过从宏观、中观、微观对行业的层层分析，构建多种投资机会评价体系，为客户提供存在哪些投资机会、哪些领域或细分行业值得进入以及如何进入这些市场的策略方案。在研究方法上，可运用 PESTEL、行业生命周期、市场集中度、矩阵分析法、价值链分析法、波特五力模型、SWOT 分析、标杆企业研究、各种行业市场未来规模预测方法等研究咨询工具、模型和方法，从多角度、多维度反复论证市场进入的价值和可行性，并提出操作性强的进入策略。

4. 投资机会研究的服务流程

（1）分析投资动机。根据业主的投资动机，从市场需求、经营风险、投资环境、宏观政策、资源优势等方面甄别投资机会。

（2）鉴别投资机会。对各种投资机会进行鉴别和初选，论证投资机会酝酿的依据是否合理。

（3）论证投资方向。对自然资源条件、市场需求预测、项目开发模式选择、项目实施的环境等进行初步分析，并结合其他类似经济背景的国家或地区的经验教训、相关投资政策法规、技术设备的可能来源、生产前后延伸的可能、合理的经济规模、产业政策、各生产要素来源及成本等，初步评价投资机会的财务、经济及社会影响，论证投资方向是否可行。

（4）具体项目机会论证。对投资者提出的具体项目设想的投资机会进行研究、论证，为投资者提供投资机会初步建议。

（二）市场研究

1. 市场研究的定义

市场研究（market research），也叫市场调查，是指运用科学的方法，有目的地、有系统地搜集、记录、整理有关市场营销的信息和资料，分析市场情况，了解市场现状及其发展趋势，为市场预测和营销决策提供客观的、正确的资料。

2. 市场调查的方法

市场调查的方法主要有观察法、实验法、访问法和问卷法。

（1）观察法（observation）。社会调查和市场调查研究的最基本的方法，由调查人员根据调查研究的对象，以直接观察的方式对其进行考察并搜集资料。

（2）实验法（experimental）。通常用来调查某种因素对市场销售量的影响。这种方法是在一定条件下进行小规模实验，然后对实际结果作出分析，研究是否值得推广。

（3）访问法（interview）。可以分为结构式访问、无结构式访问和集体访问。结构式访问是事先设计好的、有一定结构的问卷访问。无结构式访问是没有统一问卷，由调查人员与被访问者进行自由交谈的访问。集体访问是通过集体座谈的方式听取被访问者的想法，收集相关信息资料。

（4）问卷法（survey）。通过设计调查问卷，让被调查者填写调查问卷的方式获得所调查对象的信息。

3. 市场调查的过程

市场调研工作的基本过程包括：明确调查目标、设计调查方案、制订调查工作计划、组织实地调查、调查资料的整理和分析、撰写调查报告（图 2-9）。

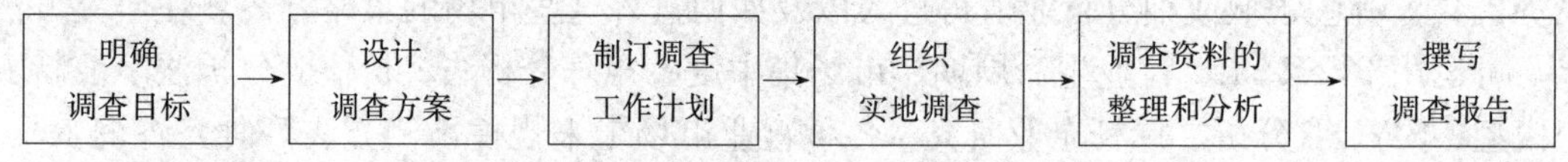

图 2-9 市场调查的基本过程

4. 网上市场调查

（1）网络市场调查的特点。网络市场调查可以充分利用 Internet 网络的开放性、自由性、平等性、广泛性和直接性等特点，开展调查工作。与传统的市场调研相比，网络上的市场调研具有如下特点。

1）网络信息的及时性和共享性；

2）网络调研的便捷性和低费用；

3）网络调研的交互性能和充分性；

4）网络调研结果的可靠性和客观性；

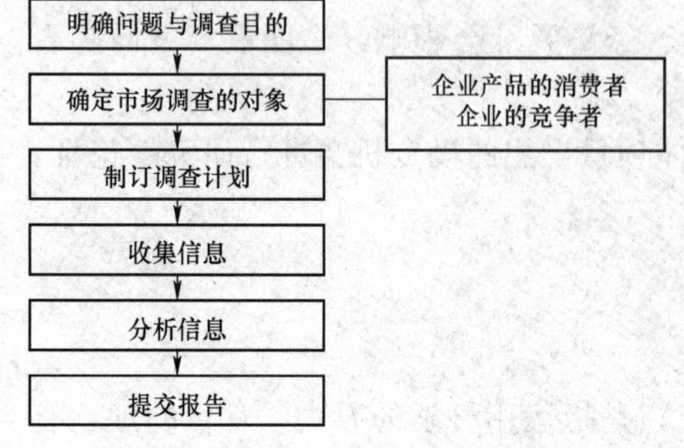

图 2-10 网络市场调查的步骤

5）网络调研无时空和地域的限制；

6）网络调研的可检验性和可控制性。

（2）网络市场调查的步骤。如图 2-10 所示。

（3）网上市场调查的主要手段。

1）诱导访问者接受访问；

2）利用电子邮件或来客登记簿询问访问者；

3）在企业站点上设计问卷调查；

4）网上德尔菲调查法；

5）利用企业站点搜集市场信息；

6）选择搜索引擎；

7）利用数据库；

8）互联网上适合的市场信息调查内容。

5. 市场研究的服务内容

在工程咨询领域，可提供的市场研究服务内容主要包括区域市场调研、行业（产业）研究、产品市场研究、商圈分析研究、消费者研究等。

（1）行业（产业）研究。行业研究的核心内容包括三方面：①研究行业的宏观背景、产业政策、产业布局、产业生命周期、该行业在整体宏观产业结构中的地位以及发展方向与成长背景；②研究行业市场内的特征、竞争态势、市场进入与退出的难度以及市场的成长空间；③研究行业在不同条件下及成长阶段中的竞争策略和市场行为模式。行业研究的结果为政府和企业提供战略方向性的思路和选择依据，从而避免发生“方向性”的错误。

行业研究的重点包括以下几方面（图 2-11、表 2-2）。

图 2-11　行业研究模型

1）政策环境。全面深入研究行业所处的国际国内经济环境，重点分析产业政策以及相关配套政策动向，把握行业政策的发展趋势。

2）市场供求。依靠强大的数据库资源，透过数据分析，探究市场供求现状，提供行业发展规模、发展速度、产业集中度、产品结构、所有制结构、区域结构、产品价格、效益状况、技术特点、进出口等重要的行业信息，并科学预测未来 1～5 年内市场供求关系的发展趋势。

3）投资趋势。从当年新建、在建项目入手，突出研究行业投资现状及投资过程中存在的主要问题，提供投资趋势的预测和投资重点市场的判断，为投资者提供投资建议。

表 2-2　行业研究的主要框架内容

结构层次	主要内容	所研究/解答的问题
第一部分　行业透视	(1) 行业起源与定义/分类 (2) 产品特性与产业特性 (3) 行业投资特性及其跨行业比较分析	·行业（发展）特性； ·盈利性、成长性、成长速度、附加值的提升空间； ·进入壁垒、退出机制； ·风险性； ·建设周期； ·要素密集性； ·行业发展周期阶段与历史； ·关联产业发展
第二部分　现状分析与需求分析	(1) 国外同类行业/市场的发展状况、进出口战略等	·生产数量、结构、企业数量变化； ·进出口状况； ·进出口产品结构、主要进出口国家和地区； ·影响要素、来自进口的供给等的状况、变化及原因； ·子行业、区域市场、产品细分市场的产销状况、增长情况、最新变化及其原因； ·行业规模； ·进出口对国内市场的影响； ·进出口发展趋势等
	(2) 国内市场现状重点细分市场、重点地区市场分析等	
	(3) 产品需求、市场应用分析	1) 需求的直接来源 ·行业、市场需求影响因素； ·需求数量模型推算； 2) 需求结构 ·市场细分与细分市场规模的分析基础，如：应用领域、技术等级、消费者定位等； 3) 消费者分析 ·目标消费者分析； ·目标消费者定位分析； ·需求变化规律； ·消费习惯、消费偏好、目前消费实力、消费水平等
	(4) 关联产品与替代产业/产品的销售情况即价格行情分析	·原材料、价格走势分析； ·替代产品销售情况； ·各主要区域市场销售情况等
	(5) 销售渠道	包括：渠道构成；销售贡献比率；覆盖率；销售渠道效果；价值流程结构；渠道的销售成本；渠道建设方向等
	(6) 技术标准与规范	·现行技术； ·技术研发进展、替代产品与技术； ·技术研发方向与动向、研究开发投入变化情况； ·行业技术标准（标杆）

续表

结构层次	主要内容	所研究/解答的问题
第三部分　竞争格局	(1) 行业/市场竞争的格局构成	·市场占有率的构成； ·主要企业的经营定位； ·竞争格局的特点； ·不同性质的企业市场占有率及变化（国有、民营、外资）； ·不同企业的市场占有率及变化； ·不同产品的市场占有率及变化； ·产业集中度
	(2) 竞争格局发展预测	·影响因素——最主要因素是市场需求与实力； ·国家产业结构调整政策； ·行业结构调整的方向； ·竞争中的国家政策因素； ·竞争格局的发展趋势； ·国家产业扶植政策/税收等相关政策的分析； ·WTO 等因素影响分析
	(3) 主要企业分析	包括：行业内企业数量及变化；行业生产能力及变化；行业领先的前 20 名企业介绍、企业分组分析；子产业领先的五个企业的基本情况、产品定位、市场定位、科研开发与市场操作、销售情况、市场拓展方式、资金筹措方式、战略举措、企业兼并与重组、前景与不足等
第四部分　市场需求规模分析与产业趋势预测	带来商业机遇、影响企业产品开发、服务战略与竞争战略的产业大局势，根据各种趋势变化的推演，对未来行业面貌进行大胆和科学的预测	·产品市场成长趋势、需求变化趋势； ·国际市场发展趋势动态； ·要素市场变化趋势； ·科研开发趋势、替代产品的技术进展； ·行业产业格局变化趋势； ·产业结构调整趋势（方向）； ·销售渠道与销售方式变化趋势
第五部分　产业 SWOT 因素分析与产业发展建议	(1) 潜在商业机会与产业投资的发展策略	·市场发展的 SWOT 分析； ·行业发展的宏观对策； ·新进企业进入市场的策略； ·现有企业发展策略； ·未来五年行业发展趋势预测、市场潜力预测
	(2) 做大做强的模式与新的创意	包括：要素如何取得，进入壁垒如何打破，节奏与进程如何把握，销售渠道的组织，成功与失败的模式探讨，如何进入市场，目标市场的定位/主流市场的把握，台上台下的竞争手段，国外市场的进入策略与注意事项等
	(3) 新的商业机会需要优秀的商业头脑来发掘	·新的投资方向、投资机会有哪些，有多大市场规模； ·商业运作的策略与注意事项

4）市场竞争。比较分析各个行业前十家重点企业的运营状况，包括生产、销售和效益情况以及各自的经营策略和竞争优势。

（2）产品市场研究。产品市场研究属于综合研究的范畴，研究内容包括：产品市场宏观发展环境分析、宏观市场发展状况、市场竞争态势、渠道特征研究、细分市场特征、相关行业及影响、技术现状及发展方向、市场潜力分析、SWOT 分析及个案分析等。

其中，市场细分是市场定位的基础。市场细分的参数有人口统计特征、消费者需求差异、市场区域、产品结构、甚至渠道类型。但从根本上讲，市场细分都是从消费者角度来分析的。市场细分是一个复杂过程，通常需要从定性研究的角度进行探索性研究，既而利用定量研究技术进行量化细分，其研究模型如图 2-12 所示。

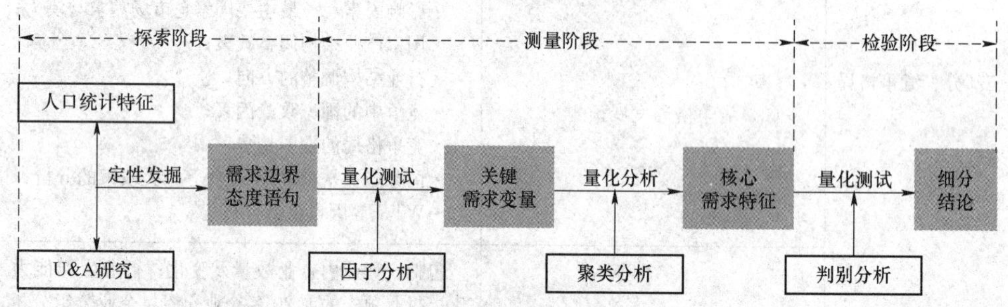

图 2-12　市场细分研究模型

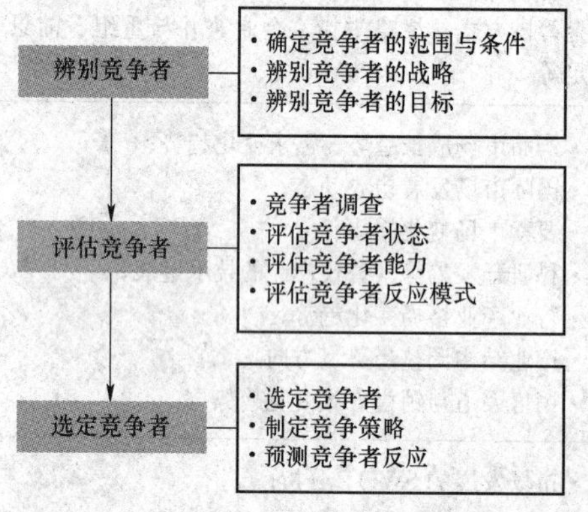

图 2-13　竞争研究的分析流程图

竞争研究则有助于管理者预测商业关系的变化，把握市场机会，对抗威胁，预测竞争对手的策略，发现新的或潜在的竞争对手，学习他人成功的经验、汲取失败的教训，洞悉对公司产生影响的技术动向，并了解政策对竞争产生的影响，从而提高决策效率和企业效益，为企业带来更高的利润回报。竞争研究的内容包括辨别竞争者、评估竞争者研究、竞争者调查分析。竞争研究的分析流程如图 2-13 所示。

（3）商圈分析研究。

1）商圈是一个地理概念。从行业角度讲，不同业种和业态的零售业者在一个相对集中的区域从事经营活动，这个区域的范围就叫商圈。从零售业者的角度讲，商圈是指店铺能够有效吸引顾客来店的地理区域。在许多大型项目（特别是房地产项目）的可行性论证中，商圈研究是必不可少的一个重要环节，特别是对商圈内的竞争状况、业态类型、消费者特征以及经济地理状况等深入了解是进一步确定立项和制定经营策略的重要依据（图 2-14）。

2）商圈一般可分为三个层次，即核心商圈、次要商圈和边缘商圈。

a. 核心商业圈。在该商业圈的顾客占顾客总数的比率最高，每个顾客的平均购货额也最高，顾客的集中度也较高。

b. 次要商业圈。在该商业圈的顾客占顾客总数的比率较少，顾客也较为分散。

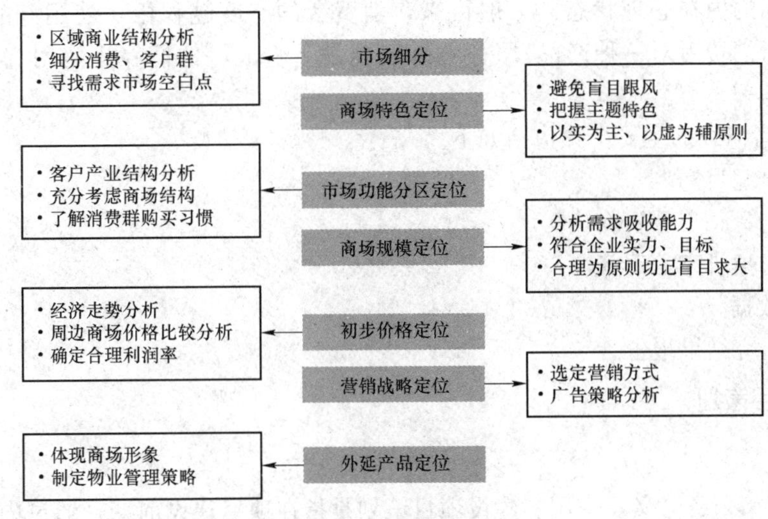

图 2-14　商圈研究示例

c. 边缘商业圈。在该商业圈的顾客占顾客总数的比率相当少，且非常分散。

3）商圈研究基本由四个方面构成：商圈范围确定、商圈调查、资料分析和商圈结论。具体而言，商圈研究指的是运用具有针对性的市场调研方法，对商圈的人口构成、竞争环境、消费特征、购买力等进行分析研究。

4）商圈研究的具体项目包括：

a. 确定项目选址及商圈的范围，确定商圈形态。

b. 商圈所在区域商贸状况、环境的优劣势、道路交通状况。

c. 行业调查、经营业种业态、物业管理、经营模式。

d. 人口数量、人口结构及常住/外来人口、消费特征、购买力和人文特征。

e. 锁定竞争对手，了解竞争对手的经营情况及经营策略。

f. 影响商圈的其他市场因素，政策、法规、城市规划等。

g. 评估商圈的市场机会和发展潜力。

h. 确定商业项目的战略规划方向及业务方向。

（4）消费者研究。

1）消费者研究主要包括消费者需求研究、消费者行为研究和消费者态度研究。

a. 消费者需求研究。通过问卷、访谈、座谈、讨论、观察、写实等调查形式和手段，对目标消费者（包括个体和组织）进行全面研究，挖掘消费者的潜在需求，帮助企业正确地进行产品和目标市场定位，减少企业在产品及市场选择上的失误。

b. 消费者行为研究。消费行为，包括了目标消费者对产品的购买到使用的一系列过程中所发生的常用行为方式，如通常要了解途径、主要的获取方法、关键性的影响因素、习惯的使用方式等。对消费者的使用习惯进行研究，可以帮助客户了解到他们的产品/服务实际被使用的方式与他们原先所设想的方式是否一致，并由此决定对产品/服务的某些方面进行修改或调整。

c. 消费者态度研究。消费态度是消费者对某一产品/服务所持有的一种比较稳定的赞同或不赞同的内在心理状态。一般说来，消费者的态度越积极，使用产品/服务的可能性越大；而消费者对一种产品/服务的态度越是不赞成，他们停止使用它的可能性就越大。

2）消费者研究的主要步骤包括如下。

a. 定义研究目标。

b. 收集与评估二手资料。

c. 设计初步研究。

d. 分析数据。

e. 准备研究结果报告。

（三）项目策划

1. 概述

（1）项目策划的含义及作用。建设项目策划是指在项目建设前期，通过内外环境调查和系统分析，在充分掌握信息的基础上，针对项目决策和实施阶段或决策和实施阶段中某个问题，推知和判断市场态势及消费群体的需求，进行战略、环境、组织、管理、技术和营销等方面的科学论证，确立项目目标和目的；并借助创新思维，利用各种知识和手段，通过创意设计为项目创造差异化特色，实现项目投资增值，有效控制项目活动的动态过程。

建设项目前期策划往往在项目规划、可行性研究、方案设计等阶段之前，处于现代设计服务产业链的顶端，是项目决策阶段最关键的活动之一，是决定规划成败的依据，是可研和设计的前提。

（2）策划的分类。

1）按项目区域大小划分。根据策划项目的区域范围，可分为城市新区开发项目、旧城区更新改造项目、小城镇开发项目、城市综合体项目、单个建筑开发项目等。

2）按项目所属行业划分。根据策划项目所属的行业或产业，可分为教育产业项目、旅游产业项目、文化创意产业项目、养老产业项目等类型的项目策划。

3）按项目主题类别划分。根据策划项目的主题类别，可分为活动拓展类、康体养生类、宗教主题类、影视类、游乐类、古镇类等项目的策划。

4）按项目建设主体划分。根据项目的建设主体（委托方）可分为政府主导型项目策划和企业投资型项目策划。

（3）策划报告的主要内容。建设项目前期策划报告的编制，既可以由政府及开发单位自己组织力量进行，也可以由政府及开发单位委托中介机构进行。前期策划报告没有一成不变的固定格式，对于不同的建设项目类型，其策划报告的侧重点和具体要求也有所不同。一般来讲策划报告都会包括以下几个方面的内容。

1）市场调研。

a. 宏观环境调查与分析。

b. 区域环境调查与分析。

c. 微观环境调查与分析。

2）项目定位。

a. 市场细分。

b. 目标市场的选择。

c. 产品定位。

3）设计策划。

4）营运策划。

5）经济性评价。

项目策划的研究路径和主要研究内容如图 2-15 所示。

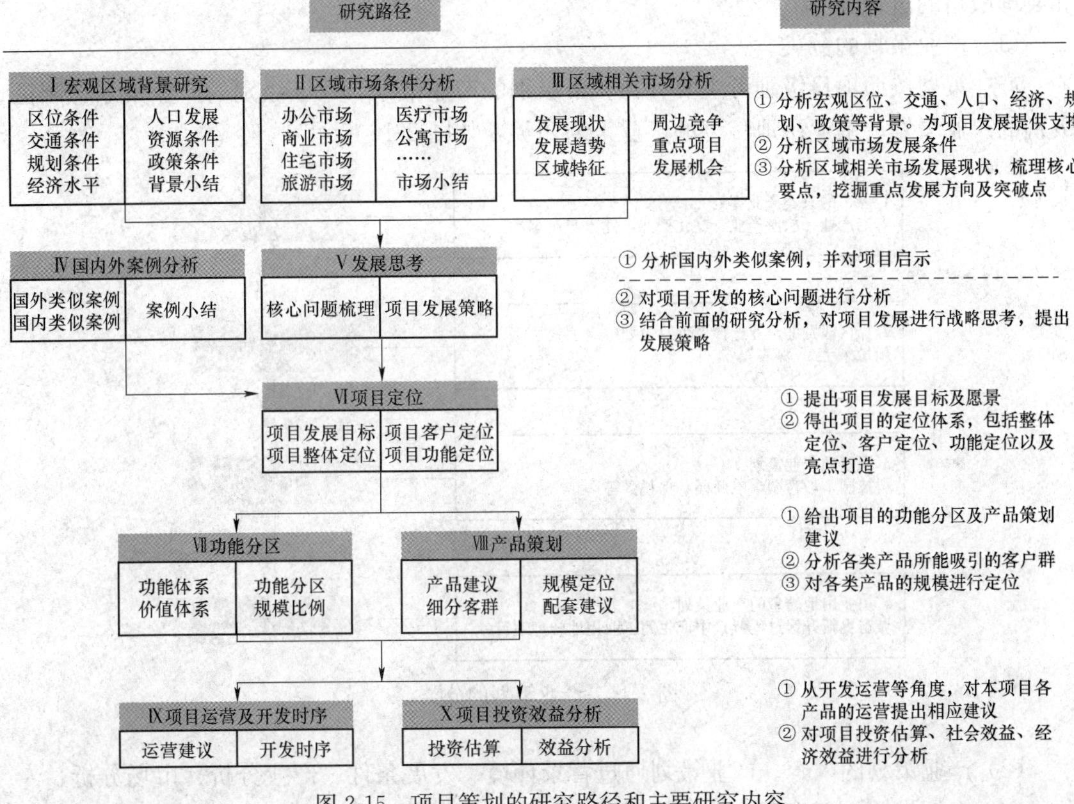

图 2-15　项目策划的研究路径和主要研究内容

2. 定位策划

定位策划是在相关研究和分析的基础上，主要对项目的发展定位进行明确和策划的过程，其核心内容包括项目的建设目标、整体定位、发展战略、功能定位、客户定位以及后期的开发运营、效益测算等。

3. 产品策划

产品策划即对项目需要建什么类型的产品、具体建成什么样等进行创意策划，包括产品的业态类型、空间布局、建筑风格、户型建议等。产品策划主要基于市场分析，在市场摸排的基础上，结合自身资源特色，根据市场需求和市场前景等提出有创意的产品组合建议。

产品策划的研究路径和定位策划类似，只是策划的核心内容不一样，定位策划的核心内容是发展目标、总体定位、功能定位、客户定位等，而产品策划的核心和落脚点是项目的产品业态、产品组合等。

4. 产业策划

产业策划是立足产业行业环境与项目所在地的实际，通过对今后项目拟发展产业的市场需求和区域社会、经济发展趋势分析，分析各种资源和能力对备选产业发展的重要性，以及本地区的拥有程度，从而选择确定项目主导产业的方向，并进一步构建产业发展规划和实施战略的过程。

（1）产业策划的分类。

产业策划按照项目级别可主要分为城市级别的产业策划、片区级别的产业策划、园区级别的产业策划、工业用地转型的产业策划四类，如图 2-16 所示。

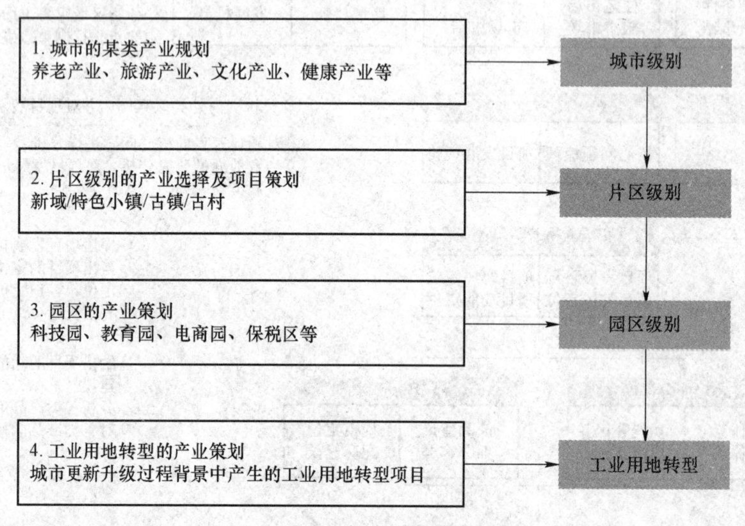

图 2-16 产业策划的分类

（2）产业策划的内容。产业策划通过背景环境、发展条件、产业分析、市场分析、专题研究、案例借鉴、开发要求等判断项目发展的优势与劣势、机会及挑战，重点解决项目的产业定位、功能规划、开发方案、效益测算、服务体系、营销招商六类问题。其最核心的内容便是项目的产业定位，包括产业筛选、产业细分、产业体系构建等。

（3）产业策划的方法。产业定位一般是依据产业内生逻辑，挖掘关键要素，通过筛选模型进行科学定位。产业筛选的思路是经过多重维度构建产业库，结合特定的方法模型，利用一定的指标体系评估候选产业，得出目标产业，再通过一定的方法模型选择细分产业，最终得出项目发展的产业体系（图 2-17）。

在项目操作中，还可采用“产业链市场分析法”来进行产业策划，针对产业链上、下游各个环节涉及的细分产业，分析市场现状、发展趋势和机会前景，同时梳理相关企业，为招商等后续工作提供资源（图 2-18）。

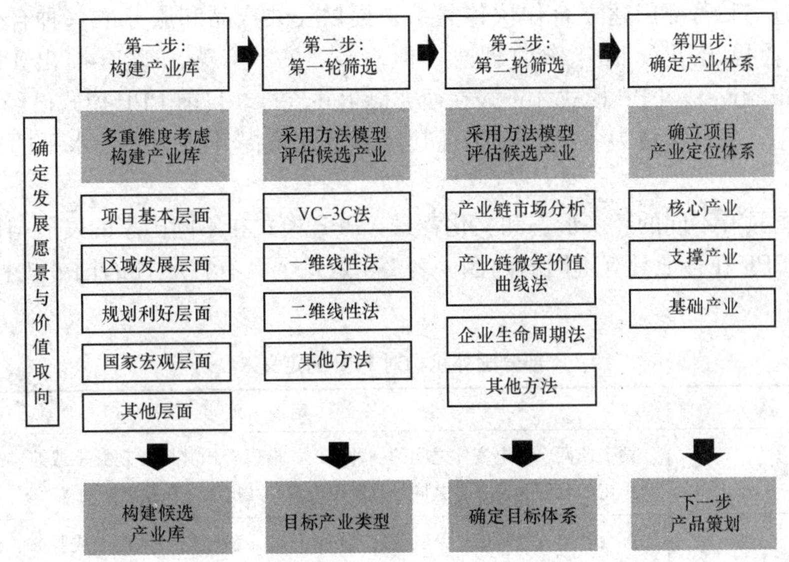

图 2-17　产业定位的技术路线

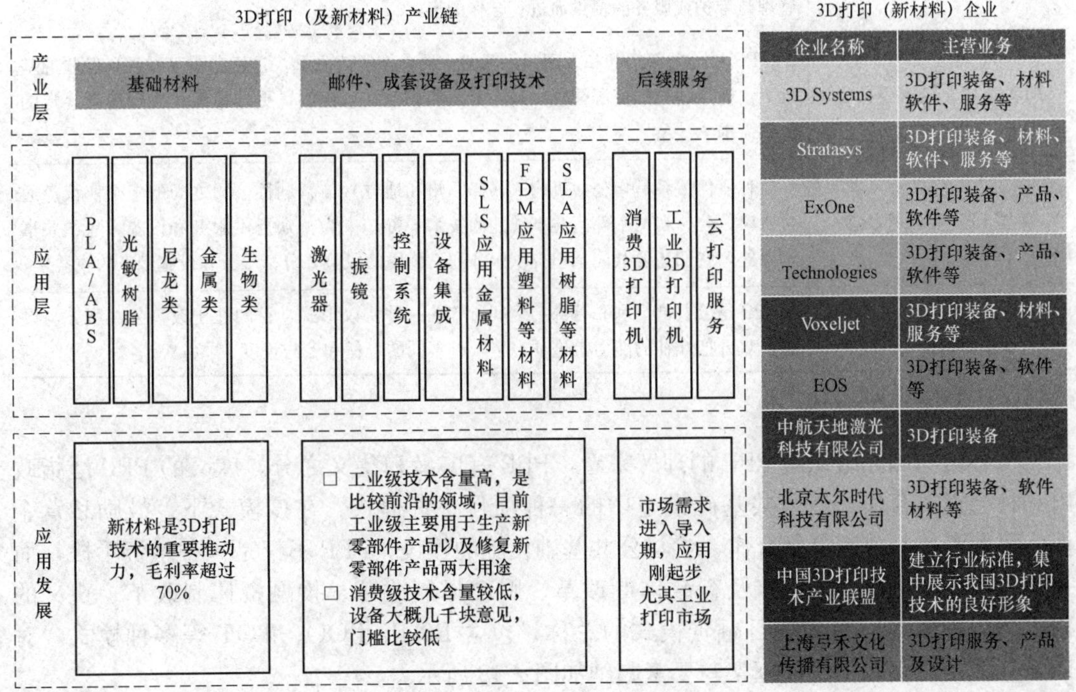

图 2-18　某 3D 打印产业链分析

（四）PPP 项目融资咨询

1. PPP 项目融资相关概述

（1）PPP 模式定义。PPP（public private partnership，公私合作伙伴关系）模式是指

公共部门通过与私营部门建立合作伙伴关系来提供公共产品和服务的一种合作模式。19世纪英国学者提出了公私合作的理念，但直到1992年英国政府推出PFI（Private Financing Initiative），PPP模式才正式在西方诞生并流行。目前PPP模式已经在全球范围内被广泛应用，并日益成为各国政府实现其经济目标及提升公共服务水平的核心理念和措施。

由于各国具有不同的经济形态和文化背景，PPP模式在不同国家的发展与应用程度也不同，因此PPP在各地具有不同的内涵。表2-3是几个具有代表性的国外机构对PPP模式的定义。

表2-3　　部分国外机构对PPP的定义

来　源	定　义
英国财政部	两个或两个以上实体之间的一种协议，借以合作共同实现共享或兼容的目标，并共享一定的权利和义务、共同进行资源投资、共担风险和互惠互利
世界银行	社会资本方与政府方及其代理机构签订的一份长期提供资产或服务的合约，同时由社会资本方承担更多的风险责任和管理责任
欧盟委员	公私伙伴关系是指公共机构与商业社会之间为了确保基础设施的融资、建设、革新、管理与维护或服务的提供而进行合作的形式
加拿大PPP国家委员会	PPP是公共部门和私人部门之间的一种合作经营关系，它建立在双方各自经验的基础上，通过适当的资源配置、风险分担和利益共享机制，更好地满足实现清晰界定的公共需求
美国PPP全国理事会	公私伙伴关系是指公共机构（联邦、州和地方）与营利性公司之间的一个协议。通过协议，公、私两个部门共享彼此的技术、资产来为公众提供服务和设施。除了共享资源外，它们还要共同承担提供服务和设施中的风险并分享服务和设施带来的收益
香港PPP效率促进小组（efficiency unit）	PPP是公共部门和私营部门之间所签的一种协议形式，目的在于改善公共服务与设施，双方把互补的能力带进项目里，有不同的责任和参与程度

资料来源：根据文献自行绘制。

从各国和国际组织对PPP的理解来看，PPP有广义和狭义之分。广义的PPP泛指政府和社会资本合作，是公共基础设施中的一种项目融资模式。在该模式下，鼓励私营企业、民营资本与政府进行合作，参与公共基础设施的建设，PPP不仅是一种融资手段，而且是一次体制机制变革，涉及行政体制改革、财政体制改革、投融资体制改革。狭义的PPP可以理解为一系列项目融资模式的总称，包含BOT、BOO、TOT等多种模式。对PPP模式的广义和狭义的框架与要素归纳如图2-19所示。

综上所述，PPP模式目标是为了提供公共产品或服务，涉及公共部门和私人资本两大主体，双方风险共担、收益共享，形成以合同协议为基准的伙伴关系。因此，本书基于中国国情将PPP模式定义为：政府和社会资本在基础设施及公共服务领域建立的一种长期合作关系，其中社会资本承担设计、建设、运营、维护基础设施的大部分工作，并通过“使用者付费”及必要的“政府付费”获得合理投资回报，政府部门负责基础设施及公共服务价格和质量监管，以保证公共利益最大化。

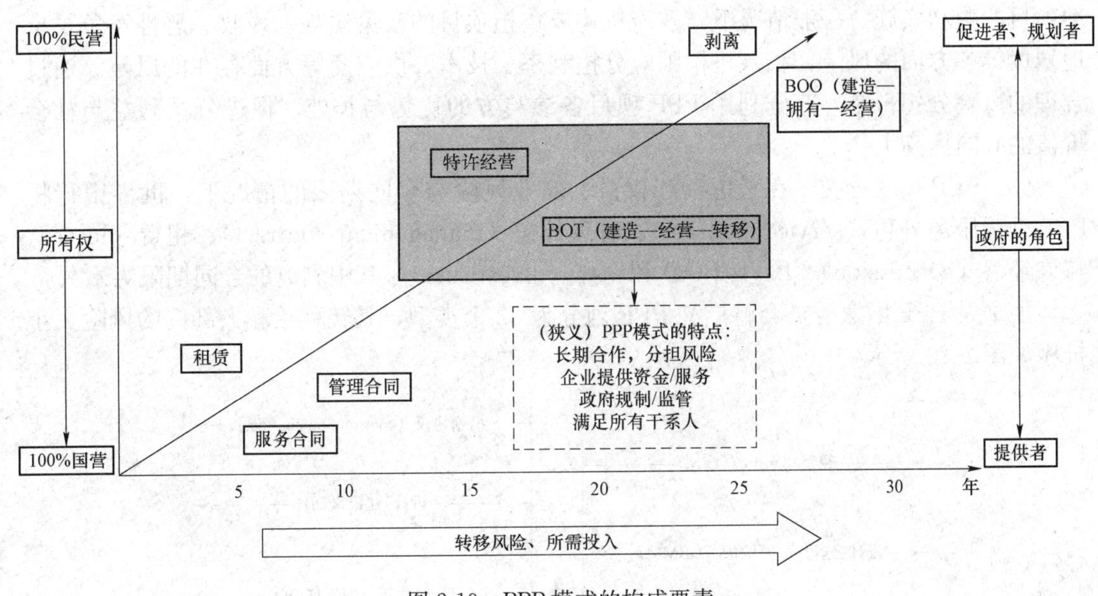

图 2-19　PPP 模式的构成要素

（资料来源：根据文献，自行绘制）

（2）PPP 模式特点。根据 PPP 模式的定义，PPP 模式的本质是一种新型的融资关系。PPP 模式是政府部门在公共事业的相关项目中采用多种方式引入社会资本，并通过向使用者收费、政府支付或补贴等方式给予社会资本一定的投资回报的合作关系。与传统的融资模式相比，PPP 模式具有以下几个特征。

1）PPP 项目具有实施的长期性。目前，PPP 融资模式主要应用于废污水处理、隧道等基础设施建设和基础服务等方面，这些项目初期的投资金额较大，并且投资回收期较长，从而决定了 PPP 项目实施的长期性的特点。财政部发布的《关于进一步做好政府和社会资本合作项目示范工作的通知》中将 PPP 模式的实施年限原则上确定为至少 10 年。在长期合作过程中，国家政策、科学技术和经济发展水平等方面的变化都会影响 PPP 项目的实际运行效率和效果。

2）PPP 模式具有公益性的特征。PPP 模式的公益性是由应用项目的性质决定的。PPP 模式是由政府部门主导，通过引进社会资本进行交通、供电、供水等公共服务项目的开发、建设和运营。政府机构所特有的公共管理职能促使其要保证项目的公益性，从而保证公民的效益水平。

3）PPP 模式具有利益与目标的不一致性。政府在基础设施项目中引入社会资本，一方面，政府不仅可以改善地区投资环境，促进经济水平提高，而且能够缓解财政压力，提高公共服务效率；另一方面，社会资本可进行多元投资，在一定程度上提高收益水平。政府与私人机构通过收益与风险共担机制，按照合理的分配比例实现 PPP 项目的利润共享。但是二者的目标是不同的，政府要保障社会福利与社会效益的最大化，而私人机构是利益最大化的追求者。因此，通过协议谈判寻找平衡点是 PPP 模式运行的关键。

4）PPP 模式风险的分担具有区别性。PPP 实施的核心是利益共享与风险分担共担。PPP 模式的参与方各自发挥自身的资源优势，利用各方长处分担并化解项目风险，共同推动项目的顺利实施。一般情况下，政府机构要负担项目的政策法规、税收、恶性竞争、土地划拨等各方面的风险，私人机构则应分担利率、技术、供应商等方面存在的风险。通过合理的风险分担机制，充分利用 PPP 项目各参与方的优势与长处，促进公司利益与社会价值的共同提高。

（3）PPP 模式分类。在考虑资产权益、商业风险与合同期限的情况下，世界银行将 PPP 分为服务外包（service contract）、管理外包（management contract）、租赁（lease）、特许经营（concession）、BOT/BOO 和剥离（divestiture），其中剥离的合同期限为永久。

加拿大 PPP 国家委员会将广义 PPP 划分为 12 个类型，其转移给私人部门的风险大小排序如图 2-20 所示。

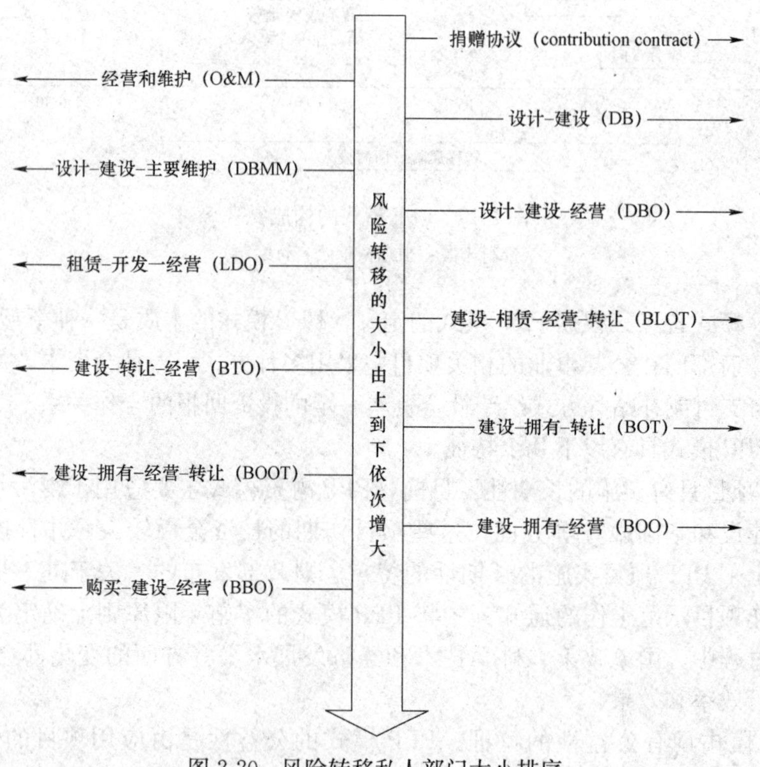

图 2-20 风险转移私人部门大小排序

（资料来源：自行绘制）

参考国外的分类方式，结合国内政策文件及应用现状，PPP 模式可分为三大类，即：外包类、特许经营类、私有化类，根据每个大类又进行了细致划分，具体如图 2-21 所示。

2. PPP 项目融资基本内容

（1）PPP 项目融资的原则。

1）PPP 项目往往投资金额巨大，融资方案的优劣很大程度上决定了投资者在项目中的获益，一般而言，融资应遵循以下三个通用原则。

a. 成本效益原则。是指项目的收益必须与融资成本相匹配，其中的收益是指项目的收益/净收益/各种投资收益率，融资成本一般包括资本筹集费（固定）和占用费（可变）。

值得注意的是，成本收益的匹配不仅是两者数额上的匹配更重要的是两个现金流之间的时点匹配。经验表明，PPP 项目还贷风险最高的时候是在项目的建设后期和运营前期，因此，这期间的现金流匹配应特别关注。

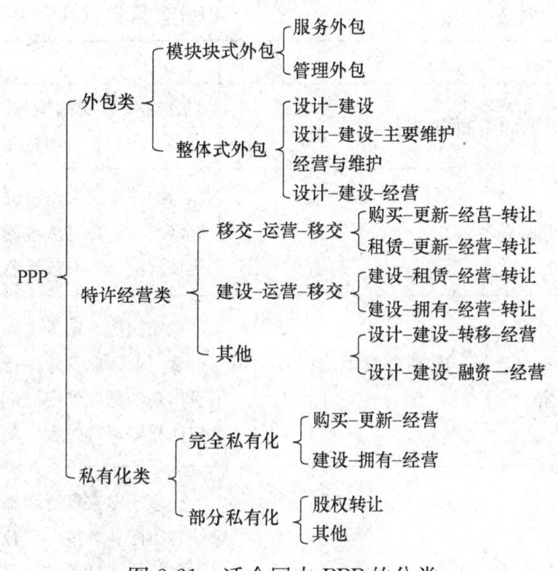

图 2-21　适合国内 PPP 的分类

b. 风险收益均衡原则。原则中的风险主要包括：资金供给的风险（包括资金供给的不及时、利率变动、汇率变动风险等）、还本付息的风险（无偿还能力将被清盘/重组）、投资者收益下降的风险和资本成本上升的风险（高负债率导致高投资风险因而投资者提高风险报酬率）。

c. 时效性原则。融资环境包括金融市场状况、利率水平、税收政策、汇率水平等因素，对融资方案的选择有着明显的限制作用，因此要预见/寻找成本最低、风险最小的融资机会决定了项目融资具有时效性的特点。

2）综合上述三个通用原则，可以得出以下三个融资建议，供在实际项目中酌情考虑。

a. 最大化长期贷款。由于 PPP 项目投资周期长，很多基础设施项目的特许经营期都长达 20 年甚至更久，往往项目后期的风险更小、收益更为稳定，项目的财务可行性对现金流比利率更为敏感，因此可以支付稍高一些的利率以获得长期的贷款，减轻项目前期的还贷压力。

b. 最大化固定利率贷款。通过选择固定利率贷款，可以降低项目利率风险，获得更为稳定的项目经济效益，保证项目现金流的稳定性。

c. 最小化二次融资风险。在融资方案中应该尽量争取预先承诺的融资（即额外承贷），这样可以降低因成本超支时必须二次融资所带来的风险，如工期延误、资本市场变化等风险。当然，额外承贷也意味着需要付出额外成本。一般而言，二次融资应该选择在项目建造完成之后。

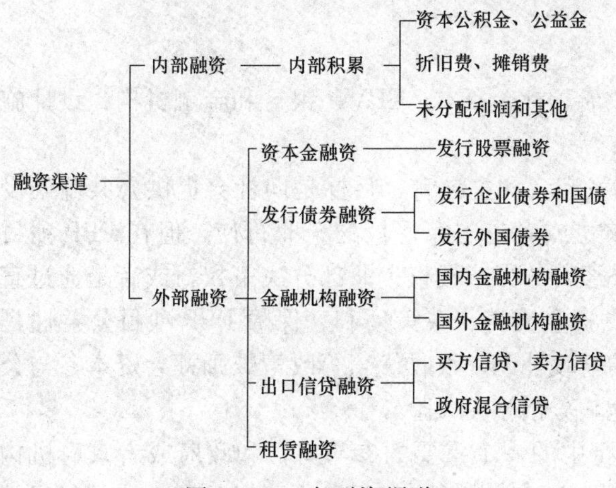

图 2-22　一般融资渠道

（2）PPP 项目融资渠道。一般而言，项目的融资渠道可分为内部融资和外部融资，如图 2-22 所示。

对于基础设施 PPP 项目，常见的融资渠道和特点见表 2-4。

表 2-4　PPP 项目常见融资渠道及其特点

融资渠道	特　点
国际/国内商业银行贷款	最基本/简单的债务资金形式，决策过程复杂、融资金额有限及附带限制较多，利率和费用较高
出口信贷	为加强本国大型机械设备出口而提供的对外中长期贷款，分卖方和买方信贷。一般以贷款或提供担保两种形式；利率低，不承担建设风险，需其他贷款配套，有政治色彩，效率低
资本市场，即发行股票或债券上市融资	操作快捷、定价优惠、条件灵活、风险承受能力强、不需政治担保、发行费用低；比商业银行贷款期限长，限制条件较少，形成有效机制避免项目出现问题或督促发起人在出现的问题影响经济效益前能有效解决问题；但因投资风险较大，项目公司在建设前期融资比较困难
国际银团贷款（辛迪加贷款）	一家或多家银行牵头，各分属于不同国家/地区的商业银行联合组成一个银行集团，各按一定比例，共同向借款人提供一笔中长期贷款；款额大、期限长、灵活条件（浮动/固定利率、多币种、提/还款期/方式、预付款）、风险小、利于借款人扩大知名度，但更多盟/契约有时条件严，非常适合项目融资
国际金融机构/多边代理机构（MLA）	如世界银行、亚洲开发银行，欧洲、非洲、中美洲、伊斯兰开发银行；利率低，但手续繁杂、过程长
外国政府援助贷款	低息或无息
租赁公司	以租赁方式为项目设备和施工机械筹资
项目所在国政府贷款	低息
公共基金机构	如人寿保险公司退休养老基金和慈善基金。国外这些基金资金巨大、国内也在迅速积累和发展
项目其他参与者	如发起人、承包商、运营商、供应商、购买者、受益者等提供贷款

PPP 项目的融资究竟以哪一种融资方式为主，要具体分析项目情况，综合考虑各种因素。

（3）PPP 项目融资的主要参与方。

PPP 项目融资的主要参与方包括政府、社会资本、SPV、银行和金融机构、设计施工单位、供应商、咨询公司、用户的各方等。

1）政府。政府一般是 PPP 项目的发起者和主导者，目标是向社会提供公共基础设施和服务。政府的职能一般由国家机关单位或者是国家授权的企业行使，但在 PPP 项目中并没有实际操作的权利。政府通过特许经营的方式授权企业部分决策权，或者是通过直接投资、金融贷款等方式为项目开发提供资金支持、政策便利。保障 PPP 项目公益性是政府的主要职责。政府会通过给予一定的财政补助、税收优惠等政策鼓励社会资本参与公共设施服务建设，并提供必要的扶持措施，分担相关风险。

2）社会资本。社会资本是项目运行中的一个重要的参与者，和政府或者政府机构代表共同合作成立项目公司。社会资本参与方可以是单个公司，也可以是多个公司组成的经济组织。社会资本以自有资本进行项目投资，按照风险分担机制承担项目风险，并分享项目收益。

3）SPV。SPV（special purpose vehicle）即 PPP 项目公司。政府和社会资本方通过协议共同创立相关的企业，并由新成立的企业全权负责该项目的运行发展。协议主要关于社会资本参与方同意以贷款、技术转让、股权、出让管理方式等参与项目实施，并对项目的分工合作达成一致意见。SPV 的管理人员一般由个人或集体组成，并对 PPP 项目拥有决策和执行的权利。其中，政府人员较少的参与 SPV 的生产经营决策中，因此政府机构对项目运行的影响较小。

4）银行和金融机构。PPP 项目投资额较大，需要巨大的资金支持。银行和金融机构是项目资金的一个重要来源。国际银团、信托机构、银行等金融机构能够提供大额的资金，且由于参与方较多，也能达到降低项目政府合作风险的效果。

5）设计施工单位。PPP 项目实施过程中，SPV 公司一般会将 PPP 项目的具体设计和建造交由专业的承包商实施。承包商承担项目开发建设过程中主要风险，如质量不合格、建设期延误等现象发生，SPV 实现项目设计和建造风险的转移。

6）供应商。供应商主要负责项目建设过程中原料、工程设施和能源等的供给。

7）咨询公司。PPP 项目参与方众多，且投资额巨大、建设周期长、投资风险比较大，因此在人员、资金、风险等项目管理方面面临较大的挑战。专业性强的大型咨询公司可以针对运行过程中存在的具体问题提出合理有效的建议。一般来说，咨询公司不仅能够在国家税务、金融、财政等政策方面给项目开发者提供帮助，而且能够评估项目资金融人和使用的风险，并制定合理的方案。同时，咨询公司还可以对 SPV 实施运行过程中遇到的难题或障碍提供建议。

8）用户。用户是 PPP 项目的终端，也是项目的直接使用者和受益者，主要社会大众和相关政府部门。用户通过支付相应的服务费而享受公共设施服务，因此，用户在服务效果和运行质量上具有相应的话语权，可以起到监督的作用。

9）保险商。PPP 模式的巨大资金数额及未来许多难以预测的不利因素，要求项目的各个参与者准确地认定面临的主要风险，并视需为它们担保，因此，保险商成为分担项目风险的重要一方。

PPP 项目融资的各参与方如图 2-23 所示。

(4) PPP 融资模式的运作过程。

PPP 融资的开展是一个系统性的操作流程，从 PPP 项目的识别到项目的移交，中间有三个很重要的操作流程——项目准备、采购和执行，具体操作流程如图 2-24 所示。

1）项目识别流程。首先由公共部门或私人部门发起项目，由私人部门发起的项目更能体现社会需求。再将所发

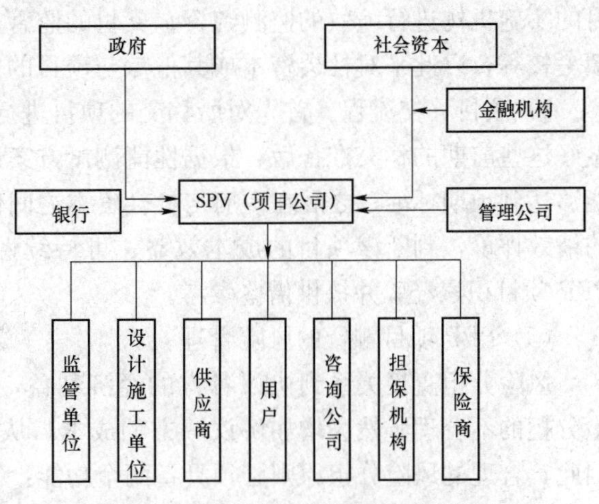

图 2-23　PPP 项目融资的参与方关联图

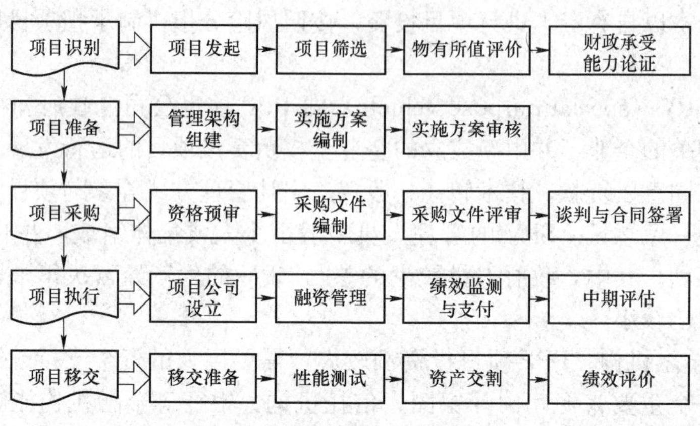

图 2-24　PPP 模式操作流程图

起的项目按照一定的标准进行项目筛选，确定更符合要求的项目。然后由 PPP 中心和行业主管部门进行物有所值的评价，主要从项目层面和项目的采购层面来评价 PPP 项目的可行性，物有所值评价过程是贯穿于整个项目周期的，以保证项目的最高收益。最后是财政承受能力的论证，判断政府是否有财力能够进行该项目。

2）项目准备流程。首先由政府部门为项目进行管理架构体系的构建；再根据项目的特性制定风险分配的方案，确定 PPP 的运作方式；然后再确定交易结构，根据交易结构确定项目的合同体系和监管架构；其次，为该项目制定合适的采购方式；最后由财政部门进行实施方案的审核，确定该项目是否采用 PPP 方式。

3）项目采购流程。首先对想要参与该项目的相关主体进行资格预审，确定各个主体是否有能力、有资格参与该项目。然后进行采购文件的编制，并交由专家评审小组进行采购文件的审核。采购文件通过后，进行项目采购谈判，确定最终合格的采购方，签署采购合同文件。

4）项目执行流程。首先政府和社会资本根据合同要求，按比例投资并设立项目公司。政府及其监管部门对项目公司和社会资本筹集来的资金使用进行监管。同时财政部门对项目的实施机构进行绩效的监测与资金支付的监管。最后监管部门对项目进行中期评估、业绩考核等，以此来对社会资本或其他参与项目的国有企业等进行履约管理。

5）项目移交流程。首先对所移交的项目进行资产评估，并制定项目的性能测试方案，做好这些前期的移交准备后，根据性能测试方案进行项目的性能测试，以确保项目的性能能够达到预期标准；之后在政府与社会资本之间做好项目的资产交割工作；最后进行项目的绩效评价，判断该项目的成本效益、可持续性等指标是否符合预定标准，为以后进行 PPP 项目积累经验并提供借鉴参考。

（5）PPP 项目融资的风险管理。

风险分担直接关系到协议各方的经济利益，是 PPP 项目成功的又一个重要因素。风险分担的不合理必然会增加协议一方的成本，从而影响合作方的积极性并导致项目失败，因此，合理的风险分担原则必须具备两个功能：①减少风险发生的可能性、风险发生后造成的损失和风险管理的成本，使 PPP 项目对各方都具有吸引力；②培养各方的理性和谨慎的行为，即各方要有能力控制分担给乙方的风险，并为项目的成功而有效努力。

1）风险分担原则。目前，学术界和业界对 PPP 项目的风险分担原则已达成以下共识。

原则一：由对风险最有控制力（包括控制成本最低）的一方承担相应的风险；

原则二：承担的风险程度与所得的回报大小相匹配；

原则三：私营部门承担的风险要有上限。

除了上述三个重要原则，还要特别注意，每个风险都要合理管理，另外，千万不要利用对方的暂时无知签订“不平等条约”，因为 PPP 项目是长期合同（10～30 年），项目各方要建立长期友好的合作关系，项目才能成功。

2）风险分担的流程。根据这些风险分担原则，可以将 PPP 项目的风险分担划分为风险初步分担、全面分担和跟踪再分担三个阶段，内容具体如下。

a. 风险的初步分担阶段（可行性研究阶段）。公共部门初步判断哪些风险是公共部门和私营部门可以控制的，对于双方控制力之外的风险，留待下一阶段分担。公共部门最有控制力的风险（如税收和汇率等法规变化等）是公共部门应当承担的，其他风险（如设计建设等技术风险和通胀、利率等商业风险）则转移给私营部门。

b. 风险的全面分担阶段（投标与谈判阶段）。私营部门就第一阶段的风险初步分担结果进行自我评估，主要评估其拥有的资源和能力（包括经验技术、人才等），据此判断其对第一阶段分担的风险是否具有控制力。对于双方控制力之外的风险（如自然灾害等），则经过谈判确定风险分担机制，之后私营部门计算风险价值并进行自我评估，提出风险补偿价格。风险分担达成一致意见后，双方将签订合同。

c. 风险的跟踪和再分担阶段（建设和运营阶段）。跟踪已分担的风险是否发生协议各方意料之外的变化或者出现未曾识别的风险，再根据风险分担原则进行谈判，进行风险的再分担。

3）风险分担的结果。

a. 政府方需承担的风险。经过政府审批或核准的建设项目，政策风险宜由政府承担；对社会和法律风险，政府可以通过行政、法律的手段进行控制，这部分风险一般适宜政府来承担。

b. 社会资本方需承担的风险。社会资本具有较丰富的商业经验，与商业经济行为相关的类似风险由社会资本承担更为合理。但是，不同项目、不同类型的社会资本也会根据自身管理能力和特点，对风险承担可有所选择。

c. 双方共同承担的风险。政府和社会资本双方共担的风险，是指任何一方都不愿承担该风险的后果，或者任何一方承担都会减少对该风险控制的积极性，如不可抗力因素等。该风险一般需要通过谈判来确定双方承担的比例和所得回报。

d. 风险控制应对的措施和建议。结合风险分配方案，对各方承担的每一类风险需提出合理、可操作的应对措施和建议，以最大程度控制风险事件的发生，并保障在风险发生时最大限度地减少损失。

风险分担结果可以表格形式列出，见表 2-5。

表 2-5 风险结果分配

项目阶段	风险因素	风险来源	风险结果	建议承担方	应对措施建议
全过程	政策风险	法律与政策稳定性	影响项目的正常进行，项目暂停甚至终止	政府	政府出具声明与保证，约定该情况下提前解约处理机制
	…	…	…	…	…
前期（准备期）	建设条件	水、电、路，建设用地、临时用地等	影响进度，成本增加	政府及社会资本	双方前期做好配套设施边界调研与划分工作
	…	…	…	…	…
建设期	市场风险	原材料价格	增加成本	社会资本	套期保值等
		职工待遇提高	成本超支	社会资本	加强人力成本管控、提高效率
		…	…	…	…
	…	…	…	…	…
运营维护期	…	…	…	…	…
…	…	…	…	…	…

3. PPP 项目融资工作程序

全过程工程咨询单位在 PPP 项目融资过程中的工作程序如图 2-25 所示。

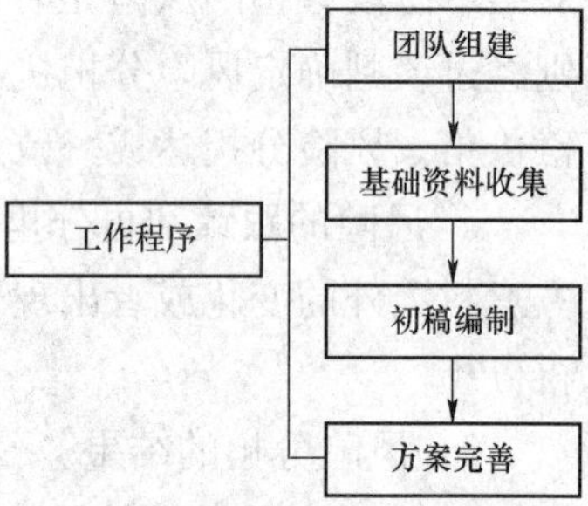

工作程序
团队组建
基础资料收集
初稿编制
方案完善

图 2-25 工作程序示意图

（1）咨询团队组建。

1）项目经理。项目经理应由对工程咨询、造价管理、招投标代理、投融资等有比较深刻理解和丰富实际操作经验的综合能力较强的咨询人员担任。

2）工程技术团队。工程技术团队需要由与项目专业领域相关的工程技术人员组成，牵头人一般应具有一定的技术职称和专业执业资格。工程技术团队需要负责技术方案的工作论证及咨询，对项目关键的技术参数、建设标准等进行识别，对项目实施的各个阶段存在的关键问题、难点、风险等进行梳理，并提出相应的解决方案或协调机制。

3）经济财务团队。经济财务团队需要由技术经济、造价、财务、税务等专业人员组成，主要负责的内容包括：对关键技术经济指标进行测算、核对，进行项目投入产出分析，设计包括交易结构、政府补贴、价格调整、项目回购等各环节的相关模型，确定相关参数，完成投融资模式分析论证等。

4）法律团队。法律团队牵头人需要由高水平的执业律师担任，并要求律师在工程建设、项目投融资领域具有较为丰富的经验，主要负责的内容包括：对全过程咨询工作法律风险的识别，对相关方案的合法、合规性进行认定，对各方提出的问题出具法律意见书，协助设计合同体系、起草相关协议及合同文件，参与期间各种沟通、谈判等。

5）招商团队。招商团队牵头人需要具有建设项目、设备或服务招标代理、政府采购代理的相关经验，其主要工作包括：协助收集相关资料，编制资格预审、招商采购文件，组织实施资格预审、招商采购活动，协助参与后期谈判等。

（2）基础资料收集。

1）类似项目资料收集与经验总结。一是对类似项目基本情况的收集，包括对新建、在建、已建项目本身的技术经济参数、运营维护指标等进行收集，以尽快熟悉该类型项目的特点，了解项目本身实施全周期存在的风险点、利益点等；二是对以不同模式开展的类似项目情况进行挑檐，包括新建、在建、已建项目，目的是对比各个项目采用的不用模式体现出来的优点、缺点，对成功的经验进行总结并加以应用，对存在的问题进行梳理、分析并加以规避。资料收集的方式包括对相关资料的查阅、整理、分析，也包括对相关部门、人员的走访、沟通等。

2）项目前期技术资料收集与访谈。一是对建设项目本身的前期立项、可研、设计等文件进行收集，如果是存量项目或改扩建项目则还需要对存档历史资料进行收集，以充分了解项目的建设内容、建设条件、建设方案、相关技术经济指标等；二是以项目为基础，对相关的规划资料进行收集，了解项目的边界条件、同类项目的建设时序安排等。资料收集的方式包括对相关资料的查阅、整理、分析，也包括对相关部门、人员的走访、沟通等。

（3）初稿编制。初稿编制的内容主要包括对风险分配的初步研究，结合对边界条件的初步划分，确定初步的交易结构，总体上对未来各方合作在各个阶段中的责权利进行划分。初稿编制的目的可以为项目识别阶段服务，论证项目采用投融资模式的可行性、合理性，提出可行的总体方案；也可以对拟开展的投融资模式的主要合作内容进行初步的系统分析，以便进行初步的决策。

（4）方案完善。

1）征求意见并修改完善。实施方案编制过程中需要多次征求前期各参与方的意见，并在充分沟通的基础上不断进行完善，以得到各参与方的基本认可。

2）评估论证。为确保前期决策科学性，项目主办方可委托专业第三方机构对实施方案等内容进行专门的评估论证；咨询机构应根据评估意见与建议，对实施方案进一步修改、完善。

4. PPP 项目融资注意事项

（1）选择合适的 PPP 项目，并针对具体的项目。选择合适的 PPP 类型，当项目满足以下条件时，政府可以考虑采用 PPP 模式：吸引私营伙伴参与，对私营伙伴的加入不存在法规管制；服务对象欢迎私营伙伴的加入；潜在私营伙伴之间存在竞争，通过竞争可以达到低成本高效率的目的；通过对客户的收费可以很快收回成本；可以提供创新机会；有利于促进国家和地区的经济发展。

以 PPP 模式建设的基础设施分为三类：即建设型、发展型和服务型。建设型主要针对基础设施严重短缺的情况，政府让出建设权和一定期限的收益权，项目建设和运行成本通过项目收费来弥补。发展型指具有一定开发性质的基础设施，公共性较强，通常采用公私合营方式予以提供。社会基础设施的供给适用服务型，如教育基础设施等，政府倡导

PPP模式的目的是获取相应的服务，而非资产本身。公共部门以合约的方式，向私人部门开出“服务账单”。并根据私人部门提供的服务数量与质量支付费用。

（2）设计合理的风险分担结构。PPP项目融资是否能够成功最主要的因素是项目的风险分担是否合理。通常可根据各方获利多少的原则考虑相应承担的风险，使项目参与的各方包括政府部门、私营公司、贷款银行及其他投资人都能够接受。PPP项目的风险原则为：由对风险最有控制力的一方承担相应的风险。一方对某一风险最有控制力意味着他处在最有利的位置，能减少风险发生的概率和风险发生时的损失。从而保证了控制风险方用于控制风险所花费的成本是最小的，同时由于风险在某一方面的控制之内，使其有动力为管理风险而努力。

（3）加强政府的职能转变和角色转换。PPP模式离不开政府的积极推动，但是政府顺利完成角色转化也是非常重要的。要按照完善社会主义市场经济体制的要求，在国家宏观调控下更大程度地发挥市场配置资源的基础性作用。最终建立市场引导投资、企业自主决策、银行独立审贷、融资方式多样、中介服务规范、宏观调控有效的新型投资体制。在这种新思路下，政府应由过去在公共基础设施建设中的主导角色，变为与私人企业合作提供公共服务中的监督、指导和合作的角色。在这个过程中，政府应对公共基础设施建设的投融资体制进行改革，对管理制度进行创新，以便更好地发挥其监督、指导和合作的角色。政府通过制定有效政策及具体措施，促进国内外私人资本参与本国基础设施的投资形成风险共担、利益共享的政府和商业性资本的合作模式。政府转为组织者和促进者，而不再是全部资金的供应者和经营管理者，不再承担巨大的投资风险和商业风险。

（4）形成有效的监管架构。PPP模式能否成功运作的关键是政府的监管。良好的监管框架的形成和监管能力的执行，是一个项目得以顺利完成以及未来的运营顺畅的重要环节。由于PPP是政府和私营机构的合作，那么在PPP模式监管框架形成的过程中，政府作为监管政策的制定者，制订监管框架时要充分征求利益的相关方，包括投资者、运营者、消费者的意见，使监管法规既能保证基础设施服务的质量，又能保护有关利益方的合法权益。监管法规一经制定，有关利益方就要严格遵守，依法行事。政府要发挥监管的作用，保证法规的贯彻和执行。此外，所有基础设施项目涉及的当事人都是监管框架的参加者，比如地方协会、商会、相关人员、相关行业代表、潜在运营合作伙伴、纳税人等都是参与方。在国外PPP的监管中，着重要强调的一点就是利益相关方一定要进入监管过程才能形成监管模式。

五、项目建议书

项目建议书（或初步可行性研究报告）是要求建设某一具体项目的建议文件，是基本建设程序中最初阶段的工作，是投资决策前对拟建项目的轮廓设想，其主要作用是论述一个拟建建设项目的必要性、条件的可行性和获得的可能性，供投资人或建设管理部门选择并确定是否进行下一步工作。项目建议书报经投资主管部门批准后，可以进行可行性研究工作，但并不表示项目非上不可，项目建议书不是项目的最终决策。

（一）依据

（1）国民经济的发展、国家和地方中长期规划。

（2）产业政策、生产力布局、国内外市场、项目所在地的内外部条件。

（3）有关机构发布的工程建设方面的标准、规范、定额。

（4）其他相关的法律、法规和政策。

（5）投资人的组织机构、经营范围、财务能力等。

（6）项目资金来源落实材料。

（7）项目初步设想方案，如总投资、产品及介绍、产量、预计销售价格、直接成本及清单。

（8）联合建设的项目需提交联合建设合同或协议。

（9）根据不同行业项目的特殊要求需要的其他相关资料。

（10）全过程工程咨询单位的知识和经验体系。

（11）其他与项目相关的资料。

（二）内容

项目建议书的编制是按照建设项目的隶属关系，由有关部门、地区、企业或投资人根据国民经济和社会发展的长远规划、行业规划、地区规划及经济建设的方针、任务和技术经济政策等要求，结合资源情况、企业战略、建设条件等，在广泛调查研究、收集资料、踏勘建设地点、初步分析投资效果的基础上进行编制。

1. 项目建议书的编制要点

（1）要全面掌握宏观信息，即国家经济和社会发展规划、行业或地区规划（尤其是市政路网规划）、线路周边自然资源等信息。

（2）要重点论证项目建设的必要性。

（3）要根据项目预测结果，并结合规划情况及和同类项目类比的情况，论证提出合理的建设规模和投资规模。

（4）要尽可能全面地勾画项目的整体构架，减少较大建设内容的遗漏。

2. 项目建议书包括的内容

（1）项目建设的依据、必要性和任务。

1）项目建设的依据。

a. 概述项目所在地的行政区划和自然、地理、资源情况，社会经济现状以及地区国民经济与社会发展规划对文创中心建设的要求。

b. 概述项目所在地建设现状及其近、远期发展规划对项目建设的要求。

c. 说明项目所依据的产业发展规划和各项专业规划。

2）项目建设的必要性。阐明项目在地区国民经济和社会发展规划中的地位与作用，论证项目建设的必要性。

根据地区国民经济发展规划和建设项目任务要达到的目标，在产业发展规划和相关规划的基础上，进行必要的补充调查研究工作，对所在地区功能基本相同的项目方案进行综合分析比较，阐明各项目方案的优、缺点，论述推荐本项目的理由。

3）项目建设的任务。阐述本项目的建设任务，按照国家政策和总体效益优化原则，分析研究有关部门对本项目的要求，结合工程条件，考虑本项目在区域规划中的作用，提出项目的开发目标和任务的主次顺序。

对分期开发的项目分别拟定近期和远期的开发目标与任务。

(2) 项目建设条件。

1) 水文、气候。简述工程所在区域自然地理、水系概况等。简述工程地点的气候特性和主要气象要素的统计特征值。

2) 地质。简述工程区域地形地貌、地层岩性、地质构造、构造稳定性，并初步确定工程场区地震基本烈度。对工程地质环境及主要工程地质问题提出初步评价意见。

3) 其他外部条件。

a. 分析项目所在地区和附近有关地区的生态、社会、人文环境等外部条件，及其对本项目的相互影响。

b. 说明有关部门和地区对项目建设的意见、协作关系以及有关协议。

c. 说明有关其他部门、地区影响该工程立项的因素。

(3) 项目初步建设方案。

1) 项目目标及功能定位。项目功能定位及市场目标定位。对项目目标及功能的定位，是项目投资策划咨询和开发建设的一项重要工作。

2) 项目方案构思。对未来投资项目的目标、功能、范围以及项目涉及的各主要因素和大体轮廓的设想与初步界定。

3) 项目方案初步论证。本项目的构成，包括大致估计建设内容及规模。提出选址初步意见和初步的土建、公用、辅助工程方案，估算出总建筑面积及主要单项工程的建筑面积。

(4) 投资机会研究。又称投资机会论证。这一阶段的主要任务是提出建设项目投资方向建议，即在一个确定的地区和部门内，根据自然资源、市场需求、国家产业政策和国际贸易情况，通过调查预测和分析研究选择建设项目，寻找投资的有利机会。机会研究要解决两个方面的问题：①社会是否需要；②有没有可以开展项目的基本条件。

机会研究一般从以下三个方面着手开展工作：①以开发利用本地区的某一丰富资源为基础，谋求投资机会；②以现有工业的拓展和产品深加工为基础，通过增加现有企业的生产能力与生产工序等途径创造投资机会；③以优越的地理位置、便利的交通条件为基础分析各种投资机会。

这一阶段的工作比较粗略，一般是根据条件和背景相类似的建设项目来估算投资额和生产成本，初步分析建设投资效果，提供一个或一个以上可能进行建设的项目投资或投资方案。这个阶段所估算的投资额和生产成本的精确程度控制在±30%左右。大中型项目的机会研究所需时间在1～3个月，所需费用占投资总额的0.2%～1%。如果投资人对这个项目感兴趣，再进行下一步的可行性研究工作。

该阶段的工作成果为项目建议书中的部分内容，项目建议书是拟建项目单位向国家提出的要求建设某一项目的建议文件，是对建设项目建设的轮廓设想。

(5) 环境影响初步评价。说明项目所在地区的环境质量、环境功能等环境特征。

根据工程影响区的环境状况，结合工程开发的规模、运用方式、施工组织方式等特性，应说明工程开发是否与这些规划的目标相协调。从环境保护角度分析是否存在工程开发的重大制约因素。

对环境的主要不利影响，应初步提出减免的对策和措施。

（6）项目管理实施方案。

1）进度计划。包括项目立项、规划方案送审、可研报批、征地拆迁，勘察、设计、施工图设计及相关审查、招投标等。建设工期基本合理科学，符合相关部门对建设工期的要求。

2）招标方案。招标方案中，对项目的招标事项包括招标范围、招标组织形式、招标方式等进行论述，符合国家有关政策法律法规，复核项目特点和实际需求，具备可操作性和对后期工作的指导性。

（7）投资估算及资金筹措。

1）投资估算。简述投资估算的编制原则、依据及采用的价格水平年。初拟主要基础单价及主要工程单价。提出投资主要指标，包括主要单项工程投资、工程静态总投资及动态总投资。估算分年度投资。对主体建筑工程应进行单价分析，按工程量估算投资。其他建筑工程、临时工程投资可按类比法估算。设备及安装工程投资可采用扩大指标估算。其他费用可根据工程规模逐项分别估算或综合估算。

2）资金筹措设想。提出项目投资主体的组成以及对投资承诺的初步意见和资金来源的设想。

（8）经济初步评价。

1）经济评价依据：说明经济评价的基本依据。

2）财务初步评价。说明财务评价的价格水平、主要参数及评价准则；项目总投资。资金来源和条件。说明各项财务支出；构成项目成本的各项费用；初估项目收入。简述项目利润分配原则。提出财务初步评价指标。若需要融资，还需简述还贷资金来源，预测满足贷款偿还条件的物品价格。对项目的财务可行性进行初步评价。

（9）社会初步评价。

1）社会影响初步分析。说明项目的社会影响分析旨在分析预测项目可能产生的正面影响和负面影响。包括项目对所在地区居民收入的影响、居民生活水平和生活质量的影响、居民就业的影响；项目对所在地区不同利益群体的影响，对教育、卫生的影响。

2）社会互适性初步分析。初步分析预测项目能否为当地的社会环境、人文条件所接纳，以及当地政府、居民支持项目存在与发展的程度，考察项目与当地社会环境的相互适应关系。

3）项目的初步社会风险分析。项目的社会风险分析是对可能影响项目的各种社会因素进行识别并提出防范措施。

对项目的社会可行性进行初步评价。

（10）结论与建议。

1）综述项目建设的必要性、任务、规模、建设条件、建设方案、环境影响、建设工期、投资估算和经济评价等主要成果。

2）简述项目建设的主要问题，以及地方政府及各部门有关方面的意见和要求。

3）提出综合评价结论，并提出今后工作的建议。

(三) 程序

在项目建议书编制阶段，全过程工程咨询单位组建项目组—专业咨询工程师搜集资料、踏勘现场—专业咨询工程师编制项目建议书—总咨询师审核项目建议书—投资人确认项目建议书—投资人/全过程工程咨询单位申报项目建议书—投资主管部门审批项目建议书。

项目建议书编制工作程序如图 2-26 所示。

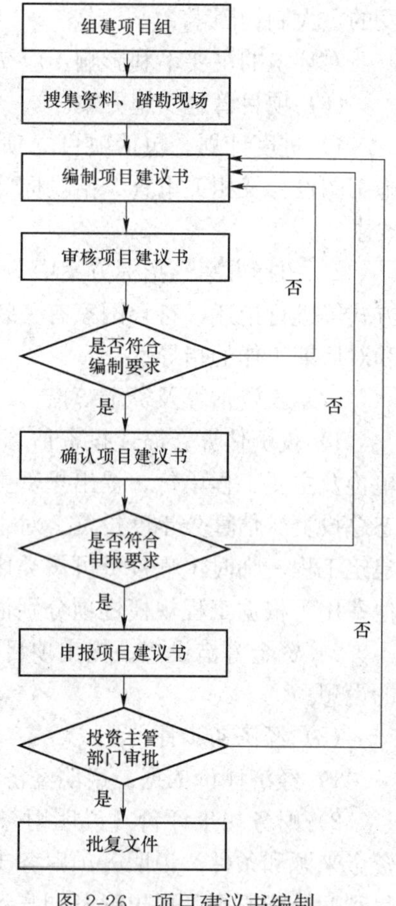

图 2-26 项目建议书编制工作程序

(四) 注意事项

(1) 要充分了解国家、地方的相关法规、政策，紧密结合自身行业的特点论证，项目建设目标要与国家、地区、部门、行业的宏观规划目标一致。

(2) 要通过广泛的考察、调研，借鉴同行业的经验，资料数据一定要准确、可靠，要有较强的说服力。

(3) 项目建议书评估要点。

1) 主要解决项目建设的必要性问题。

2) 必要性的审核。

a. 定性分析。政策因素、效果因素等。

b. 定量分析。规划、项目定位、交通需求预测等；重点是与政策、规划的一致性问题。

3) 投资估算审核。多采用简单估算法（包括单位生产能力估算法、生产能力指数法、比例估算法、系数估算法和指标估算法等）。

六、项目可行性研究

(一) 可行性研究的目标

项目可行性研究是项目生命周期的重要环节，是投资决策的基础和重要依据，因此可行性研究应以满足项目科学决策、指导项目实施、规避重大失误与风险为目标。为此，需要调查研究与项目有关的法律政策和相关资料、数据，对项目的技术经济、工程、环境等进行充分论证和分析，从而提出项目是否值得投资、如何进行投资的结论和意见。对投资项目进行可行性研究的主要目的不仅是为可行性研究提供科学的投资决策依据、项目设计的依据、项目实施的依据及项目评估的依据，也是最大限度地获得经济效益和社会效益。对于重大基础设施投资项目尤其如此。

(二) 可行性研究的主要任务

可行性研究的主要任务是围绕项目的必要性和可行性进行研究。具体包括以下主要任务。

(1) 调查分析项目背景与基础数据。

（2）市场预测与需求分析。

（3）论证项目必要性。

（4）论证、比选项目规模、标准、方案、主要配套条件及工程技术可行性。

（5）估算项目投资规模，分析投融资方案及财务可行性。

（6）分析、评价项目外部影响及经济、社会、资源、环境可行性。

（7）初步落实项目实施条件与总体筹划。

（8）开展项目风险识别、评价，提出初步应对措施。

（9）提出项目可行性研究结论与建议。

（三）可行性研究应遵循的基本原则

项目可行性研究是项目前期研究的关键阶段，既是项目决策、审批、投融资的基础，也是项目实施的重要依据。要起到上述作用，可行性研究应遵循客观性、系统性和时效性等基本原则。

（1）客观性原则。客观性是可行性研究的基本原则，咨询机构对项目的可行性做出客观的评价是最基本的职业操守，也是咨询行业应该遵循的基本原则。保障可行性研究的客观性需要保证研究工作的独立性和研究方法的科学性。

（2）系统性原则。项目可行性研究往往涉及技术、工程、经济、社会、环境等多个领域、众多专业和多方面的复杂问题，所研究的项目通常又具有多重目标和大量内外部约束条件，因此也是一项系统工程，需要遵循系统性原则和采用系统方法。系统分析方法正是把事物当作一个整体来研究，把一个研究对象看作一个系统，从系统的整体观点出发，研究系统内部各组成部分之间的有机联系、与外部环境的相互关系及变化过程，即采用综合的研究方法。与把事物分解为多个独立的部分分别进行研究的传统分析方法相比，系统分析方法更加符合系统特性的认识规律。当然，系统分析方法并不排除分解的方法，在对系统各个部分进行分析时，也可采用分解的方法。但是，系统分析方法能够把分解和综合结合起来，从而具有更宽的视角和广泛的适用性。可行性研究遵循系统性原则，就是要做到既全面又综合，是否遵循系统性原则决定了可行性研究是否充分可靠。

（3）时效性原则。可行性研究一般需要在项目环境分析基础上，通过调查研究获得大量基础数据，并建立适当的模型对未来需求进行预测，在此基础上提出项目方案，进行方案比选，分析评价不同方案的优劣，提出项目是否必要和实施方案。由于市场环境、法律法规、实施条件等因素均是随时间变化的，所以可行性研究还要遵循时效性原则。

（四）可行性研究主要工作方法

（1）现场调查与资料分析相结合。在研究过程中，要特别注意现场踏勘、实地调查与资料的分析比较，根据以往经验，一个方案的稳定和落实，要对现场进行多次反复踏勘、深入了解，将多次调查结果密切结合，才能取得综合各项制约因素和条件后较为完善的推荐方案。同时需要了解国内及国外的相关文献和政策法规。

（2）理论分析与专家经验相结合。结合专家经验，明确到对具体案例分析，使定量分析取得最佳结果。

（3）可行性研究与专题研究相结合。为使可行性研究报告更加深入，内容更加丰富、翔实，更具科学性和合理性，并满足可行性研究报告报批对相关支持性文件的要求，在进行可行性研究报告编制时，要开展一系列专题研究，与可行性研究工作结合进行。

（4）方案论证与外部协调相结合。项目可行性研究涉及的专业众多，外部制约条件复杂，所以在研究过程中，既要注意论证方案的合理性，又要注意与外部条件的协调性。

（5）定性分析与定量分析相结合。遵循定性分析与定量分析相结合的原则，并以定量分析为主，力求能够反映项目实施中的费用（如投资、运营成本等）与收益（如运营收入等），对不能直接进行定量分析比较的，则实事求是地进行定性分析。

（6）静态分析与动态分析相结合。静态分析与动态分析各有特点，不可舍弃两者中的任何一种。在项目决策分析与评价中应根据需要，采用静态分析与动态分析相结合，动态分析为主，静态分析为辅的决策分析与评价方法。

（7）多方案比较与优化。多方案的比较论证与优化是项目决策分析与评价的关键，尤其是在多目标决策分析时，方案众多，可采用综合评分法、目标排序法、逐步淘汰法或两两对比法进行比选，并运用价值工程方法进行方案优化。

（五）项目可行性研究报告的用途

项目可行性研究报告是项目实施主体为了实施某项经济活动需要委托专业研究机构编撰的重要文件，其主要体现在如下几个方面。

（1）用于向投资主管部门备案、行政审批的可行性研究报告。我国对不使用政府投资的项目实行核准和备案两种批复方式，其中核准项目需向政府部门提交项目申请报告，备案项目一般提交项目可行性研究报告。同时，对某些项目仍然保留行政审批权，投资主体仍需向审批部门提交项目可行性研究报告。

（2）用于向金融机构贷款的可行性研究报告。我国的商业银行、国家开发银行和进出口银行等以及境内外其他各类金融机构在接受项目建设贷款时，会对贷款项目进行全面、细致的分析评估，银行等金融机构只有在确认项目具有偿还贷款能力、不承担过大的风险情况下，才会同意贷款。项目投资方需要出具详细的可行性研究报告，银行等金融机构只有在确认项目具有偿还贷款能力、不承担过大的风险情况下，才会同意贷款。

（3）用于企业融资、对外招商合作的可行性研究报告。此类研究报告通常要求市场分析准确、投资方案合理、并提供竞争分析、营销计划、管理方案、技术研发等实际运作方案。

（4）用于申请进口设备免税的可行性研究报告。主要用于进口设备免税用的可行性研究报告，申请办理中外合资企业、内资企业项目确认书的项目需要提供项目可行性研究报告。

（5）用于境外投资项目核准的可行性研究报告。企业在实施走出去战略，对国外矿产资源和其他产业投资时，需要编写可行性研究报告并上报给国家发展和改革委或省发改委，需要申请中国进出口银行境外投资重点项目信贷支持时，也需要可行性研究报告。

（六）项目可行性研究的依据

（1）《投资项目可行性研究指南（试行版）》。

（2）《项目申请报告通用文本》（发改投资〔2017〕684 号）。

(3)《建设项目经济评价方法与参数》第三版。

(4) 项目建议书（初步可行性研究报告）及其批复文件。

(5) 城市规划行政主管部门出具的项目规划意见。

(6) 国土资源行政主管部门出具的项目用地意见。

(7) 环境保护行政主管部门出具的项目环评意见。

(8) 土地合同及土地规划许可。

(9) 其他区（市）县发展改革或市级主管部门的转报文件（含行投资人管部门意见）。

(10) 国家和地方的经济和社会发展规划、行业部门的发展规划，如江河流域开发治理规划、铁路公路路网规划、电力电网规划、森林开发规划，以及企业发展战略规划等。

(11) 有关的法律、法规和政策。

(12) 有关机构发布的工程建设方面的标准、规范、定额。

(13) 拟建场（厂）址的自然、经济、社会概况等基础资料。

(14) 合资、合作项目各方签订的协议书或意向书。

(15) 与拟建项目有关的各种市场信息资料或社会公众要求等。

(16) 根据不同行业项目的特殊要求需要的其他相关资料。

(17) 建设项目的其他相关资料。

(18) 全过程工程咨询单位的知识和经验体系。

(七) 项目可行性研究的内容

1. 可行性研究报告的内容

根据《投资项目可行性研究指南（试行版）》以及相关政策文件的规定可知，建设项目的可行性研究报告一般包括以下内容。

(1) 总论。包括：项目提出的背景与概况；可行性研究报告编制的依据；项目建设条件；问题与建议。

(2) 市场预测。包括：市场现状调查；产品供需预测；价格预测；竞争力与营销策略；市场风险分析。

(3) 资源条件评价。包括：资源可利用量；资源品质情况；资源赋存条件；资源开发价值。

(4) 建设规模与产品方案。包括：建设规模与产品方案构成；建设规模与产品方案的比选；推荐的建设规模与产品方案；技术改造项目推荐方案与原企业设施利用的合理性。

(5) 场（厂）址选择。包括：场（厂）址现状及建设条件描述；场（厂）址方案比选；推荐的场（厂）址方案；技术改造项目现有场（厂）址的利用情况。

(6) 技术设备工程方案。包括：技术方案选择；主要设备方案选择；工程方案选择；技术改造项目技术设备方案与改造前比较。

(7) 原材料、燃料供应。包括：主要原材料供应方案选择；燃料供应方案选择。

(8) 总图运输与公用辅助工程。包括：总图布置方案；场（厂）内外运输方案；公用工程与辅助工程方案；技术改造项目与原企业设施的协作配套。

(9) 节能措施。包括：节能设施；能耗指标分析（技术改造项目应与原企业能耗比较）。

(10) 节水措施。包括：节水设施；水耗指标分析（技术改造项目应与原企业水耗比较）。

(11) 环境影响评价。包括：环境条件调查；影响环境因素分析；环境保护措施；技术改造项目与原企业环境状况比较。

(12) 劳动安全卫生与消防。包括：危险因素和危害程度分析；安全防范措施；卫生保健措施；消防措施。

(13) 组织机构与人力资源配置。包括：组织机构设置及其适应性分析；人力资源配置；员工培训。

(14) 项目实施进度。包括：建设工期；实施进度安排；技术改造项目的建设与生产的衔接。

(15) 投资估算。包括：投资估算范围与依据；建设投资估算；流动资金估算；总投资额及分年投资计划。

(16) 资金筹措。包括：融资组织形式选择；资本金筹措；债务资金筹措；融资方案分析。

(17) 财务评价。包括：财务评价基础数据与参数选取；销售收入与成本费用估算；财务评价报表；盈利能力分析；偿债能力分析；不确定性分析；财务评价结论。

(18) 经济效益和社会效益。包括：项目的经济效益；项目的社会效益。

(19) 研究结论与建议。包括：推荐方案总体描述；推荐方案的优缺点描述；主要对比方案；结论与建议。

2. 可行性研究报告的编制要点

(1) 应能充分反映项目可行性研究工作的成果，内容齐全，结论明确，数据准确，论据充分，满足决策者定方案定项目的要求。

(2) 重大技术方案，应有两个以上方案的比选，方案中应当包含建设项目的规模、功能、标准和绿色建筑实施方案分析等内容。

(3) 主要工程技术数据应能指导下一步项目初步设计的进行。

(4) 项目的资金筹措方案应切实可行，投资估算，土地、资金、建造成本分析应当合理，如有银行贷款等非政府资金筹集方式，报告还应能满足银行等金融部门信贷决策的需要。

(5) 应反映可行性研究过程中出现的某些方案的重大分歧及未被采纳的理由，以供委托单位与投资人权衡利弊进行决策。

(6) 应附有评审、审批决策所必需的文件资料等。

3. 可行性研究报告各阶段内容

可行性研究报告在不同阶段的要求不同，在项目建议书被主管计划部门批准后，对于投资规模大，技术工艺又比较复杂的大中型骨干项目，需要先进行初步可行性研究。初步可行性研究也称为预可行性研究，是正式的详细可行性研究前的预备性研究阶段。经过投资机会研究认为可行的建设项目，值得继续研究，但又不能肯定是否值得进行详细可行性研究时，就要作初步可行性研究，进一步判断这个项目是否具有生命力，是否有较高的经济效益，若经过初步可行性研究，认为该项目具有一定的可行性，便可转入详细可行性研究阶段（见表2-6）。

表2-6　可行性研究报告各阶段要求

工作阶段	机会研究	初步可行性研究	详细可行性研究	评价阶段
工作性质	项目设想	项目初步选择	项目拟定	项目评估
工作内容	鉴别投资方向和目标，选择项目，寻求投资机会（地区、行业、资源和项目的机会研究），提出项目投资建议	对项目初步评价作专题辅助研究，广泛分析、筛选方案，鉴定项目的选择依据和标准，研究项目的初步可行性，决定是否需要进一步作详细可行性研究或否定项目	对项目进行深入细致的技术经济论证，重点对项目进行财务效益和经济效益分析评价，多方案必选，提出结论性意见，确定项目投资的可行性和选择依据标准	综合分析各种效益，对可行性研究报告进行评估和审查，分析判断项目可行性研究的可靠性和真实性，对项目做最终决定
工作成果及作用	编制项目建议书作为判定经济计划和编制项目建议书的基础，为初步选择投资项目提供依据	编制初步可行性报告，判定是否有必要进行下一步详细可行性研究，进一步判明建设项目的生命力	编制可行性研究报告，作为项目投资决策的基础和重要依据	提出项目评估报告，为投资决策提供最后决策依据，决定项目取舍
估算精度	±30%	±20%	±10%	±10%
研究费用占总投资的百分比（%）	0.2%～1%	0.25%～1.25%	大项目0.2%～1% 中小项目1.0%～3.0%	—
需要时间（月）	1～3	4～6	大项目8～12 中小项目4～6	—

4. 可行性研究报告编制大纲

以公共建筑项目可行性研究报告编制大纲为例，介绍可行性研究报告的具体包括内容；公共建筑项目一般指行政办公用房、文化娱乐场馆、体育场馆、医疗卫生设施、教育科研设计机构用房、文物古迹和革命纪念建筑、慈善宗教建筑、外国使领馆等。下面为公共建筑项目可行性研究报告编制大纲：

第一章，总论。包括项目背景、项目概况和问题与建议。

第二章，需求分析与建设规模。包括需求分析、建设规模方案比选（包括结构形式、建筑面积、使用功能）和推荐建设规模方案。

第三章，厂（场）址选择。包括厂（场）址现状、厂（场）址条件、厂（场）址条件比选和推荐厂（场）址方案［绘制厂（场）址地理位置图］。

第四章，建筑方案选择。包括建筑设计指导思想与原则、项目总体规划方案、建筑方案、建筑方案比选和主要技术经济指标。

第五章，节能节水措施。包括节能措施及能耗指标分析和节水措施及水耗指标分析。

第六章，环境影响评价。包括项目厂（场）址环境现状、项目建设与运营对环境的影响、环境保护措施、环境保护设施与投资和环境影响评价。

第七章，劳动安全与卫生消防。包括危险因素及危险程度分析、安全设施和消防设施。

第八章，组织机构与人力资源配置。包括组织机构与人力资源配置。

第九章，项目实施进度。包括建设工期、项目实施进度安排和项目实施进度表（横线表）。

第十章，投资估算与资金筹措。包括投资估算和资金筹措方式与来源。

第十一章，财务评价。包括财务评价基础数据选择、服务收入支出预测和财务评价指标。

第十二章，社会评价。包括项目对社会的影响分析、项目与所在地区互适性分析、社会风险分析和社会评价结论。

第十三章，研究结论与建议。推荐方案总体描述、推荐方案优缺点描述、主要对比方案和结论与建议。

附图、附表、附件。

5. 项目可行性研究的程序

在项目可行性研究报告编制阶段，全过程工程咨询单位组建项目组—专业咨询工程师搜集资料、踏勘现场—专业咨询工程师编制项目可行性研究报告—总咨询师审核项目可行性研究报告—投资人确认项目可行性研究报告—投资人/全过程工程咨询单位申报项目可行性研究报告—投资主管部门审批项目可行性研究报告。

可行性研究报告编制工作程序如图 2-27 所示。

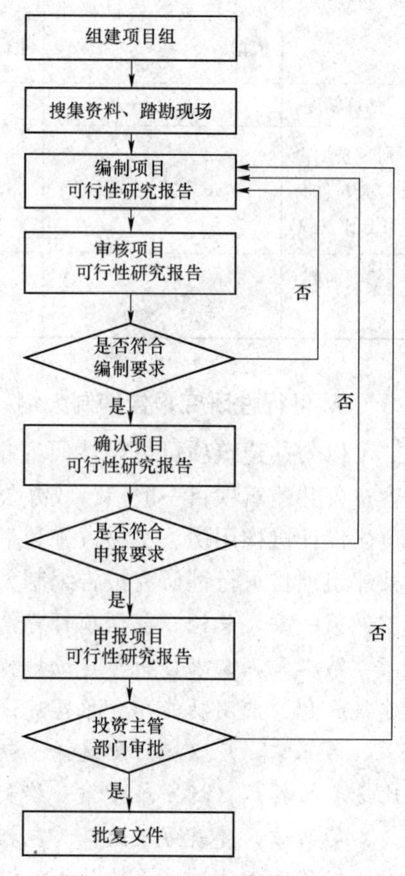

图 2-27 可行性研究报告编制工作程序

6. 可行性研究报告注意事项

（1）可行性研究报告的深度应达到以下要求。

1）可行性研究报告应达到内容齐全、数据准确、论据充分、结论明确的要求，以满足决策者定方案、定项目的需要。

2）可行性研究报告中选用的主要设备的规格、参数应能满足预订货的要求。引进技术设备的资料应能满足引进设备合同谈判的要求。

3）可行性研究报告中的重大技术、财务方案，应有两个以上方案的比选。

4）可行性研究报告中确定的主要工程技术数据，应能满足项目初步设计的要求。

5）可行性研究阶段对投资和成本费用的估算应采

用分项详细估算法。

6）可行性研究报告中确定的融资方案，应能满足项目资金筹措及使用计划对投资数额、时间和币种的要求，并能满足银行等金融机构信贷决策的需要。

7）可行性研究报告应反映可行性研究过程中出现的某些方案的重大分歧及未被采纳的理由，以供决策者权衡利弊进行决策。

8）可行性研究报告应附有供评估、决策审批所必需的合同、协议和城市规划、土地使用、资源利用、节约能源、环境保护、水土保持等相关主管部门的意见，出具相应行政许可文件。

（2）不同行业的可行性研究报告侧重点。不同行业的项目性质、建设目的及其作用对社会的各种影响差异甚大，研究分析方法、技术、各种经济技术指标也不同，并且即使同一行业的项目仍然会存在不同层次的差异性。因此可行性研究中不同行业的可行性研究侧重点不同。以下行业的可行性研究侧重点的提示可供参考使用。

1）水利水电项目。通常具有防洪、灌溉、治涝、发电、供水等多项功能。需要重点研究水利水电资源的开发利用条件，水文、气象、工程地质条件，坝型与枢纽布置，库区淹没与移民安置等；项目经济评价以经济分析为主，财务分析为辅；对于社会公益、洼地水利项目，如防洪、治涝项目，财务分析的目的是测算提出维持项目正常运行需要国家补助的资金数额和需要采取的经济优惠政策。

2）交通运输项目。包括公路、铁路、机场、地铁、桥梁、隧道等。该类项目的特点是不生产实物产品，而是为社会提供运输服务。需要重点研究项目对经济和社会发展、区域综合运输网布局、路网布局等方面的作用和意义，研究运量、线路方案、建设规模、技术标准、建筑工程方案等。项目经济评价以经济分析为主，财务分析为辅。

3）农业开发项目。一般多为综合开发项目，可能包括农、林、牧、副、渔和加工业等项目，建设内容比较复杂。需要重点研究市场分析，建设规模和产品方案，原材料供应等。农业项目受气候等自然条件影响，效益与费用的不确定性较大。项目经济评价一般分项目层和经营层两个层次，项目层次评价以经济分析为主，财务分析为辅；经营层次评价只进行财务分析。

4）文教卫生项目。包括学校、体育馆、图书馆、医院、卫生防疫与疾病控制系统等项目。此类项目建设的目的在于改善公共福利环境，提高人民的生活水平，保障社会公平，促进社会发展。需要重点研究项目的服务范围，确定项目的建设规模；依据项目的功能定位，选择比较适宜的建筑方案、主要设备和器械；项目经济评价以经济分析为主，常用的方法有最小成本分析、经济费用效果分析等。

5）资源开发项目。包括煤、石油、天然气、金属、非金属等矿产资源的开发项目，水利水电资源的开发利用项目、森林资源的采伐项目等。此类项目需要重点研究资源开发利用的条件，包括资源开发的合理性、拟开发资源的可利用量、自然品质、赋存条件和开发价值；分析项目是否符合资源总体开发规划的要求，是否符合资源综合利用、可持续发展的要求，是否符合保护生态环境的有关规定。

（3）项目建议书与可行性研究两阶段工作要求与区别。项目建议书要求通过实地踏勘和调查；重点研究必要性和建设时机；初步确定项目平面走线；对项目规模、技术标准、建设资金、经济效益进行必要论证，是项目建议书的依据。可研则要求充分的调查研究，通过必要的测量和地质勘探，对可能的建议方案从技术、经济、安全、环境等方面综合比选论证。研究确定项目的起终点，提出推荐方案，确定建设规模、技术标准，估算项目投资，分析投资项目，编制报告。

7. 可行性研究报告编制重、难点

（1）项目建设的必要性。在项目建议书的基础上，根据建设方案的深化内容、项目建议书审批意见、前置手续办理相关部门意见等，进一步对必要性进行论述。

（2）市场与竞争力分析。在项目建议书的基础上，根据建设方案的深化内容、项目建议书审批意见、前置手续办理、相关部门意见等进一步对市场及竞争力进行论述。这部分内容的重点是分析区域市场或者目标市场，研究其竞争优势和竞争力。市场预测分析尤其是产品竞争力分析，是可行性研究的核心内容之一。对于项目规模较大，市场竞争激烈的产品、新兴产品及市场具有不确定性的产品，其市场预测分析应当进行专题研究，在做可行性研究报告之前，先完成市场专题报告。

（3）建设方案。项目建设规模、建筑经济与技术指标、总平面布置、建筑单体各专业方案等。该部分研究是对两种以上可能的建设方案进行优化选择，是项目决策分析与评价的核心内容之一。

（4）技术方案。此部分主要针对工业类项目，详细说明产品方案、工艺技术方案、生产设备、原材料及燃料与动力供应、总图运输、工程及工程配套方案、安全、职业卫生、消防、科研等方案。

技术方案研究就是通过调查研究、专家论证、方案比较、初步技术交流及询价，确定拟建项目的生产各环节的情况，以确保生产过程安全、环保、节能、合理、通畅、有序。

（5）选址及建设条件。地理与自然条件（位置、地质情况、气象、水文等）、交通条件、经济与社会条件、市政配套条件、用地规划条件、场地条件等。

不同行业的项目场（厂）址选择需要研究的具体内容和方法，遵循的规程范围也不同，其称谓也不同。例如，工业项目称厂址选择，水利水电项目称场址选择，铁路、公路、城市轨道交通项目称线路选择，输油气管道、输电和通信线路项目称路径选择等。

（6）投资估算与融资方案。在确定项目建设方案工程量的基础上估算项目投资，包括工程费、设备购置费、安装工程费、工程建设其他费用、基本预备费、涨价费及建设期利息和流动资金。在投资估算确定融资额的基础上，研究项目融资主体，资金来源的渠道和方式，资金结构及融资成本、风险等。

（7）财务分析（财务评价）与经济分析（国民经济评价）。包括财务预测和评价、财务分析、不确定性分析等。

（8）项目效益分析。详细分析项目社会效益、经济效益等情况。对国民经济影响比较大的项目，可单独做国民经济影响分析。

（9）节能方案分析。一般项目进行节能、节水、节地、节材分析。所有项目都要提出降低资源消耗的措施。

（10）环境影响分析。项目建设和运营对周边环境、生态的影响分析。根据项目的建设环境背景决定的。

（11）社会评价或社会影响分析。分析主要利益相关者的需求和对项目的支持和接受程度，分析项目的社会风险，提出需要防范和解决社会问题的方案。

（12）风险分析。包括项目风险源识别、项目风险等级预判、风险对策等内容。主要是对项目的市场风险、技术风险、财务风险、组织风险、法律风险、经济及社会风险等因素进行评价，制定规避风险的对策，为项目全过程的风险管理提供依据。

许多投资项目的可行性研究不重视项目投资风险预测，仅局限于不确定性分析中简单的风险技术分析，甚至只凭借经验和直觉主观臆断，对项目建成后可能出现的风险因素预测不够，为项目的实施留下安全隐患，因此，强化投资风险意识，做好建设项目前期工作中可行性研究的风险预测，制定防范和化解措施，是避免决策失误，为建设项目科学化、民主化决策提供可靠依据的根本保证。

8. 项目申请报告的定义

项目申请报告是企业投资建设应报政府核准的项目时，为获得项目核准机关对拟建项目的行政许可，按核准要求报送的项目论证报告。

企业投资项目是指企业在中国境内投资建设的固定资产投资项目，包括企业使用自己筹措资金的项目，以及使用自己筹措的资金并申请使用政府投资补助或贷款贴息的项目。

根据项目不同情况，分别实行核准管理或备案管理。对关系国家安全、涉及全国重大生产力布局、战略性资源开发和重大公共利益等项目，实行核准管理。其他项目实行备案管理。

实行核准管理的具体项目范围以及核准机关、核限，由国务院颁布的《政府核准的投资项目目录》（以下简称《核准目录》）确定。法律、行政法规和国务院对项目核准的范围、权限有专门规定的，从其规定。《核准目录》由国务院投资主管部门会同有关部门研究提出，报国务院批准后实施，并根据情况适时调整。未经国务院批准，各部门、各地区不得擅自调整《核准目录》确定的核准范围和权限。

项目申请报告的作用是从政府公共管理的角度回答项目建设的外部性、公共性事项，包括维护经济安全、合理开发利用资源、保护生态环境、优化重大布局、保障公众利益、防止出现垄断等情况，为核准机关对项目进行核准提供依据。

9. 项目申请报告编制重、难点

（1）申报单位及项目概况。包括项目申报单位概况、主要投资者情况、项目名称、建设地点、建设规模、建设内容等。

（2）项目资源利用情况分析以及对生态环境的影响分析。应分析拟开发资源的可开发量、自然品质、赋存条件、开发价值等，评价是否符合资源利用的要求。包括项目厂址的自然生态系统状况、资源承载力、环境条件、现有污染物情况和环境容量状况等，以及生态破坏、特种威胁、排放污染物类型和情况的分析等。

（3）项目对经济和社会的影响分析。

1）经济费用效益或费用效果分析。从社会资源优化配置的角度，通过经济费用效益或费用效果分析，评价拟建项目的经济合理性。

2）行业影响分析。阐述行业现状的基本情况以及企业在行业中所处地位，分析拟建项目对所在行业及关联产业发展的影响，并对是否可能导致垄断等进行论证。

3）区域经济影响分析。对于区域经济可能产生重大影响的项目，应从区域经济发展、产业空间布局、当地财政收入、社会收入分配、市场竞争结构等角度进行分析论证。

4）宏观经济影响分析。投资规模巨大、对国民经济有重大影响的项目，应进行宏观经济影响分析。涉及国家经济安全的项目，应分析拟建项目对经济安全的影响，提出维护经济安全的措施。

5）社会影响效果分析。阐述拟建项目的建设及运营活动对项目所在地可能产生的社会影响和社会效益。

6）社会适应性分析。分析拟建项目能否为当地的社会环境、人文条件所接纳，评价该项目与当地社会环境的相互适应性。

7）社会风险及对策分析。针对项目建设所涉及的各种社会因素进行社会分析，提出协调项目与当地社会关系、规避社会风险、促进项目顺利实施的措施方案（根据各省市的核准办法，或需增加招标内容及方案）。

10. 项目资金申请报告

投资，是指国家发展改革委对符合条件的地方政府投资项目和企业投资项目给予的投资资金补助。

贴息，是指国家发展改革委对符合条件，使用了中长期贷款的投资项目给予的贷款利息补贴。

简介项目申报单位情况、项目基本情况、项目进展情况，为项目资金审查机关分析判断项目申请单位是否具备承担拟建项目的资格、是否符合资金发放条件等提供背景和依据。根据资金来源和性质不同，对于提交文件的内容和要求会有所区别。

11. 项目资金申请报告编制内容

（1）项目单位的基本情况。

（2）项目的基本情况，包括在线平台生成的项目代码、建设内容、总投资及资金来源、建设条件落实情况等。

（3）项目列入三年滚动投资计划，并通过在线平台完成审批（核准、备案）情况。

（4）申请投资补助或者贴息资金的主要理由和政策依据。

（5）工作方案或管理办法要求提供的其他内容。项目单位应对所提交的资金申请报告内容的真实性负责。

12. 项目资金申请报告编制重、难点

项目资金申请报告应重点分析国内外现状和技术发展趋势，对产业发展的作用与影响、产业关联度分析、市场分析等；对于已经获得核准、备案或开工项目，应重点论述申请投资补助或贴息资金的主要原因和政策依据。

（八）决策阶段投资估算

投资估算是在项目投资决策投资管控的过程中，依据现有的资料和特定的方法对建设项目的投资数额进行的估计。它是项目建设前期编制项目建议书和可行性研究报告的重要组成部分，是项目决策的重要依据之一。投资估算的准确与否不仅影响到可行性研究工作的质量和经济评价结果，也直接关系到下一阶段的设计概算和施工图预算的编制，对建设项目资金筹措方案也有直接的影响。因此，全面准确地估算建设项目的工程造价是可行性研究乃至整个决策阶段造价管理的重要任务。

1. 投资估算在项目开发建设工程中的作用

（1）项目建议书阶段的投资估算，是项目投资主管部门审批项目建议书的依据之一，并对项目的规划、规模起参考作用。

（2）项目可行性研究阶段的投资估算，是项目投资决策重要依据，也是研究、分析、计算项目投资经济效果的重要条件。当可行性研究被批准后，其投资估算额即作为建设项目投资的最高限额，不得随意突破。

（3）项目投资估算对工程设计概算起控制作用，设计概算不得突破批准的投资估算额，并应控制在投资估算额之内。

（4）投资估算可作为项目资金筹措及制定建设贷款计划的依据，投资人可根据批准的项目投资估算额，进行资金筹措和向银行申请贷款。

（5）项目投资估算是核算建设项目固定资产投资需要额和编制固定资产投资计划的重要依据。

2. 投资估算依据

建设项目投资估算的基础资料与依据主要包括以下几个方面：

（1）拟建项目的建设方案确定的各项工程建设内容及工程量。

（2）专门机构发布的建设工程造价费用构成、估算指标、计算方法，以及其他有关工程造价的文件。

（3）专门机构发布的工程建设其他费用估算方法和费用标准，以及有关机构发布的物价指数。

（4）部门或行业制定的投资估算方法和估算指标。

（5）拟建项目所需设备、材料的市场价格。

3. 投资估算内容

建设项目总投资是为了完成项目建设并达到使用要求或生产能力，在建设期内预计或实际投入的全部费用总和。根据国家规定，从满足建设项目投资设计和投资规模的角度，建设项目投资的估算包括固定资产投资估算和流动资金估算两部分。

建设项目总投资如图 2-28 所示。

4. 投资估算程序

投资估算的编制一般包含静态投资、动态投资与流动资金估算三部分，主要包括以下几步：

（1）分别估算各单项工程所需的建筑工程费、设备及工器具购置费和安装工程费。其中建筑工程费的估算可以采用单位建筑工程投资估算法、单位实体工程量投资估算法和概算指标投资估算法三种方法的某一种进行估算。工器具购置费一般按占设备费的一定比例计取。安装工程费通常按行业或专门机构发布的安装工程定额、取费标准和指标估算投资。

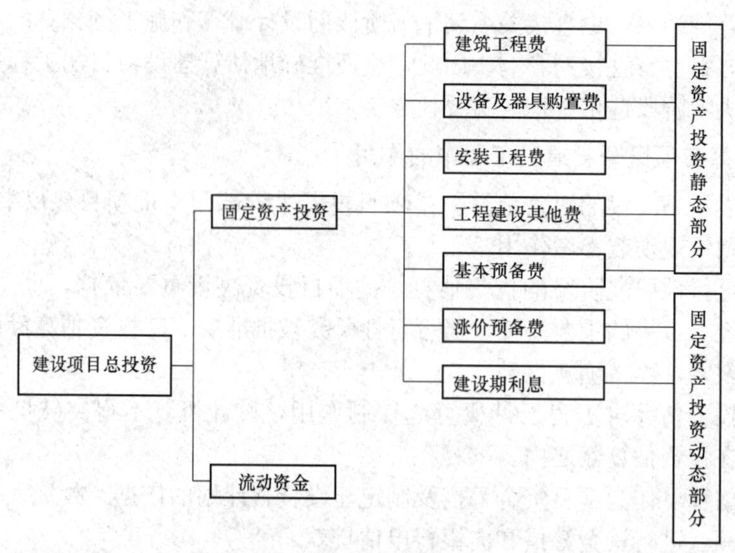

图 2-28　建设项目总投资

（2）在汇总各单项工程费用的基础上，估算工程建设其他费用和基本预备费。

（3）估算涨价预备费和建设期贷款利息。

（4）估算流动资金。

（5）汇总得到建设项目总投资估算。

可行性研究阶段的投资估算编制流程如图 2-29 所示。

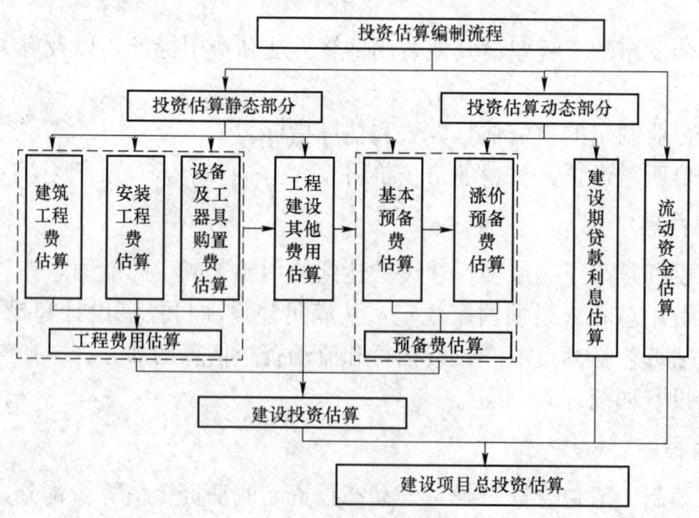

图 2-29　可行性研究阶段的投资估算编制流程

5. 注意事项

（1）投资估算阶段的划分。投资估算贯穿于整个建设项目投资决策过程之中，投资决策过程可划分为项目的投资机会研究或项目建设书阶段，初步可行性研究阶段及详细可行性研究阶段，因此投资估算工作也分为相应三个阶段。不同阶段所具备的条件和掌握的资料不同，对投资估算的要求也各不相同，因而投资估算的准确程度在不同阶段也不同，进而每个阶段投资估算所起的作用也不同。

1）投资机会研究或项目建议书阶段。这一阶段主要是选择有利的投资机会，明确投资方向，提出概略的项目投资建议，并编制项目建议书。该阶段工作比较粗略，投资额的估计一般是通过与已建类似项目的对比得来的，因而投资估算的误差率可在30%左右。这一阶段的投资估算是作为相关管理部门审批项目建议书，初步选择投资项目的主要依据之一，对初步可行性研究及投资估算起指导作用，决定一个项目是否真正可行。

2）初步可行性研究阶段。这一阶段主要是在投资机会研究结论的基础上，弄清项目的投资规模，原材料来源，工艺技术、厂址、组织机构和建设进度等情况，进行经济效益评价，判断项目的可行性，作出初步投资评价。该阶段是介于项目建议书和详细可行性研究之间的中间阶段，误差率一般要求控制在20%左右。这一阶段是作为决定是否进行详细可行性研究的依据之一，同时也是确定某些关键问题需要进行辅助性专题研究的依据之一，这个阶段可对项目是否真正可行作出初步的决定。

3）详细可行性研究阶段。也称为最终可行性研究阶段，主要是进行全面、详细、深入的技术经济分析论证阶段，要评价选择拟建项目的最佳投资方案，对项目的可行性提出结论性意见。该阶段研究内容详尽，投资估算的误差率应控制在10%以内。这一阶段的投资估算是进行详尽经济评价，决定项目可行性，选择最佳投资方案的主要依据，也是编制设计文件，控制初步设计及概算的主要依据。

（2）投资估算的原则。投资估算是拟建项目前期可行性研究的重要内容，是经济效益评价的基础，是项目决策的重要依据。估算质量如何，将决定着项目能否纳入投资建设计划。因此，在编制投资估算时应符合下列原则。

1）实事求是的原则。从实际出发，深入开展调查研究，掌握第一手资料，不能弄虚作假。

2）合理利用资源，效益最高的原则。市场经济环境中，利用有限经费、有限的资源，尽可能满足需要。

3）尽量做到快、准的原则。一般投资估算误差都比较大。通过艰苦细致的工作，加强研究，积累资料，尽量做到又快、又准地拿出项目的投资估算。

4）适应高科技发展的原则。从编制投资估算角度出发，在资料收集、信息储存、处理、使用以及编制方法选择和编制过程应逐步实现计算机化、网络化。

七、项目前期策划

（一）项目前期策划的概述

1. 项目前期策划的定义

我国工程项目的建设，一般遵循图 2-30 的基本建设程序。

项目立项前可称为项目决策阶段，立项之后为项目实施阶段。在建设项目实践中，决策或实施阶段尚存在不少问题。

项目前期策划是指在项目建设前期，通过调查研究和收集资料，在充分占有信息的基

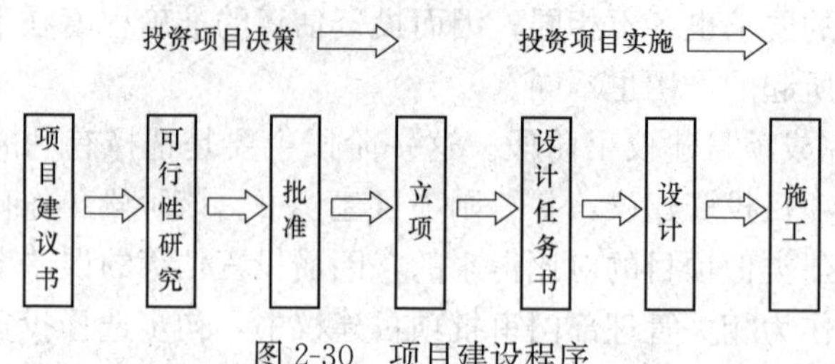

图 2-30 项目建设程序

础上，针对项目的决策和实施或决策和实施的某个问题，进行组织、管理、经济和技术等方面的科学分析和论证，这将使项目建设有正确的方向和明确的目的，也使建设项目设计工作有明确的方向并充分体现业主的建设目的。其根本目的是为项目建设的决策和实施增值，为项目使用（运行、运营）增值。增值可以反映在确保工程建设安全，提高工程质量、投资（成本）控制、进度控制上，还可以反映在确保工程使用安全、环保节能、满足使用功能、降低工程运营成本、有利于工程维护等方面。

工程项目前期策划的核心思想是根据系统论的原理，通过对项目多系统、多层次的分析和论证，逐步实现对项目的有目标、有计划、有步骤的全方位、全过程控制。包括对项目目标进行多层分析，由宏观到具体；对影响项目目标的项目环境的要素组成及对项目如何影响进行分析，预测项目在环境中的发展趋势，对项目构成要素进行分析，分析各构成要素功能和相互联系以及整个项目的功能和准确定位；对项目过程进行分析，在考虑环境影响的前提下，分析项目过程中的种种渐变和突变以及各种变化的发展情况及结果，并预先采取管理措施等。这些构成了项目策划的基本框架，是项目策划的重要思想依据。

2. 工程项目前期策划的特点

（1）重视同类建设项目的经验和教训的分析。尽管在项目前期策划中创造性非常重要，但同类项目的经验和教训也值得参考和借鉴。对国内、国外同类建设项目的经验和教训的全面、深入的分析，是环境调查和分析的重要方面，也是整个项目前期策划工作的重要部分，应贯穿项目前期策划的全过程。

（2）坚持开放型的工作原则。建设项目前期策划需要整合多方面专家的知识，包括组织知识、管理知识、经济知识、技术知识、设计经验、施工经验、项目管理经验和项目策划经验等。建设项目前期策划可以委托专业咨询单位进行，从事策划的专业咨询单位往往是开放型组织，政府部门、教学科研单位、设计单位、供货单位和施工单位等往往都拥有这方面的专家，策划组织者的任务是根据需要把这些专家组织和集成起来。

（3）策划是一个知识管理的过程。策划是对专家和专业人士的组织和集成，更是信息的组织和集成的过程（图 2-31）。策划的实质就是对知识的集成，是一种知识管理的过程，即通过知识的获取，经过知识的编写、组合和整理，在此基础上通过思考而形成新的知识。

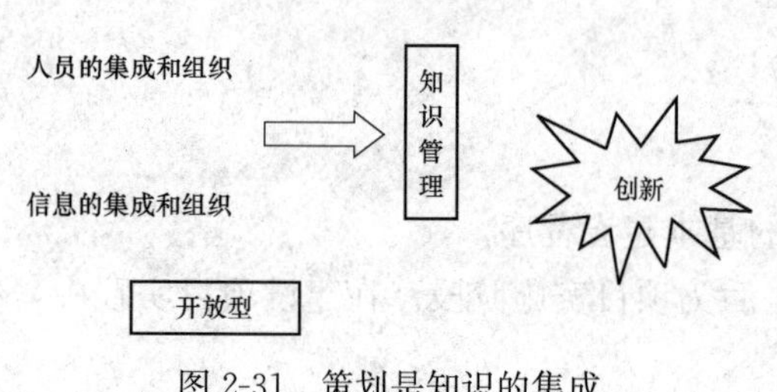

图 2-31 策划是知识的集成

(4) 策划是一个创新求增值的过程。策划是从无到有的过程，是一种创造过程。项目策划是根据现实情况和以往经验，对事物变化趋势做出判断，对所采取的方法、途径和程序等进行周密而系统的构思和设计，是一种超前性的高智力活动。创新的目的就是增值，通过创新，带来建设项目效益。

(5) 策划是一个动态过程。策划工作往往是在项目前期进行，但是策划成果不是一成不变的。一方面，随着项目建设的开展，项目策划的内容根据项目需要和实际可能性不断丰富和深入；另一方面，项目早期策划工作的假设条件往往随着项目开展而不断变化，必须对原来的假设不断验证。所以，策划结果需要根据环境和条件发生的变化，不断进行论证和调整。

3. 工程项目前期策划的类型

对于工程项目全生命周期而言，可根据其所处项目三大阶段的不同，分为项目决策策划、项目实施策划和项目运营策划三种。

项目决策策划一般在项目的前期进行，主要针对项目的决策阶段，通过对项目前期的环境调查、项目基本目标的确定以及各种经济技术指标的分析，为项目的决策提供依据；项目实施策划一般在项目实施阶段之前进行，主要针对项目的实施阶段，通过对实施阶段的环境分析、项目目标的分解、建设成本和建设周期的计划安排，为项目的实施服务，使之顺利实现项目目标；项目运营策划在项目实施阶段完成之后，正式动用之前，用于指导项目动用准备和项目运营，并在项目运营阶段进行调整和完善。

本章节主要介绍工程项目决策策划和工程项目实施策划两部分，它们是工程项目策划的基础和核心。工程项目运营策划涉及项目试用调试、商业业态布局、物业管理等方面的内容，需要综合性地应用各个方面的知识，本章节不做详细介绍。

(二) 项目前期策划的任务

项目前期策划的任务，主要包括项目决策策划和项目实施策划。

1. 项目决策策划

项目决策策划最主要的任务就是定义开发或者建设什么，并明确其效益和意义如何。具体包括明确项目的规模、内容、使用功能和质量标准，估算项目总投资和投资效益以及项目的总进度规划等问题。

项目决策策划的工作内容如图 2-32 所示。

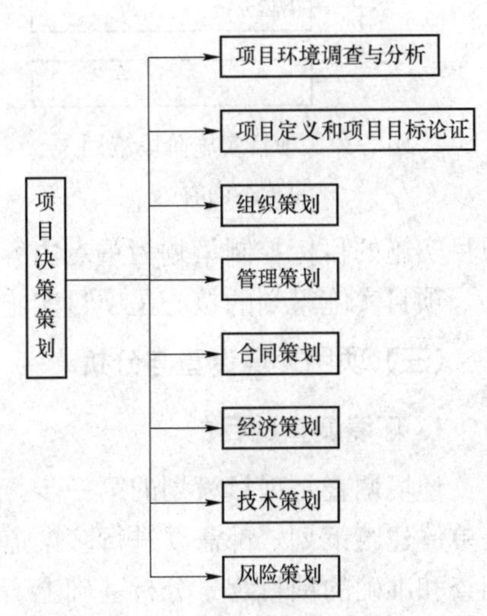

图 2-32 项目决策策划的工作内容

(1) 项目环境调查与分析。包括对自然环境、宏观经济环境、政策环境、市场环境、建设环境（能源、基础设施等）等进行调查分析。

(2) 项目定义和项目目标论证。是项目决策策划的重点，用以明确开发或建设目的、宗旨和指导思想，确定项目规模、组成、功能和标准，初步确定总投资和开发或建设周期等。

(3) 组织策划。需要进行项目组织结构分析，明确决策期的组织结构、任务分工和管理职能分工，确定决策期的工作流程，并分析编码体系等。

(4) 管理策划。其任务是制定建设期管理总体方案、运行期设施管理总体方案和经营管理总体方案等。

(5) 合同策划。是指确定决策期的合同结构、决策期的合同内容和文本、建设期的合同结构总体方案等。

(6) 经济策划。需分析开发或建设成本和效益，制订融资方案和资金需求量计划等。

(7) 技术策划。要对技术方案和关键技术进行分析和论证，并明确技术标准和规范的应用和制定等。

(8) 风险策划。需要分析政治风险、经济风险、技术风险、组织风险和管理风险等。

其中，项目环境调查与分析、项目定义与项目目标论证和经济策划最为重要。

2. 项目实施策划

项目实施策划，最主要的任务是定义如何组织开发和建设该项目。项目实施策划要详细分析实施中的组织、管理和协调等问题，包括如何组织设计、如何招标、如何组织施工、如何组织供货等问题。

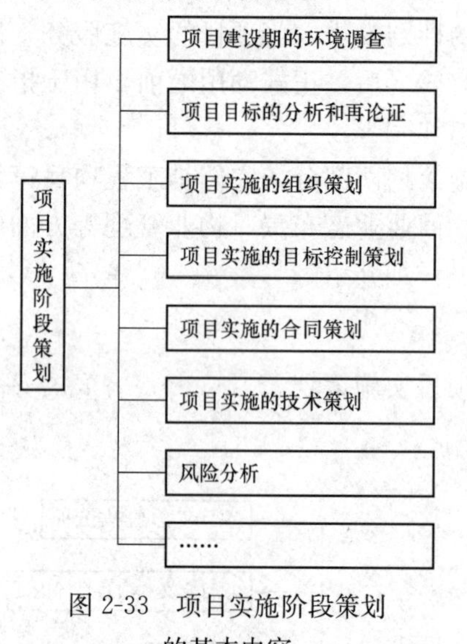

图 2-33 项目实施阶段策划的基本内容

项目实施策划是在建设项目立项之后，为了把项目决策付诸实施而形成的具有可行性、可操作性和指导性的实施方案。项目实施策划有可能成为项目实施方案或项目实施规划。

建设项目实施策划涉及整个实施阶段的工作，它属于业主方项目管理的工作范围。建设项目实施策划内容涉及的范围和深度，在理论上和工程实践中并没有统一的规定，应视项目的特点而定，一般包括的内容如图 2-33 所示。

一般项目实施策划会包括项目建设期的环境调查、项目目标的分析和再论证、项目实施的组织策划、项目实施的目标控制策划、项目实施的合同策划、项目实施的技术策划和项目风险分析等。其中，项目目标的分析和再论证、项目实施的组织策划、项目实施的目标控制策划为重点内容。

项目实施策划的核心是项目实施的组织策划。

(三) 项目环境调查与分析

1. 环境调查的目的

环境调查是项目策划的第一步，也是最基础的一环。无论是大型城市开发项目策划还是单体建筑策划，都需要进行多渠道信息的收集。科学的项目决策建立在可靠的项目环境调查和准确的项目背景分析基础上。环境调查分析是对影响项目策划工作的各方面环境进行调查，并进行认真分析，找出影响项目建设与发展的主要因素，为后续策划工作提供较好的基础。

2. 环境调查的内容

环境调查的工作内容为项目本身所涉及的各个方面的环境因素和环境条件，以及项目实施过程中可能涉及的各种环境因素和环境条件。工作内容应力求全面、深入和系统，具体可以包括以下方面，如图 2-34 所示。

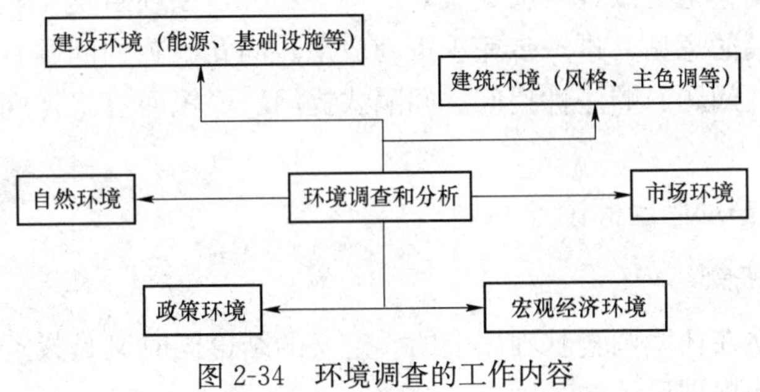

图 2-34　环境调查的工作内容

3. 环境调查的依据

环境调查分析应该以项目定位为基本出发点，将项目实施所可能涉及的所有环境因素做系统性地思考，以其中对项目策划和项目实施影响较大的关键因素作为主要的考虑对象，进行全面的调查与分析。

项目环境调查分析的主要依据有以下几种：国家颁布的政策、法规及有关统计年鉴、市场信息的数据、指标等；有关社会状况和市场形势的资料、数据等；关于市场发展趋势的专家咨询意见和分析报告；城市规划、区域经济发展规划、旅游规划、项目实施计划和对环境的要求；相近项目的环境因素构成和变化资料等。

4. 环境调查的方法

项目环境调查的工作方法有多种。一般而言，包括以下五种途径。

（1）现场实地考察。是环境调查的一个重要方法与途径，该种方法主要是通过调查增加对项目的感性认识，并了解有关项目的具体细节，掌握项目环境的最新情况。在实地调查时，可借助拍照、录像等手段辅助工作。

（2）相关部门走访。相关部门是项目宏观、中观与微观背景资料的主要来源。从这些部门获取的资料具有相当的权威性和及时性，有时甚至是尚未正式发布的草案，对了解宏观背景的发展趋势具有极大的帮助作用。通过这种方式进行资料收集时应注意两点准备事项：①要提前进行联系，告知对方调研的意图、目的、时程安排以及所需要的资料等；②制定调查表格。

（3）有关人员（群）访谈。另外一个较为重要的调研方式是对相关人员（群）的访谈，访谈的目的是了解项目相关人员（群）、项目的关系以及相关人员（群）对项目的意见或建议。此类调研方式往往和相关部门的调研相结合。对相关人员（群）的访谈除了要进行必要的准备以外，还应注意记录访谈要点，访谈结束后应进行回顾、总结与分析。除此之外，还应注意访谈技巧，包括赞同、重复、澄清、扩展、改变话题、解释与总结等。

（4）文献调查与研究。策划是一种创造性的劳动，在这一过程中，汲取的知识越多，对策划越有利，而文献是各种知识的凝聚与升华，因此要对文献进行充分的收集和研究。目前，随着文献的数字化程度越来越高，文献的调查越来越方便。

（5）问卷调查。对于有明确用户对象的项目策划有显著作用，如学校、商业街、住宅、办公楼以及某些建筑单体的策划等，对最终用户的问卷调查有助于策划成果的合理与完善。此外，问卷调查也可以针对已经策划的某一部分，如项目定位、功能布局、面积分配等，征求相关人员的意见，进一步完善策划成果。问卷调查的问题有很多种类型，包括分支性问题、名词性问题、顺序性提问、间隔式提问、简短回答式提问以及不做最终结论的提问等。

（四）项目定义与项目目标论证

1. 项目定义的概念

项目定义是建立在环境调查基础之上的，定义的结论同时又是投资估算、技术经济评价、投入产出分析和规划设计的基础。

项目定义是将建设意图和初步构思，转换成定义明确、系统清晰、目标具体、具有明确可操作性的文字描述，用于回答“建什么”的问题。

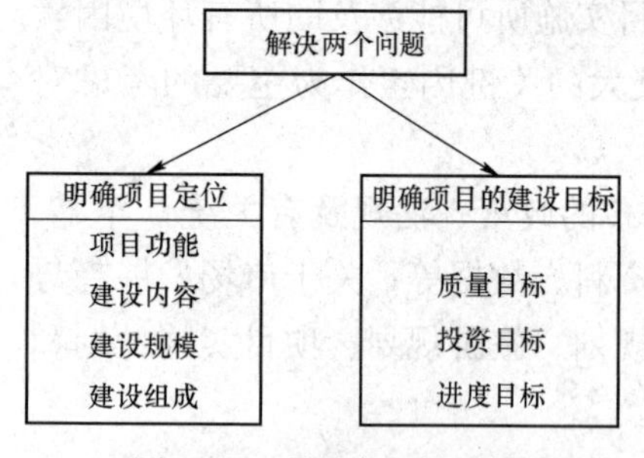

图 2-35 项目定义的目的

2. 项目定义的目的

项目定义确定项目实施的总体构思，主要解决项目定位和项目建设目标两个问题，如图 2-35 所示。

（1）明确项目定位。项目定位最主要是指项目的功能、拟建项目的组成的分解、建设内容、建设规模和建设标准等，也就是项目建设的基本思路。

（2）明确项目的具体建设目标。建设项目的目标是一个系统，包括质量目标、进度目标、投资目标三个方面。项目的质量目标，就是要明确项目建设内容、规模、标准和档次等；项目进度目标是指在项目定义阶段，应该明确项目建设的周期以及项目分期开发和滚动开发计划，明确项目投产期和投资回收期；项目的投资目标，在项目定义阶段应该初步明确项目建设的总投资，这是在明确了项目的质量目标和进度目标的基础上确定的。

项目定义的根本目的只有一个，即明确项目的性质、用途、建设规模、建设水准以及预计项目在社会经济发展中的地位、作用和影响力。

3. 项目目标分析论证

目标控制是项目管理的核心任务，而目标明确是项目成功的一个必要前提条件。但对于大多数项目而言，系统的初始目标往往是笼统而模糊的，必须对目标进行多次的分解和论证，形成完整的目标系统，才能使它逐渐明确且具备充分的可行性。

（1）目标分解。项目目标分析的最好办法是对目标进行分解和细化。目标分解主要是根据目标的内容以及系统的阶段性和层次性，将项目的总目标分解为具体的、基本的目标单元，使项目系统中每一个基本功能单位在各个层次、各个阶段都具有明确的目标。

项目目标的分解可以是多维度的．需要考虑目标的构成、项目构成、项目实施过程等多方面因素，从不同的角度进行分析。分析过程是在由多种因素构成的多维空间中进行的过程。

将这个由多种因素构成的多维空间定义为目标分解空间，目标分解空间通常可以从三个维度考虑：①目标内涵，包括质量、投资、进度、安全、环境影响等，其中最主要的是质量、投资、进度三个方面；②项目结构，指构成整个项目的各个子项目以及各分部分项工程；③项目阶段，包括项目决策、实施（设计和施工）、运行等几个主要阶段。如图 2-36 所示。

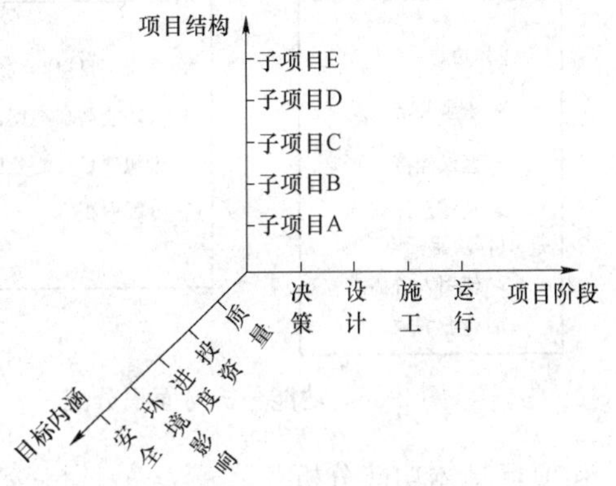

图 2-36　项目定义的目的

项目目标分解的基本原则是从宏观到微观、从静态到动态，在分解空间中具体地表现为目标分解可以从三个维度分别展开，但相互之间又有影响和关联。

项目总体目标的分解是一个在分解空间的三维上分别进行并需要多次重复的循环过程，而且在每一维上进行目标分解时，都要考虑分解后的目标在其他两维上的可行性。项目总体目标分解后将成为有着一定层次性和逻辑性的目标系统。这个系统在每一维上都应体现出其内在的逻辑性，在任何两维构成的平面上都应体现出清晰的层次性。

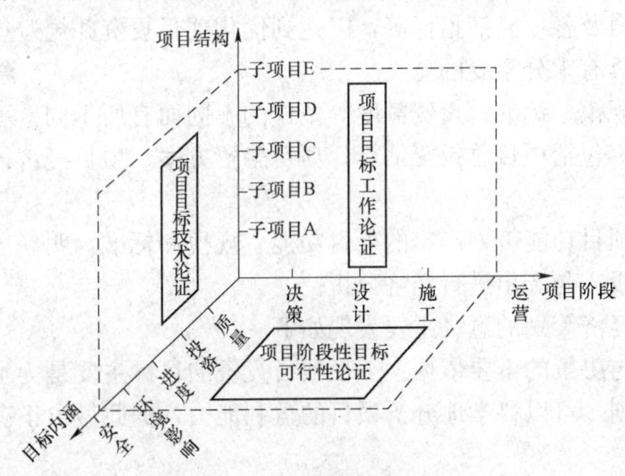

图 2-37　项目目标分解空间

（2）项目目标论证。必须从技术、经济、管理等方面论证目标的可行性，并往往在三维目标分解空间的两维平面上，从不同的侧面或截面论证目标的可行性，从而求证目标系统的整体可行性。

项目目标论证平面如图 2-37 所示，在目标维与项目维构成的平面上，对目标系统技术上的合理性和协调性进行论证；在项目维与项目阶段维构成的平面上，对目标系统总体工作安排上的合理性和可行性进行论证；在目标内涵维与项目阶段维构成的平面上，对项目目标在不同阶段的可行性进行论证。

值得注意的是，在目标维与项目阶段维构成的平面上，用经济指标综合表示系统目标的各种指标，论证项目的经济效益和目标的可行性，即现在为人们所熟知的项目可行性研究工作中的重要内容。

经过多次的目标分解、论证循环过程之后，原来笼统而模糊的项目目标将成为清晰明确、具有充分可行性的目标系统，这个系统将作为建立整个项目系统并对其进行控制的一个基本依据。

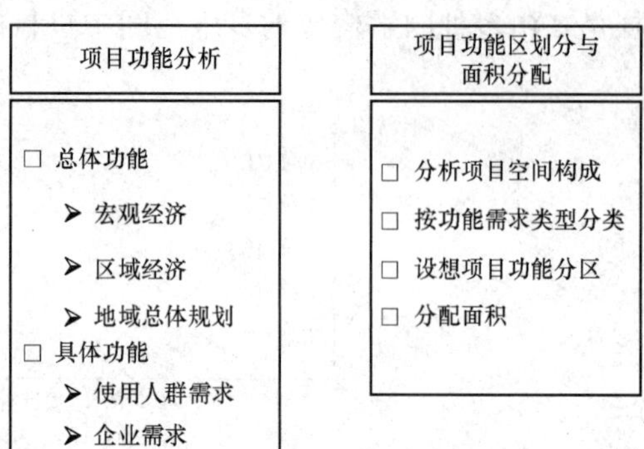

图 2-38 功能分析与面积分配

4. 项目功能分析

要对拟建项目进行严格的项目定义，一个重要的策划内容是对项目功能进行策划，主要包括项目功能分析和面积分配，如图 2-38 所示。

(1) 项目功能分析。是在总体构思和项目总体定位的基础上，结合潜在客户的需求分析，对项目功能进行细化，以满足项目投资者或项目使用者的要求。

项目功能分析又分为项目总体功能定位和项目具体功能分析。

(2) 项目功能区划分与面积分配。是项目决策策划中很重要的一部分，它不仅是对项目功能定位的总结和实施，而且为项目的具体规划和设计提供依据，使规划和设计方案更具合理性和可操作性。

(五) 项目经济策划

1. 经济策划的概念

项目经济策划是指在项目决策阶段，通过对项目经济方面数据进行预测、分析和评价，初步确定项目投资规模、融资渠道及各项经济指标等，以达到优化项目投资并规避投资风险的目的，对项目前期甄选工作具有十分重要的意义。

经济策划工作开展程度根据项目规模、标准、投资额度等条件的不同而有所不同。一般而言，项目经济策划的主要工作内容包括项目总投资估算、项目融资方案、项目经济评价三个部分。

项目经济策划的主要任务是依据项目功能策划确定的项目功能、规模和标准，明确项目的总体投资目标、投融资方案并对投入与产出进行经济分析。

作为工程项目策划的组成部分，经济策划的意义主要表现如下。

(1) 经济策划是对项目进行评估与决策的重要依据。工程项目投资的目标主要是为了取得经济效益，通过对项目的经济策划，可以科学地分析项目的盈利能力，据此做出正确的项目投资决策。

(2) 经济策划是有关部门审批拟建项目的重要依据。项目财务效益的好坏，不但会对项目投资主体的生存与发展造成影响，还会对国家财政收入状况产生影响，项目发生的损失最终可能会通过各种形式造成国家的损失。项目经济策划可使项目风险减低到最小。

(3) 经济策划包含项目融资方案，分析融资渠道也是金融机构确定是否贷款的重要依据。项目贷款具有数额大、周期长、风险大等特点，通过经济策划，金融机构可以较为准确地估计项目的造价，科学地分析项目贷款的偿还能力，并据此决定是否贷款。

2. 项目总投资估算

项目经济策划的首要工作是进行项目总投资估算。就建设项目而言，项目的总投资估算包括了项目的前期费用、项目工程建设造价和其他投资费用等。其中，工程造价是项目总投资最主要的组成部分。

项目总投资估算一般分以下五个步骤。

(1) 根据项目组成对工程总投资进行结构分解，即进行投资切块分析并进行编码，确定各项投资与费用的组成，其关键是不能有漏项。

(2) 根据项目规模分析各投资分解项的工程数量，由于此时尚无设计图纸，因此要求估算师具有丰富的经验，并对工程内容做出许多假设。

(3) 根据项目标准估算各投资分解项的单价，此时尚不能套用概预算定额，要求估算师拥有大量的经验数据及丰富的估算经验。

(4) 根据数量和单价计算投资合价。有了每一投资分解项的投资合价以后，即可进行逐层汇总。每一项投资合价都是子项各投资合价汇总之和，最终得出项目投资总估算，并形成估算汇总表和明细表。

(5) 对估算所做的各项假设和计算方法进行说明，编制投资估算说明书。

项目总投资估算主要是用来论证投资规划的可行性以及为项目财务分析和财务评价提供基础，进而论证项目建设的可行性。一旦项目实施，项目投资估算也是投资控制的重要依据。

3. 项目融资方案

项目融资方案策划主要包括融资组织与融资方式的策划、项目开发融资模式的策划等。

(1) 融资组织与融资方式策划。主要包括确定项目融资的主体以及融资的具体方式。不同项目的融资主体应有所不同，需要根据实际情况进行最佳组合和选择。图 2-39 所示为某工业园区的整体融资方式。

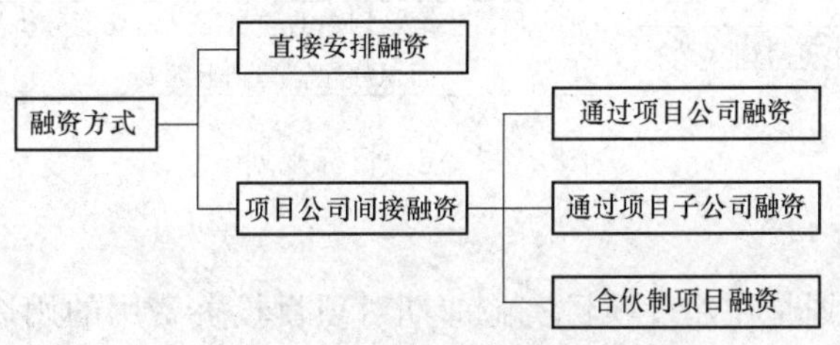

图 2-39　某工业园区的整体融资方式

(2) 项目开发融资模式策划。项目融资主体确定以后，需要对项目开发时具体的融资模式进行策划。如某工业园区单个项目的开发融资模式主要有如图 2-40 所示的几种模式。

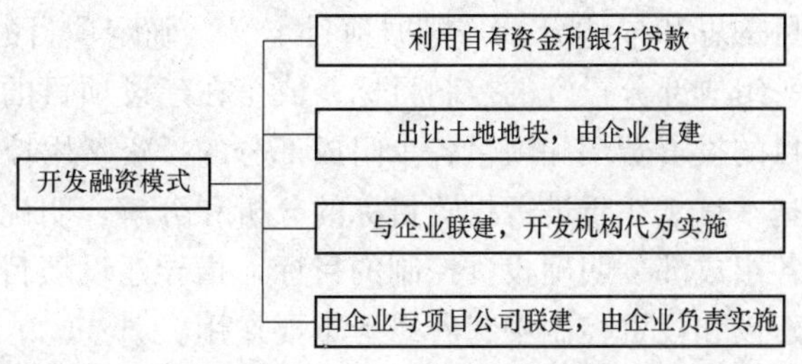

图 2-40　某工业园区单个项目的开发融资模式

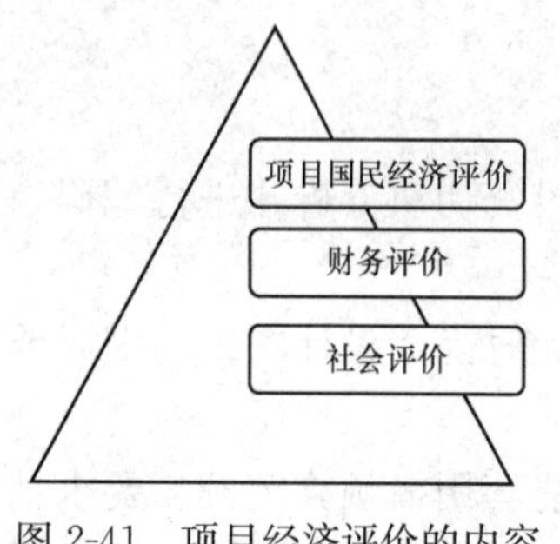

图 2-41 项目经济评价的内容

4. 项目经济评价

项目的经济评价系统包括项目国民经济评价、财务评价和社会评价三个部分（图 2-41），从三个不同的角度对项目的经济可行性进行分析。国民经济评价和社会评价从国家、社会宏观角度出发考察项目的可行性，而财务评价则是从项目本身出发考察其在经济上的可行性。

项目经济评价是可行性研究的重要内容，具体评价方法和指标体系国家有严格规定，操作时须参照国家规定。

（六）项目实施的目标分析和再论证

与项目决策策划类似，项目实施策划的第一步是建设期的环境调查与分析，包括业主现有组织情况、建筑市场情况、当地材料设备供应情况、政策情况等。在对影响项目建设的内外部条件进行调查以后，综合分析可得建设项目的实施期环境调查报告。

项目目标的分析和再论证是项目实施策划的第二步。在工程项目中，只有业主方的项目管理目标是针对整个项目、针对项目实施全过程的。所以在项目实施目标控制策划中，只有站在业主方的角度进行思考，才能统筹全局，把握整个项目管理的目标和方向。

项目实施的目标分析和再论证包括编制三大目标规划，包括投资目标规划、进度目标规划和质量目标规划，如图 2-42 所示。

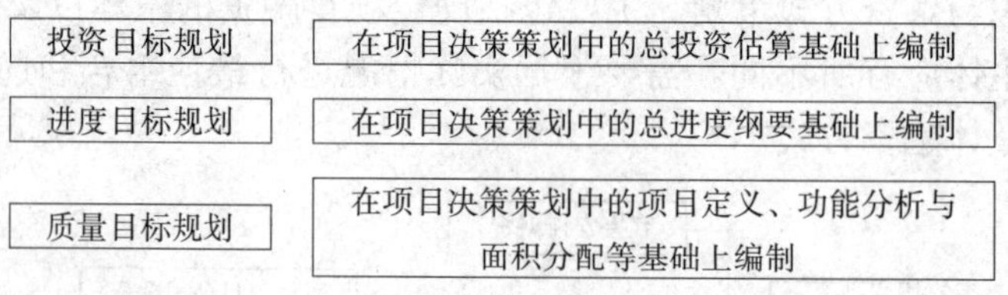

图 2-42 三大目标规划

1. 投资目标规划

项目投资目标规划是在建设项目实施前期对项目投资费用的用途做出的计划和安排，它是依据建设项目的性质、特点和要求等，对可行性研究阶段所提出的投资目标进行再论证和必要的调整，将建设项目投资总费用根据拟定的项目组织和项目组成内容或项目实施过程进行合理的分配，进行投资目标的分解。

一般情况下，投资目标规划的依据主要是工程项目建设意图、项目性质、建设标准、基本功能和要求等项目构思和描述分析，根据项目定义，确定项目的基本投资构成框架，从而确定建设项目每一组成部分投资的控制目标；或是在建设项目的主要内容基本确定的基础上，确定建设项目的投资费用和项目各个组成部分的投资费用控制目标。

投资目标规划的基本意义在于进行投资目标的分析和分解，明确总投资的构成，避免造成漏项，并对项目各组成部分明确投资控制的目标，指导建设项目的实施工作。项目投资规划在工程项目的建设和投资控制中起着以下重要作用。

（1）在建设项目实施前期，通过投资规划对项目投资目标做进一步的分析和论证，可以确认投资目标的可行性。投资规划是可行性研究报告的进一步细化和项目建设方案的决策依据。在投资规划的基础上，通过进一步完善和优化建设方案，依据有关规定和指标合理确定投资目标，保证投资目标的合理性。

（2）通过投资规划，将投资目标进行合理的分解，给出和确定建设项目各个组成内容和各个专业工程的投资目标。只有对投资目标进行合理分解、明确投资组成框架、把投资组成细化，才能更准确地估算投资，真正起到有效控制投资的作用。

（3）投资规划文件可以用于控制实施阶段的工作，尤其是控制和指导方案设计、初步设计和施工图设计等工作。正确确定建设项目实施阶段的投资总量，对各设计阶段的投资设计具有重要意义。

2. 进度目标规划

项目进度目标规划是对拟建项目实施在进度和时间上的安排，因此是项目实施策划的一项非常重要的内容。甚至有很多人理解项目实施策划就是项目进度规划。它是在工程建设中，为了控制工程项目进度，合理安排各项工作，在项目实施前对项目所有建设工作所做的安排，涉及建设单位（业主）、设计单位、施工单位、材料和设备供应单位、项目管理咨询单位等各项目参与单位的工作内容。

3. 质量目标规划

质量是项目的头等大事，也是判断一个项目是否成功的重要依据。因此，在项目决策阶段就应对其进行严格的目标规划，根据后文所述的质量控制的原则和措施，进行项目质量目标规划。

（七）项目实施的组织策划

1. 项目实施组织策划的概念

项目实施的组织策划是指为确保项目目标的实现，在项目开始实施之前以及项目实施前期，针对项目的实施阶段，逐步建立一整套项目实施期的科学化、规范化的管理模式和方法，即对整个建设项目实施过程中的组织结构、任务分工和管理职能分工、工作流程等进行严格定义，为项目的实施服务，从而顺利实现项目目标。

组织策划是在项目决策策划中的项目组织与管理总体方案基础上编制的，是组织与管理总体方案的进一步深化。组织策划是项目实施策划的核心内容，项目实施的组织策划是项目实施的“立法”文件，是项目参与各方开展工作必须遵守的指导性文件。

2. 项目实施组织策划的重点

（1）重点一，明确指令关系。指令关系指的是组织中不同单位、不同工作部门之间的上下级关系。指令关系中的上级工作部门或上级管理人员可以对下级工作部门或下级工作人员下达工作指令。指令关系可以通过组织结构图体现出来，组织结构图反映的是一个组织系统中各子系统之间或各元素之间（各工作部门或各管理人员）的指令关系。

（2）重点二，明确任务分工。根据项目目标体系和项目分解结构，把项目实施过程逐层分解形成该项目的所有工作任务，只有当组织分工能够反映一个组织系统中各子系统或各元素的工作任务分工和管理职能分工，才能落实各自责任，才有可能实现项目目标。组织结构图和组织分工都是一种相对静态的组织关系。

（3）重点三，工作流程组织。它反映的是一个组织系统中各项工作之间的先后开展顺序关系，是一种相对动态的关系。对于建设工程项目而言，指的是一系列项目实施任务的工作流程组织，如投资控制工作流程、质量控制工作流程、合同管理工作流程等。

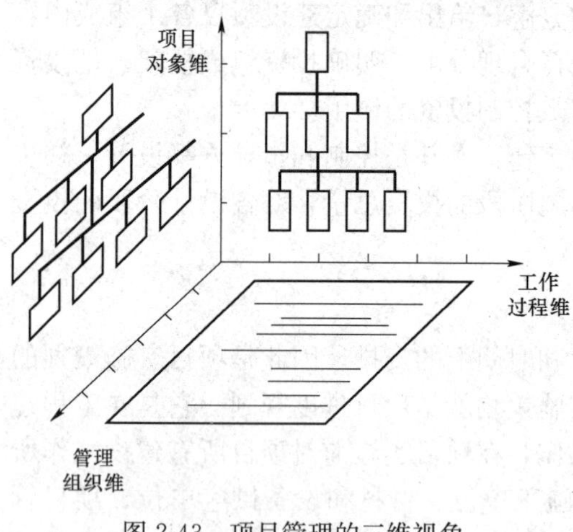

图 2-43 项目管理的三维视角

3. 项目管理的三维视角

三维视角是用于项目管理的有效工具。所谓项目管理的三维视角是指项目对象维（Project）、管理组织维（Organization）和工作过程维（Process），如图 2-43 所示。

（1）项目对象维。主要指对项目建设目标进行梳理并进行项目群分解。

项目对象维视角紧盯项目终极目标——项目对象，把项目群分成若干单元，界定不同项目群的不同管理深度和内容，建立以项目对象分解技术为基础的结构化项目群管理体系，分析不同项目群所应采取的不同管理对策，有的放矢地进行针对性的管理。

（2）管理组织维。主要是指组织分解所形成的组织分解结构，它明确了执行工作任务的组织安排。

管理组织维视角高度重视项目实施的组织措施，大胆进行组织模式创新，完善、优化建设管理的组织结构，花大力气强化管理基础性工作，理顺指令关系，进行合理分工，明确各项工作流程，以提高管理组织效率。

（3）工作过程维。主要是指对工作任务进行全生命周期管理，它明确了完成或交付项目对象所必须执行的工作。

工作过程维视角紧盯项目进度目标，科学的进度管理应体现在工作的系统性、前瞻性和计划性上。充分重视并合理地编制工程进度计划，对项目进度计划进行分解、细化并形成计划系统。关注各子项目与其他子项目之间的联系，以全局视角对每个子项目的进度予以严格控制，从而形成有效的动态控制体系，并适时跟踪进度执行情况。

（八）项目实施的目标控制策划

1. 目标控制策划的概念

项目实施目标控制策划是项目实施策划的重要内容。它是指工程项目管理主体（业主或施工企业）为了保证在变化着的外部条件下实现工程项目目标，依据项目目标规划，制定项目实施中的质量、投资、进度目标控制的方案与实施细则，通过有效的方式对项目目标的实现进行监督、检查、引导、纠偏的行为过程。

项目管理领域有一条重要的哲学思想：变是绝对的，不变是相对的；平衡是暂时的，不平衡是永恒的；有干扰是必然的，没有干扰是偶然的。因此，目标的动态控制和风险预控是项目目标控制的基本方法论。

2. 目标控制策划的依据

项目目标控制策划的依据主要有以下四点。

(1) 项目定义中项目分解结构、项目总体目标。

(2) 建设外部环境分析。

(3) 建设组织策划。

(4) 项目合同的有关数据和资料。

3. 目标控制策划的原则

项目目标控制策划应主要从以下四个方面把握。

(1) 从系统的角度出发，全面把握控制目标；

(2) 明确项目目标控制体系的重心；

(3) 采用灵活的控制手法、手段及措施；

(4) 主动控制与被动控制相结合。

4. 目标控制策划的措施

项目实施目标控制策划应采取的措施主要有四个方面，如图 2-44 所示。

(1) 技术措施。是在项目控制中从技术方面对有关的工作环节进行分析、论证，或者进行调整、变更，确保控制目标的完成。

(2) 经济措施。是从项目资金安排和使用的角度对项目实施过程进行调节、控制，保证控制目标的完成。

(3) 合同措施。是利用合同策划和合同管理所提供的各种控制条件对项目实施的组织进行控制，从而实现对项目实施过程的控制，保证项目目标的完成。

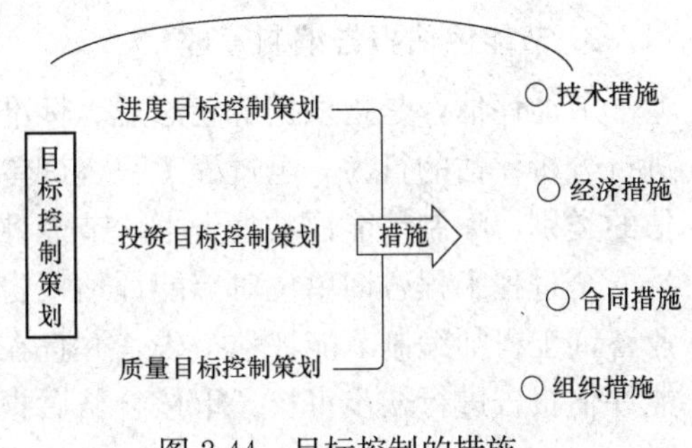

图 2-44　目标控制的措施

(4) 组织措施。通过对项目系统内有关组织的结构进行安排和调整，对不同组织的工作进行协调，改变项目实施组织的状态，从而实现对项目实施过程的调整和控制。这是目标纠偏中最重要的措施，也是最容易被忽略的措施。

八、决策阶段项目管理

在建设项目管理过程中，全过程工程咨询单位代表项目投资人负责管理，原来由投资人承担的项目报批管理的工作也就转移给全过程工程咨询单位。建设项目决策阶段是从项目建议书编制到可行性研究报告编制，主要工作内容为项目建议书的编制和审查、环境影响评价报告的编制和审查、节能评估报告的编制和审查、安全评价报告的编制和审查、社会稳定风险评价报告编制和审查、水土保持方案报告编制和审查、地质灾害危险性评估报告编制和审查、可行性研究报告的编制和审查以及项目行政审批咨询服务管理。

1. 项目建议书编制管理

项目建议书是要求建设某一具体项目的建议文件，是基本建设程序中最初阶段的工作，是投资决策前对拟建项目的轮廓设想。项目建议书的主要作用是为了推荐一个拟进行建设的项目的初步说明，论述它建设的必要性、条件的可行性和获得的可能性，供基本建设管理部门选择并确定是否进行下一步工作。项目建议书报经发改部门批准后，可以进行可行性研究工作，但并不表明项目非上不可，项目建议书不是项目的最终决策。

全过程工程咨询单位对项目建议书编制管理的工作内容体现在两个方面：①组织专业咨询工程师编制项目建议书，并且在编制过程中进行督促、协调；②对编制完成的项目建议书进行初步审核，审核合格后报发改部门审批。

2. 环境影响评价报告编制管理

环境影响评价，是指对规划和建设项目实施后可能造成的环境影响进行分析、预测和评估，提出预防或者减轻不良环境影响的对策和措施，进行跟踪监测的方法与制度。全过程工程咨询单位应根据建设项目环境影响评价分类管理的要求，确定建设项目环境影响评价的类别。

全过程工程咨询单位对环境影响评价报告编制管理的工作内容体现在两个方面：①组织专业咨询工程师编制环境影响评价报告，并且在编制过程中进行督促、协调；②对编制完成的环境影响评价报告进行初步审核，审核合格后报环保部门审批。

3. 节能评估报告编制管理

节能评估，是指根据节能法规、标准，对固定资产投资项目的能源利用是否科学合理进行分析评估的行为。全过程工程咨询单位应根据节能评估分类标准的要求，确定节能评估的类别，编制节能评估报告书、节能评估报告表或填写节能登记表。

全过程工程咨询单位对节能评估报告编制管理的工作内容体现在两个方面：①组织专业咨询工程师编制节能评估报告，并且在编制过程中进行督促、协调；②对编制完成的节能评估报告进行初步审核，审核合格后报发改部门审批。

4. 项目安全评价编制管理

安全评价是以实现工程、系统安全为目的，应用安全系统工程原理和方法，对工程、系统中存在的危险、有害因素进行辨识与分析，判断工程、系统发生事故和职业危害的可能性及其严重程度，提出科学、合理、可行的安全对策建议，为制定防范措施和管理决策提供科学依据。以此达到最少损失和最优的安全投资效益。

全过程工程咨询单位对安全评价报告编制管理的工作内容体现在两个方面：①组织专业咨询工程师编制安全评价报告，并且在编制过程中进行督促、协调；②对编制完成的安全评价报告进行审查。

5. 项目社会稳定风险评价编制管理

社会稳定风险评估，是指与人民群众利益密切相关的重大决策、重要政策、重大改革措施、重大工程建设项目、与社会公共秩序相关的重大活动等重大事项在制定出台、组织实施或审批审核前，对可能影响社会稳定的因素开展系统的调查，科学的预测、分析和评估，制定风险应对策略和预案。为有效规避、预防、控制重大事项实施过程中可能产生的社会稳定风险，更好地确保重大事项顺利实施。

全过程工程咨询单位对项目的社会稳定风险评价报告编制管理的工作内容体现在两个方面：①组织专业咨询工程师编制项目社会稳定风险评价，并且在编制过程中进行督促、协调；②对编制完成的社会稳定风险评价报告进行审查。

6. 水土保持方案编制管理

水土保持是指对自然因素和人为活动造成水土流失所采取的预防和治理措施，为了加强山区、丘陵区、风沙区开发建设项目的水土保持管理，防止人为造成新的水土流失，保护水土资源，改善生态环境，发展生产，在山区、丘陵区、风沙区修建铁路、公路、水工程、开办矿山企业、电力企业和其他大中型工业企业，其建设项目环境影响报告书中必须有水土保持方案。环境保护行政主管部门负责审批建设项目的环境影响报告书。水行政主管部门负责审查建设项目的水土保持方案。建设项目环境影响报告书中的水土保持方案必须先经水行政主管部门审查同意。

全过程工程咨询单位对项目的水土保持方案的编制管理的工作内容体现在两个方面：①组织专业咨询工程师编制项目水土保持方案，并且在编制过程中进行督促、协调；②对编制完成的水土保持方案进行审查，审查合格后报水行政主管部门审批。

7. 地质灾害危险性评估编制管理

地质灾害危险性评价又称地质灾害灾变评价，是在查清地质灾害活动历史、形成条件、变化规律与发展趋势的基础上，进行危险性评价，主要包括自然灾害与防治评价。其目的是对评估区域现状地质灾害的类型、发育程度及危害性进行全面评估，并对工程建设过程中可能引发、加剧的地质灾害以及建设工程本身可能遭受的地质灾害的危险性进行评估，在现状评估和预测评估的基础上综合评估地质灾害危险性程度，提出防治措施和建议。

全过程工程咨询单位对项目的地质灾害危险性评估报告编制管理的工作内容体现在两个方面：①组织专业咨询工程师编制地质灾害危险性评估报告，并且在编制过程中进行督促、协调；②对编制完成的地质灾害危险性评估报告进行审查。

8. 可行性研究报告编制管理

可行性研究是工程建设前期决策的主要工作内容，是建设项目投资决策前进行技术经济论证的关键环节，为决策者提供是否选择该项目进行投资的依据。

可行性研究通过对项目有关的工程、技术、经济等各方面条件和情况进行调查、研究、分析，通过策划融资建设运营方案，分析投资估算、土地、资金、建造成本，对各种可能的建设方案和技术方案进行比较论证，从而确定建设项目的投资主体、工期、运营、使用主体和方案，并对项目建成后的经济效益进行预测和评价的一种科学分析方法，由此考查项目技术上的先进性和适用性，经济上的营利性和合理性，建设的可能性和可行性以及合理的经济规模。使建设项目在一定技术条件下，投入、产出比处于较优状态，资源和资金可以得到充分利用，并可获得较优经济效益。

可行性研究是项目决策工作的最重要的内容，其结论为投资人的最终决策提供直接的依据。因此，凡大中型项目以及国家有要求的项目，都要进行可行性研究，其他有条件的项目也要进行可行性研究。可行性研究报告是项目最终决策和设计文件编制的重要依据，要求必须有相当的深度和准确性。

全过程工程咨询单位对可行性研究报告编制管理的工作内容体现在两个方面：①组织专业咨询工程师编制可行性研究报告，并且在编制过程中进行督促、协调；②对编制完成的可行性研究报告进行初步审核，审核合格后报发展改革部门审批。

9. 项目行政审批咨询服务管理

项目的行政审批管理贯穿于项目建设行为的始终，但密集于项目建设的前期（一般指从项目立项到开工的阶段）。建设项目行政审批管理主要涉及项目使用单位、项目投资人、全过程工程咨询单位、设计单位以及各政府相关管理部门。在前期管理阶段，全过程工程咨询单位负责办理与工程相关的各类行政审批手续，涉及的行政审批部门包括：发展改革委、规划、国土、建设、消防、环保、人防、地震、交通、园林、水务、气象、卫生、市政公用等部门。

在不同的项目建设时期，投资人或者全过程工程咨询单位需要向不同的部门进行行政审批，行政审批内容主要包括：建设项目选址意见书、建设用地规划许可证、建设工程规划许可证、国有土地使用证、建设工程施工许可证等。各地关于基本建设行政审批流程可能在细节上有所不同，具体根据项目所在地的相关政策文件执行，但大体上按照类似的程序进行。建设项目行政审批流程如图 2-45 所示。

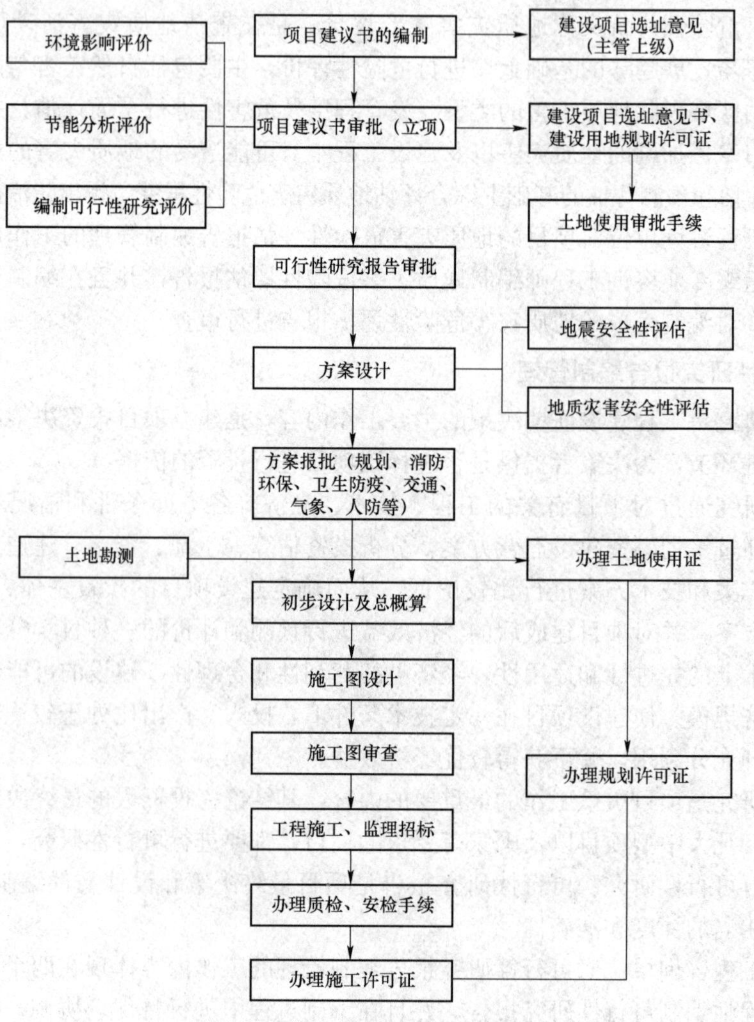

图 2-45 建设项目行政审批流程图

项目各部门的具体行政审批内容如图 2-46 所示。

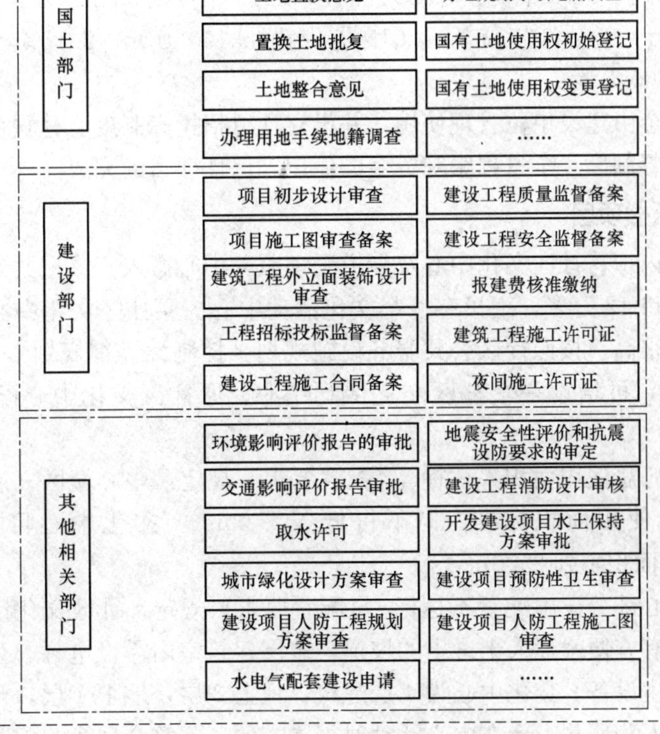

图 2-46　项目各部门的具体行政审批内容

全过程工程咨询单位对项目行政审批管理的工作内容体现在两个方面：①组织人员对投资人提供的资料及各类材料进行审核；②组织人员协助投资人办理审批手续，完成项目的审批工作。

九、工程项目规划与决策咨询案例分析

(一) 某公租房参考案例

某单位2012年在上海某区建设公租房区外经营性捆绑开发工程，本项目分两期建设，包括一期公租房项目和二期商品房项目。

一期公租房项目总投资为228 227万元，其中建筑安装工程费用155 710万元、设备及工器具购置费为6847万元，其他建设费用为29 535万元、预备费用9604万元，建设期利息为26 533万元。二期商品房项目建设总投资为186 732万元，其中建筑安装工程费用91 592万元、土地费用81 628万元、其他建设费用为21 330万元、预备费用5647万元，建设期利息为13 455万元。

根据财政部和住房城乡建设部下发的《关于多渠道筹措资金确保公共租赁住房项目资本金足额到位的通知》，公租房资本金比例为20%。因此，一期公租房项目资本金按21.09%计算，二期商品房项目资本金按35.08%计算。

一期公租房项目贷款为180 100万元，分4年贷款，2013年贷款36 000万元，2014年贷款69 400万元，2015年贷款39 500万元，2016年贷款35 200万元。二期商品房项目贷款为121 300万元，分3年贷款，2015年贷款39 100万元，2016年贷款52 000万元，2017年贷款30 200万元。

项目建设资金由建设单位管理使用，并设立项目招投标制度、建设资金预决算制度和设备采购内控监督制度，全过程跟踪资金的使用，保证项目的完成。

(二) 某办公楼项目

某栋办公楼内拟将社区文化中心及街道受理服务中心搬入，该楼共4层。

街道常住人口12万多，现只有一个文化活动中心。原社区文化中心位于社区西南方位，使用率一直很高。按照社区公共服务设施规划（控制性详细规划），社区人口超过10万的街道或乡镇，可增设一个社区文化活动中心。原社区文化中心配置方面存在以下问题。

(1) 文化中心总使用面积不达标。《配置要求》规定，中心城区（浦西内环线以内地区）可适当降低使用面积标准，但不得低于2500m^2，文化中心目前总建筑面积约2750m^2，总使用面积不到2500m^2。

(2) 文化中心部分设施配置不达标。《配置要求》规定，社区文化活动中心应建有无障碍设施，室外有方便残障人士进出的坡道，多层建筑室内需设电梯，公厕内需配置适合残疾人使用的卫生设备。文化中心为4层建筑，地上3层，地下1层，没有配置电梯和无障碍设施，老年人和残障人士在中心活动时很不方便，不符合现行的配置要求。

(3)《配置要求》规定，文化中心应配置作品展示、形势宣传、科普展览、藏品陈列的展示陈列室共计不低于300m^2，配置陈列设备、活动展板及其他展示材料。文化中心目前没有配置展示展览功能，不符合现行的配置要求。

(4)《配置要求》规定，文化中心按需设立普通培训教室，包括老年学校、阳光之家、社区学校、心理咨询等不少于400m^2，每个教室可容纳40人左右，有条件教室配置多媒

体放映设备。文化中心目前教室仅有一间，约容纳 30 人，不符合现行的配置要求。

另外，社区事务受理服务中心配置方面存在以下问题。

(1) 受理中心均应设置接待大厅、后台区域、办公室和辅助配套设施几个功能。目前，服务中心档案室只有一间，受空间限制，人事档案和民生档案合在一处，不符合要求。办公室多为公用，且设置在中心改建的夹层位置，不符合规范要求。

(2) 公厕最好配置对内和对外两种，要配置适合残疾人使用的卫生设备。目前，服务中心的公厕是公用的，没有设置残疾人设备，不符合要求。

(3) 目前，受服务中心面积限制，街道残联中心并不在此处办公，社区居民办理相关事宜还要去别处办理，没有做到街道社区事务受理中心功能建设实现“服务中心一门服务、一口受理、一头管理”的目标。

(4) 目前，服务中心一直是租借的场地，合同于 10 年前签订。按照当时合同约定，租金较低，但该合同于 2018 年年底到期，如续约，将受到近 10 年来周边物业租金上涨的影响，直接导致服务中心的运营成本剧增，无法持续。

鉴于上述分析，可行性研究报告列出三个方案进行比选，详述如下。

(1) 方案 1，办公楼竣工后，社区文化中心全部搬入新楼；街道社区事务受理服务中心不搬，在原场地继续使用直至 2017 年底合同到期，届时在原场地续租，新增费用见表 2-7。

表 2-7　　方案一新增费用总计

费用名称		单位	数额	备注
建设投资		万元	1051.65	3 号楼
运营费用（新增）	原文化中心	万元/年	0	继续运营，费用不变，没有新增
	原事务中心	万元/年	96	继续运营，新增租金
	3 号楼	万元/年	174.2	新文化中心
合　计		万元/年	270.2	

(2) 方案 2，3 号楼竣工后，社区文化中心的图书馆及多功能剧场两处搬入新楼。社区文化中心其他功能在原址继续使用，由于图书馆和多功能厅搬入新楼，相应腾出的空间可改造成教室、科技创新屋及排练室。街道社区事务受理服务中心全部搬入新楼，受到新楼总建筑面积的限制，原二楼规划建设的信息教室、科技创新屋及排练室需要改造成事务受理中心辅助用房及办公用房，新增费用见表 2-8。

表 2-8　　方 案 二 新 增 费 用

费用名称		单位	数额	备注
投资匡算		万元	1234.90	3 号楼
运营费用（新增）	原文化中心	万元/年	0	继续运营，费用不变，没有新增
	原事务中心	万元/年	－438	关闭，原运营费用取消
	3 号楼	万元/年	537.9	新文化中心和新事务受理中心
合　计		万元/年	99.9	

（3）方案3，社区文化中心仅图书阅览室搬入新建办公楼，其他功能用房在原场地继续使用，由于图书阅览室将搬入新楼，该处可改造成其他功能房间。街道社区事务受理服务中心全部搬入新建办公楼。将办公楼拟建多功能厅进行改造，加一层楼板改成2层，使得总建筑面积多出245.37m²，共计4325.62m²（见表2-9）。

表2-9　方案三新增费用

费用名称		单位	数额	备注
建设投资		万元	1329.34	3号楼
运营费用（新增）	原文化中心	万元/年	0	继续运营，费用不变，没有新增
	原事务中心	万元/年	−438	关闭，原运营费用取消
	3号楼	万元/年	550	新文化中心和新事务受理中心
合　计		万元/年	112	

（4）方案比选。

根据表2-10、图2-47可知，第一种方案累计净现值为3060.68万元，第二种方案累计净现值为1977.69万元，第三种方案累计净现值为2162.10万元，相比之下，第二种方案累计净现值最低，第一种方案累计净现值最高。具体比较见表2-11。

表2-10　三种方案费用累计净现值（万元）（折现率取3.3%，参考银行长期利率）

项目名称		第1年	第2年	第3年	第4年	第5年	第6年	第7年	第8年	第9年	第10年	累计净现值
方案一	现金流量	1051.65	270.2	270.2	270.2	270.2	270.2	270.2	270.2	270.2	270.2	
	折现值	1051.65	259.81	249.82	240.21	230.97	222.08	213.54	205.33	197.43	189.84	3060.68
方案二	现金流量	1234.9	99.9	99.9	99.9	99.9	99.9	99.9	99.9	99.9	99.9	
	折现值	1234.9	96.06	92.36	88.81	85.39	82.11	78.95	75.92	73.00	70.19	1977.69
方案三	现金流量	1329.34	112	112	112	112	112	112	112	112	112	
	折现值	1329.34	107.69	103.55	99.57	95.74	92.06	88.52	85.11	81.84	78.69	2162.10

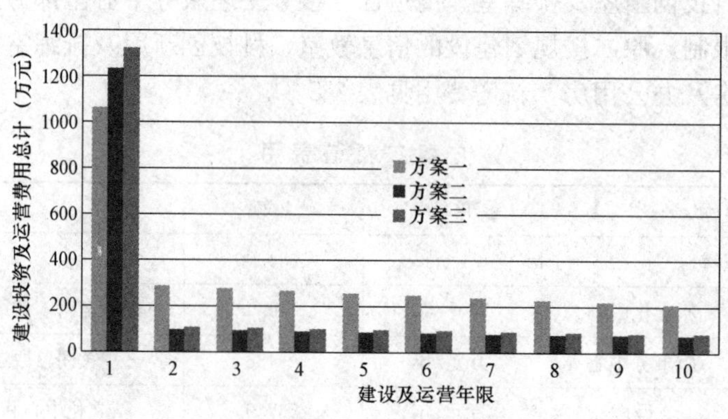

图2-47　三种方案费用累计净现值分析

表 2-11　　三种方案及费用比较表

比较	功能方案	工程造价	运营费用
方案一	社区文化中心全部搬入高端楼盘二号地块新建 3 号楼。街道社区事务受理服务中心不搬，在原场地继续使用到 2017 年年底合同到期，届时在原场地续租	本方案总投资约 1051.65 万元，其中建安工程费用约 846.74 万元，工程建设其他费用约 127.01 万元，预备费约 77.90 万元	新增运营费用总计 270.2 万元/年
方案二	社区文化中心的图书馆及多功能剧场两处搬入新楼，街道社区事务受理服务中心全部搬入新楼，受新楼总建筑面积的限制，原二楼规划建设的信息教室、科技创新屋及排练室需要改造成事务受理中心辅助用房及办公用房	本方案总投资约 1234.90 万元，其中建安工程费用约 994.29 万元，工程建设其他费用约 149.14 万元，预备费约 91.47 万元	新增运营费用总计 99.9 万元/年
方案三	社区文化中心的图书馆搬入新楼，面积约 500m^2，街道社区事务受理服务中心全部搬入新楼，将新楼多功能厅进行改造，加一层楼板改成 2 层，使得总建筑面积多出 245.37m^2，共计 4325.62m^2	本方案总投资约 1329.34 万元，其中建安工程费用约 1070.32 万元，工程建设其他费用约 160.55 万元，预备费约 98.47 万元	新增运营费用总计 112 万元/年

（5）方案总结。

1）功能性方面。方案一沿用原建筑方案，功能定位为文化活动中心，功能布置合理，设计无须改动，可按计划施工，工期最短；两个文化中心分别位于社区南北方向，充分满足该社区约 12 万人的活动场地的规划要求；原方案图书馆位于一楼，可以不用考虑加大楼板荷载，节省建设费用，一楼也方便整理搬运图书资料；新建的多功能厅可解决街道重要会议缺场所的困难，满足郊区乡镇、街道一般应配置活动广场和座位在 300～500 席左右的小型影剧场；文化中心不与事务中心合在一起办公，避免交叉影响及高峰期可能造成的人流拥堵状况；新文化中心的设置与周边高端楼盘的品质契合度高，合力构筑全方位的繁华生活景致，打造街道综合性潮流生活中心。

方案二保留了剧场的使用功能，丰富了街道居民的业余文化生活。但是，剧场为双层挑空，占据了 3、4 层大部分的建筑面积，可能产生两家单位的部分功能布局面积指标不达标的问题，且限制了事务受理中心随着街道人口增加而扩展使用面积的可能性；新楼底层大厅面积小，不规则，刚好满足事务受理大厅的实际使用要求，但功能发挥受压抑，且需要调整已有隔墙，变更卫生间位置，增加建设费用，延长建设周期；方案暂定图书馆位于四楼，与展示馆同层，限制了展示馆功能面积的同时还需考虑加大楼板荷载，增加建设费用，整理搬运图书资料不方便；两家单位在一起办公，使得新楼人员构成复杂，且经常发生争吵事件，对周边环境造成一定的负面影响，与周边高端楼盘的品质契合度不高。

方案三仅有图书馆搬入新楼，本方案取消文化中心多功能厅的功能，增加楼板，增加建筑面积，需上报规划审批，延长了项目建设周期；文化中心与事务受理中心合在一起办公，功能使用存在交叉，可能造成冲突，高峰期可能造成的人流拥堵状况，影响正常使用；新楼底层大厅面积小，不规则，刚好满足事务受理大厅的实际使用要求，但功能发挥受压抑，且需要调整已有隔墙，变更卫生间位置，增加建设费用，延长建设周期；多功能厅的取消，无法解决街道重要会议缺场所的困难，无法满足社区 200 人以上的会议场地要求；两家单位在一起办公，使得新楼人员构成复杂，且经常发生争吵事件，对周边环境造成一定的负面影响，与周边高端楼盘的品质契合度不高。

2）价值系数方面。方案一两家单位总建筑面积为 8530.25m^2，考虑建设及运营 10 年的费用累计净现值为 3060.68 万元，价值系数为 0.36；方案二两家单位总建筑面积为 6830.25m^2，考虑建设及运营 10 年的费用累计净现值为 1977.69 万元，价值系数为 0.29；方案三两家单位总建筑面积为 7075.62m^2，考虑建设及运营 10 年的费用累计净现值为 2162.10 万元，价值系数为 0.31。

综合来看，方案一的功能体现最完善，优势明显，虽然价值系数比其他两个方案略高，但是方案一存在事务受理中心会续租，租金低于市场价的可能，因而价值系数可能降低。

因此，本报告推荐方案一（表 2-11）。

（三）某古镇项目

某古镇项目已有 2600 余年历史，是我国观音文化的发源地，具有丰富的人文资源、历史资源和自然资源。在对古镇的相关规划、发展状态、和发展思考进行系统性研究后，咨询方提出针对本项目的定位体系策划。

1. 整体定位

本项目整体定位为“全国知名特色历史文化古镇”，结合古镇的“遗韵、娱乐、文化、游憩、养生、休闲、浪漫、福缘、科技”等形象出发提出四大主题：

（1）观音文化极致体验。

（2）古国风情原味品鉴。

（3）互动游憩创意休闲。

（4）健康养生益寿延年。

2. 功能定位

本项目以“动静分区、动静相宜”为功能定位原则，结合上述四大主题，提出古镇旅游、禅修养生、休闲游憩、文化商务的功能体系（见表 2-12）。

表 2-12 某古镇项目功能定位策划

功能定位模块	主要功能设计
古镇旅游	古镇观光；民俗体验；餐饮游乐；礼佛参拜；夜游住宿；文化演绎
禅修养生	观音禅修；文化品鉴；养生度假；酒店体验；健康养生
休闲游憩	自然观光；婚庆礼仪；亲子游乐；都市休闲
文旅配套	生活居住；休闲度假；文化创意

3. 客户定位

按客群来源范围，提出本项目三级客户定位：

(1) 一级市场：本地及周边游客。

(2) 二级市场：成渝城市群游客。

(3) 三级市场：全国及海外游客。

同时结合本项目特色，根据客户访问需求与目的的不同可分为：

(1) 地方民俗爱好客群。

(2) 休闲游憩爱好客群。

(3) 滨水风情爱好客群。

(4) 文化商务需求客群。

(5) 观音宗教爱好客群。

(6) 健康养生爱好客群。

(四) 某 PPP 项目库筹建工作

某市按照国家政策和本市项目建设的需求，对全市计划实施的政府性投资项目进行梳理谋划，组织建设 PPP 项目库，破解该市项目建设资金瓶颈、缓解财政压力。

1. 项目决策策划

(1) 项目调研阶段。

第一步：按照某市财政局提供的政府投资项目汇总表进行项目分类，根据项目后期实施最关注的问题：项目的定义开发、建设内容及其效益和意义，制定第一轮项目调研信息收集表，如图 2-48 所示。明确各个项目的规模、内容、使用功能和质量标准，估算项目总投资和投资效益以及项目的前期准备和总进度规划等问题。

第二步：走访调研各个项目涉及的责任单位和相关人员，对项目涉及的自然环境、建设环境（能源、基础设施等）、政策环境、市场环境、宏观经济环境等进行调查，了解项目的定位、建设内容、前期准备和目前的进展情况，估算其经济和社会效益，并通过对各个项目的纵向评估和横向对比，进行五星指数量化项目品质。

(2) 项目梳理阶段。对调研的所有项目进行汇总，对涉及面广、项目实施难度大的项目进行对比分析，根据调研确定的五星指数，以主要考核因素：项目的前期准备和经济效益，对该类 PPP 项目进行分析定位。

根据项目的组织结构、任务分工和管理职能分工，对满足 PPP 项目实施条件的项目进行决策，通过与责任人员对接，谋划会议商榷，初步确定是否纳入清单库范围内，对确定纳入的项目开展深度的调研和策划。明确其建设期管理总体方案、运行模式和经营管理方案，综合所有库内项目进行全面评价，制定项目实施年限计划图如图 2-49 所示。

在明确各个项目的项目规模、组成、功能、标准、总投资、开发或建设周期，建设期管理方案、运行模式和经营管理方案后，根据 PPP 项目的特点和实施要求，按照地理位置、项目相似度、项目相关度进行分类打包。

根据各个项目或项目包的资金需求量、融资途径、技术方案、关键技术难度，考虑政治风险、经济风险、技术风险、组织风险和管理风险等，初步确定项目（包）的实施年限和推进计划。

拜访时间： 单位： 职位：	
项目名称：	
拜访人姓名：	性别：□ 男 □ 女
手机号码：	单位地址：
项目概况	
第一次调研过程记录 （1）促使贵局上报此项目采用 PPP 模式实施的因素有哪些？（确实需要做这些项目/应付报一下/可报可不报/要融资） （2）本项目进展程度如何？是否有前期工作的文本或电子材料？______/10 分 （3）贵单位对本项目实施后经济效益的产生有何预期？______/10 分 （4）贵单位对本项目实施后社会效益的产生有何预期？______/10 分 （5）贵单位对本项目的计划实施时间有何安排？是否有这么安排的理由？ （6）若可采用 PPP 模式实施本项目，贵单位将负责或参与实施过程的人数？ （7）是否存在顾虑：上报项目多但是后期不上有麻烦，报的项目不多又觉得不够积极？ （8）其他：	

图 2-48 某市 2018～2020 年政府投资社会事业 PPP 项目第一次调研信息收集表

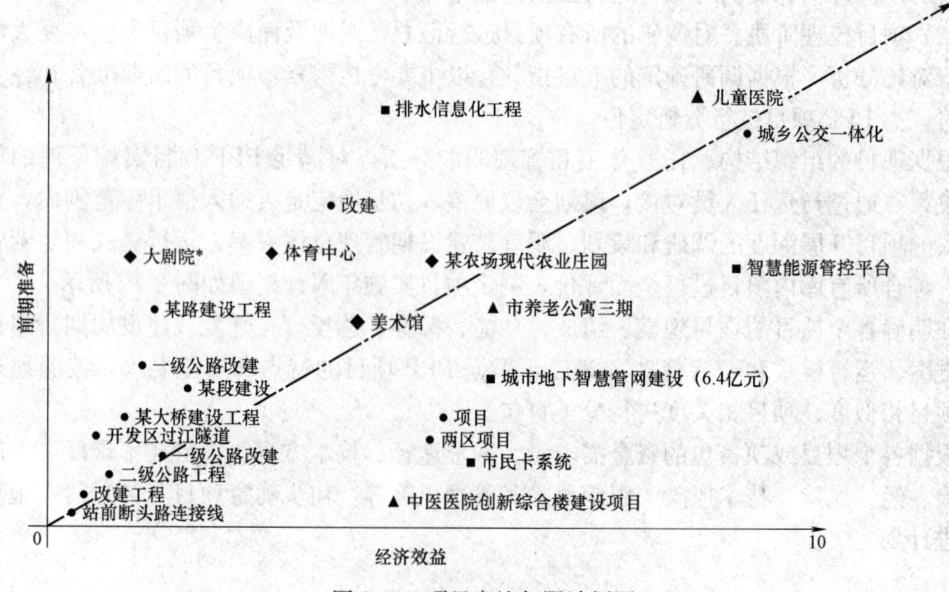

图 2-49 项目实施年限计划图

（3）政府财政承受论证。通过对该市的近五年财政支出和财政收入数据进行分析，建立财务模型，测算该市在库内项目合作年限内财政可承受水平，确保 PPP 项目库内项目年财政支出占比在该市一般公共预算支出的 10%红线以内。

2. 项目实施策划

对项目决策阶段确定的 2018 年重点实施的项目进行详细分析，解决推进实施中可能存在的组织、管理、协调等问题，完成项目责任单位任务的下达，编写具有可行性、可操作性和指导性的 PPP 项目初步实施方案（见图 2-50）。对于 2019 年和 2020 年实施的项目拟定推进方案和时间安排。

某项目 PPP 模式运作要点详情如下：

（1）项目背景及进展：

（2）产出说明：

（3）项目总投资：

（4）项目授权实施机构：

（5）财政补贴来源：

（6）项目运作模式：

（7）项目回报机制：

（8）项目合作年限：

（9）政府股权占比：

本项目将由实施机构牵头，根据以上初步方案实施。

责任单位：

时间：

图 2-50　某 PPP 项目初步实施方案框架

第三章

工程项目评估咨询

第一节 社会稳定风险分析

社会稳定风险评估机制，是指与人民群众利益密切相关的重大决策、重要决策、重大改革措施、重大工程建设项目、与社会公共秩序相关的重大活动等重大事项在制定出台、组织实施或审批审核前，对可能影响社会稳定的因素开展系统的调查，科学的预测、分析和评估，制定风险应对策略和预案。对于重大工程建设项目，社会稳定风险评估机制包括社会稳定风险分析和社会稳定风险评估两个步骤。

（1）社会稳定风险分析。通过风险调查识别出项目存在的风险因素，分析其发生概率及影响程度，评估项目风险等级，制定风险防范和化解措施，并判定采取相关措施后的项目风险等级。社会稳定风险分析应当作为项目可行性研究报告的重要内容并设独立篇章或单独编制成专题报告。

（2）社会稳定风险评估。由项目所在地行政部门或其有关部门指定的评估主体对建设单位做出的社会稳定风险分析开展评估论证，分析判断并确定风险等级，出具社会稳定风险评估报告。

本书针对的是重大工程建设项目的社会稳定风险分析咨询服务，项目委托单位一般是项目的建设单位，咨询服务成果主要通过社会稳定风险分析报告的形式体现。

一、服务流程和内容

社会稳定风险分析工作的技术路线如图 3-1 所示，具体流程和每一阶段的工作内容如下。

1. 明确分析对象

社会稳定风险分析对象是指有可能引发社会稳定风险的重大工程建设项目及其关联事项，它与项目本身并不完全一致。例如，对于城市垃圾焚烧发电厂的建设项目，除了要将垃圾焚烧发电厂作为评估对象外，还应将垃圾进场路线列入评估对象，因为垃圾运输车沿途造成的垃圾渗漏、异味飘散等也有可能引发沿途居民的反对。因此，评估对象的确定不能简单地确定为重大工程建设项目本身，应充分考虑各关联事项可能产生的后果来合理确定分析对象。

2. 梳理主要利益相关方

确定分析对象之后，根据分析对象的相关资料以及对其进行的特性分析，确定与之有

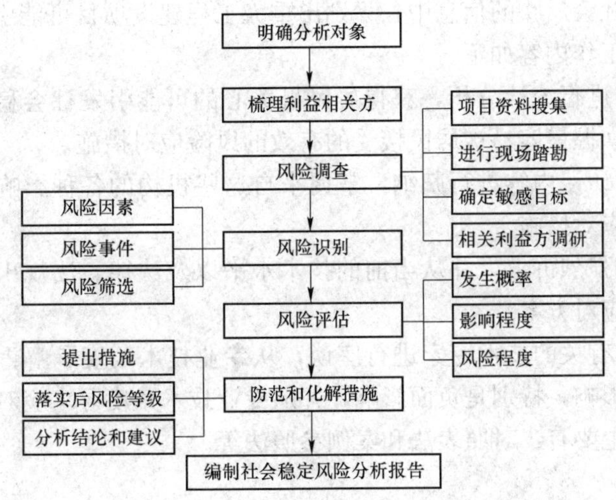

图 3-1　社会稳定风险分析技术路线

各种直接或间接利害关系的相关方，一般将主要利益相关方区分为受益方和受害方。同时，为了风险调查工作的方便，可进一步将其分为相关政府职能部门（包括重大事项出台的实施部门、上级主管部门、基层组织等）、非政府组织（包括企业、事业单位等）、居民个人，针对不同的利益群体选择合适的风险调查方法，制定相应的风险调查方案。

3. 风险调查

风险调查是围绕项目实施的合法性、合理性、可行性和可控性，结合实施方案，运用适用的方法，深入开展风险调查，主要调查内容包括如下。

（1）项目的可行性和合法性。

（2）项目所在地周边的自然环境和社会环境状况，以及项目实施可能对当地经济社会的影响。

（3）利益相关者对项目实施的意愿和诉求，公众参与情况。

（4）项目所在地政府及其有关部门、基层政府和基层组织、社会团体的态度。

（5）媒体对项目实施的态度以及网络论坛等对项目的意见和舆论导向等。

（6）同类项目曾经引发的社会稳定风险，风险的原因、后果和处置措施等。

利益相关方的调查，往往是风险调查工作的重点和难点。对于居民个人，特别是受负面影响的居民，应根据可能对其造成的影响，结合社会学、风险管理科学知识等，设计风险调查问卷。涉及居民数量多的项目需要抽样调查时，应根据不同的项目特点制定抽样调查方案，选取适当的样本数量，以充分掌握可能存在的社会稳定风险点。同时要设立固定的接受居民意见的渠道，随时了解最新反馈信息，一般采取网络公示和现场公示的方法。

对于与重大工程建设项目有关的政府职能部门、非政府组织可根据事先拟定的访谈提纲进行深入的座谈，了解和掌握这些机构对重大事项的态度和意见。

风险调查方法主要有：文献收集法、实地观察法、访谈法、问卷法等。

4. 风险识别

风险识别是整个社会稳定风险评估工作的核心。该阶段主要从各个途径获得的有关重大工程建设项目的社会反映的信息中，识别出重大工程建设项目可能引发的社会稳定风险及风险来源，主要工作内容如下。

1）对调查问卷进行统计分析，获得居民最关心的可能引发社会稳定风险的因素，确定其影响程度，并掌握最容易被居民接受的有效的风险应对措施。

2）对各机构的访谈内容进行归纳，掌握来自这些机构的各种影响重大项目实施的因素，并制定相应的应对措施。

3）关注各方的强烈诉求，并从当前的技术水平以及法律、法规出发，分析这些诉求的合理性和可能的应对方案。

4）组织与项目有关的技术专家进行座谈，从专业技术角度了解重大项目可能存在的对各利益相关方的影响，特别是负面影响，并从专业技术角度寻求应对办法。

风险识别方法主要有：对照表法和案例参照法等。

5. 风险评估

本阶段的主要工作是对已经识别出的主要单因素风险进行风险程度分析、预测和估计，并基于该估计对项目进行整体风险等级评估。

（1）风险因素的风险程度评估。根据风险识别的结果，基于风险因素估计法、风险矩阵法，对识别出的每一项主要风险因素采取定量和定性相结合的方法，对其风险程度进行分析、预测和估计，具体估计过程如下。

1）通过项目资料和具体数据分析可能引发风险的直接和间接原因。

1）根据具体情况和以往类似项目经验对可能发生的风险事件进行预测和估计，分析引发事件的可能性与发生概率，并分析发生风险的后果及其影响程度。

3）在估计风险概率和影响程度的基础上，综合上述分析最终判断该风险因素的风险程度。

（2）项目整体风险等级评估。利用定性的风险程度判断法与定量的综合风险指数法对项目进行综合风险等级评估。

6. 制定风险防范和化解措施

风险评估的最终目的，一是要全面识别出可能存在的风险，二是要提出有针对性的、行之有效的风险防范和化解措施。在制定措施的时候，除了要考虑技术可行性和现有的法律法规外，还要考虑措施实施的经济成本以及人的认可程度。

风险防范和化解措施可以分为风险预防和规避措施、风险控制和处置措施两大类。

（1）风险预防和规避措施。从源头上控制风险的发生以及发生后的影响程度，分为以下四种方式。

1）风险回避。考虑到风险存在和发生的可能性，主动放弃或拒绝实施可能导致损失的方案。

2）风险抑制。通过采取一定的措施，降低风险发生的概率，减少风险事件造成的影响。

3）风险分散与转移。将项目可能发生的风险分散与转移给他人承担。

4）风险自留。将风险留给自己承担，应包括计划性风险自留和非计划性风险自留。

采取风险自留对策时应制定可行的风险应急处置预案，采取必要的措施等。

(2) 风险控制和处置措施。在风险预防、规避措施后，对其中自留风险以及由此引发风险事件制定控制和处置方案，力图将风险置于可控范围，有利于项目的顺利推进。

突发的不稳定事件随时可能会出现，因此要制定有效的应急处置预案，并建立应急处置职能部门，保证在突发事件发生时，事态可以得到及时有效的控制，避免事态恶化，引发社会不稳定。

二、社会稳定风险分析方法

社会稳定风险分析主要运用的方法包括文献收集法、实地观察法、访谈法、问卷法、对照表法、案例参照法、风险因素估计法、风险矩阵法、风险程度判断法、综合风险指数法等。具体操作方法如下。

1. 文献收集法

文献收集法是指收集与项目建设相关的各类文件资料，包括规划文件、设计文件、项目各类报批文件、社会稳定风险分析相关文件、同类建设项目文献资料等。

2. 实地观察法

实地观察法是指在自然条件下，观察者带有明确的目的，有计划地运用自身感觉器官和观察工具，直接地、有针对性地收集资料的调查研究方法。实地观察分准备、实施、整理三个阶段。准备阶段：确定观察的对象、手段、时间、地点、范围，并制定观察提纲；实施阶段：进入现场观察，收集存在的风险因素，并拍照记录；整理阶段：整理分析观察资料并撰写观察报告。

3. 访谈法、问卷法

访谈法是指由访谈者根据调查要求与目的，按照访谈提纲，通过个别访谈或集体访谈的方式，系统且有计划的收集资料的一种调查方法。个别访谈是指对访谈对象进行单独访谈，包括访谈准备、接触访谈对象、正式访谈、结束访谈四个环节；集体访谈也称会议调查法，就是调查者邀请若干被调查者，通过集体座谈方式或集体回到问题方式搜集资料的调查方法。

问卷法是指通过由一系列问题构成的问卷调查表以了解被调查者的态度或诉求等。

4. 对照表法

对照表法是把以前经历过的风险事件及来源列成一张核对表，结合本项目所面临的环境、条件等特点，对照表格所列，识别出其潜在的风险。

5. 案例参照法

案例参照法是通过参照本地区或其他地区以往类似的案例，包括相似或相同的建设项目、相似或相同的利益受损情况引发社会稳定风险事件的案例，来识别风险因素。

6. 风险因素估计法

风险因素估计法是根据项目可能产生风险的项目阶段、地域、群体及风险成因、影响表现、风险分布、影响程度等特性，对单个风险因素进行分析，采用定性分析与定量分析相结合的方法，判断其风险发生的概率和影响程度，从而判定其风险程度。

依据《重大固定资产投资项目社会稳定风险分析篇章编制大纲（试行）》，风险发生概率判断方法见表3-1，风险影响程度判断方法见表3-2。

表 3-1 风险概率判断参考标准

发生概率	定量判断标准 P	定性判断标准
很高（S）	81%～100%	几乎确定
较高（H）	61%～80%	很有可能发生
中等（M）	41%～60%	有可能发生
较低（L）	21%～40%	发生的可能性很小
很低（N）	0～20%	发生的可能性很小，几乎不可能

表 3-2 风险影响程度判断参考标准

影响程度	定量判断标准 q	影响程度
严重	81%～100%	关系到相关群体的基本权利、重大利益；风险影响的规模大，涉及人数众多；影响时间长；可能引起严重风险事件，造成极大负面影响
较大	61%～80%	关系到相关群体的重要权利和利益；风向影响规模较大，涉及人数较多，影响时间较长；可能引发较大风险事件，造成较大负面影响
中等	41%～60%	对相关群体合法权益构成不利影响；风险影响规模中等，涉及一定数量人群；可能引发一般风险事件，在当地造成一定负面影响
较小	21%～40%	风险影响规模较小，涉及人数较少，影响时间较短，可能零星引发一般风险事件，局部范围造成不利负面影响
可忽略	0～20%	风险影响规模有限，涉及个别利益相关者，可能发生个别矛盾，影响短时间可以消除

风险因素的风险程度等级可分为五个等级，判断标准见表3-3。

表 3-3 风险因素的风险程度等级判断参考标准

风险程度等级	定量判断标准 R	影响程度
重大	$R=p\times q>0.64$	可能性大，社会影响和损失大，影响和损失是不可接受的，必须采取积极有效的防护措施
较大	$0.64\geqslant R=p\times q>0.36$	可能性较大，或社会影响和损失较大，影响和损失可以接受，需采取一定的防护措施
一般	$0.36\geqslant R=p\times q>0.16$	可能性不大，或社会影响和损失不大，一般不影响项目的可行性，应采取一定的防护措施
较小	$0.16\geqslant R=p\times q>0.04$	可能性较小，或社会影响和损失较小，不影响项目的可行性
微小	$0.04\geqslant R=p\times q>0$	可能性很小，且社会影响和损失很小，对项目影响很小

7. 风险矩阵法

风险矩阵法是一种用风险发生的可能性和影响的严重程度来综合评估风险大小的定性的风险评估分析方法，如图 3-2 所示。

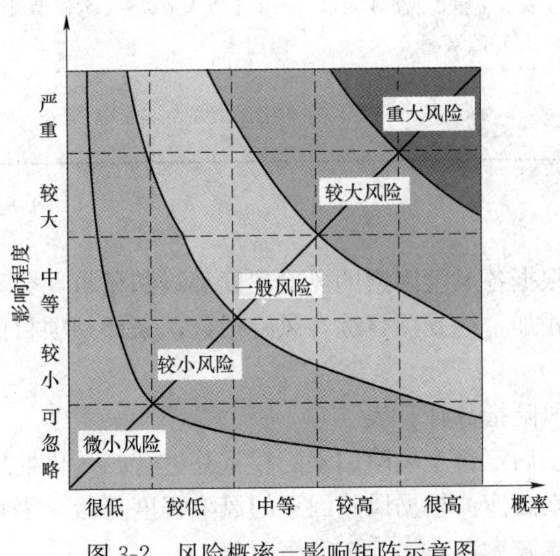

图 3-2　风险概率—影响矩阵示意图

8. 风险程度判断法

风险程度判断法是通过单项风险因素的风险程度来判定项目的整体风险等级，依据《重大固定资产投资项目社会稳定风险分析篇章编制大纲（试行）》的风险评价方法，项目整体风险评价等级的判断标准见表 3-4。一般情况下，项目整体的风险等级依据“就高不就低”的原则和“叠加累积”的原则进行判断。

表 3-4　社会稳定风险等级评判参考标准

风险等级	高（A）（重大负面影响）	中（B）（较大负面影响）	低（C）（一般负面影响）
总体评判标准	大部分群众对项目建设实施有意见、反应特别强烈，可能引发大规模群体事件	部分群众对项目建设实施有意见，反应强烈，可能引发矛盾冲突	多数群众理解支持，但少部分人对项目建设实施有意见
可能引发风险事件评判标准	如冲击、围攻党政机关、要害部门及重点地区、部位、场所，发生打砸抢、烧等集体械斗事件，非法集会、示威、游行，罢工、罢市、罢课等	如集体上访、请愿，发生极端个人事件，围堵施工现场，堵塞、阻断交通，媒体（网络）出现负面舆情等	如个人非正常上访，静坐、拉横幅、喊口号、散发有害信息等
风险事件参与人数评判标准	200 人以上	20～200 人	20 人以下

续表

风险等级	高（A）（重大负面影响）	中（B）（较大负面影响）	低（C）（一般负面影响）
风险程度评判标准	2个及以上重大或5个及以上较大风险因素	1个重大或2～4个较大风险因素	1个较大或1～4个一般风险因素
综合风险指数评判标准	>0.64	0.36～0.64	<0.36

9. 综合风险指数法

综合风险指数法是根据各风险因素的风险程度等级和权重，分别计算其风险指数，将各风险因素的风险指数相加，得到项目综合风险指数，来评判项目的初始风险等级。其主要步骤如下。

（1）建立项目综合风险指数计算表。

（2）利用层次分析法确定每个风险因素的权重并进行归一化处理。

（3）给每个风险因素赋值。根据风险因素的风险程度等级，采用0.04～1.0标度，分别给微小、较小、一般、较大和重大5个等级赋值。

（4）计算每个风险因素的风险指数。将每个风险的权重系数与等级系数相乘，所得分值即为每个风险因素的风险等级指数。

（5）最后将风险指数计算表中所有风险因素的风险指数相加，得出整个项目的综合风险指数。

（6）根据项目综合风险指数的计算结果，评判项目的初始风险等级，分值越大，项目的初始风险程度越高。

第二节　项目建议书、可行性研究及评估

一、咨询服务依据

（1）工程咨询服务合同（包括委托书）。

（2）相关法律与法规（国家、地方）。

（3）各项规划（国民经济和社会发展规划、行业专项规划、土地规划）。

（4）产业政策和准入条件。

（5）相关标准和规范。

（6）政府颁发的相关经济与技术参数及统计数据。

（7）工程咨询行业协会文件及相关指南。

（8）公司相关规章制度及作业指导书。

（9）委托方或项目利益相关方提供的相关资料。

（10）拟建现场调查信息。

（11）相关文献资料。

（12）其他。

二、咨询工作程序

前期评估咨询的一般工作流程如图 3-3 所示。

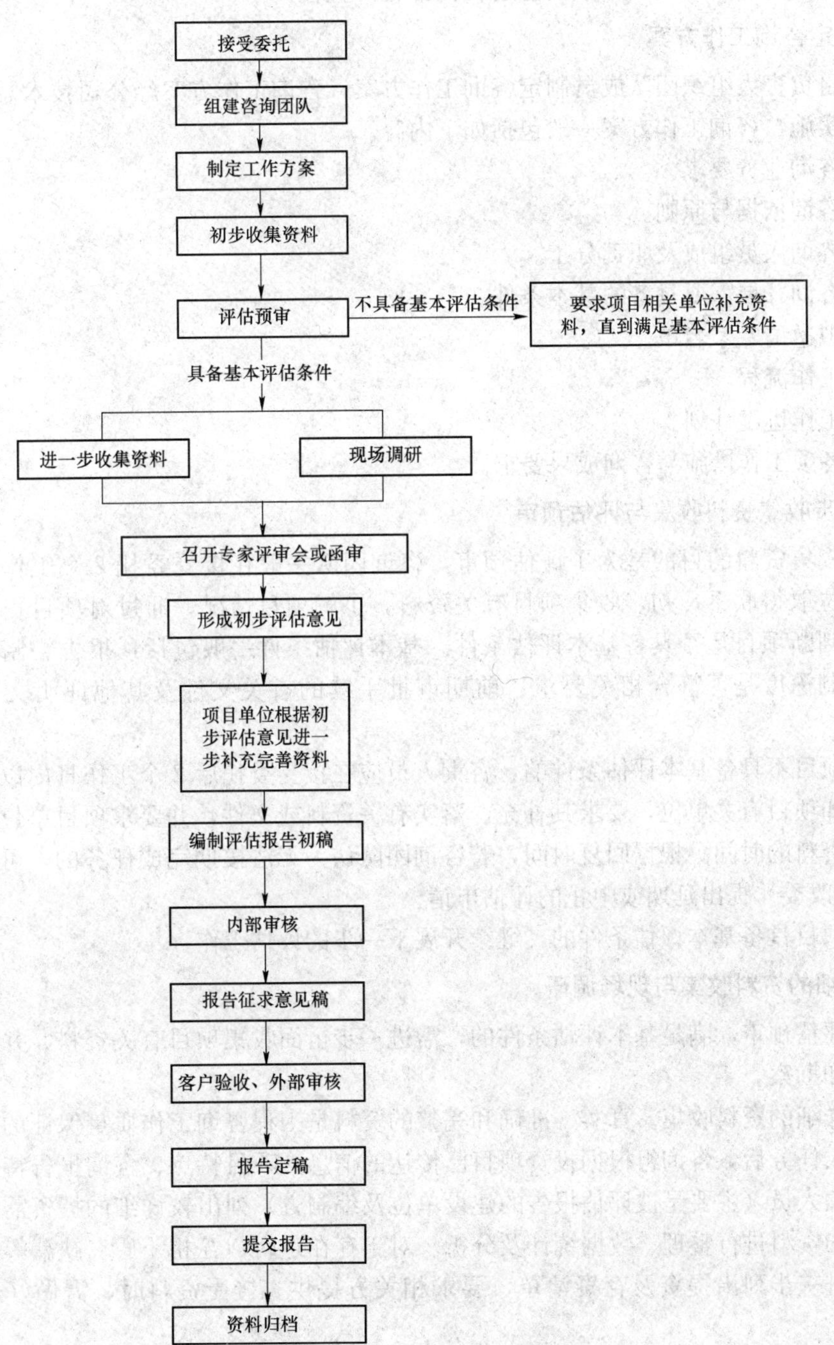

图 3-3 前期评估咨询工作流程

1. 组建咨询团队

根据咨询合同、项目特点、规模、复杂程度及投标承诺等要求，由公司部门经理指定项目负责人，并建立与之相称的咨询团队，一般由 2～5 人组成，并严格实施项目责任人制度。原则上，项目负责人必须由注册咨询工程师担任。

2. 制定咨询工作方案

由项目负责人组织团队成员制定咨询工作方案，咨询工作方案经公司技术总负责人审定批准后实施。咨询工作方案一般包括如下内容。

（1）咨询业务要求。

（2）咨询依据与原则。

（3）咨询人员组成及职责分工。

（4）咨询开展需要具备的基本条件。

（5）拟邀请专家名单。

（6）工作流程。

（7）工作进度计划。

（8）各项工作措施与咨询成果要求。

3. 初步收集资料收集与评估预审

初步收集资料的目的是为了评估预审，咨询团队一般在接受委托 2 个工作日内与项目相关单位取得联系，初步收集项目有关资料，了解项目情况，通过对项目资料进行预审，初步判断项目是否具备基本评估条件。基本评估条件一般包括：报告编制内容是否齐全、编制深度是否符合相关要求、前期审批手续的有关文件及其他证明文件是否齐备等。

（1）项目不具备基本评估条件的，咨询人员应在接受委托后 2 个工作日内以书面形式一次性告知项目有关单位，要求其补充、落实有关资料或文件，并要求项目单位书面回复能够补充资料的时间。根据回复时间，若咨询团队认为无法按期完成任务的，可向委托方（一般是发改委）提出延期或中止的评估申请。

（2）项目具备基本评估条件的，继续开展下一步的评估工作。

4. 详细的资料收集与现场调研

经过评估预审，满足基本评估条件的，需进一步全面收集项目有关资料，并尽快组织现场调研和勘察。

（1）详细的资料收集。真实、准确和完整的资料是工程咨询工作质量保证的前提。在接受委托人任务后，咨询组根据投资项目已传达的信息、项目特点、咨询报告特点及相关经验向相关人员（主要是被评估报告的建设单位及编制方）列出较详细的提资需求，并及时对收集的资料进行整理、数据统计及分析。对于存在过时、互相矛盾、缺漏等资料，咨询团队需进一步列出提资及存疑清单，要求相关方提供。接受资料时，需做好相关收文记录。

工程咨询项目类型众多，提资清单需有针对性，一般来说，需收集的资料内容如下。

1）常规资料（包括但不限于）。

a. 需评估的咨询报告及相关附件。

b. 前置性条件相关批文（规划、土地）。

c. 概念性设计（项目建议书阶段）。

d. 方案设计（可行性研究阶段）。

2）其他资料。

a. 修缮类可研（实施方案）评估项目。如采用简化审批程序，提供施工图及预算。

b. 节能评审项目。以往能用数据证明（改扩建项目）；类似已建成项目的用能数据（针对有多个项目的建设单位）。

c. 社会稳定风险评价项目（如有动拆迁）。规划方案公示及相关意见、社区调查记录等。

（2）现场调研。现场调研与资料收集工作相辅相成、同步进行，委托评估项目均要求现场踏勘，就场址选择的合理性、建设条件的具备情况、项目进度等进行考察。

项目相关单位人员一般均应到场参加。在时间紧张的情况下，如遇到多个地点建设项目，可由评估组制定代表性强、投资额较大的项目建设场址进行选择性考察。对于复杂项目，调研需根据项目特点和资料收集、分析情况分成初步调研和深入调研，以便更好地掌握项目建设需求。必要时，可邀请专家一起到现场调研。现场勘查和调研内容具体包括如下。

1）常规调研内容（包括但不限于）。

a. 建设背景或项目启动原因。

b. 项目定位、建设功能需求、建设标准、项目产出需求及特殊要求。

c. 历史遗留问题。

d. 建设投资、资金来源、工期需求。

2）其他调研内容。

a. 房屋改建类项目。原房屋使用状况、历史保护建筑要求（如有）等。

b. 学校类项目。建校历程、学校特点、师生与班级设置状况、学校招生范围、建设期间的师生安置等。

c. 工业类。产品、生产工艺及原材料、设备使用的外部效果。

d. 市政类。拟建现场周边交通状况、现有道路运行状况等。

5. 召开专家评估会或函审

一般对评估类咨询项目，均需聘请专家对项目建设方案等提出专业性的意见。

专家聘请要慎重，原则上要求专家组成员中应有外聘专家；专家数量应不少于 3 人，应包括项目主要涉及的专业；专家应具有相关专业的资质及评审经验。专家出具的意见应是符合自身专业的、认真的、独立的、尽职的。

评估会（或函审）的安排时间一般不晚于委托要求完成的时间前 7 日，评估组需至少提前 24 小时以书面的“会议通知”告知项目单位评估会时间，并邀请发改委、行业主管部门等有关政府部门参加。

专家评估会一般由项目负责人主持召开，并设置会议签到表和单独的专家签到表，以作为会议记录存档。

专家评估会会议流程一般如图 3-4 所示。

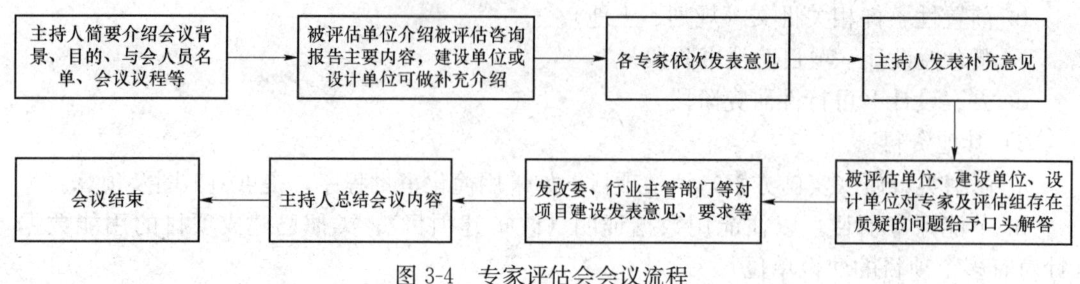

图 3-4 专家评估会会议流程

6. 形成初步评估意见

评估组根据项目申报资料、现场踏勘情况，并结合评估会专家意见，于评估会（或函审）后，形成书面的初步评审意见，根据初步评审意见，有必要补充完善项目资料的，评估组应于会后 24 小时内一次性书面告知项目单位，要求其补充完善相关资料并书面回复能够提交补充资料的时间。

7. 编制评估报告初稿

若项目单位能够按期提供满足评估深度要求的补充资料，评估组应根据现场踏勘情况并参考专家意见等组织编制评估报告。视项目单位承诺时间或补充资料情况，若评估组任务无法按期完成任务，可向委托方（一般是发展改革委）说明情况，提出延期或中止评估的申请。

（1）评估报告编制原则。

1）客观性原则。从投资项目具体情况出发，厘清委托人、建设单位、使用单位等相关利益方的项目需求，客观分析项目所需消耗的资金、资源及效益和风险，报告尽可能反映项目的真实状态。

2）科学性原则。通过调研和资料运用科学技术手段进行分析、预测和计算，对被评估报告及项目内容进行各方面科学论证，积极吸取专家意见，报告结论和论证过程具有严密的逻辑性，观点、意见不能凭空臆造。

3）系统性原则。明确项目范围，对项目投资建设进行系统分析，注重项目及涉及的利益相关方整体性研究。

4）动态分析与静态分析相结合，以动态分析为主。

5）综合分析与单项分析相结合，以综合分析为主。

6）宏观投资效果分析与项目微观投资效果分析相结合，以微观分析为主。

7）定量分析与定性分析相结合，以定量分析为主。

（2）评估报告的主要内容。

1）项目建议书评估的主要内容。见表 3-5。

表 3-5　**项目建议书主要评估内容**

评估项目名称	主要评估内容
项目建设主体（建设单位）	评估其设置是否合理、合规
项目设置	评估项目设置是否合理，是否符合国家、上海市及区县的相关政策，是否符合项目所在地的经济和社会发展规划、城市总体规划、土地利用规划及专项规划（如教育、卫生、绿化等），并对项目必要性进行评估
项目选址	评估其是否合理，项目建设条件是否具备（包括规划条件、地理交通条件、经济文化条件、施工条件、运营条件等）
项目总体目标及规模	评估其是否合理、明确
改建项目	对项目现状进行评估
项目初步方案（概念性方案）	评估其是否可行，分析比选方案的可能性
项目匡算内容	评估其是否齐全，指标及造价匡算是否准确，并对项目资金筹措方式进行评估
项目建设进度	评估其时间安排是否合理
项目风险	评估其项目可能存在的风险
项目的效益	评估项目的社会效益、经济效益初步分析的合理性

2）项目可行性研究报告评估的主要内容。对于项目可行性研究报告，一般主要评估内容见表 3-6。

表 3-6　**项目可行性研究报告主要评估内容**

评估项目名称	主要评估内容
项目可研前期审批手续	评估其是否完善（土地、规划、环评、项目建议书审批等）
项目建设的必要性	评估其是否符合相关规划要求
项目建设目标及规模	评估其是否符合项目建议书批复要求，如规模有重大变化，评估其理由是否充分
项目建设条件	评估其是否完善，必要时，需要求提供相关部门的征询意见
项目建设经济和技术指标	评估其与项目用地预审意见、选址意见书、控制性详细规划等比对，评估项目建设经济和技术指标是否符合用地、规划审批要求
建设方案	分析项目建设方案是否可行，评估其是否需要调整或优化
节能要求	评估项目是否符合节能政策要求，节能措施是否合理，并判定项目能效水平
环境要求	评估项目是否符合环境要求，是否与环评批复相符，其环境与生态效益是否显著
项目估算内容	对项目估算内容齐全性、指标及计算准确性进行评估，并评估资金筹措渠道是否明确
项目社会稳定风险篇章	评估其稳定风险等级，并分析稳定风险防范措施的合理性
项目效益	评估项目的经济效益和社会效益是否良好
项目建设进度	评估其安排是否科学、合理，是否与建设方案相符
项目招标方式	评估项目招标方式是否合理，是否符合相关法规要求
项目建设和运营计划	评估其是否合理，是否有利于项目开展，能否达到项目目标

3）项目申请报告评估的主要内容。对于项目申请报告，一般主要评估内容见表 3-7。

表 3-7　　项目申请报告主要评估内容

评估项目名称	主要评估内容
项目申报单位及项目概况	对项目申报单位的主要经营范围、资产负债情况、股东构成、股权结构比例、以往投资相关项目情况及已有生产能力等内容进行评估，判断项目申报单位是否具备承担拟建项目的资格、是否符合有关的市场准入条件
发展规划、产业政策和行业准入	（1）从发展规划、产业政策及行业准入的角度，评估项目建设的目标及功能定位是否合理，是否符合与项目相关的各类规划要求，是否符合相关宏观调控政策、产业政策等规定，是否满足行业准入标准，优化重大布局等要求。 （2）在发展规划方面，主要评估拟建项目是否符合相关规划（国民经济和社会发展总体规划、区域规划、城市总体规划、城镇体系规划、行业发展规划等专项规划）的要求、项目建设布标与规划目标是否衔接、协调等。 （3）在产业政策方面，评估拟建项目的工程技术方案、产品方案等是否符合有关产业政策、法律法规的要求，如贯彻国家、上海市技术装备政策提高自主创新能力的情况等。 （4）在行业准入方面，评估申报单位（建设单位）和拟建项目是否符合相关规定
资源开发及综合利用分析	考虑到上海市资源开发项目较少，评估重点主要在资源综合利用方面。对于拟建项目，资源利用评估主要包括： （1）评估项目需要占用的资源品种、数量及单位生产能力主要资源消耗量、资源循环再生利用率等，并与国内外先进水平进行对比分析，评估拟建项目资源利用效率的先进性和合理性。 （2）评估项目资源利用方案是否符合发展循环经济、建设节约型社会的要求。 （3）评估项目资源利用是否会对地下水等其他资源造成浪费，以提高资源利用综合效率
节能方案	从节能角度，并结合项目的节能评审情况，对拟建项目的节能方案进行评估，具体为： （1）用能标准节能规范方面。评估拟建项目是否符合所属行业及地区对节能降耗的相关规定，是否遵循国家和地方有关合理用能标准及节能设计规范。 （2）能耗状况和节能降耗措施方面。结合拟建项目的节能评审情况，对项目所在地的能源供应状况、项目方案的各类能源消耗种类和数量进行评估，并对相应的节能措施进行分析，评估其是否符合相关政策、规范与标准规定，是否可行
建设用地、征地拆迁及移民安置	（1）建设用地合理性评估。评估项目建设用地是否符合土地利用规划要求，占地规模是否合理、是否符合保护耕地的要求，是否因地制宜、集约用地、减少拆迁移民的原则，是否符合土地管理的政策法规要求。 （2）征地拆迁影响评估。拟建项目如涉及征地拆迁，则结合该项目的社会稳定风险评价情况，对征地拆迁范围和依据、安置方案、公众参与情况、补偿政策等进行评估，评估其是否符合法律法规要求，是否合理、可行

续表

评估项目名称	主要评估内容
环境和生态影响	从环境和生态影响角度，并结合项目的环境影响评价情况，对拟建项目的节能方案进行评估，具体为： （1）环境和生态现状评估。评估项目申请报告对环境和生态现状描述内容是否齐全、属实，是否与环境影响报告相符。 （2）生态环境影响评估。评估拟建项目在工程建设和投入运营过程中对生态环境可能产生的破坏因素以及对环境的影响程度。 （3）生态环境保护措施评估。从减少污染排放、减少水土流失、强化污染治理、促进清洁生产、保护生态环境可持续能力的角度进行相应措施进行评估，评估措施采用的技术和设备是否满足先进性、适用性、可靠性的要求，回收处理和再利用方案是否合理、有效
经济影响	从拟建项目所耗费的社会资源及其产生的经济效果角度进行评估，分析项目对行业发展、区域和宏观经济的影响，评估项目的经济合理性。根据不同的项目，评估侧重点有所不同，具体为： （1）对于在行业内具有重要地位、影响行业未来发展的重大投资项目，重点评估拟建项目对所在行业及关联产业发展的影响，包括产业结构调整、行业技术进步、行业竞争格局等内容，特别是对是否可能形成行业垄断进行分析评估。 （2）对区域经济可能产生重大影响的项目，重点分析项目对区域经济发展、产业空间布局、当地财政收支、社会收入分配、市场竞争结构等方面的影响，为评估拟建项目与区域经济发展的关联性及融合程度提供依据。 （3）对于投资规模巨大的特大型项目，以及科技创新项目，从地方国民经济整体角度，评估拟建项目对本地产业结构调整和升级、重点产业布局、重要产业的国际竞争力以及区域之间协调发展的影响。 （4）对于涉及国家、本地经济安全的重大项目，从维护国家及本地利益、保障国家及上海市产业发展及经济运行免受侵害的角度，结合资源、技术、资金、市场等方面进行拟建项目的经济安全评估
社会影响	主要对因征地拆迁、区域综合开发、文化教育、公共卫生等具有明显社会发展目标的项目，从维护公共利益、构建和谐社会、落实以人为本的科学发展观等角度，评估项目的社会影响。具体为： （1）社会影响效果评估。评估拟建项目的社会影响范围、影响区域内的受影响机构和人群，分析项目可能导致的社会影响效果，如就业、社会保障、社会服务等。 （2）社会适应性评估。对利益相关者需求、目标群体对拟建项目的认可及接受程度进行全面分析，评估拟建项目是否与当地社会环境相互适应。 （3）社会风险及对策评估。评估项目的负面社会影响、潜在风险及解决社会问题、减轻社会负面影响的措施方案的合理性
工程质量安全分析评估（仅限上海项目）	根据上海市要求，需对拟建项目的工程质量安全进行评估，以进一步加强拟建项目前期阶段的质量安全风险控制，保障建设项目的科学有序实施和人民群众的生命财产安全。评估内容包括工程地质影响、自然环境影响、建设方案影响、外部设施影响、工程组织实施影响、工程质量安全防范措施等

4）项目节能评审的主要内容。对于项目节能报告，一般主要评估内容见表 3-8。

表 3-8 项目节能报告主要评估内容

评估项目名称	主要评估内容
项目综合能源消费增量及其影响	（1）项目所在地能源供应条件及消费情况的描述是否完整。 （2）项目所需的能源是否得到落实，项目消费的能源品种、数量对所在地资源条件和当地能源生产、输送、储运、消费的影响分析是否准确。 （3）对比分析项目新增年综合能源消费量与区县能源消费增量控制数，说明项目带来的影响
项目能效水平	（1）判断节能评估选取的主要能效指标是否合理，能耗计算的基础数据选择是否真实，能否满足项目的功能需求及相关标准、规范的规定。 （2）节能评估中综合能源消耗量、单位产品能耗等指标的计算是否符合《综合能耗计算通则》（GB/T 2589—2008）及相关标准规范的要求，是否分析测算评估主要用能环节能源利用效率。 （3）项目能耗（能效）指标是否符合相关能耗限额标准或相关产业政策、准入条件的要求；同行业国内外先进水平、标准先进指标的选取是否准确；项目能效水平是否达到同行业国内外先进水平或标准中的先进指标
项目建设方案	（1）评审项目选址、布局方案、总平面布置、交通组织等的节能设计是否合理。 （2）主要用能设备及其能耗指标和能效水平是否符合能耗限额标准或准入政策的要求，是否达到先进水平。 （3）提出项目设备选型方面的意见和建议
节能措施	（1）节能技术措施。项目是否针对生产工艺、动力、建筑、给排水、暖通与空调、照明、控制、电气等方面提出具体的、可操作的节能技术措施；节能评估文件应分析节能技术措施是否符合相关政策、法规、标准、规范的要求。 （2）节能管理措施。项目是否按照《用能单位能源计量器具配备与管理通则》（GB 17167—2006）的要求，编制能源计量器具配备方案；是否按照《能源管理体系要求》（GB/T 23331—2012）的要求，提出能源管理体系建设方案，能源管理中心建设以及能源统计、监控等节能管理方面的措施、要求等。 （3）节能措施效果。节能措施效果的测算依据是否准确，测算方法是否适用，测算结果是否正确。 （4）提出项目节能措施方面的意见和建议

5）社会稳定风险评价的主要内容。对于项目社会稳定风险评价报告，一般主要评价内容见表 3-9。

表 3-9 项目社会稳定风险评估报告主要评价内容

评估项目名称	主要评估内容
项目合法性	评估其项目有关土地、规划、环评、立项的管理部门是否享有相应的决策权限，决策内容是否符合现行相关法律法规规章以及有关政策，决策程序是否符合有关法律法规规章和有关规定

续表

评估项目名称	主要评估内容
项目的合理性	评估其项目决策和实施是否符合科学发展观的要求，是否符合经济社会发展规律，是否符合社会公共利益，是否合理兼顾了不同利益群体的诉求；是否保持了政策的连续性、相对稳定性以及与相关政策的协调性，是否可能引发地区、行业、群体之间的相互攀比；依法应给予当事人的补偿和其他救济是否充分、合理、公平、公正；拟采取的措施和手段是否必要、适当，所选择的措施和手段对当事人权益的损害是否最小
项目的可行性	评估其项目决策和实施的时机与条件是否基本成熟；决策内容是否符合本市和有关地区经济社会发展水平，是否超越本市和有关地区财力，是否能得到相关大多数群众的支持和认可
安全性	评估其项目决策和实施是否可能引发群体性事件、集体上访、重大社会治安问题、社会负面舆论以及其他影响社会稳定的因素；可能引发的社会稳定风险是否可控，能否得到有效防范和化解，是否制定了预警和应急处置等防范措施
有可能引发社会不稳定因素的其他方面	评估其项目单位应根据上述内容要求，组织有关方面全面细致地研究项目的社会稳定风险源、风险因素、针对风险采取的防范措施，判别项目的社会稳定风险初始等级以及采取防范措施后的预期等级

8. 评估报告初稿内部审核，并征求意见

咨询工作小组按照上述各评估报告的主要内容和相关指南要求等完成评估报告初稿，出具的评估报告初稿均由国家注册咨询师（高级工程师及以上）进行审核。审核后的报告形成评估报告征求意见稿。

9. 客户验收、外部审核

客户验收、外部审核指的是评估报告征求意见稿应至少提前一天发送委托方（一般是发改委）征求意见，如评估报告中对项目的建设内容、规模、方案、投资等方面进行了重大调整，评估单位应适当告知项目单位有关评估结果和情况。

10. 报告定稿、提交最终咨询成果

评估单位应在委托方或项目单位提出意见后 24h 内完成评估报告的进一步完善和调整，形成评估报告终稿（定稿）。评估报告再次提交委托方之前，

由咨询单位部门技术负责人审核后，交子公司技术负责人审核。

11. 资料归档

咨询项目完成后，按公司形成归档范围和要求，将咨询工作过程中所形成的技术文件资料加以系统的整理，组成保管单位（卷、袋、册、盒），由部门技术负责人审查后及时向公司综合档案室移交归档。内容一般包括如下。

（1）咨询评估报告。

（2）咨询报告附件资料（附专家意见表及评估过程中产生的相关批文）。

（3）咨询项目报告审批通过后的相关批文。

（4）被评估报告及相关资料（包括被评估报告正式文本及评估后的最终修订文本）。

（5）咨询过程中来往函件。

（6）公司内部报告审核流转单。

（7）咨询评估正式报告电子版。

（8）附件电子版（如有）。

三、评估报告编制的要点、重点及难点

1. 项目建议书评估、可研评估、申请报告评估的要点、重点及难点

（1）项目建设的理由和目标合理性。项目建议书评估、可行性研究报告评估、申请报告评估均需要对项目建设的理由和目标合理性进行重点评估。

评估单位需依据发展规划、产业政策、区域布局以及结合现场踏勘情况等进行分析，评估项目建设是否符合相关的各类规划要求，是否符合相关法律法规、宏观调控政策、产业政策等规定，是否满足行业准入标准、重大布局优化、自主创新和采用先进技术等要求，项目目标及功能定位是否全面、合理，是否切合当前实际，对项目建设的理由是否全面、目标是否合理提出评估意见。

在评估时，一般同时从宏观层面上的政策规定、发展规划和微观层面上的项目自身实际需求两大方面来分析，可以更全面、有力地说明项目建设的理由和目标的合理性。

（2）建设内容、规模的合理性评估。这也是项目建议书评估、可行性研究报告评估、申请报告评估均需要重点评估的方面。

评估单位需根据国家有关法律、法规、相关政策文件、行业技术规程、规范，结合项目具体情况、现场踏勘结果、评估专家意见等，对拟建项目是否能够解决项目兴建前遇到的问题和解决程度；项目建设目标、功能和内容是否紧密结合了当地发展规划及实际需要；项目建设规模和标准是否合理并符合相关行业规范；项目建设是否符合相关主管部门意见等方面进行分析评价，评估其建设内容、规模的合理性，并提出评估及调整意见。

在判断项目建设规模合理性的时候，相关行业建设标准要求、项目实际需求以及项目所在地块的整体规划与近期规划都要同时考虑，才能更加合理地判断项目的建设规模。

（3）建设方案的合理性评估。一般在项目可行性研究报告、申请报告的评估工作中需重点分析建设方案的合理性和可行性。

评估单位应对项目建设方案是否进行了多方案比选，是否切合项目的具体情况，是否满足使用功能要求，是否适应选定的场址，是否符合工程标准规范、技术先进、节能环保、经济合理等方面进行系统的审查、核实，并提出评估意见。

（4）建设条件的具备程度评估。项目建设条件一般包括水文、地质、气象、交通条件、建设材料供应、树木伐移及征地拆迁、市政配套等条件，项目建议书评估阶段，可初步分析项目建设条件是否满足或制约项目的建设。可行性研究报告评估、项目申请报告评估、资金申请报告评估阶段，可根据现场踏勘和调查情况，进一步深入评估项目是否具备上述基本的建设条件，同时应明确工程红线内外市政配套条件及接口方案能够落实且可以确保配套市政工程与主体工程同步实施完成。还需评估相关部门各项手续办理情况及项目进展情况，包括土地部门的土地预审意见；规划部门意见；节能专篇批复意见（或节能登

记表）等。

（5）项目投资测算的合理性评估。项目建议书评估、可行性研究报告评估、申请报告评估和资金申请报告评估均需要对项目建设投资的合理性进行重点评估。

评估单位需根据相关政府投资评估相关文件，结合具体项目特点，对项目投资测算编制依据的有效性、内容构成的完整性（包括是否虚报或漏项）、测算指标的合理性、计算的正确性等提出评估和调整意见，并按《建设项目经济评价方法与参数》（第三版）及发改委要求等列示项目建设投资测算的评估对比表。在评估对比表中需要将评估前与评估后的投资数据逐项比较，并重点分析产生差异的原因。

2. 社会稳定风险评价重点与难点

社会稳定风险评价是对项目的社会稳定风险评估报告内容按照相关规定进一步全面论证、审核和评价，以揭示其不足，提出优化完善风险防范及化解措施的建议，为政府投资项目管理部门以及项目决策单位提供决策参考建议。

社会稳定风险评价工作中一般有以下几个重点、难点。

（1）对风险因素识别的全面性及风险程度判断的评价。社会稳定风险与人们的预期相关，风险来源于人们对未来的“预期变数”。重大事项引发的社会稳定风险，来自利益相关群体对该事项在利益性、安全性和合法性上的社会预期，这种社会预期直接引发了与社会稳定相关的行为或行为取向。当前，我国正处于经济与社会转型时期，利益诉求日趋多元化，社会稳定风险的来源是多方面的：历史的因素和现实的因素，人为的因素和政策法律因素往往相互交织在一起。风险因素既有群众的利益诉求过高所引发的，也有现有的政策、规章和法律滞后于现实发展的原因，还有的是历史遗留问题所导致的。

社会稳定风险评估报告对项目风险因素识别的全面性和风险程度判断的准确性与项目社会稳定风险级别密切相关，关乎项目的成败，因此这是社会稳定风险评价报告分析与审核的一个重点与难点。

（2）要重视社会心理、文化的调查。前面已提到社会稳定风险评价对项目风险因素识别的审核和进一步论证很重要。而在调查、论证、审核项目风险因素识别的过程中，一个很重要也很容易被忽略的原则就是对社会心理、文化的调查。这是因为一项风险只有与人的主观感受相结合才能被具体化，若风险调查只停留在技术层面，不与相关者的主观感受相结合，则风险只是客观风险，可能与公众的主观风险存在很大差异，其参考价值也会因此而减弱，在重大工程项目稳评过程中，特别是在合法性审查过程中，许多技术指标（如采光、距离等）符合法律法规的要求，但因缺少人文关怀方面的考虑，即使规划和方案等是合法的，也有可能引发群体性事件或社会恶性事件。出现这一问题的原因是重大工程技术上的达标不等同于其产生的社会影响处于公众可接受的水平，对公众的容忍程度应从社会心理和文化背景等多方面进行考察，单一的技术调查只有客观的数据，忽视受影响的人的主观感受。因此，社会稳定风险评价时对风险因素的识别应“以人为中心开展”。

关于这方面的问题，最典型的是邻避设施建设项目的社会稳定风险评价。

邻避设施，通常是指一些有污染威胁的公共设施。邻避设施包括的种类很多，诸如发电厂、发射塔、变电站、垃圾掩埋场、医院、核辐射项目、高速公路、地铁、磁悬浮、高压线、火葬焚烧场、停车场、光线遮挡物等，涉及空气、水、土壤、噪声、视觉风景等方面的公共设施，甚至包括建监狱、戒毒所、高尔夫球场、青年旅社等。居民承认这些设施是社会所必需的，但不能建在自己家园的前、后院。

（3）风险指标的科学测量难。充分运用问卷调查、民意测验、听证会、专家咨询、访谈等多种形式，对评估事项广泛征求群众意见，并对利益诉求进行合理分类、进行风险定级，这在技术层面能测量出客观风险指标。但是对满意度、信任、社会心态等影响社会稳定风险的主观指标还很难设计出一套有效的、标准化的识别和测量体系，这在一定程度上影响了风险评估可靠性。

建议将来需建立更加科学的社会风险源的分析与识别机制。从公共管理和政策、社会心理学、法学、统计学等多学科综合的视角出发，引入科学的指标体系对风险进行识别和测量，把定性指标与定量指标相结合，综合性指标与技术性指标相结合，正向指标和负向指标有机结合起来，准确、科学地识别社会稳定风险点。以更加准确地评定稳定风险等级、评估风险承受能力、提出风险化解对策，强调法律法规和政策策略相配套，从源头上预防和减少不稳定因素。

3. 节能评审重点与难点

能源消耗计算及能效水平。不同的能源消耗计算及能效水平分析方法，往往会得出的不同结果，这有可能会导致评估报告得出与事实不相符的结论。因此，评审过程中需着重对评估文件的能源消耗计算及能效水平分析方法的科学性、合理性进行评审。确保评估文件能准确预测项目今后能源消耗情况（如能源消耗种类、数量、单位建筑面积能耗等），为节能审查机关的决策提供科学的依据。

第三节　节　能　评　估

节能评估是固定资产投资项目节能评估和审查的简称，是指根据节能法规、标准，对各级人民政府发展改革部门管理的在我国境内建设的固定资产投资项目的能源利用是否科学合理进行分析评估，并编制节能评估文件或填写节能登记表。对项目节能评估文件进行审查并形成审查意见，或对节能登记表进行登记备案，并将审查意见或节能登记表作为项目审批、核准或开工建设的前置性条件以及项目设计、施工和竣工验收的重要依据。

一、建筑类项目节能评估

1. 服务内容和要求

建筑类节能评估的主要内容和要求包括如下。

（1）评估依据，主要是搜集国家、省市和地方的能源和节能相关的法律、政策和规范，以及与建筑相关的行业规范、设备规范等。

（2）项目概况，详细深入调查节能评估包括的范围，并对项目概况进行梳理描述，主要包括：项目建筑面积、主要业态和运行时间等信息。

（3）能源供应情况评估，主要是评估项目所在地的新水、电力、天然气、空调冷热水以及其他能源的供应情况，评估其是否能为项目提供所需的能源并满足项目的容量需求，若有不能满足需求之处，应及时提出。

(4) 项目建设方案节能评估，建筑项目的建设方案节能评估，主要包括对项目选址、总平面布置、围护结构、电气方案、给水排水方案、暖通方案以及绿色建筑等方面进行评估，分析上述方案是否符合相关节能政策和规范的要求，若有不符之处，应合理提出并给予恰当的建议。

(5) 项目能源消耗和能效水平评估，根据项目设计方案，确定项目所需能源种类，估算其年消耗量并折算为标煤与相关政策进行对标，以及评估项目的主要用能设备，主要用能设备的能源利用效率等情况。

(6) 节能措施评估，描述项目节能技术措施和节能管理措施，评估这些措施的合理性。

(7) 存在问题及建议等，对项目能源使用、设备方案设计上存在的问题，提出并给予适当的建议。

2. 评估重难点分析

建筑类项目节能评估工作的重难点主要有以下几个方面。

(1) 项目建设方案评估。对项目建设方案进行评估是节能评估工作的重点。对于建筑类项目，建设方案节能评估主要是对项目选址、总平面布置、围护结构、电气方案、给水排水方案、暖通方案以及绿色建筑等方面进行分析，评估其是否符合相关节能标准和规范的要求。

1) 项目选址和总平面布置评估。对项目所在地理位置和总平面布置进行分析，评估其地址、能源站的设置是否有利于项目节能。

2) 建筑方案评估。项目建筑方案的节能评估主要是针对其体形系数、窗墙比、墙体和窗户材料等进行评估，判断其围护结构用材是否符合现行的节能规范的要求。如《某办公项目节能评估报告》中，评估人员将设计方案中的围护结构材料与现行标准对比后发现，存在部分保温材料选取不合理，窗户传热系数达不到要求的情况，对此，评估报告中均指出并给出了修改建议。除此之外，还要对项目进行权衡计算，判断其是否符合现行节能规范的要求，若不符合，则要求建设单位进行调整。

3) 电气方案评估。电气方案的节能评估主要是分析项目变配电站设置是否合理、配电容量是否能满足需求、变压器、灯具选用是否符合现行节能要求、室内照明亮度是否符合标准要求。如《某办公项目节能评估报告》中，虽然项目变配电站、配电容量均设置合理，但是变压器选用已过时，不符合现行节能标准的要求，室内照明亮度也存在部分房间达不到标准的要求，故此节能报告中对这些问题都指出了并提出了修改意见。

4) 暖通方案评估。空调通风作为建筑中能耗占比极大的一个部分，在节能评估中是需要被高度关注的一个方面。在对暖通方案进行评估时，首先要分析其冷热源方案是否合理，如在《某学校新建项目》中，暖通方案提出采用地源热泵系统作为空调冷热源，但是评估认为，学校的艺术楼、体育馆、食堂、综合楼的空调使用频率很不稳定，空调系统的冷热负荷也不稳定。而地源热泵原理是将夏季的热量储存到地源，到冬季再利用地源储热作为热源供暖。地源热泵的设计、运营、管理，涉及冷热负荷的平衡等诸多问题，应用在冷热负荷极不稳定的建筑是否适合采用地源热泵方案，希望设计慎重考虑。且地源热泵的一次投资较大，运行费用不低，应用在体育馆、艺术楼、食堂、综合楼等使用频次不高的地方是否经济合理，也是必须要慎重考虑的问题。此外地源热泵的运行管理还涉及冷热平衡问题，运行管理的专业性很强，如运行管理水平跟不上，地源温度持续升高或降低会极大影响地源热泵的供冷供热能力，而学校是否具备相应的设备管理和运维能力，是设计拟定空调冷热源方案时应该考虑的问题。其次是分析空调机组、水泵和末端设备是否符合现行节能标准的要求，若有不符合之处，应明确指出并让建设单位在实际选型采购时进行修正。

5）给水排水方案评估。主要针对其给水排水方式、给水排水设备的选择进行评估，主要判断及给水排水方式是否合理并且节能，设备选择上应尽量采用节能设备并且符合现行标准的要求。

6）绿色建筑方案评估。在绿色建筑方案评估时，首先，评估人员要判断项目是否需要做绿色建筑，需要做到几星级，在实际的评估工作中，有许多项目存在绿色建筑方案缺失或者星级达不到要求的情况，对此，评估人员应及时与建筑单位沟通，并要求其进行补充或修改；其次，在项目绿色建筑方案完善、星级标准合理的情况下，根据各地绿色建筑政策和要求对其方案进行评估，分析其是否符合要求、是否存在与标准有出入之处，对于不符之处，应及时提出修改意见。

（2）面积大、业态多的项目能耗估算。在建筑类项目节能评估工作中，主要为住宅、商业、办公等业态，有单独一种业态，也有多种业态组合，由于每种业态的用能种类、时间和特点均不一样，因此建筑类项目的难点通常为多种业态组合的大型项目总体能耗的估算。

（3）搬迁项目能源消耗增量的评估。对于搬迁项目的节能评估，因涉及项目原有的能源消耗情况，对项目的节能评估造成一定的难度。

二、工业类项目节能评估

1. 服务内容和要求

工业类节能评估的主要内容和要求包括如下。

（1）评估依据。主要是搜集国家、省市和地方的能源和节能相关的法律、政策和规范，以及与被评估企业所在行业的行业规范、设备规范等。

（2）项目概况。详细深入调查节能评估包括的范围，并对项目概况进行梳理描述，工业项目概况主要包括厂房建筑信息、生产线信息、主要设备信息等。

（3）能源供应情况评估。主要是评估项目所在地的新水、电力、天然气、空调冷热水以及其他能源的供应情况，评估其是否能为项目提供所需的能源并满足项目的容量需求，若有不能满足需求之处，应及时提出。

（4）项目建设方案节能评估。建筑项目的建设方案节能评估，主要包括对项目选址、总平面布置、围护结构、电气方案、给水排水方案、暖通方案、生产线工艺、生产设备用能等方面进行评估，分析上述方案是否符合相关节能政策和规范的要求，若有不符之处，应合理提出并给予恰当的建议。

（5）项目能源消耗和能效水平评估。根据项目设计方案，确定项目所需能源种类，估算其年消耗量并折算为标煤与相关政策进行对标，以及评估项目的主要用能设备，主要用能设备的能源利用效率等情况。

（6）节能措施评估。描述项目节能技术措施和节能管理措施，评估这些措施的合理性。

（7）存在问题及建议等。对项目能源使用、设备方案设计上存在的问题，提出并给予适当的建议。

2. 评估重难点分析

工业类项目节能评估工作的重难点主要在项目生产用能和辅助生产、附属生产用能分析上。

因为工业项目涉及范围广、行业多，每一个项目都有可能是属于不同的行业领域，生产工艺和设备也不同，且多是节能评估工作者没有接触过的行业，因此工业项目节能评估最大的重点和难点，在于如何准确细致的评估项目生产线和生产设备的用能。

三、市政、道路类项目节能评估

1. 服务内容和要求

市政、道路类节能评估的主要内容和要求包括如下。

（1）评估依据。主要是搜集国家、省市和地方的能源和节能相关的法律、政策和规范，以及与市政、道路相关的行业规范、设备规范等。

（2）项目概况。详细深入调查节能评估包括的范围，并对项目概况进行梳理描述，主要包括：项目所涵盖的范围，如管线长度和道路长度等，项目的用能设备，如道路浇洒用水、照明用电，市政项目的冲洗用水等。

（3）能源供应情况评估。主要是评估项目所在地的新水和电力以及其他能源的供应情况，评估其是否能为项目提供所需的能源并满足项目的容量需求，若有不能满足需求之处，应及时提出。

（4）项目建设方案节能评估。市政、道路项目的建设方案节能评估，主要包括对项目电气方案、给排水方案等方面进行评估，分析上述方案是否符合相关节能政策和规范的要求，若有不符之处，应合理提出并给予恰当的建议。

（5）项目能源消耗和能效水平评估。根据项目设计方案，确定项目所需能源种类，估算其年消耗量并折算为标煤与相关政策进行对标，以及评估项目的主要用能设备，主要用能设备的能源利用效率等情况。

（6）节能措施评估。描述项目节能技术措施和节能管理措施，评估这些措施的合理性。

（7）存在问题及建议等。对项目能源使用、设备方案设计上存在的问题，提出并给予适当的建议。

2. 评估重难点分析

市政、道路类项目节能评估的重点主要是对项目建设方案进行评估，主要分析判断其用能方案和用能设备是否合理且满足相关标准规范的要求，如道路照明是否采用了节能灯具，其管理控制方案是否有利于节能。

第四节 安全风险评价

一、安全风险评估概念与基本流程

工程项目的安全风险评估是指首先确定衡量水平的指标，然后采取科学方法将辨识出并经分类的风险事件按照其风险量估计的大小予以排序，进而根据给定的风险等级评定准则，对各个风险进行等级划分的过程。通过风险评估，可根据明确的风险等级，制定相应的风险对策，有针对、有重点地管理好风险。

安全风险评估的基本流程如下。

（1）充分了解所需要研究的工程情况，收集资料，包括工程背景、设计资料、气象资料、地质资料、工程已有的研究报告等。

（2）划分评价层次单元和研究专题。

（3）对可能发生的风险事故进行分类识别。

（4）分析各风险事故的原因、发生工况、损失后果进行分析。

（5）使用定性与部分定量的评价方法对风险事故进行评价。

（6）对各风险事故提出控制措施的建议。

（7）对各评价单元的风险进行评价。

（8）对各评价单元的评价汇总成工程的总体风险评价。

（9）得出结论和建议。

（10）编制风险评估报告。

安全风险评价流程如图 3-5 所示。

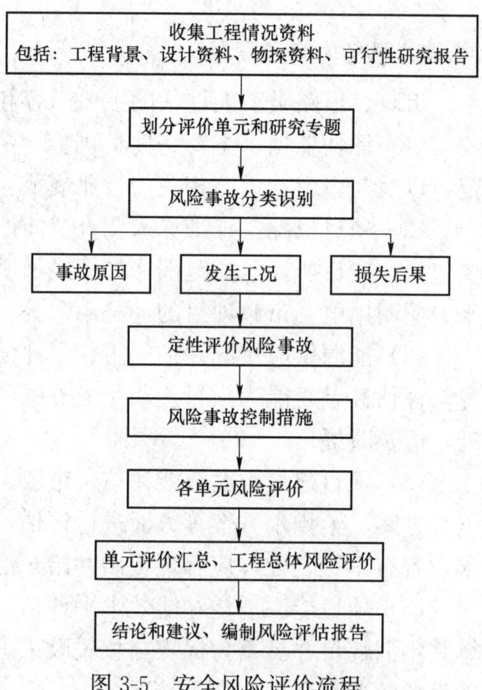

图 3-5 安全风险评价流程

二、安全风险识别

安全风险识别是指通过某种方法识别出工程项目质量、安全、进度、投资等目标顺利实现的主要风险，是工程项目风险管理的第一步。这一阶段主要侧重于对风险的定性分析。

在项目风险识别的过程中一般要借助一些风险识别方法，不但可以使识别风险的效率提高，而且操作规范，不容易产生遗漏。常用的风险识别方法包括：检查表法、头脑风暴法、德尔菲法、情景分析法、故障树分析法、WBS-RBS 法等。

1. 检查表法

为了查找工程、系统中各种设备设施、物料、工件、操作、管理和组织措施中的危险、有害因素，事先把检查对象加以分解，将大系统分割成若干小的子系统，以提问或打分的形式，将检查项目列表逐项检查，避免遗漏，这种表称为安全检查表。

2. 头脑风暴法

头脑风暴法的原理是通过强化信息刺激，促使思维者展开想象，引起思维扩散，在短期内产生大量设想，并进一步诱发创造性设想。头脑风暴法在项目风险识别中主要被用来对未知风险进行探求性讨论，运用这一方法可以对潜在的项目风险因素进行挖掘性的分析，尤其是对无先例可参照的项目的实施阶段风险的分析，其作用就更为突出。

3. 德尔菲法

德尔菲法，又称专家调查法，它是一种反馈匿名函询法。其做法是在对所要预测的问题征得专家意见后，进行整理、归纳、统计，再匿名反馈给个专家，再次征求意见，再集中，再反馈，直到得到稳定的意见。其过程可简单表示如下：匿名征求专家意见一归纳、统计一匿名反馈一归纳、统计……，若干轮后，停止。

4. 情景分析法

情景分析法是通过有关数字、图表和曲线等，对项目未来的某个状态或者某种情况进行详细的描绘和分析，从而得出引起项目风险的关键因素及其影响程度的一种风险识别方法。它注重说明某些事件出现风险的条件和因素，并且还要说明当某些因素发生变化时，又会出现什么样的风险，以及会产生什么样的后果等。

情景分析的结果，大致可分为两类：一类是状态情景，即对未来某种状态的描述；另一类是路径情景，即描述一个发展过程或未来若干年某种情况的变化链。例如，它可向风险管理人员提供未来经过风险控制以后，工程进展的最好的、最可能发生的和最坏的情景，并可详细给出这三种不同情况下可能发生的风险事故，供风险管理时参考。

5. 故障树分析法

故障树分析法是从一个可能的事故开始，自上而下、一层层的寻找故障事件（顶事件）的直接原因和间接原因事件，直到找出基本原因事件，并用逻辑图把这些事件之间的逻辑关系表达出来。这种图形化的方法清楚易懂，使人们对所描述的事件之间的逻辑关系一目了然，而且便于对各种事件之间复杂的逻辑关系进行深入的定性和定量分析。

6. WBS-RBS 方法

工作分解结构（WBS）是将整个工程项目进行系统分解（工程总体－单位工程－分部分项工程－工序），以分解后的“工序”层作为目标块，如图 3-6 所示。

风险分解结构（ RBS）按类别对风险源进行分解，以分解后的“基本风险源”为目标块，如图 3-7 所示。

WBS-RBS 耦合矩阵以 WBS“工序”层为行向量，RBS“基本风险源”为列向量形成耦合矩阵，见表 3-10，其中“0”标志耦合不产生风险因素，“1”表示耦合能产生风险因素，且不同位置的“1”代表不同的风险事件或因素。

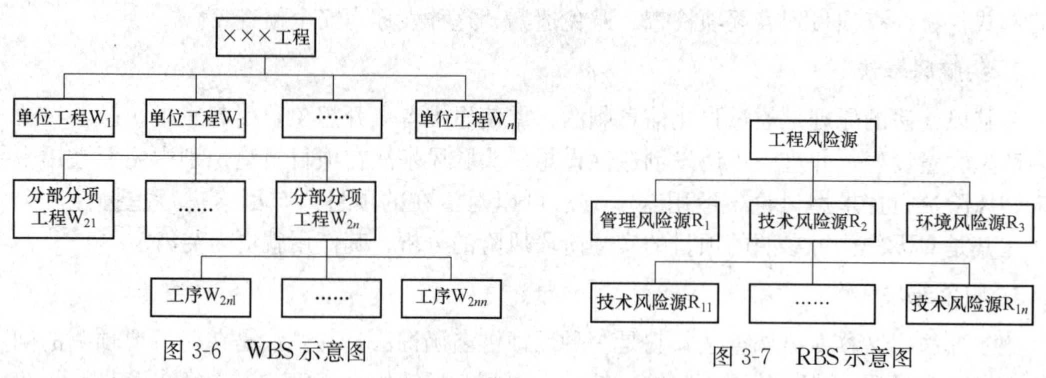

图 3-6 WBS 示意图

图 3-7 RBS 示意图

表 3-10 WBS-RBS 矩阵示意图

风险 / 工序编号	R_{11}	R_{12}	……	R_{mn}
W_{111}	0	0	1	1
W_{112}	1	1	0	1
W_{113}	1	1	0	1
……	0	1	0	1
W_{ijk}	0	1	0	

WBS-RBS 方法的优点是系统地分解和整理了项目可能面临的风险，不易遗漏，结果清晰，便于数据处理和风险应对，缺点是没有考虑不同风险因素之间的关联性，因此，WBS-RBS 方法通常结合情景分析法、故障树法进行综合风险识别。

三、安全风险衡量

工程项目安全风险衡量就是对项目风险进行量测。风险识别回答了项目可能遇到的风险是什么，风险衡量则要回答面临的风险有多大。风险衡量要给出某一风险发生的概率及其后果的性质和大小，即在过去损失资料分析的基础上，运用概率论和数理统计方法对某一个或某几个特点风险事故发生的概率和风险事故发生后可能造成损失的严重程度做出定量分析。

1. 安全风险衡量的内容

（1）风险概率估算。是对某一风险事故在一定时间内发生多少次，或在多长时间内发生一次的预估，即分析和估计风险事故发生的概率，也就是风险事故发生可能性的大小，这有助于工程项目管理人员判断风险损失的大小，是工程项目风险衡量中最为重要的一项工作。但是由于有关风险事故的系列数据的收集相当困难，而且不同工程项目差异性较大，用类似工程项目数据推断当前工程项目风险事故发生的概率，其误差可能较大，所以这常常也是最困难的一项工作。

（2）风险损失估算。风险损失是对工程项目的风险损失的形态和金额做出具体的预测，即分析和衡量工程项目风险事故发生后其后果的严重程度以及工程项目风险事故可能带来损失的大小，以便选用风险处理手段。在工程项目实施的过程中，经常会遇到这样的情况：风险事故发生的概率不一定很大，但如果它一旦发生，其后果是十分严重的。

（3）风险范围估算。是估算风险在多大范围内发生，在工程项目外部是整个社会，还是某些企业；在内部是整个工程项目，还是某个单位工程或分项分部工程；以及估算某个单位工程、分项分部工程的风险对其他单位工程、分部分项工程、整个工程有什么影响和多大影响，这方面的估算有助于衡量风险损失的大小。在工程项目实施过程中，对某些风险事件，其发生的概率和本身造成的后果都不是很大，但一旦发生会影响到工程项目的各个方面或许多工作，此时，对其有必要进行严格的控制。

（4）风险时间估算。主要是预估工程项目风险事故可能发生在什么时间，持续多长时间。例如，经济周期各个阶段持续的时间，跟自然周期各个季节持续的时间各不相同，对工程项目活动的影响也不同。风险时间估算可帮助工程管理人员把握损失发生的时间和持续的时间。一是从风险控制角度看，根据风险事故发生的时间先后进行控制，一般情况下，早发生的风险应优先采取控制措施，而对于相对迟发生的风险，则可通过对其进行跟踪和观察，并抓住机遇进行调节，以降低风险控制成本；二是在工程项目实施中，对某些风险事故，完全可以通过时间上合理安排，以大大降低其发生的概率或减少其可能带来的后果。

2. 安全风险衡量的定性分析方法

风险衡量定性分析方法是运用风险衡量者的知识和经验，理智地对工程项目风险做出主观判断的方法。常用的定性分析方法有集合意见法、德尔菲法、层次分析法和故障树分析法、主要风险障碍分析以及领先—落后指标分析等。集合意见法、德尔菲法、层次分析法和故障树分析法属于定性分析法的分析形式，主要风险障碍分析、领先落后指标分析属于定性分析法的分析技巧。在采用集合意见法、德尔菲法、直接调查法等形式时，可运用主要风险障碍分析、领先—落后指标分析等技巧进行历史类推、直接类推、类比类推等。

3. 安全风险衡量的定量分析方法

风险衡量的定量分析方法是根据过去实际的风险数据，如风险成本、风险损失、风险收益、风险概率、风险事件发生次数等，运用统计方法和数学模型进行计算，对工程项目的风险做出定量估算。主要定量分析方法有：①风险指数法；②概率方法，包括主观概率法、随机方法（随机模拟法、二阶矩阵、随机模型数值分析法）、蒙特卡罗法等；③模糊论方法，包括模糊概率法、模糊参数回归分析法、模糊矩阵分析法等。此外还有移动平均法、指数平滑法、因果关系预测法、历史性模拟方法等其他方法。

四、安全风险评估

风险评估的常用方法主要如下。

1. 基于信心指数的专家调查法

其应用由两步组成：首先辨识出某一特定项目可能遇到的所有风险，列出风险调查表（checklist）；然后利用专家经验对可能的风险因素的重要性进行评价，综合成整个项目风险。

基于信心指数的专家调查法的操作流程为以下步骤。

第一步：设定专家权重；

第二步：确定单个专家的区间概率分布曲线；

第三步：初步确定目标参数的区间概率函数曲线；

第四步：数据筛选及验证；

第五步：获得事故发生后各类损失的概率密度函数分布曲线；

第六步：获得各事故发生前损失的概率函数和分布函数曲线；

第七步：获得不同工况总体损失的概率函数和分布函数曲线。

2. 模糊综合评判方法

所谓模糊综合评判，说得通俗一点，就是权衡各种因素项目，给出一个总概括式的优劣评价或取舍来，属于多目标决策方法。

设给定两个有限论域：

$$\boldsymbol{U}=(u_1, u_2, \cdots, u_n), \boldsymbol{V}=(v_1, v_2, \cdots, v_m)$$

式中$\boldsymbol{U}$代表模糊综合评判的因素所组成的集合；$\boldsymbol{V}$代表评语所组成的集合。给定模糊矩阵$\boldsymbol{K}=(k_{ij})_{m\times n}$，$0\leqslant k_{ij}\leqslant 1$，进行模糊变换，即利用$\boldsymbol{U}$的子集$\boldsymbol{X}$得到评判的结果$\boldsymbol{Y}$，$\boldsymbol{Y}$是$\boldsymbol{V}$上的模糊子集，模糊变换参照下式进行：

$$\boldsymbol{X}\circ\boldsymbol{K}=\boldsymbol{Y}$$

$$y_i=\bigvee_{j=1}^{m}(x_j\wedge k_{ij}), i=1, 2, \cdots, n$$

式中的“∘”运算符为模糊合成运算，可以采用“小中取大”进行运算，也可进行简单矩阵乘运算，应视具体情况而定。$\boldsymbol{X}$可以视为$\boldsymbol{U}$中各因素的相对权重，$\boldsymbol{K}$可利用专家调查法和统计资料获得。

在研究复杂的问题时，需要考虑的因素很多，而且这些因素往往不在一个层次上，因此大多数情况需要进行分级综合评定，此时，就要借助另一种风险评估的方法——层次分析法来进行分析。

3. 层次分析法

美国著名数学家萨蒂教授在20世纪70年代提出了层次分析方法。该方法能把定性因素定量化，并能在一定程度上检验和减少主观影响，使评价更趋科学化。该方法通过风险因素间的两两比较，形成判断矩阵，从而计算同层风险因素的相对权重。分析步骤如下。

第一步：确定判断矩阵；

第二步：计算矩阵**A**的最大特征值和对应的特征向量；

第三步：一致性检验。

第五节　环境影响评估

一、建设项目环境影响评价的分类管理

根据《中华人民共和国环境影响评价法》（2016 年 9 月 1 日施行），国家根据建设项目对环境的影响程度，对建设项目的环境影响评价实行分类管理。

建设项目的环境影响评价分类管理名录，由国务院环境保护行政主管部门制定并公布。

二、环境影响评价的工作等级

建设项目各环境要素专项评价原则上应划分工作等级，一般可划分为三级。一级评价对环境影响进行全面、详细、深入评价，二级评价对环境影响进行较为详细、深入评价，三级评价可只进行环境影响分析。

各环境要素专项评价工作等级按建设项目特点、所在地区的环境特征、相关法律法规、标准及规划、环境功能区划等因素进行划分。其他专项评价工作等级划分可参照各环境要素评价工作等级划分依据。

专项评价的工作等级可根据建设项目所处区域环境敏感程度、工程污染或生态影响特征及其他特殊要求等情况进行适当调整，但调整的幅度不超过一级，并应说明调整的具体理由。

三、建设项目环境影响评价的工作程序和内容

环境影响评价工作一般分为三个阶段，即前期准备、调研和工作方案阶段，分析论证和预测评价阶段，环境影响评价文件编制阶段。具体流程和工作内容见图 3-8。

四、建设项目环境影响评价的审批

根据《中华人民共和国环境影响评价法》（2016 年 9 月 1 日施行），建设项目的环境影响报告书、报告表，由建设单位按照国务院的规定报有审批权的环境保护行政主管部门审批。

海洋工程建设项目的海洋环境影响报告书的审批，依照《中华人民共和国海洋环境保护法》的规定办理。

五、规划环境影响评价

1. 规划环境影响评价的适用范围和责任主体

根据《中华人民共和国环境影响评价法》（2016 年 9 月 1 日施行），国务院有关部门、设区的市级以上地方人民政府及其有关部门，对其组织编制的土地利用的有关规划，区域、流域、海域的建设、开发利用规划，应当在规划编制过程中组织进行环境影响评价，

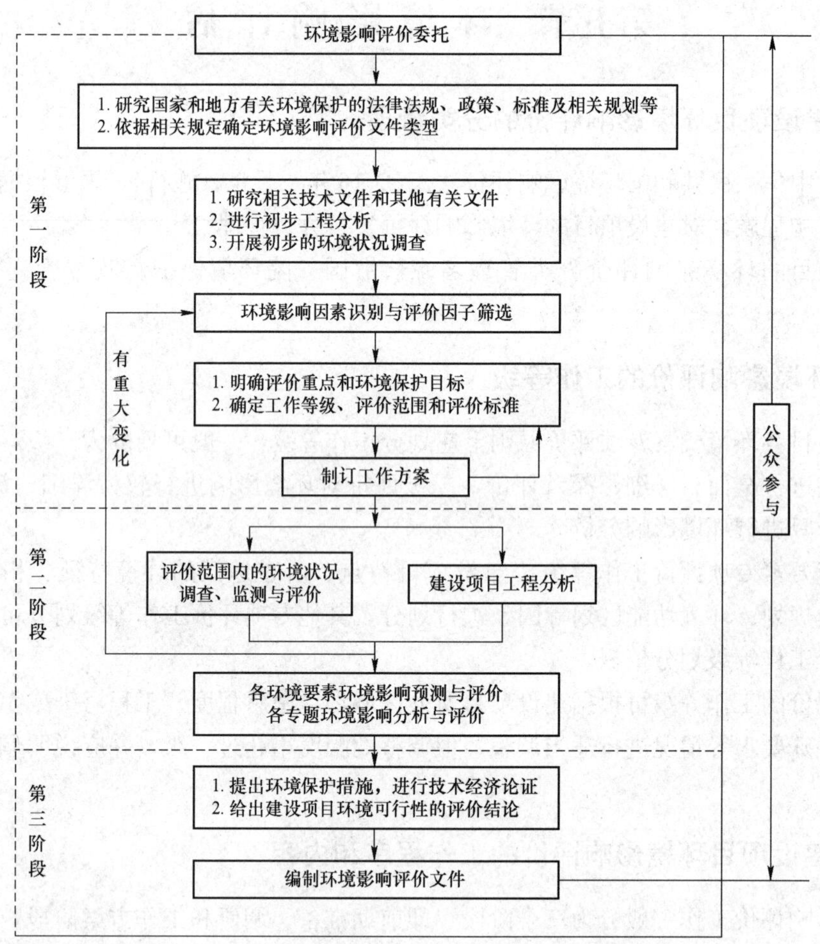

图 3-8 环境影响评价具体流程和工作内容

编写该规划有关环境影响的篇章或者说明。

2. 规划环境影响评价的内容

专项规划的环境影响报告书应当包括：实施该规划对环境可能造成影响的分析、预测和评估；预防或者减轻不良环境影响的对策和措施；环境影响评价的结论。

3. 规划环境影响评价的审查

根据《中华人民共和国环境影响评价法》2016 年 9 月 1 日施行相关要求进行审查。

六、污染场地调查与评估

1. 基本概念

在污染场地管理治理整个过程中，场地环境调查评估尤为重要，它是做好修复方案编制、修复工程设计实施等后续场地修复工程工作的前提，整个污染场地管理工作的开端，也是所有技术工作的基础。场地环境调查，即采用系统的调查方法，确定场地是否被污染及污染程度和范围的过程。

2. 场地环境调查的基本原则和工作程序

（1）基本原则。针对性原则、规范性原则、可操作性原则。

（2）工作程序。场地环境调查可分为两个工作阶段，分别为场地环境初步调查和场地环境详细调查，调查的工作程序如图 3-9 所示。

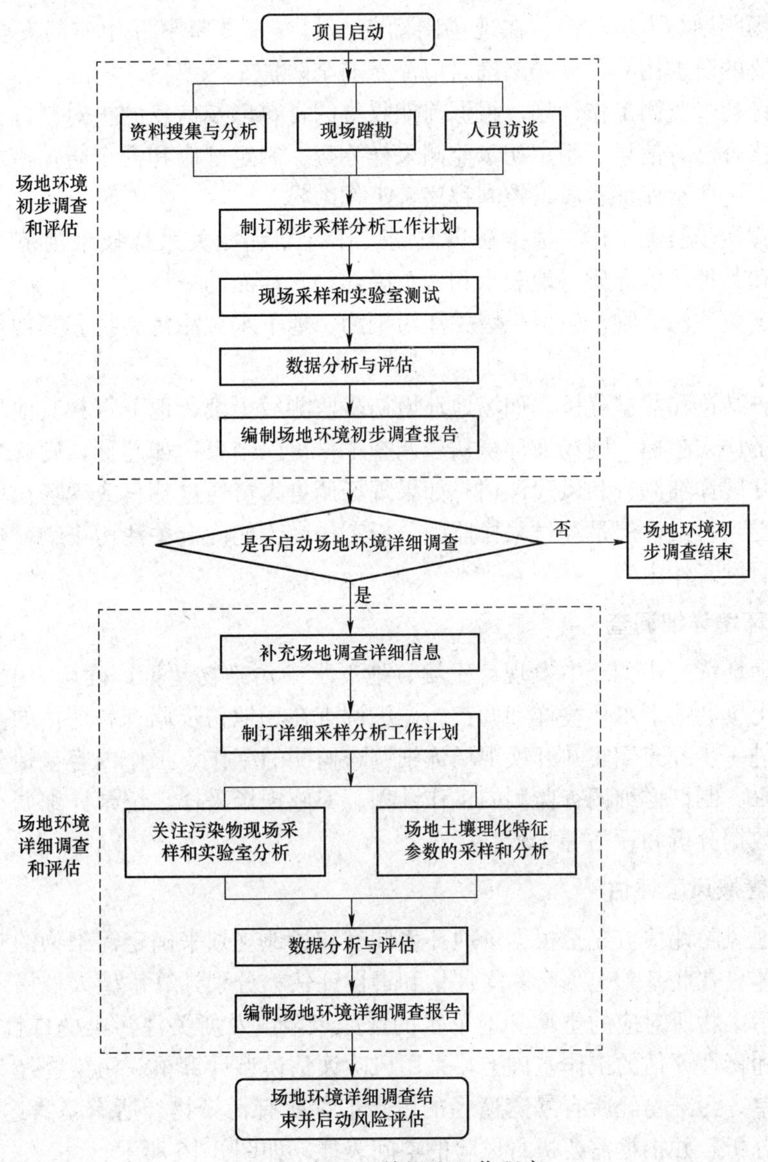

图 3-9　场地环境调查工作程序

3. 场地环境初步调查

（1）场地资料收集与分析。场地环境调查资料主要包括：场地利用变迁资料、场地环境资料、场地相关记录、相关政府文件以及场地所在区域的自然和社会信息五个部分。当调查场地与相邻场地存在相互污染的可能时，须调查相邻场地的相关记录和资料。

场地环境资料收集主要通过资料查阅、人员访谈、填写场地信息调查表等方式进行。

调查人员应根据专业知识和经验识别资料和信息的有效性和正确性。如信息缺失影响判断场地污染状况时，应在场地初步调查报告中说明。

（2）现场踏勘与人员访谈。在现场踏勘前，调查人员应掌握相应的安全卫生防护知识，装备必要的防护用品，现场踏勘时应注意安全防护。

（3）制订初步监测工作计划。根据前期收集的资料以及信息的核对制订初步监测工作计划，包括核查已有信息、制定初步监测采样方案、制定健康和安全防护措施、制定样品分析方案、制定质量保证和质量控制程序等工作内容。

（4）实施初步监测工作。根据初步监测工作计划和相关采样技术规范，开展场地土壤、地下水和其他环境介质（地表水和残余废弃物）样品的采集。

（5）确定关注污染物。包括土壤关注污染物、地下水关注污染物和其他环境介质关注污染物。

（6）调查结论和数据分析。如场地环境初步监测后土壤、地下水和其他环境介质中检出的监测因子均未超标，则场地环境初步调查工作可以结束；如超标，则认为可能存在健康风险，须开展详细调查和风险评估。如果现场调查人员通过感官或现场快速测定方法初步判断场地受到污染，但是经过采样监测分析工作尚不能确定关注污染物，建议召开专家咨询会确定后续工作内容。

4. 场地环境详细调查

如果场地环境初步调查中发现有土壤、地下水中污染物超标，确认为关注污染物的，则开展场地土壤和地下水环境详细调查。详细调查在场地初步调查和评估的基础上对场地的特征条件进一步补充翔实并开展现场详细调查监测的工作，工作内容包括分析场地环境初步调查结果、制订详细调查监测的工作计划、实施现场采样、记录详细调查采样的钻孔信息、测试数据分析和评估等步骤。

5. 场地健康风险评估

污染场地风险评估首先是根据场地环境调查和场地规划来确定污染物的空间分布和可能的敏感受体。在此基础上进行暴露评估和毒性评估，分别计算敏感人群摄入的来自土壤和地下水的污染物所对应的土壤和地下水的暴露量，以及所关注污染的毒性参数。然后，在暴露评估和毒性评估的工作基础上，采用风险评估模型计算单一污染物经单一暴露途径的风险值、单一污染物经所有暴露途径的风险值、所有污染物经所有暴露途径的风险值，进行不确定分析，并根据需要进行风险的空间表征，如图 3-10 所示。

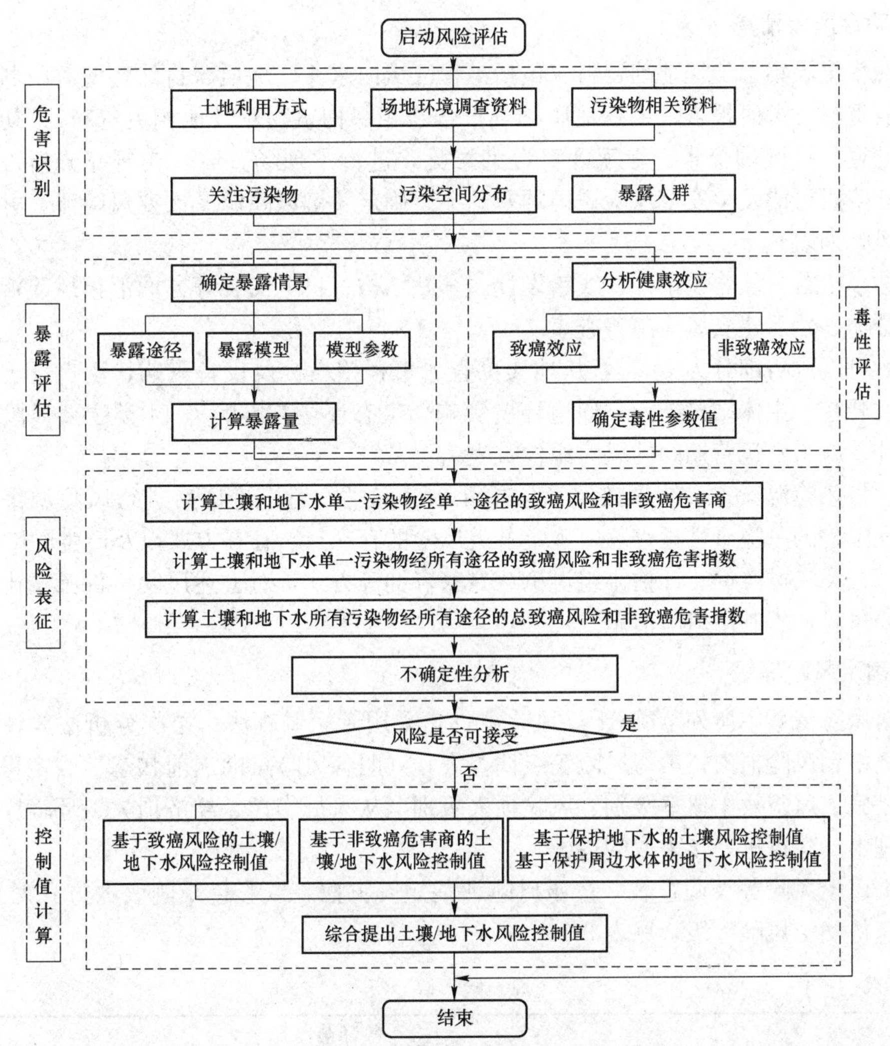

图 3-10　上海市污染场地风险评估程序与内容

第六节　工程项目评估案例

一、某轨道交通项目安全风险评估

某市规划建设轨道交通某号线南延线工程，线路全长约 8.1km，共设 6 座车站，全部采用地下形式敷设。工程穿越整个片区的核心区域，途经万达文化旅游城、大型居住区、酒店商务区、医院、国展中心等大型客流集散点。

安全风险评价的过程为：安全评价单位接到任务后，组织建立了 6 名由隧道、地质、轨道等专业人员组成的风险评估小组，并由单位副总经理担任评估小组负责人，结合设计、报批等过程实时进行"方案—评估/评审—优化—再评估/评审"的循环过程。

1. 确定风险清单

评估小组收集了工程基础资料（包括工程区域内水文、地质、自然环境等资料、类似工程事故资料、可研报告、工程地质勘查报告、相邻构筑物及其他相关资料）、初步设计文件、计算分析咨询报告、专家评审咨询意见，进行了现场查看，在研究分析设计、施工、运营阶段可能发生安全风险诱因的基础上，确定关键风险源及次要风险源，并分类完成安全风险列表。

评估小组首先从建设条件、线路设计、车站结构、机电安装等方面汇集风险源并对风险进行分类，然后建立风险源普查表。

然后风险源再细分为14类，从地质勘查、工程招投标及设备采购、动拆迁、围护结构、基坑开挖、主体结构施工、周边环境影响、生态环境与影响等14类主要风险中编制工程设计、施工及运营期间的风险源检查表。

然后将风险源检查表结果按照评估单元划分归类、讨论论证后进行风险源细化与筛选，建立工程的风险事件检查表，确定各类风险的存在点、存在方式以及产生的影响。

通过相关人员咨询、评估小组讨论、专家咨询等方式，对上述风险事件筛选出关键风险和次要风险，编制出风险清单。

2. 确定风险等级

针对风险清单中所列示的31类风险事件，采用专家调查法、层次分析法等评估风险源发生概率和风险损失，填写风险等级调查表，列明各风险点的当前状态、假定采取的缓解风险措施、风险发生概率级别、风险损失级别（从人员伤亡、经济损失、环境影响三方面）及理由、建议进一步采取的措施。

根据以上风险等级调查表，按照风险评估矩阵方法，以彩色矩阵表的方式对上述31类风险事件确定风险等级，见表3-11。

表3-11　风　险　等　级

风险		事故损失				
		5. 灾难性	4. 非常严重	3. 严重的	2. 需考虑的	1. 可忽略的
发生概率	E：$P \geqslant 10\%$	Ⅰ级	Ⅰ级	Ⅱ级	Ⅱ级	Ⅲ级
	D：$1\% \leqslant P < 10\%$	Ⅰ级	Ⅱ级	Ⅱ级	Ⅲ级	Ⅲ级
	C：$0.1\% \leqslant P < 1\%$	Ⅰ级	Ⅱ级	Ⅲ级	Ⅲ级	Ⅳ级
	B：$0.01\% \leqslant P < 0.1\%$	Ⅱ级	Ⅲ级	Ⅲ级	Ⅳ级	Ⅳ级
	A：$P < 0.01\%$	Ⅲ级	Ⅲ级	Ⅳ级	Ⅳ级	Ⅳ级

工程风险等级情况如下：

风险等级Ⅳ（低度风险，绿色）：12个，38.7%；

风险等级Ⅲ（中度风险，黄色）：17个，54.8%；

风险等级Ⅱ（高度风险，橙色）：2个，6.45%；

风险等级Ⅰ（极高风险，红色）：0个，0。

本桥最高风险等级为Ⅱ级（高度）风险，没有工级（极高）风险。

3. 拟定相应的风险控制措施

Ⅱ级风险水平为不愿接受水平，应实施风险管理降低风险，且风险降低的所需成本不应高于风险发生后的损失。对Ⅱ级（高度）风险，设计和施工单位应重点关注，制定应急预案，并在施工阶段加强风险监控。

本工程的两个Ⅱ级风险事件分别为雨季采用明挖法施工围护结构破损和基坑开挖时坑内滑坡。评估报告提出了避开雨季施工、施工前对围护结构选型和施工方法进行复核以及坡脚加铆钉或者其他形式的加固措施，并插入土体足够深度的风险处置措施。

Ⅲ级风险为可接受水平，评估报告建议建设单位加强日常管理与监测，可采取风险处置措施。

二、某学校建设项目节能评估

《某学校项目节能评估报告》中，该中学现校舍由于建设年代比较久远，没有给学校教育的发展留有预量，造成了目前学校的实际需求得不到满足的困难和矛盾，其校址已成为制约某中学发展的瓶颈。在某区委区政府优先发展教育的科学决策下，将迁建后的某中学选址于某区某镇。

基于此背景，受某区教育局的委托，对《某中学迁建项目》进行节能评估。接到业主提供的资料后，即开始了节能评估工作，在合同约定的时间内完成了节能评估报告，报告评估结论见表 3-12。

表 3-12　　中学迁建后综合能耗汇总表

用能项目	单位	年消耗量	折标煤系数	折标煤（tce）
电	10^4kW·h	423.56	0.1229kgce/（kW·h）	520.49
			0.3kgce/（kW·h）	1270.53
新水	10^4m^3	15.26	0.0857kgce/m^3	13.03
天然气	10^4m	19.26	1.30kgce/m	249.73
综合能耗			电力按当量值折算	783.25
			电力按等价值折算	1533.29

本项目属于教育行业，根据《某市“十二五”能源消费总量控制及提高能效等节能降耗目标分解方案》，某市教育行业 2011 年能源消费基数为 32 万 t 标准煤，2016 年目标指标为 46 万 t 标准煤，即“十二五”期间能源消费绝对增量控制目标为 14 万 t 标准煤。

本项目年综合能耗为 1533.29t 标准煤，约占某教育行业“十二五”期间能源消费量年绝对增量控制目标的 1.10%（$m>1$），鉴于本项目投入使用在“十三五”期间，参考“国家节能中心节能评审评价指标（第 1 号）”相关标准，预计项目建成投产后对某教育行业完成“十三五”教育行业用能净增量控制目标“有一定影响”。

根据《某市“十二五”能源消费总量控制及提高能效等节能降耗目标分解方案》，

2011 年某能源消费量基数为 151 万 t 标准煤，2015 年某区能源消费量控制目标为 218 万 t 标准煤，万元产值能耗下降率目标为 16%。"十二五"期间能源消费绝对增量控制目标为 67 万 t 标准煤。

本项目年综合能耗为 1533.29t 标准煤，约占某区"十二五"期间能源消费量年绝对增量控制目标的 0.23%（$m \leqslant 1$），鉴于本项目投入使用在"十三五"期间，参考"国家节能中心节能评审评价指标（第 1 号）"相关标准，预计项目建成投产后对当地完成"十三五"用能净增量控制目标"影响较小"。

从上文的结论可以看出，因为项目用能量较大，在迁建完成后对某区教育行业能源消费控制增量有"一定影响"。

对此，评估人员向业主单位提出，本项目属于迁建项目，且迁建前后的地址均在某区，故在估算项目建成后的能源消耗增量对当地能源消费控制增量的影响时，应考虑将项目迁建前的能源消耗量减去，项目迁建前后两者的差值才是项目迁建后实际的能耗增量。

业主单位在听取了评估小组的意见后，向评估小组补充提供了该中学现有校区年用能量，见表 3-13。

表 3-13　　某中学现有校区 2014 年能耗使用汇总表

用能项目	单位	年消耗量	折标煤系数	折标煤（tce）
电	10^4kW·h	51.00	0.1229kgce/（kW·h）	62.68
			0.3kgce/（kW·h）	153.00
新水	10^4m^3	2.68	0.0857kgce/m^3	2.30
天然气	10^4m	1.59	1.30kgce/m	20.67
综合能耗			电力按当量值折算	85.65
			电力按等价值折算	175.97

评估小组将迁建后的能源消耗量减去项目现有校区的能源消耗量，得出某中学迁建完成后实际的能耗增量见表 3-14。

表 3-14　　某中学迁建后新增综合能耗汇总表

用能项目	单位	年消耗量	折标煤系数	折标煤（tce）
电	10^4kW·h	372.51	0.1229kgce/（kW·h）	457.81
			0.3kgce/（kW·h）	1117.53
新水	10^4m^3	12.53	0.0857kgce/m^3	10.74
天然气	10^4m	17.62	1.30kgce/m	229.06
综合能耗			电力按当量值折算	697.61
			电力按等价值折算	1357.33

根据表 3-14 的能耗增量与《某市"十二五"能源消费总量控制及提高能效等节能降耗目标分解方案》中的某市教育行业和某区的能耗目标控制值进行对标，结果为"影响较小"。

三、某住宅项目节能评估

1. 估算项目用电量

在《某住宅项目》节能评审中，节能评估报告编制单位在估算项目总体能耗和能效水平时，采用的是软件模拟的方式来估算项目用电量。其估算过程如下。

（1）根据设计图纸，建立典型建筑分析计算模型3D效果。

（2）模拟计算条件，分别对建筑围护结构、设备性能参数、室内使用工况进行计算条件设定。

在完成上述两个步骤后，由软件对模型进行全年逐时能耗模拟，得到工况条件下典型建筑的采暖、制冷、基本照明、电气设备、泵和其他设备（通风、给水、电梯等）用电能耗，作为项目年用电总量（见表3-15）。

表3-15　　某住宅项目全年用电量估算表

建筑单体名称	单体建筑年耗电量（kW·h）					节能计算面积（m^2）	单体数量（栋）	总年耗电量（万kW·h）	单位面积耗电量指标［kW·h/（m^2·a）］
	采暖	制冷	基本照明	电器设备	水泵及电梯等				
1、5、9号	87 394	92 784	37 769	113 307	52 876.6	8526.82	3	115.24	45.05
2、3、7、8号	33 242	43 344	16 908	50 724	23 671.2	4049.95	4	67.16	41.45
4、11、12号	71 915	83 556	36 670	110 010	51 338	8610.53	3	106.05	41.05
6、10号	58 552	62 420	25 234	75 702	35 327.6	5695.1	2	51.45	45.17
13号	49 694	51 774	25 166	75 498	353 232.4	5827.46	1	23.74	40.73
配套公建	10 500	21 000	27 400	32 400	13 300	1490	1	10.46	70.20
地下车库			270 026	67 507	337 533	33 753.3		67.51	20.00
变压器损耗和线路损耗	10 895	12 421	15 371	18 380	19 225			15.46	
合计	322 192	367 299	454 544	543 528	568 503			457.05	
	7.05%	8.04%	9.95%	11.89%	12.44%			100.00%	

经评审，认为节能评估报告用软件模拟法计算项目用电量时存在以下不合理之处。

1）未计算室外总体照明。

2）住宅基本照明用电量估算偏大；空调、电器、电梯水泵等用电比例均与经验数值有一定出入。

3）地下车库水泵及电梯用电量估算偏大，通风设施通电了估算偏小。

因此，评审采用经验参数法对项目用电量重新进行了核算，核算结果见表3-16。

表 3-16　　某住宅项目全年用电量估算表

	用电项目	建筑面积（m^2）	功率密度（W/m^2）	有功负荷（kW）	需要系数	同时系数	年运行天数	日运行天数	年耗电量（$\times 10^4 kW\cdot h$）
住宅	照明	90 526.62	5						39.65
	插座	90 562.62	20						79.30
	空调（制冷）	90 526.62	30						146.65
	空调（采暖）	90 526.62	25						73.33
	电梯	90 526.62	3						17.84
	给排水	90 526.62	2						11.90
	小计								368.67
配套公建	照明	1490	7						2.13
	插座	1490	20						6.09
	空调（制冷）	1490	35						3.50
	空调（供热）	1490	30						1.50
	小计								13.23
地下室	照明	33 753.28	2						29.57
	通风	33 753.28	7						43.46
	室外	35 314.1	1						7.22
	合计								80.25
	未预见用电	包含变压器和线路损耗等，按以上用电的5%估算							23.11
	小计								485.26

采用经验参数法重新核算后，项目各类功能建筑和各项用电量更为清晰直观且符合统计数据。

2. 建设方案和节能措施评审

节能评审工作的一个重点是对项目的建设方案和节能措施进行评审，评审内容主要围绕以下三个方面。

（1）对项目建设方案进行评审，主要针对项目的工艺方案、总平面布置、用能工艺与设备、辅助和附属生产设施、能源计量等方面进行分析评审，判断其是否全面、专业，是否能满足评审要求和相关规范标准的要求，是否从节能角度进行了分析评价，是否提出了合理的评估意见和建议等，对于不满足的地方，评审要及时提出让评估进行补充。

（2）对项目节能技术措施进行评审，主要是评审其能评阶段是否提出了合理的评估意见和建议等，其意见和建议是否符合实操性原则，节能管理机制是否健全，对于不符合评审要求和相关标准规范要求的地方，应及时提出让能评修改补充。

（3）在对项目建设方案和节能技术措施进行评审的基础上，评审还应提出补充的意见和建议。

四、某医院改扩建项目社会稳定风险评估

评价单位通过对建设项目有关社会稳定的风险因素的调查分析及对风险评估报告总识别的风险因素进行审查，认为评估报告中风险因素，尤其是主要及重要风险因素识别是比较全面的，判断基本准确。评价认为，本项目前期拆迁已完成，该风险应该删除；并应增加过度安置引发的风险，增加在建设施工期文明施工、组织管理风险因素内。

在此分析的基础上，评价单位汇总了项目主要社会稳定风险因素，形成了完整的风险因素识别调整表，见表 3-17。

表 3-17　风险因素复核调整表

风险因素	评估报告评估的风险程度	评价调整后的风险程度
规划选址（医院位于闹市区）	一般风险	一般风险
产业政策、发展规划（所在地区医院缺乏）	一般风险	一般风险
拆迁过程（拆迁缓慢，至今未完成）	较大风险	无
工程方案（医院规模达不到民众要求、燃气锅炉、空调的使用）	重大风险	重大风险
噪声和振动影响（施工期、运营期的噪声振动）	一般风险	一般风险
环境风险	较小风险	较小风险
基坑开挖（地勘未进行）	一般风险	一般风险
施工对周边人群生活的影响（施工停水、停电安排和突发情况）	较小风险	较小风险
施工对周边人群出行交通的影响	较小风险	较小风险
安全、卫生和职业健康（车辆的管理、施工和运营存在的危险、天然气易爆的隐患、卫生和职业健康管理、应急处置机制）	较大风险	较大风险
火灾、洪涝灾害	一般风险	一般风险
社会治安和公共安全	较小风险	较小风险
文明施工、组织管理（过度安置引发的风险）	无	较大风险

五、某路桥新建项目可行性研究评估

该项目可研报告在建设方案中提出在中环线地面道路斜穿某楔形绿地，评估小组从交通需求、路网结构、经济性等方面对该工程进行了深入分析，认为此建设方案不妥，具体分析如下。

1. 交通需求分析

该楔形绿地沿线开发较少，该段道路交通需求相对也比较小，即使是绿地沿线规划居住区也是主要通过内容道路与 C 路、D 路、E 路等道路进行沟通联系，对斜穿楔形绿地的中环地面道路沟通需求较少。

2. 瓶颈节点分析

斜穿楔形绿地的中环地面道路与E路斜交并入E路，通行能力严重不匹配且距离F大道交叉口距离较近（约400m），极易造成该节点的交通拥堵和事故。

3. 路网结构分析

斜穿楔形绿地的中环线地面道路需要通过C路转换才能接入D路中环地面道路，道路走向形成“Z”字形线路，形成错位交叉口，而且两个地面交叉口间距很小（约215m），排队和交织的空间补足，可能导致该节点严重拥堵且存在一定安全隐患，从而对地面路网产生不利影响。

综上所述，评估认为，在需求不大且容易造成地区路网结构失调的情况下宜暂缓实施，同时建议尽快开通C路等相关配套路网工程，使D路中环地面道路与E路中环路地面道路通过C路等地区路网进行沟通联系。

4. 经济性分析

若根据评估意见，扣除某楔形绿地段地面道路相关道路、桥梁及附属等工程量和投资，可为国家节约大量财力。

最终，委托方发改委赞同了评估单位对此方案的意见，并最终在可研批复中明确“有关某楔形绿地段地面道路的设置在下阶段工作中进一步研究论证”，并核减了该段工程的投资。

可见，评估单位在此项目的方案评估中很好地起到了参谋部和智囊团的作用，不仅大胆调整了建设方案，减少了大量工程量，更为国家节约了大量资金。

六、某污水处理厂提标改造项目环境影响评估

1. 项目概况

某污水处理厂规划建设总污水处理规模为26万m^3/d，分期建设。其中一期工程处理规模5万m^3/d，于2007年底开始建设，2009年投入运行；二期扩建工程设计规模为5万m^3/d，并对一期工程进行升级改造，于2017年开工建设，目前已竣工通水。全厂污水处理采用多点进水A/A/O法污水处理工艺，尾水达到现行《城镇污水处理厂污染物排放标准》一级B标准后排入地表水体。

针对区域地表水环境氨氮、总磷问题突出情况，该污水处理厂拟将出水标准从一级B标准升级到一级A^+，并对除臭系统升级改造，满足现行《城镇污水处理厂大气污染物排放标准》。

2. 环境质量现状（略）

3. 主要环境影响及环境保护措施

（1）大气环境影响及环境保护措施。项目建设后主要大气污染物排放为各污水处理单元运行时产生的恶臭气体。本项目提标改造后，由于对反应池加盖，对臭气收集后经酸洗＋生物滤池工艺除臭后排放，可有效减少污水厂恶臭对周边环境空气的影响，对周边环境空气质量有一定的改善作用。采取的环境保护措施为：对各主要产生恶臭的污水处理单元

进行加盖并收集恶臭气体，经化学洗涤＋生物除臭工艺除臭后，通过15m高的排气筒排放；污泥脱水机房和干化机房采用离子风除臭。运行期间需加强对除臭设备的运行管理维护，确保恶臭气体经处理达标后排放；定期对厂界恶臭浓度进行监测。

(2) 水环境影响及环境保护措施。项目建设后主要废水为污水处理厂排放的尾水，本项目提标改造后，由于排放标准由一级B标准提升至一级 A^+ 标准，排放尾水中的污染物总量有所减少，对周边水体环境质量有一定的改善作用。采取的环境保护措施为：加强项目营运期管理，确保污水厂各污水处理单元运转良好，确保尾水可实现达标排放；加强营运期水质监测，设置尾水排放在线监测系统，一旦发现水质情况异常，应立即可暂停尾水排放，待事故处理后且尾水水质稳定达标后再行排放。

(3) 固体废物处置措施。本项目产生的固体废物主要为废气处理过程中更换下来的废生物填料和废包装材料，均由相关单位回收利用。

(4) 声环境影响及环境保护措施。本项目噪声主要来源于各类泵、风机、空压机等设备运行噪声。采取的环境保护措施为：选用低噪声设备，设备与管道采用柔性连接，送排风机安装减振器或减振垫、进出风管设置消声器及消声弯头，污水泵、污泥泵、空压机等设备采取建筑隔声、加隔声罩、减振垫等。

(5) 地下水污染防治措施。通过在污染区地面进行防渗处理，防止洒落地面的污染物渗入地下，并把滞留在地面的污染物收集起来，集中进行处理。防渗措施考虑采用分区防渗措施。根据各厂区可能泄漏至地面区域污染物的性质和生产单元的构筑方式，将厂区主要划分为一般污染防治区和重点污染防治区。

(6) 环境风险影响。本项目无重大环境风险源，企业已制定相应应急预案并报环保局备案，在采取相应风险防范措施后项目环境风险水平在可接受范围之内。

4. 结论

本项目属于环保工程，项目的建设有利于保护水资源、改善区域地表水体和大气环境。本项目采取的环保措施切实可行、有效；污染物能做到达标排放；项目对周边区域的环境质量影响较小，不会降低区域的环境现状等级；环境风险处于可接受水平。在全面落实本环境影响报告表提出的各项环保措施的基础上，切实做到“三同时”，并在营运期内持之以恒加强管理，从环保角度来看，本项目的建设是可行的。

5. 案例点评

本案例为城镇污水处理厂技改项目，工程和污染源分析翔实，“三本账”清晰明确，并且对原环境问题进行归纳，提出以新带老措施。

对于改扩建项目，工程分析的一个重要方面就是“以新带老”，即以本次新建的工程来带动解决原工程存在的环境问题或以新建项目替代原有工程的污染源而解决其原有的环境问题。因此，应重点分析原有污染源、污染物及源强，以及采取的环境保护设施的运行与处理效果等情况。对于废气、废水的排放须明确是否符合现行达标排放与总量控制的要求；固体废物的处理处置是否满足现行环保要求；噪声控制是否达标，是否影响周边居民等。

通过对原有工程和新建工程的工程分析以及对“三本账”的核算（列出“三本账”核

算结果一览表)，提出采取严格的环境保护措施。

七、某工业区项目规划环境影响评估

1. 项目概况

某工业区为市级工业园区，规划用地面积共计 12.69km²，分为北区、南区两部分，其中北区规划面积 7.37km²，南区规划面积 5.32km²。

随着上位土地利用规划、城镇总体规划的调整，在土地集约利用的一贯指导原则下，园区自身发展条件发生了重要改变，引入的各类企业对于发展空间的诉求也不断提升。由于园区没有编制过控制性详细规划，在园区建设的过程中，逐渐显现出不少弊端，也导致道路、水系、管网等系统与专项规划不符的问题。基于以上背景，2013 年园区委托规划设计研究院编制了控制性详细规划，并委托环评单位进行该工业区的环境影响评价。

2. 评价重点

包括污染源调查及回顾性评价、对周边环境敏感保护目标的影响分析、资源环境承载力分析、规划的环境合理性分析及优化调整建议、提出规划实施过程中环境管理的具体要求。

3. 评价范围

大气环境：园区边界外扩 2.5km。

水环境：园区区域及周边水域。

声环境：园区边界外扩 200m。

地下水、土壤及生态环境：园区区域内。

环境风险评估：园区边界外扩 3km。

4. 环境功能区划（略）

5. 主要环境保护目标（略）

6. 规划概述

工业区的总体发展目标为：汽车及汽车零部件、黄酒及特色食品制造、新能源和生产性服务业。其中，北区的产业定位为汽车及汽车零部件、黄酒酿造及食品产业、生产性服务业；南区的产业定位为新能源、纺织及服装机械、新材料和通用机械。园区土地利用规划图如图 3-11 和图 3-12 所示。

7. 园区发展回顾及现状分析（略）

8. 区域环境质量回顾及现状分析（略）

9. 区域环境趋势分析（略）

10. 公众参与（略）

11. 规划优化调整建议和不良环境影响减缓措施

具体包括：

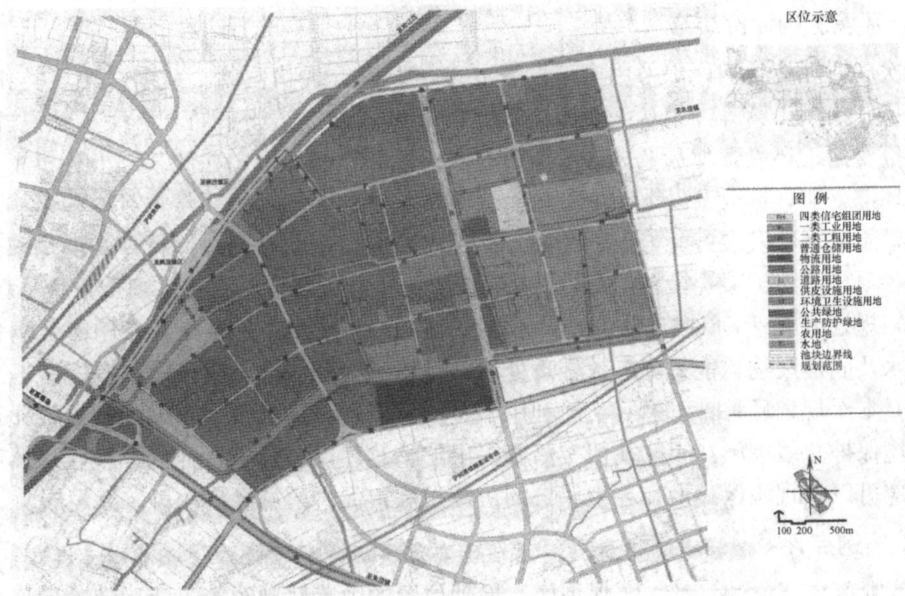

图 3-11　园区土地利用规划图（北区）

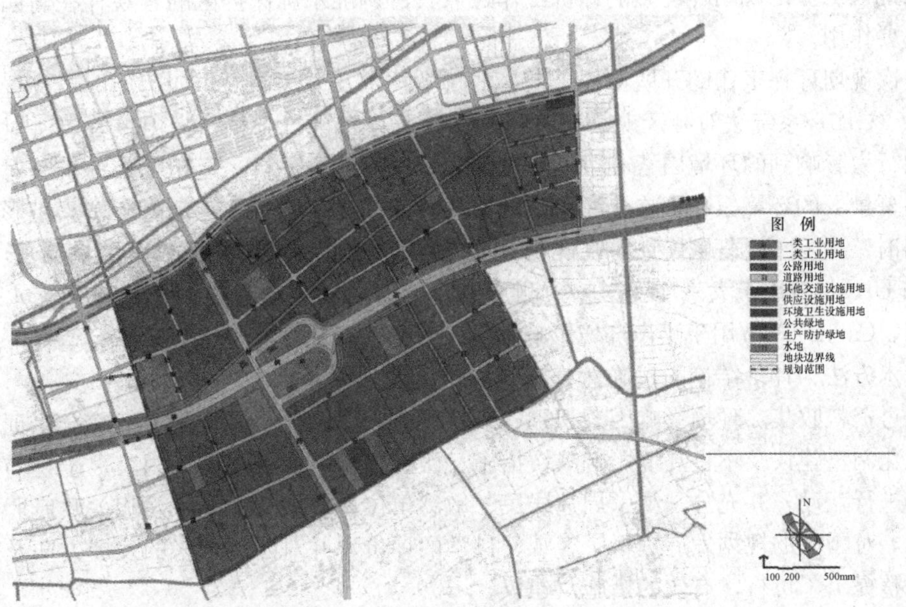

图 3-12　园区土地利用规划图（南区）

产业布局调整和优化；

产业定位及形态的优化调整；

不良环境影响减缓措施；

基础设施建设优化建议。

12. 环境影响评价结论

本次规划环境影响评价采用实地勘查、走访调查、现状监测、数据对比及类比分析、回顾评价、预测计算等方式对工业园区现有的开发强度、产业布局、环保基础设施建设、环境质量变化、环境管理水平进行了全面的回顾性分析与评价，在此基础上分析了新一轮规划的环境影响，形成了以下结论：

(1) 园区现状发展产业与规划产业导向没有冲突，产业布局总体合理，但局部仍需要调整，各项环境保护减缓措施执行情况较好。

(2) 规划开发活动对地区大气、地表水、声、地下水、土壤及生态环境影响相对较小；废水及固体废物均能得到有效处理处置；环境风险和人群健康风险可控。

(3) 本次规划环评针对园区土地利用和企业发展现状提出了一系列的规划优化调整建议和环境保护减缓措施。园区在切实落实提出的整改建议和要求，强化环境管理体制的基础上，应可以实现园区建设和环境保护的协调发展，促进区域经济的可持续发展。

13. 案例点评

该工业区位于黄浦江准水源保护区，地理位置的敏感性制约着工业用地的发展，特别是现状企业的“腾笼换鸟”以及对新入驻企业在产业导向、资能源及环保方面等的高要求，因此该工业区规划环境影响评价工作还兼具协调准水源保护区的客观存在与园区的发展的重要作用。

本次规划环评工作的开展依托于大量的科学技术及方法手段，如运用图形叠置法和地理信息（GIS）系统法对园区现状土地利用、企业分布进行分析；运用核查表法对可能会受规划行为影响到的环境因素和可能产生的影响进行综合分析；运用幕景分析法对一系列不同的幕景下的环境累积影响分析出区域内各种活动或不同时段活动对环境累积影响的贡献。同时，大量的预测模型、软件被用于预测园区规划发展所产生的环境影响，如ADMS-Urban被用于大气环境影响预测、平原感潮河网水动力模型被用于地表水环境影响预测、Cadna/A被用于噪声环境影响预测、A值法被用于计算大气环境容量等。科学有效的技术方法为评价结论的正确性奠定了基础。

通过资料收集、环境影响因素识别、现状调查、预测分析、规划方案综合论证，提出规划优化调整建议及不良环境影响减缓措施、跟踪评价方案等步骤及内容，全程与规划实施单位进行互动，并充分采纳了周边居民、敏感单位、规划环评专家及相关政府职能部门的意见，对园区的规划发展进行了客观、科学的评价，并对园区未来的发展方向及规划的实施调整提出了可行、有效的措施及建议。

八、某城市轨道项目社会风险评估

1. 项目概况

某城市轨道交通建设项目，线路全长40.0km，高架线长约7.1km，地下线长约32.9km，共设车站29座，其中高架站5座，地下站24座，共穿越6个城市行政区。

本工程建设项目具有以下特点：线路在旧城区穿越地段道路狭窄，建筑物密集，沿线受区间穿越以及车站基坑开挖影响的利益相关者较多；大部分车站设置在城市道路交叉口，车站施工对道路的占用容易造成交通疏解压力；线路穿过市区、历史保护建筑物、河流、湖泊等，工程施工可能涉及较多的管线搬迁；车站基坑开挖容易引起周边建筑物发生破坏，施工产生的振动、噪声、废弃物会对周边环境造成一定的影响。

2. 风险调查

(1) 调查范围。主要为沿线土地征用和房屋征收影响区域，施工期交通、房屋安全、市政管线、环境等受影响区域，运营期噪声、振动、废水、废气和电磁等环境影响区域。

(2) 调查对象。包括项目利益相关群体的全部，主要是线路车站和区间周边的建筑物和公共服务设施使用群体，如车辆段、停车场、车站所需地块的土地房屋征收群体、车站施工期间受到工程实施影响的群体、管线搬迁导致日常生活受到影响的群体、车站施工期间受到交通影响的群体、工程运营期间受到振动和噪声等环境影响的群体等。

(3) 调查方法。本项目采用了文献收集法、实地观察法、问卷调查法、个别访谈法等调查方法。

(4) 公众参与。本项目分别对环境影响评价和社会稳定风险评价的公众参与情况进行了统计和分析。环境影响评价的问卷调查共发出个人意见征求表450份，主要选择工程沿线不同年龄、性别、文化程度、职业的公众给予发放，共收回438份，回收率为97.33%，被调查者生活或工作在本工程评价范围内，均为直接受工程影响人员。对于本工程的建设，有86.1%的受访者表示支持，5.2%的受访者有条件支持，4.6%的受访者表示无所谓。

社会稳定风险评价的问卷调查共发出个人调查问卷150份，主要选择工程沿线不同年龄、性别、文化程度、职业的公众给予发放，共收回问卷135份，回收率为90%。调查结果统计见表3-18。稳评调查内容包括初步征地拆迁意见，公众较为担心的环保、交通问题等，更多是反映公众的意见和诉求，统计比例数据只作为参考。

结合环评和稳评的调查统计结果，可见该项目的支持率较高。

表3-18　　公众参与个人问卷调查结果统计表

序号	问题	意　见	人数（人）	百分比（%）
1	对本工程的态度	支持	79	59.40
		有条件支持	31	23.31
		不支持	16	12.03
		无所谓	7	5.26
2	工程建设和运营过程中较为担心的问题	征地拆迁	64	48.28
		施工对交通的影响	83	62.07
		施工对管线的影响	46	34.48
		大气、水、噪声、施工垃圾等污染	78	58.62
		运营期噪声、震动、废气等污染	83	62.07
		电磁辐射及放射线	23	17.24
		其他	0	0

续表

序号	问题	意　见	人数（人）	百分比（%）
3	如需征用房屋，希望采取的措施	房屋置换	55	41.38
		经济补偿	64	48.28
		其他	14	10.34

（5）利益相关者汇总。经过调查和分析，本项目涉及的利益相关者分布于不同层级和范围，见表3-19。

表3-19　　本项目利益相关者汇总

利益相关主体	与项目利害关系	在项目中的角色	对项目的态度	对项目影响程度
某建设单位	项目业主	组织协调者	支持	很大
各区、街道征收补偿办公室	间接利益关联者	承担辖区内征地拆迁任务	支持	大
沿线受征地影响村民、企业和单位	项目直接受益者，也可能是直接受害者	推进或者阻碍项目的实施	支持也可能反对	大
沿线受拆迁影响企业、店铺和居民	项目直接受益者，也可能是直接受害者	推进或者阻碍项目的实施	支持也可能反对	大
施工期间受到工程实施影响的群体	项目直接或者间接受害者、中长期的受益者	形成有利或者不利的建设环境	有条件支持或反对	大
运营期间受到振动、噪声等环境影响的群体	项目直接或者间接受害者、中长期的受益者	形成有利或者不利的建设环境	有条件支持或反对	大
线路服务范围内存在交通需求的人口	项目直接受益者	形成有利或者不利的社会氛围	支持，但存在疑虑	相对较小

3. 风险识别

风险因素分为8大类50项，利用对照表法对风险调查的结果进行分析梳理，归纳出6个风险类别8个主要风险因素，见表3-20。这些主要风险因素较好地反映了本工程利益相关者的意见和诉求，突出了主要矛盾，为风险评估和制定风险防范和化解措施奠定了良好的基础。

表3-20　　风险因素识别表

风险类别	发生阶段	主要风险因素
政策规划和审批程序	项目前期	规划、环评、稳评公示过程中公众参与工作处理不当引发的风险
征地拆迁及补偿	项目前期	土地房屋征收过程中处理不当引起的风险

续表

风险类别	发生阶段	主要风险因素
技术经济	施工期	施工过程中的区间盾构施工和车站基坑开挖造成周围土体变形导致邻近建筑物倾斜、下沉、开裂引发的风险
征地拆迁及补偿	施工期	施工过程中盾构施工、基坑开挖及重型施工车辆碾压道路造成市政管线受到破坏引发的风险
生态环境影响	施工期	施工过程中产生的扬尘、振动、噪声等环境影响引发的风险
经济社会影响	施工期	施工过程中交通组织不当造成交通不通畅影响周边居民生活引发的风险
项目管理	施工期	项目管理、施工安全、卫生管理不当导致施工人员经济权益、安全健康受到威胁引发的风险
生态环境影响	运营期	运营期车辆运行产生的噪声和振动等环境影响引发的风险

4. 风险评估

(1) 风险因素的风险程度评估。本项目主要风险因素及其风险程度见表 3-21。根据各风险因素的发生概率和影响程度判定，本工程的 8 个单项社会稳定风险因素中有 4 个较大风险、4 个一般风险。

表 3-21　　本工程主要风险因素及其风险程度汇总表

风 险 因 素	风险概率 P	风险影响 C	风险程度 $P\times C$
规划、环评、稳评公示过程中，公众参与工作处理不当引发的风险	较高	较大	较大
土地房屋征收过程中处理不当引起的风险	较高	较大	较大
施工过程中的区间盾构施工和车站基坑开挖造成周围土体变形导致邻近建筑物倾斜、下沉、开裂引发的风险	较高	较大	较大
施工过程中盾构施工、基坑开挖及重型施工车辆碾压道路造成市政管线受到破坏引发的风险	中等	较大	一般
施工过程中产生的扬尘、振动、噪声等环境影响引发的风险	较高	中等	一般
施工过程中交通组织不当造成交通不通畅影响周边居民生活引发的风险	较高	中等	一般
项目管理、施工安全、卫生管理不当导致施工人员经济权益、安全健康受到威胁引发的风险	中等	中等	一般
运营期车辆运行产生的噪声和振动等环境影响引发的风险	较高	较大	较大

(2) 项目整体风险等级评估。通过风险程度判断法和综合风险指数法判定本工程采取措施前的初始整体风险等级，具体如下。

1) 风险程度评判法。本工程主要风险因素共有 8 个，其中较大风险 4 个，一般风险 4 个。满足 B 级“1 个重大或 2 到 4 个较大风险因素”的判定标准。

2）综合风险指数法。采用综合风险指数法计算出本工程的综合风险指数为 0.503，见表 3-22，0.36＜0.503＜0.64，属于 B 级风险指数区间。

表 3-22 项目综合风险指数计算表（初始）

风险因素	权重	风险程度 R					风险指数
W	I	微小	较小	一般	较大	重大	$I \times R$
		0.04	0.16	0.36	0.64		
规划、环评、稳评公示过程中，公众参与工作处理不当引发的风险	0.127				√		0.081
土地房屋征收过程中处理不当引起的风险	0.124				√		0.079
施工过程中的区间盾构施工和车站基坑开挖造成周围土体变形导致邻近建筑物倾斜、下沉、开裂引发的风险	0.129				√		0.083
施工过程中盾构施工、基坑开挖及重型施工车辆碾压道路造成市政管线受到破坏引发的风险	0.121			√			0.044
施工过程中产生的扬尘、振动、噪声等环境影响引发的风险	0.128			√			0.046
施工过程中交通组织不当造成交通不通畅影响周边居民生活引发的风险	0.122			√			0.044
项目管理、施工安全、卫生管理不当导致施工人员经济权益、安全健康受到威胁引发的风险	0.121			√			0.044
运营期车辆运行产生的噪声和振动等环境影响引发的风险	0.128				√		0.082
$\sum I \times R$	1						0.503

注 风险权重根据专家经验通过层次分析法计算得出。

同时，通过对利益相关者所在镇政府、居（村）委会等相关政府部门调查结果可知，本工程积聚上百人规模的风险事件可能性很小，但存在引发一般性群体性事件（如串联上访、聚众滋事、非法集会等）和极端个人事件的可能性。

结合上述风险程度判断法、综合风险指数法以及可能引发的风险事件评判的结果，本工程整体初始风险等级为 B 级（中风险），重点项目的实施可能引发一般性群体性事件，项目必须实施降低风险的应对措施。

5. 风险防范和化解措施

根据本工程项目的风险因素及风险等级，参照同类项目常用的对策措施，本工程拟采取以下对策措施来减少和消除风险，见表 3-23。

表 3-23　　主要风险防范化解措施汇总表

序号	主要防范、化解措施	责任单位
1	建立构建风险管理协调联动工作机制和快速灵敏的应急处置机制，落实风险预防化解工作职责	区政府
2	编制统一规划公示、环评公示以及建设施工阶段的宣传解答材料，对周边的利益相关者积极开展正面宣传和沟通协商	区政府或区建交委、建设单位
3	确定合理的土地房屋征收范围，依法合规开展征收的各项工作，保障被征收人的切身利益	区规土局征地事务机构、区房保局、建设单位
4	做好基坑周边以及盾构范围内地下管线的影响分析与监护工作，减少施工对地下管线的影响	建设单位、设计单位、施工单位
5	规范基坑周边以及盾构影响范围内建筑物的检测与监测，减少基坑开挖及盾构施工对周边建筑物的影响	建设单位、设计单位、施工单位
6	加强施工组织与管理，减少施工期对周边环境的影响	建设单位、施工单位
7	做好合同管理，确保农民工的合法权益，做好施工质量安全管理，确保农民工的卫生与安全	建设单位、施工单位
8	积极与交警部门沟通，制订合理的施工期交通组织方案	建设单位、区交警部门
9	加强加大营运期环保投入及运营管理，减少运营期对周边环境的影响，构建与周边社区和谐共处的良好局面	项目运营单位

6. 落实措施后的预期风险等级

在采取了减缓影响等对策和稳控措施后，仍采用风险程度判断法和综合风险指数法来综合判定本工程项目采取措施后的整体风险等级，具体如下。

（1）风险程度判断法。在采取以上风险防范和化解措施后，本工程的 8 个风险因素中有 1 个较大风险、4 个一般风险、3 个较小风险，本工程措施后整体预期风险为 C 级（低风险），见表 3-24。

表 3-24　　措施前后各风险因素变化对比表

风 险 因 素	风险概率 P	风险影响 C	风险程度 $P\times C$
规划、环评、稳评公示过程中，公众参与工作处理不当引发的风险	较高→中等	较大	较大→一般
土地房屋征收过程中处理不当引起的风险	较高一中等	较大	较大
施工过程中的区间盾构施工和车站基坑开挖造成周围土体变形导致邻近建筑物倾斜、下沉、开裂引发的风险	较高→中等	较大	较大→一般
施工过程中盾构施工、基坑开挖及重型施工车辆碾压道路造成市政管线受到破坏引发的风险	中等→较低	较大	一般
施工过程中产生的扬尘、振动、噪声等环境影响引发的风险	较高→中等	中等→较小	一般→较小

续表

风险因素	风险概率 P	风险影响 C	风险程度 $P\times C$
施工过程中交通组织不当造成交通不通畅影响周边居民生活引发的风险	较高→中等	中等	一般→较小
项目管理、施工安全、卫生管理不当导致施工人员经济权益、安全健康受到威胁引发的风险	中等→较低	中等→较小	一般→较小
运营期车辆运行产生的噪声和振动等环境影响引发的风险	较高→中等	较大→中等	较大→一般

（2）综合风险指数法。计算出本工程措施后的综合风险指数为0.30＜0.36，见表3-25，本工程措施后整体预期风险为C级（低风险）。

表3-25　项目综合风险指数计算表（措施实施后）

风险因素	权重	风险程度 R					风险指数
		微小	较小	一般	较大	重大	
W	I	0.04	0.16	0.36	0.64	1	$I\times R$
规划、环评、稳评公示过程中，公众参与工作处理不当引发的风险	0.127			√			0.046
土地房屋征收过程中处理不当引起的风险	0.124				√		0.079
施工过程中的区间盾构施工和车站基坑开挖造成周围土体变形导致邻近建筑物倾斜、下沉、开裂引发的风险	0.129			√			0.046
施工过程中盾构施工、基坑开挖及重型施工车辆碾压道路造成市政管线受到破坏引发的风险	0.121			√			0.044
施工过程中产生的扬尘、振动、噪声等环境影响引发的风险	0.128		√				0.020
施工过程中交通组织不当造成交通不通畅影响周边居民生活引发的风险	0.122		√				0.020
项目管理、施工安全、卫生管理不当导致施工人员经济权益、安全健康受到威胁引发的风险	0.121		√				0.019
运营期车辆运行产生的噪声和振动等环境影响引发的风险	0.128			√			0.046
$\sum I\times R$	1						0.30

第四章

工程项目勘察与设计咨询

第一节 工程项目勘察实务

一、工程项目勘察简介

根据国务院《建设工程勘察设计管理条例》对工程勘察的定义，建设工程勘察，是指根据建设工程的要求，查明、分析、评价建设场地的地质地理环境特征和岩土工程条件，编制建设工程勘察文件的活动。住房和城乡建设部《工程勘察资质标准》（2013 年）对工程勘察范围的规定，工程勘察范围包括建设工程项目的岩土工程、水文地质勘察、工程测量。在已经形成的传统模式中，大多采用勘察→设计→施工的三步模式，且这种模式沿用至今，仍是当前工程项目的主要运作模式。

工程勘察是指由具有相应资质的勘察单位，接受项目单位的委托，根据工程项目及建设工程相关法律法规的要求，查明、分析、评价拟建工程的建设场地的地质地理环境特征和岩土工条件，编制建设工程勘察文件的活动。工程勘察为工程项目的设计、施工提供依据。（水文地质、工程测量等勘察项目负责人可由勘察单位根据规定选派具备勘察质量安全管理能力的专业技术人员担任。）

工程勘察包括建设工程项目的岩土工程、水文地质勘察、工程测量等专业。其中，岩土工程包括：岩土工程勘察（工程地质勘察）、岩土工程设计、岩土工程物探测试检测监测、岩土工程咨询、岩土工程治理等。

二、工程勘察的主要内容

（1）工程地质勘察。研究各种对工程建设的经济合理性有直接影响的岩土工程地质问题，如岩土滑移、活动断裂、地震液化、地面侵蚀、岩溶塌陷及各种复杂地基土等，以及由于人类活动所造成的环境地质问题（如地下采空塌陷、边坡挖填失稳、地面沉降等），提出工程建设的方案和设计，以及工程施工所需的地质技术参数等，并对有关技术经济指标做出评价。

（2）矿产资源勘察。搜寻矿产形成和分布的地质条件、矿床储存规律、矿体变化特征，进行分析评价，进而勘察拟开发矿产资源的储量、品质、开发条件的合理性和经济性，编制勘查文件。

（3）工程测量。研究工程建设场地的地形地貌特征，以及施工与安全使用的监测技术。为规划设计、施工及运营管理等各阶段提供所需的基本条件，测绘资料与测绘保障。

（4）水文地质勘察。查明工程项目所在地的地下水的分布形成规律，地下水的物理性质和化学成分，提出地下水资源合理利用及地下水对工程建设的影响及建议。

（5）工程水文。研究河流或其他水体的水文要素变化和分布规律，预估未来径流的情势，为工程的规划设计及施工管理提供水文依据。

三、工程勘察的目的和意义

工程勘察专业是研究和查明工程建设场地的地质地理环境特征，及其与工程建设相关的综合性应用的科学。

为了让城市建设、工业和民用建筑建设、铁路、道路、近海港口、输电及管线工程、水利与水工建筑、采矿与地下等工程的规划、设计、施工、运营及综合治理得到更科学的规划，工程勘察通过对地形、地质及水文等要素的测绘、勘探、测试及综合评定，提供可行l生评价与建设所需的基础资料。它是基本建设的首要环节。做好工程勘察，特别是前期勘察，可以对建设场地做出详细论证，保证工程的合理进行，促使工程取得最佳的经济、社会与环境效益。

勘察设计在工程建设中既是最基础的工作，也起到了龙头的作用。作为提高工程项目投资效益、社会效益、环境效益的最重要因素，建设项目勘察设计还是为所属地域经济、社会发展提供支撑的具有地缘特征的开放性的动态系统，建设项目勘察设计融入城市建设活动和社会之中，依托建设活动和社会的发展而发展。

四、工程勘察的工作程序及质量要求

工程勘察的主要任务是按照勘察阶段的要求，正确反映工程地质条件，提出工程评价，为设计、施工提供依据。

工程勘察一般分三个阶段，即可行性研究勘察、初步勘察、详细勘察。每个勘察阶段都有各自的目的，先确定建筑的可行性，然后对地质水文情况做一个大致勘察，最后的详细勘察需要弄清楚每一个地层岩土的情况，需要做原位实验、土工实验，确定地基承载力，进而采取合适的基础形式和施工方法。

各勘察阶段的工作要求具体如下。

（1）可行性研究勘察。又称选址勘察，其目的是通过收集、分析已有资料，进行现场勘探。必要时进行工程地质测绘和少量勘探工作，对拟选厂址的稳定性和适应性做出岩土工程评价，进行经济技术论证和方案比较，满足确定场地方案的要求。

（2）初步勘察。是在可行性研究勘察的基础上，对场地内建筑地段的稳定性做出工程评价，并对确定建筑总平面布置，主要建筑物地基基础方案及对不良地质现象的防治工作方案进行论证，满足初步设计或扩大初步设计的要求。

（3）详细勘察。应对地基基础处理与加固、不良地质现象的防治工程进行工程计算与评价，满足施工图设计的要求。

五、工程勘察的质量要求

勘察技术有待更新，勘察环节需要规范，勘察人员需要有过硬的专业素质，工程勘察单位在进行勘察时要严格执行国家的各类相关标准，在内部建立严格的质量管理制度，保证勘察成果符合国家标准和规范。勘察单位还要认真做好后期服务工作，参加工程地基基础检验和地基基础有关工程质量事故调查，并配合设计单位提出技术处理方案，勘察单位要对勘察质量承担相应的经济责任和法律责任。相关各部门要明确自己的责任，坚持先勘察、后设计、再施工的原则。

勘察、设计与施工各方既有各自的分工，也有互相之间的通力合作，是一种效率高、能够达到有机统一的工作模式，对于项目而言，不仅可以有效缩短工期，降低工期成本，质量上也能有相当高的保证，而且技术水平也能够得到明显的提升。勘察、设计、施工有着紧密的联系。

六、勘察任务书的编制

1. 编制依据

（1）项目建议书及可行性研究等批复文件。

（2）全过程工程咨询委托合同。

（3）工程建设强制性标准。

（4）国家规定的建设工程勘察、设计深度要求。

2. 编制内容

（1）勘察任务书的拟定，应把地基、基础与上部结构作为互相影响的整体，并在调查研究场地工程地质资料的基础上，下达勘察任务书。

（2）勘察任务书应说明工程的意图、设计阶段、要求提交勘察文件的内容、现场及室内的测试项目以及勘察技术要求等，同时应提供勘察工作所需要的各种图表资料。

（3）为配合初步设计阶段进行的勘察，在勘察任务书中应说明工程的类别、规模、建筑面积及建筑物的特殊要求、主要建筑物的名称、最大荷载、最大高度、基础最大埋深和重要设备的有关资料等，并向专业咨询工程师（勘察）提供附有坐标的、比例为1∶1000～1∶2000的地形图，图上应划出勘察范围。

（4）为配合施工图设计阶段进行的勘察，在勘察任务书中应说明需要勘察的各建筑物具体情况。如建筑物上部结构特点、层数、高度、跨度及地下设施情况，地面平整标高，采取的基础形式、尺寸和埋深、单位荷重或总荷重以及有特殊要求的地基基础设计和施工方案等，并提供经上级部门批准附有坐标及地形的建筑总平面布置图或单幢建筑物平面布置图。如有挡土墙时还应在图中注明挡土墙位置、设计标高以及建筑物周围边坡开挖线等。

七、勘察咨询服务

工程勘察文件是建筑地基基础设计和施工的重要依据，必须保证野外作业和实验资料的准确可靠，同时，文字报告和有关图表应按合理的程序编制。勘察文件的编制要重视现场编录、原位测试和实验资料的检查校核，使之相互吻合，相互印证。

1. 编审依据

项目勘察阶段咨询服务的依据主要如下。

（1）经批准的项目建议书、可行性研究报告等文件。

（2）勘察任务书。

（3）《建设工程勘察设计管理条例》（国务院令第 293 号令）（2015 年修订）。

（4）《工程建设项目勘察设计招标投标办法》（发展计划委员会 2003 年第 2 号令）（2013 年修订）。

（5）《建设工程勘察设计资质管理规定》（建设部 2006 年第 160 号令）（2015 年修订）。

（6）《建设工程勘察质量管理办法》（建设部 2002 年第 115 号令）（2007 年修订）。

（7）《实施工程建设强制性标准监督规定》（建设部令第 81 号）（2015 年修订）。

（8）《中华人民共和国建筑法》（主席令第 91 号令）（2011 年修订）。

（9）《岩土工程勘察规范》GB 50021—2001（2009 年版）。

（10）其他相关专业的工程勘察技术规范标准。

2. 编审内容

（1）勘察方案的编审。勘察方案应由全过程工程咨询单位勘察专业工程师编制、设计专业工程师进行审查，编审主要包括以下内容。

1）钻孔位置与数量、间距是否满足初步设计或施工图设计的要求。

2）钻孔深度应根据上部荷载与地质情况（地基承载力）确定。

3）钻孔类别比例的控制，主要是控制性钻孔的比例以及技术性钻孔的比例。

4）勘探与取样：包括采用的勘探技术手段方法，取样方法及措施等。

5）原位测试，原位测试包括多种，主要包括标贯试验、重探试验、静力触探、波速测试、平板载荷试验等。在勘察投标中应明确此类测试的目的、方法、试验要求、试验数量。

6）土工试验，土工试验项目应该满足建筑工程设计与施工所需要的参数，比如为基坑支护提供参数的剪切试验，地基土强度验算时的三轴剪切试验，以及水质分析等。

7）项目组织，包括机械设备，人员组织。

8）方案的经济合理性。

通过对勘察方案的编制和审查，可以保证勘察成果满足设计需要、满足项目建设需要，为设计工作的开展提供真实的地勘资料。

（2）勘察文件的编审。勘察文件是勘察工作的成果性文件，需要充分利用相关的工程地质资料，做到内容齐全、论据充足、重点突出。此外，勘察文件应正确评价建筑场地条件、地基岩土条件和特殊问题，为工程设计和施工提供合理适用的建议。因此，全过程工程咨询单位要全面细致做好工程勘察文件的编制与审查，为设计和施工提供准确的依据。

全过程工程咨询单位须按照国家和省市制定的工程勘察标准、技术规范和有关政策文件，组织专业技术力量和设备等，组织开展工程勘察工作，精心编制和审查工程勘察文件，特别应重点做好以下几个方面内容。

1）勘察文件是否满足勘察任务书委托要求及合同约定。

2）勘察文件是否满足勘察文件编制深度规定的要求。

3）组织专家对勘察文件进行内部审查，确保勘察成果的真实性、准确性，将问题及时反馈至地勘单位，并跟踪落实修改情况。

4）检查勘察文件资料是否齐全。有无缺少实验资料、测量成果表、勘察工作量统计表和勘探点（钻孔）平面位置图、柱状图、岩芯照片等。

5）工程概述是否表述清晰，有无遗漏，包括工程项目、地点、类型、规模、荷载、拟采用的基础形式等各方面。

6）勘察成果是否满足设计要求。

全过程工程咨询单位审查合格后要将勘察文件报送当地建设行政主管部门对勘察文件中涉及工程建设强制性标准的内容进行严格审查。并将审查意见及时反馈至专业咨询工程师（勘察），直至取得审查合格书。

3. 编制程序

全过程工程咨询单位勘察阶段咨询服务程序，如图 4-1 所示。

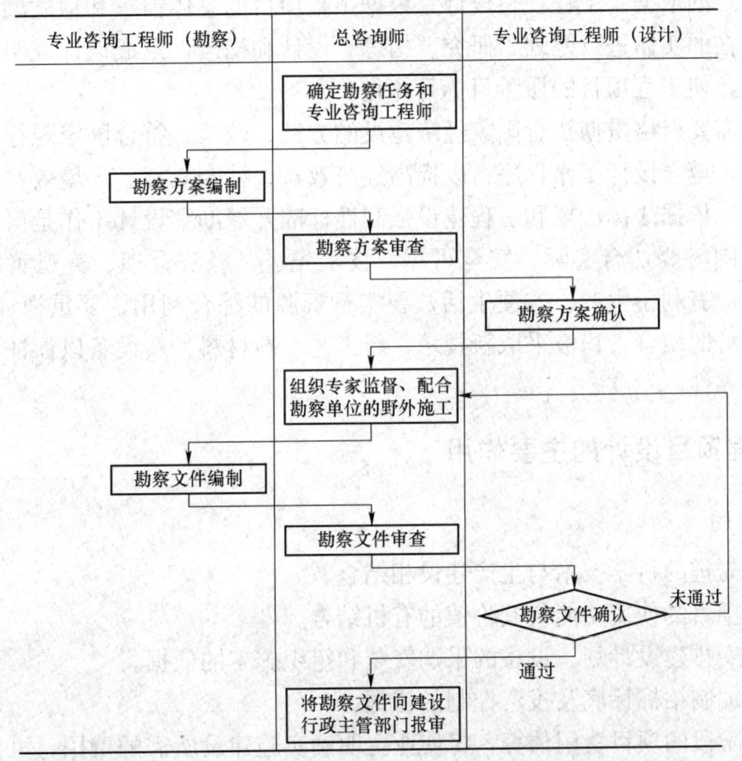

图 4-1　全过程工程咨询单位勘察阶段咨询服务程序

4. 注意事项

勘察咨询服务的注意事项主要有以下几方面。

（1）凡在国家建设工程设计资质分级标准规定范围内的建设工程项目，均应当委托勘察业务。

（2）开展勘察业务的机构一定要具备相应的工程勘察资质证书，且与其证书规定的业务范围相符，全过程工程咨询单位如没有响应资质的，应发包给拥有响应资质的工程勘察单位实施。

（3）勘察方案必须经报审合格后，方可实施。

（4）勘察文件一定要满足勘察任务书的要求。

第二节 工程项目设计实务

一、工程项目设计简介

工程项目设计是指根据工程的要求，对工程项目所需要的技术、经济、资源和环境等条件进行综合分析、论证，编制工程项目设计文件的活动。

工程项目设计是对拟建工程在技术和经济上进行全面的安排，是工程建设计划的具体化，是组织施工的依据。工程项目设计是根据工程项目的总体需求和地质勘查报告，对工程的外形和内在的实体进行筹划、研究、构思、设计和描绘，形成设计说明书和设计施工图等相关文件，使工程项目的质量目标具体化。

工程设计需要严格贯彻执行国家经济建设的方针、政策，符合国家现行的工程建设标准和设计规范，遵守设计工作程序，以提高经济效益、社会效益、环境效益为核心，大力促进技术进步。依据法律法规和工程建设强制性标准开展勘察设计工作是保证工程质量的前提和基础。同时要切合实际、安全可靠、技术先进、经济合理、美观实用，要节约土地、节约能源，有利于生产、方便生活，要实行资源的综合利用，要重视环境保护工作，重视技术与经济的结合，积极采取新技术、新工艺、新材料、新设备以保证工程建设项目的先进性和可靠性。

二、工程项目设计的主要作用

1. 主要作用

（1）实现先进的科学技术与生产建设相结合。

（2）建设项目的使用功能与其价值的有机结合。

（3）作为安排建设计划、设备的采购安装和组织施工的依据。

（4）作为编制招标标底及投资控制的依据。

（5）设计阶段的项目费用估算，将使业主明确实施建设所需的费用，可作为其筹措资金的依据和用于授权及实施成本控制。

在项目立项后，设计阶段的设计质量及设计方案的优劣是影响项目投资、工程质量及使用阶段经济效益、社会效益、环境效益的关键因素。

2. 主要依据

（1）有关工程建设及质量管理方面的法律、法规，城市规划，国家规定的工程项目设计深度要求。铁路、交通道路、水利等专业建设工程，还应依据专业规划的要求。

（2）有关工程建设技术标准。如工程建设强制性标准、规范及规程、设计参数、定额指标等。

（3）项目批准文件。如项目可行性研究报告、项目评估报告及选址报告等。

（4）体现建设单位建设意图的设计规划大纲、纲要和合同文件。

（5）反映项目建设过程中和建成后所需要的有关技术、资源、经济、社会协作等方面的协议、数据和资料。

（6）其他。如环境保护部门的要求，工程所在地区周围的机场、港口、码头、文物，以及其他军事设施对工程项目的要求、限制或影响等方面的文件。

三、工程项目设计的特点

工程设计的特点主要体现在以下几个方面。

1. 设计工作表现为创造性的脑力劳动

工程项目设计往往需要灵感，设计的创造性主要体现在因时、因地根据实际情况解决具体的技术问题。设计劳动投入量与设计产品的质量之间并没有必然的联系。尤其是随着计算机辅助设计（CAD）技术的不断发展，设计人员将主要从事设计工作中创造性劳动的部分。

2. 设计工作需要进行大量的协调工作和不断修改完善

工程项目的设计工作需要进行大量的、多方面的协调和修改完善工作，主要表现在如下。

（1）工程项目的设计涉及许多不同的专业领域。设计需要进行专业化分工和协作，同时又要求高度的综合性和系统性。为避免和减少设计上的矛盾，需要各专业设计之间进行反复的沟通协调。

（2）工程项目的设计是由方案设计到施工图设计不断深化修改完善的过程。各阶段设计的内容和深度都有明确的规定。下一阶段设计要符合上一阶段设计的基本要求，而随着设计内容的进一步深入，可能会发现上一阶段设计中存在某些问题，从而需要进行不断的修改。

（3）工程项目的设计还需要与外部环境因素进行反复协调，尤其是与业主需求和政府有关部门审批工作的协调。

（4）工程项目设计还要根据地质条件、气象条件、规范修订等变化因素而不断修改完善。

3. 设计是决定工程项目价值和使用价值的主要因素

一方面，通过设计工作使工程项目的规模、标准、组成、结构、构造等各方面都确定下来，从而也就基本确定了工程项目的价值；另一方面，任何工程项目都有预定的基本功能，这些基本功能只有通过设计才能具体化、详细化，这也体现了设计工作的魅力之所在。

4. 设计是影响工程项目投资的关键环节

工程项目实施的各个阶段影响投资的程度是不同的。经分析论证，对项目投资影响最大的阶段是约占工程项目建设周期 1/4 的技术设计结束前的工作阶段。在初步设计阶段，影响项目投资的可能性为 75%～95%；在技术设计阶段，影响项目投资的可能性为 35%～75%；在施工图设计阶段，影响项目投资的可能性则为 5%～35%。很明显，项目做出投资决策后，控制项目投资的关键就在于设计。

5. 工程设计质量是决定工程质量的重要环节

在设计阶段，通过设计工作将工程项目的总体质量目标进行具体落实，工程实体的质量要求、功能和使用价值质量要求等都已确定下来，工程内容和建设方案也都十分明确。从这个角度讲，工程项目实体质量的安全性、可靠性、经济性、可实施性在很大程度上取决于设计的质量，设计质量在相当程度上决定了整个工程项目的总体质量。保证工程设计质量，才能够保证整体工程的经济效益。

四、工程项目设计的阶段划分

国际上一般将设计工作划分为“方案设计”“初步设计”和“施工图设计”三个阶段。如果项目有特殊需要，也可以增加“技术设计”环节。工程设计是可行性研究的深入和继续，是在可行性研究确定项目可行的条件下解决怎样进行建设的具体工程技术和经济问题。因此，两者在内容上是大致相同的，但在工作深度上则存在明显不同。

1. 方案设计

方案设计是投资决策之后，由咨询单位将可行性研究提出的意见和问题，经与业主协商认可后提出的具体开展建设的设计文件。方案设计的深度要求取决于可行性研究的结果和业主对项目任务的要求。

2. 初步设计

国际上的初步设计相当于国内的初步设计，是下一阶段施工图设计的基础，由总包设计单位编制，在有些国家可以作为招标文件用。初步设计的内容，依项目的类型不同而有所变化，一般来讲，它是项目的宏观设计，即项目的总体设计、布局设计，主要的工艺流程、设备的选型和安装设计，土建工程量及费用的估算等。

初步设计的深度应满足以下要求：设计方案的选择和确定；主要设备、材料订货；土地征用基本建设投资控制施工图设计编制的要求；工组织设计的编制施工准备和生产准备等。

3. 施工图设计

国际上的施工图设计相当于我国的施工图设计。施工图设计的主要内容是根据批准的初步设计，绘制出正确、完整和尽可能详细的建筑、安装图纸，包括建设项目各部分工程的详图和零部件结构明细表以及验收标准、方法、施工图预算等。上列项目在施工图设计阶段的主要工作为补充修正初步设计采购用的设备及部件技术规格书和数据表。在采购过程中，某些设备及部件的技术规格有变更时，在施工图设计中应对原来的计算、流程图、管道和仪表图、总布置图、管道透视图，系统逻辑图、设备表、电气单线图等做出相应的修改，以符合实际采购要求。应特别注意订购设备及部件的接口工作，如与管道、电缆等的接口，土建和安装之间的接口等，均须明确落实，保证设计的一致性和完整性。施工图设计的深度应能满足以下要求：设备材料的安排；非标准设备的制作；施工预算的编制；土建施工的设备安装要求。

五、设计阶段的造价控制

在设计阶段，设计单位应根据业主（建设单位）的设计任务委托书的要求和设计合同的规定，努力将概算控制在委托设计的投资内。设计阶段一般又分为三四个设计的小阶段，按控制建设工程造价方面分为如下几个阶段。

(1) 方案阶段。应根据方案图纸和说明书，做出含有各专业的详尽的建安造价估算书。

(2) 初步设计阶段。应根据初步设计图纸（含有作业图纸）和说明书及概算定额（扩大预算定额或综合预算定额）编制初步设计总概算；概算一经批准，即为控制拟建项目工程造价的最高限额。

(3) 技术设计阶段（扩大初步设计阶段）。应根据技术设计的图纸和说明书及概算定额（扩大预算定额或综合预算定额）编制初步设计修正总概算。这一阶段往往是针对技术比较复杂、工程比较大的项目而设立的。

(4) 施工图设计阶段。应根据施工图纸和说明书及预算定额编制施工图预算，用以核实施工图阶段造价是否超过批准的初步设计概算。以施工图预算为基础进行招标、投标的工程，其以经济合同形式确定的承包合同价、结算工程价款的主要依据是中标的施工图预算。

在设计阶段推行限额设计，对于缩短工程建设工期、有效控制工程造价、提高经济效益起着重要作用。限额设计，是指按照限定的投资额进行工程设计，确定相应的建设规模和建设标准，确保施工图阶段工程投资不突破概算投资额。也就是说，既要按批准的设计任务书及投资估算控制初步设计及概算，又要按照批准的初步设计总概算控制施工图设计及预算，在保证工程功能的前提下，按各专业分配的造价限额进行设计，严格控制技术设计和施工图设计得不合理变更，保证概算、预算起到层层控制的作用，保证总投资限额不被突破，从而为业主筹措资金、控制投资提供较为准确的依据。

设计阶段工程项目造价控制的基本思想是：以预控为主，促使设计在满足功能及质量要求的前提下，不超过计划投资，并尽可能节约投资。为此，就应以初步设计前所匡算的项目计划投资为目标，使初步设计完成后的概算不超过匡算的项目计划投资；技术设计完成后的修正概算不超过概算；施工图设计完成后的预算不超过修正概算。所以在设计的过程中，要进行设计跟踪，及时对设计图纸及工程内容进行估价，及时对设计项目投资与计划投资进行比较。如发现设计投资超过计划投资，则促使修正设计，以保证投资不超过限额。此外，应进行设计方案的技术经济比较，以寻求投资上节约的可能性。

设计阶段的造价控制工作主要包括以下方面。

(1) 协助业主编写项目实施的投资计划或投资规划，明确投资目标。

(2) 帮助及促使设计者对各设计方案进行技术经济分析及节约挖潜研究，降低工程造价。

(3) 对主要设备的选型进行必要的技术经济分析。

(4) 协助业主进行设备询价，审查设备采购合同价和有关费用支付的合同条款。

(5) 根据业主的总投资目标，审查并控制各项设计的概算金额。

由于选择的设计方案存在差异，导致的工程造价结果也会有所不同。通过调查显示，在其他环节一致的状况下，假设设计方案具备较强的技术性和经济性，将会有效减少工程造价。在落实工程项目时，往往结合设计方案来落实，因此，工程进度质量以及造价等内容，在某种程度上将会受到设计质量的影响。在工程结束之后，是否可以获取良好的经济效益，也会受到初期设计方案的影响。所以，在设计环节中，工程造价咨询企业应该给予高度关注。在进行工程设计时，项目企业应该合理选择设计方案，并且由工程造价咨询企业提供相应的针对性建议，结合设计方案，对造价加以预测，之后对其进行比较探究，给工程企业选择设计方案提供依据。在明确设计方案之后，随着设计的逐渐深入，工程企业需要对项目造价有所认识，也就是根据设计方案，对工程完毕后资金投放情况进行确定，为成本管理工作的落实奠定基础。一般状况下，在落实设计工作之后，需要选择承包企业。对于招标情况，工程造价咨询企业可以给客户提供合理的招标方案，制定招标报表。有需要的话，可以给工程企业提供招标标底以及招标报价对比等咨询服务。

六、设计任务书的编制

1. 编制依据

（1）土地挂牌文件、选址意见书或土地合同。
（2）建设用地规划许可证。
（3）项目设计基础资料。
（4）上阶段政府报建的批文。
（5）项目成本管理指导书。
（6）勘察文件。
（7）环境评估报告。
（8）交通评估报告。
（9）能源评估报告。
（10）物业管理设计要点。

2. 编制内容

设计任务书一般由全过程工程咨询单位与投资人充分沟通后编制。

设计任务书是投资人对工程项目设计提出的要求，是工程设计的主要依据。进行可行性研究的工程项目，可以用批准的可行性研究报告代替设计任务书。设计任务书可分为方案设计任务书、初步设计任务书、施工图设计任务书和专业设计任务书等。

根据可行性研究报告的内容，经过研究并选定方案之后编制的设计任务书，要对拟建项目的投资规模、工程内容、经济技术指标、质量要求、建设进度等做出规定。设计任务书的主要内容见表 4-1。

表 4-1　　设计任务书编制要点

内　容	内容要点
项目名称、建设地点	
批准设计项目的文号、协议书文号及其有关内容	

续表

内　容	内容要点
项目建设的依据和目的	
建筑造型及建筑室内外装修方面要求	
项目建设的规模及生产纲要（生产大纲、产品方案）	对市场需求情况的预测
	对国内外同行业的生产能力估计
	市场销售量预测、价格分析、产品竞争能力分析、国外市场需求情况的预测、进入国际市场的前景分析
	项目建设的规模、产品方案及发展方向的技术经济比较与分析
资源、原材料、燃料动力、供水、运输、协作配套、公用设施的落实情况	所需资源、原材料、辅助材料、燃料动力的种类、数量、来源及供应的可能性和条件
	所需公用设施的数量、供应方式和供应条件
	资源的综合利用和“三废”治理的要求
建设条件和征地情况	建设用地的范围地形、场地内原有建筑物、构筑物、要求保留的树木及文物古迹的拆除和保留情况等
	场地周围道路及建筑等环境情况
	交通运输，供水、供电、供气的现状及发展趋势
生产技术、生产工艺、主要设备选型、建设标准及相应的技术指标	
项目的构成及工程量估算	项目的主要单项工程、辅助工程及协作配套工程的构成
	项目布置方案和工程量的估算
环境保护、城乡规划、抗震、防洪、文物保护等方面的要求和相应的措施方案	
组织机构、劳动定员和人员培训设想	
建设工期与实施进度	
投资估算、资金筹措和财务分析	主体工程和辅助配套工程所需投资（利用外资项目或引进技术项目应包括外汇款项）
	生产流动资金的估算
	资金来源、筹措方式、偿还方式、偿还年限
经济效益和社会效益	项目要达到的各项微观和宏观经济指标
	分析项目的社会效益
附件	可行性分析和论证资料
	项目建议书批准文件
	征地和外部协作配套条件的意向性协议
	环保部门关于“三废”治理措施的审核意见
	劳动部门关于劳动保护措施的审核意见
	消防部门关于消防措施的审核意见

七、方案设计

项目方案设计阶段是设计真正开始的阶段。建筑设计方案应满足投资人的需求和编制初步设计文件的需要，同时需向当地规划部门报审。

1. 编制依据

（1）与工程设计有关的依据性文件，如选址及环境评价报告、用地红线图、项目的可行性研究报告、政府有关主管部门对立项报告的批文、初步设计任务书或协议书等。

（2）设计所执行的主要法规和所采用的主要标准。

（3）设计基础资料，如气象、地形地貌、水文地质、抗震设防烈度、区域位置等。

（4）政府有关主管部门对项目设计的要求，如对总平面布置、环境协调、建筑风格等方面的要求。当城市规划等部门对建筑高度有限制时，应说明建筑、构筑物的控制高度（包括最高和最低高度限值）。

（5）工程规模（如总建筑面积、总投资、容纳人数等）、项目设计规模等级和设计标准（包括结构的设计使用年限、建筑防火类别、耐火等级、装修标准等）。

2. 编制内容

（1）方案设计说明书。

1）设计依据、设计要求及主要技术经济指标。

2）总平面设计说明。

3）建筑设计说明。

4）结构设计说明。

5）建筑电气设计说明。

6）给水排水设计说明。

7）供暖通风与空气调节设计说明。

8）热能动力设计说明。

9）投资估算文件。

（2）初步设计图纸。

1）总平面设计图纸。

2）建筑设计图纸，含平面图、立面图和平面图等。

3）热能动力设计图纸（当项目为城市区域供热或区域燃气调压站时提供）。

（3）交付成果。在项目方案设计阶段，全过程工程咨询单位交付的主要设计成果文件如图 4-2 所示，具体内容详见现行的《建筑工程设计文件编制深度规定》。

3. 方案设计审查

（1）审查内容。在方案设计阶段，全过程工程咨询单位应组织专家委员对方案设计进行审查，以确定投标的方案是否切实满足招标人要求，审查内容主要有以下几点。

1）是否响应招标要求，是否符合国家规范、标准、技术规程等的要求。

2）是否符合美观、实用及便于实施的原则。

3）总平面的布置是否合理。

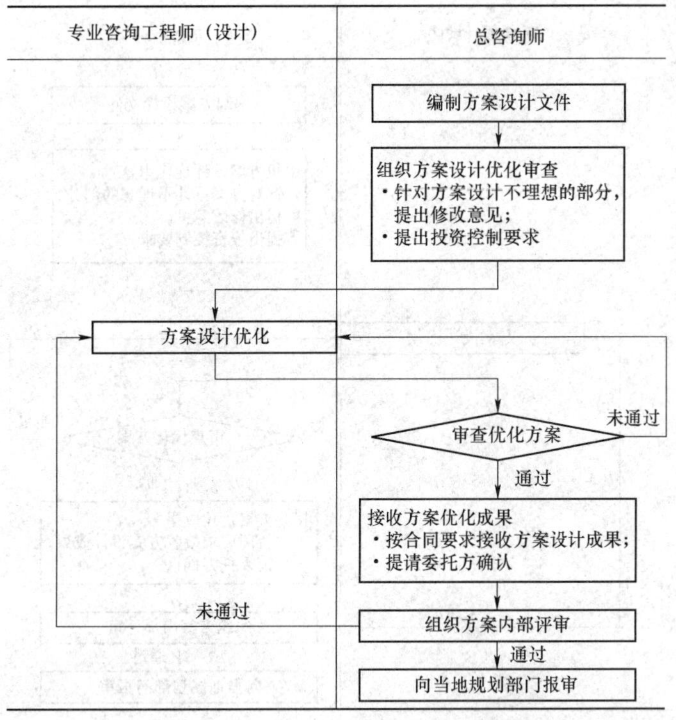

图 4-2　项目方案设计阶段主要成果文件

4）景观设计是否合理。

5）平面、立面、剖面设计情况。

6）结构设计是否合理，可实施。

7）公建配套设施是否合理、齐全。

8）新材料、新技术的运用。

9）设计指标复核。

10）设计成果提交的承诺。

（2）优化方案的审查。方案设计完成后，全过程工程咨询单位应组织行业专家，针对方案的不足，结合拟建项目情况，对方案提出修改建议，并编制形成正式文件。在规定的时间内督促专业咨询工程师（设计）提出最优方案，直到满足投资人要求。

4. 编制程序

方案设计编审流程图，如图 4-3 所示。

5. 方案设计报审

全过程工程咨询单位应将内部审查并调整完毕的方案向当地规划部门报审。为了防止因审批时间过长而耽误整个项目进度的情况出现，在方案报审的过程中，全过程工程咨询单位应本着为投资人着想的服务理念，协助专业咨询工程师（设计）做好方案报审的准备工作，尽量确保方案会审顺利进行。对于报审前全过程工程咨询单位的准备工作，主要包括以下内容。

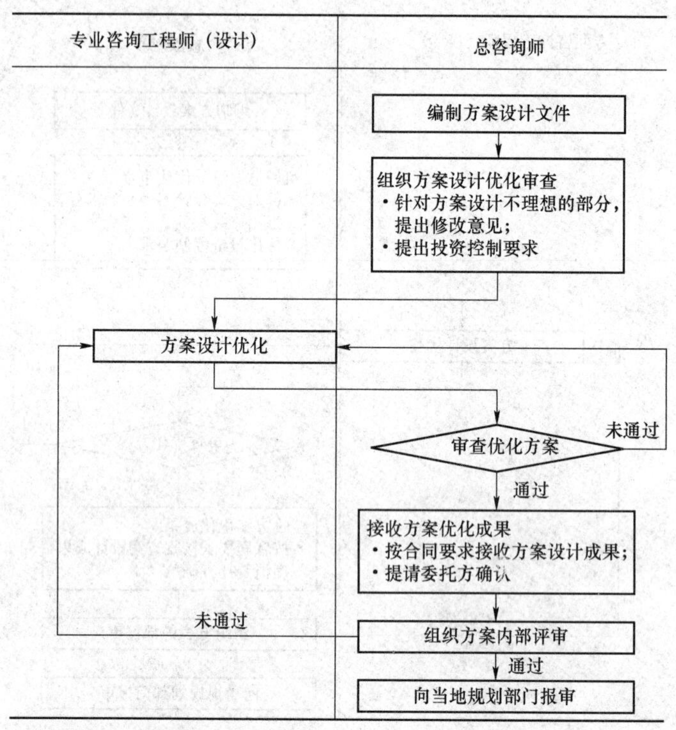

图 4-3 全过程工程咨询单位编审方案设计流程图

(1) 报审前复查设计方案图纸，检查是否符合规范要求，图纸是否具有专业咨询工程师（设计）图签、出图章、设计资质证书编号及各专业设计人员的签名。

(2) 检查报审的图纸文件是否齐全，不全的应要求专业咨询工程师（设计）补送有关图纸、文件，审批时间从补齐之日算起。

(3) 在取得《建筑工程设计方案审核意见单》后，立即协助投资人申请《建筑工程规划许可证》，为后期工作做好准备。

(4) 若设计方案经审核需做较大修改，全过程工程咨询单位应再次及时组织送审设计文件。完成建筑方案的报批审查后，方可进入初步设计阶段。

6. 注意事项

(1) 方案设计要以满足最终投资人的需求为重点，对建筑的整体方案需要进行设计、评选和优选。

(2) 全过程工程咨询单位自身若无能力自行完成方案设计，应进行方案设计招标，如果只对方案设计进行招标，而无须中标单位承担后续设计任务时，要在招标文件中进行说明。

(3) 全过程工程咨询单位需要对方案设计组织专家进行优化，在功能、投资等方面提出合理化建议。

(4) 方案设计阶段的报批管理也是全过程工程咨询单位的重点工作内容，应引起重视。

八、初步设计

在方案设计通过投资人及相关部门的审批以后，就可以开展初步设计，初步设计文件应满足现行的《建筑工程设计文件编制深度的规定》并提供相应的设计概算，以便投资人有效控制投资。

1. 初步设计文件编制内容

(1) 初步设计总说明。

1) 工程设计依据。

2) 工程建设的规模和设计范围。

3) 总指标：总用地面积，总建筑面积和反映建筑功能规模的技术指标，其他有关的技术经济指标。

4) 设计要点综述。

5) 提请在设计审批时需解决或确定的主要问题。

(2) 总平面专业设计。

1) 设计说明书。

a. 设计依据及基础资料；

b. 场地概述；

c. 总平面布置；

d. 竖向设计；

e. 交通组织；

f. 主要技术经济指标表；

g. 室外工程主要材料。

2) 设计图纸。

a. 区域位置图（根据需要绘制）；

b. 总平面图；

c. 竖向布置图；

d. 根据项目实际情况可增加绘制交通、日照、土方图等，也可图纸合并。

(3) 建筑专业设计。

1) 设计说明书。

a. 设计依据；

b. 设计概述；

c. 多子项工程中的简单子项应作综合说明；

d. 对需分期建设的工程，说明分期建设内容和对续建、扩建的设想及相关措施；

e. 幕墙工程和金属、玻璃和膜结构等特殊屋面工程及其他需要专项设计、制作的工程内容的必要说明；

f. 需提请审批时解决的问题或确定的事项以及其他需要说明的问题；

g. 建筑节能设计说明；

h. 当项目按绿色建筑要求建设时，应有绿色建筑设计说明；

i. 当项目按装配式建筑要求建设时，应有装配式建筑设计和内装专项说明。

2）设计图纸。

a. 平面图；

b. 立面图；

c. 剖面图；

d. 根据需要绘制局部的平面放大图或节点详图；

e. 对于贴邻的原有建筑，应绘出其局部的平、立、剖面；

f. 当项目按绿色建筑要求建设时，以上有关图纸应表示相关绿色建筑设计技术的内容；

g. 当项目按装配式建筑要求建设时，设计图纸应表示采用装配式建筑设计技术的内容。

（4）结构专业设计。

1）设计说明书。

a. 工程概况；

b. 设计依据；

c. 建筑分类等级；

d. 主要荷载（作用）取值；

e. 上部及地下室结构设计；

f. 地基基础设计；

g. 结构分析；

h. 主要结构材料说明；

i. 其他需要说明的内容；

j. 当项目按绿色建筑要求建设时，应有绿色建筑设计说明；

k. 当项目按装配式建筑要求建设时，应增加装配式建筑说明。

2）设计图纸。

a. 基础平面图及主要基础构件的截面尺寸；

b. 主要楼层结构平面布置图；

c. 结构主要或关键性节点、支座示意图；

d. 伸缩缝、沉降缝、防震缝、施工后浇带的位置和宽度。

3）建筑结构工程超限设计可行性论证报告。

4）计算书。应包括荷载作用统计、结构整体计算、基础计算等必要的内容。

（5）建筑电气专业设计。

1）设计说明书。

a. 设计依据；

b. 设计范围；

c. 变、配、发电系统；

d. 配电系统；

e. 照明系统；

f. 电气节能及环保措施；

g. 绿色建筑电气设计；

h. 装配式建筑电气设计；

i. 防雷设计；

j. 接地及安全措施；

k. 气消防设计；

l. 智能化设计；

m. 机房工程设计；

n. 需提请在设计审批时解决或确定的主要问题。

2）设计图纸。

a. 电气总平面图；

b. 变、配电系统；

c. 配电系统；

d. 防雷系统、接地系统；

e. 电气消防；

f. 智能化系统。

3）主要电气设备表。注明主要电气设备的名称、型号、规格、单位、数量。

4）计算书。

a. 用电设备负荷计算；

b. 变压器、柴油发电机选型计算；

c. 典型回路电压损失计算；

d. 系统短路电流计算；

e. 防雷类别的选取或计算；

f. 典型场所照度值和照明功率密度值计算；

g. 因条件不具备不能进行计算的内容，应在初步设计中说明，并应在施工图设计时补算。

（6）给水排水专业设计。

1）设计说明书。

a. 设计依据；

b. 工程概况；

c. 设计范围；

d. 建筑小区（室外）给水设计；

e. 建筑小区（室外）排水设计；

f. 建筑室内给水设计；

g. 建筑室内排水设计；

h. 中水系统；

i. 节水、节能减排措施；

j. 对有隔振及防噪声要求的建筑物、构筑物，说明给排水设施所采取的技术措施；

k. 对特殊地区（地震、湿陷性或胀缩性土、冻土地区、软弱地基）的给水排水设施，说明所采取的相应技术措施；

l. 对分期建设的项目，应说明前期、近期和远期结合的设计原则和依据性资料；

m. 当项目按绿色建筑要求建设时，说明绿色建筑设计目标，采用的主要绿色建筑技术和措施；

n. 当项目按装配式建筑要求建设时，说明装配式建筑给排水设计目标，采用的主要装配式建筑技术和措施；

o. 各专篇（项）中给排水专业应阐述的问题；

p. 给排水专业需专项（二次）设计的系统及设计要求；

q. 存在的问题：需提请在设计审批时解决或确定的主要问题；

r. 施工图设计阶段需要提供的技术资料等。

2）设计图纸（对于简单工程项目初步设计阶段可不出图）。

a. 建筑小区（室外）应绘制给水排水总平面图；

b. 建筑室内给水排水平面图和系统原理图。

3）设备及主要材料表。

4）计算书。

a. 各类生活、生产、消防等系统用水量和生活、生产排水量，园区、屋面雨水排水量，生活热水的设计小时耗热量等计算；

b. 中水水量平衡计算；

c. 有关的水力计算及热力计算；

d. 主要设备选型和构筑物尺寸计算。

（7）供暖通风与空气调节专业设计。

1）设计说明。

a. 设计依据；

b. 设计范围；

c. 设计计算参数；

d. 供暖设计说明；

e. 空调设计说明；

f. 通风设计说明；

g. 防排烟设计说明；

h. 空调通风系统的防火、防爆措施说明；

i. 节能设计说明；

j. 当项目按绿色建筑要求建设时，说明绿色建筑设计目标，采用的主要绿色建筑技术和措施；

k. 当项目按装配式建筑要求建设时，说明装配式建筑设计目标，采用的主要装配式建筑技术和措施；

l. 废气排放处理和降噪、减振等环保措施；

m. 需提请在设计审批时解决或确定的主要问题。

2）设备表。

3）设计图纸。

a. 供暖通风与空气调节初步设计图纸；

b. 系统流程图；

c. 供暖平面图；

d. 通风、空调、防排烟平面图；

e. 冷热源机房平面图。

（8）热能动力专业设计。

1）设计说明书。

a. 设计依据；

b. 设计范围；

c. 锅炉房设计说明；

d. 其他动力站房设计说明；

e. 室内管道设计说明；

f. 室外管网设计说明；

g. 节能、环保、消防、安全措施说明等；

h. 当项目设计为绿色建筑时，说明绿色建筑设计目标，采用的主要绿色建筑技术和措施；

i. 需提请设计审批时解决或确定的主要问题。

2）设计图纸。

a. 热力系统图；

b. 锅炉房平面图；

c. 其他动力站房平面布置图及系统原理图；

d. 室内外动力管道平面走向图。

3）主要设备表。

4）计算书。对于负荷、水电和燃料消耗量、主要管道管径、主要设备选择等，应做初步计算。

（9）交付成果。在项目初步设计阶段，全过程工程咨询单位交付的主要设计成果文件，在设计深度上应符合已审定的方案设计内容，能据以确定土地征用范围、准备主要设备及材料，能据以进行施工图设计和施工准备，并作为审批确定项目投资的依据。初步设计成果文件如图 4-4 所示，具体内容详见现行的《建筑工程设计文件编制深度规定》。

2. 初步设计审查与优化

（1）审查与优化依据。全过程工程咨询单位初步设计审查应以下列文件为依据。

1）国家政策、法规。

2）各专业执行的设计规范、标准及现行国家及项目所在地的有关标准、规程。

3）政府有关主管部门的批文、可行性研究报告、立项书、方案文件等的文号或名称。

4）批准的方案设计。

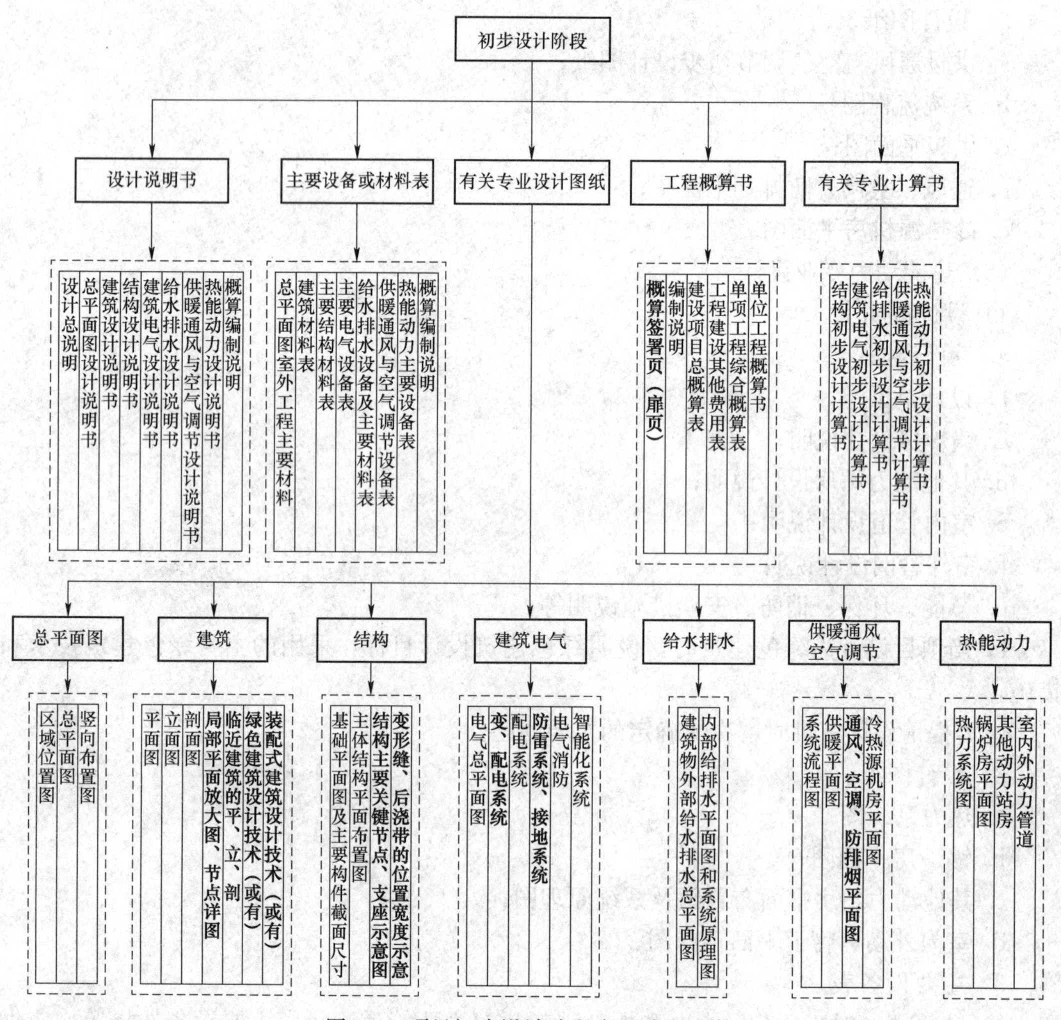

图 4-4　项目初步设计阶段主要成果文件

5）规划、用地、环保、卫生、绿化、消防、人防、抗震等要求和依据资料。

6）投资人提供的有关使用要求或生产工艺等资料。

7）建设场地的自然条件和施工条件。

8）有关的合同、协议、设计任务书等。

9）其他的有关资料。

（2）审查与优化内容。当初步设计图纸出来后，全过程工程咨询单位需组织各专业专家逐张审查图纸，重点审查选材是否经济、做法是否合理、节点是否详细、图纸有无错缺碰漏等问题。在认真审阅图纸后，书面整理专家审图意见，与投资人和专业咨询工程师（设计）约定时间，共同讨论交换意见，达成共识后，进行设计图纸修改。

全过程工程咨询单位对初步设计审查合格后，需按当地建设行政主管部门的规定，将初步设计文件报送建设行政主管部门审查。

全过程工程咨询单位进行的初步设计的审查应当包括下列主要内容。

1）是否按照方案设计的审查意见进行了修改。

2）是否达到初步设计的深度，是否满足编制施工图设计文件的需要。

3）是否满足消防规范的要求。

4）建筑专业。

a. 建筑面积等指标没有大的变化；

b. 建筑功能分隔是否得到深化，总平面、楼层平面、立面设计是否深入；

c. 主要装修标准明确；

d. 各楼层平面是否分隔合理，有较高的平面使用系数。

5）结构专业。

a. 结构体系选择恰当，基础形式合理；

b. 各楼层布置合理。

6）设备专业。

a. 系统设计合理；

b. 主要设备选型得当、明确。

7）有关专业重大技术方案是否进行了技术经济分析比较，是否安全、可靠。

8）初步设计文件采用的新技术、新材料是否适用、可靠。

9）设计概算编制是否按照国家和地方现行有关规定进行编制，深度是否满足要求。

3. 初步设计编审程序

项目初步设计文件编审程序，如图 4-5 所示。

4. 注意事项

（1）初步设计深度不够是目前建设项目初步设计存在的一个普遍问题。因此，初步设计管理也要注重对设计人员经验和业务水平等方面加强对专业咨询工程师（设计）的管理。

（2）注重初步设计不能与可行性研究报告偏离，其深度要达到或超过可行性研究报告。

（3）全过程工程咨询单位需要按国家《建筑工程设计文件编制深度规定》的要求及合同要求，严格审查初步设计文件的内容是否齐全，设计文件的份数是否满足合同约定。

九、施工图设计

施工图设计阶段主要是通过图纸把设计者的意图和全部设计结果表达出来，主要以图纸的形式提交设计文件成果，使整个设计方案得以实施。施工图设计，一是用于指导施工，二是用作工程预算编制的依据。施工图设计应满足现行的《建筑工程设计文件编制深度的规定》。

1. 施工图设计文件编制内容

施工图设计文件包括合同要求所涉及的所有专业的设计图纸（含图纸目录、说明和必要的设备、材料表等）以及图纸总封面；对于涉及建筑节能设计的专业，其设计说明应有

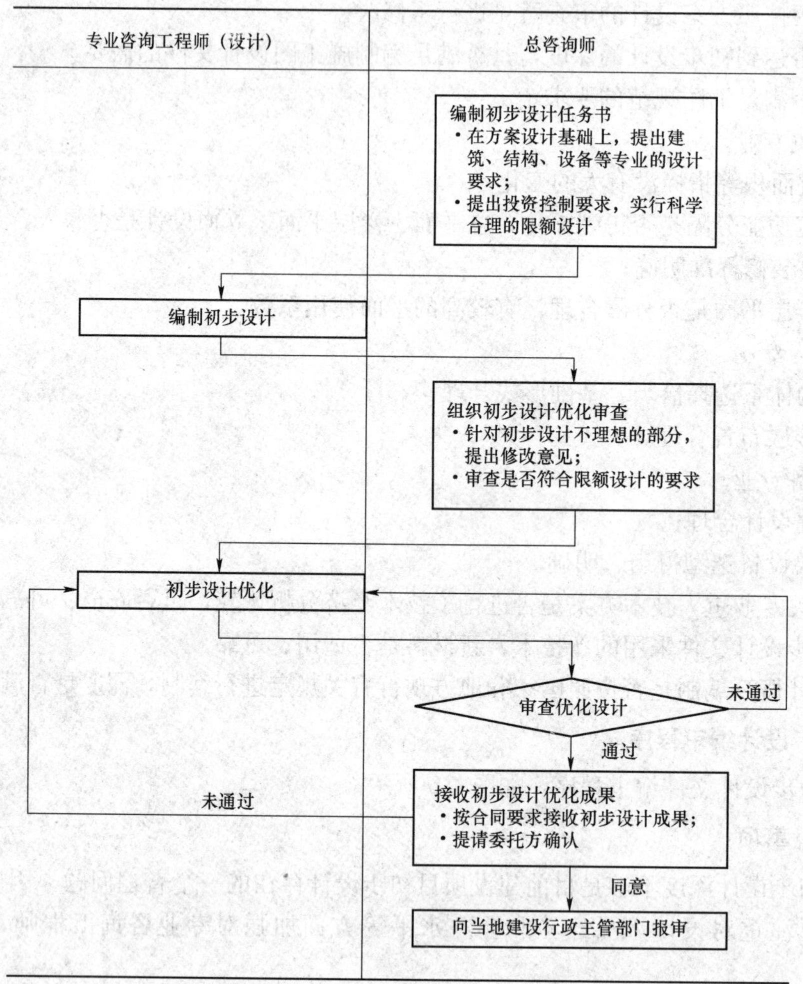

图 4-5　全过程工程咨询单位编审初步设计文件流程图

建筑节能设计的专项内容；涉及装配式建筑设计的专业，其设计说明及图纸应有装配式建筑专项设计内容。

（1）总平面专业设计。在施工图设计阶段，总平面专业设计文件应包括图纸目录、设计说明、设计图纸、计算书。

1）图纸目录。

2）设计说明。

3）总平面图。

4）竖向布置图。

5）土石方图。

6）管道综合图。

7）绿化及建筑小品布置图。

8）详图。道路横断面、路面结构、挡土墙、护坡、排水沟、池壁、广场、运动场地、活动场地、停车场地面、围墙等详图。

9）计算书。设计依据及基础资料、计算公式、计算过程、有关满足日照要求的分析资料及成果资料等。

（2）建筑专业设计。在施工图设计阶段，建筑专业设计文件应包括图纸目录、设计说明、设计图纸、计算书。

1）图纸目录；

2）设计说明；

3）平面图；

4）立面图；

5）剖面图；

6）详图。

（3）结构专业设计。在施工图设计阶段，结构专业设计文件应包含图纸目录、设计说明、设计图纸、计算书。

1）图纸目录。

2）结构设计总说明。每一单项工程应编写一份结构设计总说明，对多子项工程应编写统一的结构设计总说明。当工程以钢结构为主或包含较多的钢结构时，应编制钢结构设计总说明。当工程较简单时，亦可将总说明的内容分散写在相关部分的图纸中。

结构设计总说明应包括以下内容。

a. 工程概况；

b. 设计依据；

c. 图纸说明；

d. 建筑分类等级；

e. 主要荷载（作用）取值及设计参数；

f. 设计计算程序；

g. 主要结构材料；

h. 基础及地下室工程；

i. 钢筋混凝土工程；

j. 钢结构工程；

k. 砌体工程；

l. 检测（观测）要求；

m. 施工需特别注意的问题；

n. 有基坑时应对基坑设计提出技术要求；

o. 当项目按绿色建筑要求建设时，应有绿色建筑设计说明；

p. 当项目按装配式结构要求建设时，应有装配式结构设计专项说明。

3）基础平面图。

4）基础详图。

5）结构平面图。

6）钢筋混凝土构件详图。

7）混凝土结构节点构造详图。

8）其他图纸。楼梯图、预埋件、特种结构和构筑物等。

9）钢结构设计施工图。钢结构设计施工图的内容和深度应能满足进行钢结构制作详图设计的要求。钢结构设计施工图应包括以下内容。

a. 钢结构设计总说明；

b. 基础平面图及详图；

c. 结构平面（包括各层楼面、屋面）布置图；

d. 构件与节点详图。

10）计算书。

(4) 建筑电气专业设计。在施工图设计阶段，建筑电气专业设计文件图纸部分应包括图纸目录、设计说明、设计图、主要设备表，电气计算部分出计算书。

1）图纸目录。

2）设计说明。

3）图例符号（应包括设备选型、规格及安装等信息）。

4）电气总平面图（仅有单体设计时，可无此项内容）。

5）变、配电站设计图。高、低压配电系统图（一次线路图）、平、剖面图、继电保护及信号原理图、配电干线系统图、相应图纸说明等。

6）配电、照明设计图。配电箱（或控制箱）系统图、配电平面图、照明平面图等，图中表达不清楚的，可随图作相应说明。

7）建筑设备控制原理图。建筑电气设备控制原理图、建筑设备监控系统及系统集成设计图等。

8）防雷、接地及安全设计图。

9）电气消防。电气火灾监控系统、消防设备电源监控系统、防火门监控系统、火灾自动报警系统、消防应急广播等。

10）智能化各系统设计。智能化各系统及其子系统的系统框图、智能化各系统及其子系统的干线桥架走向平面图、智能化各系统及其子系统竖井布置分布图。

11）主要电气设备表。注明主要电气设备的名称、型号、规格、单位、数量。

12）计算书。施工图设计阶段的计算书，计算内容同初设要求。

13）当采用装配式建筑技术设计时，应明确装配式建筑设计电气专项内容。

(5) 给水排水专业设计。在施工图设计阶段，建筑给水排水专业设计文件应包括图纸目录、施工图设计说明、设计图纸、设备及主要材料表、计算书。

1）图纸目录。

2）设计总说明和图例。

3）建筑小区（室外）给水排水总平面图。

4）室外排水管道高程表或纵断面图。

5）自备水源取水工程，应按照现行的《市政公用工程设计文件编制深度规定》要求，另行专项设计。

6）雨水控制与利用及各净化建筑物、构筑物平、剖面及详图。

7）水泵房平面、剖面图。

8）水塔（箱）、水池配管及详图。

9）循环水构筑物的平面、剖面及系统图。

10）污水处理。

11）建筑室内给水排水图纸。平面图、系统图、局部放大图等。

12）设备及主要材料表。

13）计算书。根据初步设计审批意见进行施工图阶段设计计算。

14）当采用装配式建筑技术设计时，应明确装配式建筑设计给排水专项内容。

（6）供暖通风与空气调节专业设计。在施工图设计阶段，供暖通风与空气调节专业设计文件应包括图纸目录、设计与施工说明、设备表、设计图纸、计算书。

1）图纸目录。

2）设计说明和施工说明。

3）设备表，施工图阶段性能参数栏应注明详细的技术数据。

4）平面图。

5）通风、空调、制冷机房平面图和剖面图。

6）系统图、立管或竖风道图。

7）通风、空调剖面图和详图。

8）室外管网设计深度要求。

9）计算书。

10）当采用装配式建筑技术设计时，应明确装配式建筑设计暖通空调专项内容。

（7）热能动力专业设计。在施工图设计阶段，热能动力专业设计文件应包括图纸目录、设计说明和施工说明、设备及主要材料表、设计图纸、计算书。

1）图纸目录。

2）设计说明、施工说明与运行控制说明。

3）锅炉房图。

4）其他动力站房图。

5）室内管道图。

6）室外管网图。

7）设备及主要材料表。应列出设备及主要材料的名称、性能参数、单位和数量、备用情况等，对锅炉设备应注明锅炉效率。

8）计算书。

（8）交付成果。在项目施工图设计阶段，全过程工程咨询单位根据批准的初步设计进行编制和交付的设计成果文件，须能满足施工招标、施工安装、材料设备订货、非标设备制作、加工及编制施工图预算的要求。施工图设计成果文件如图 4-6 所示，具体内容详见现行的《建筑工程设计文件编制深度规定》。

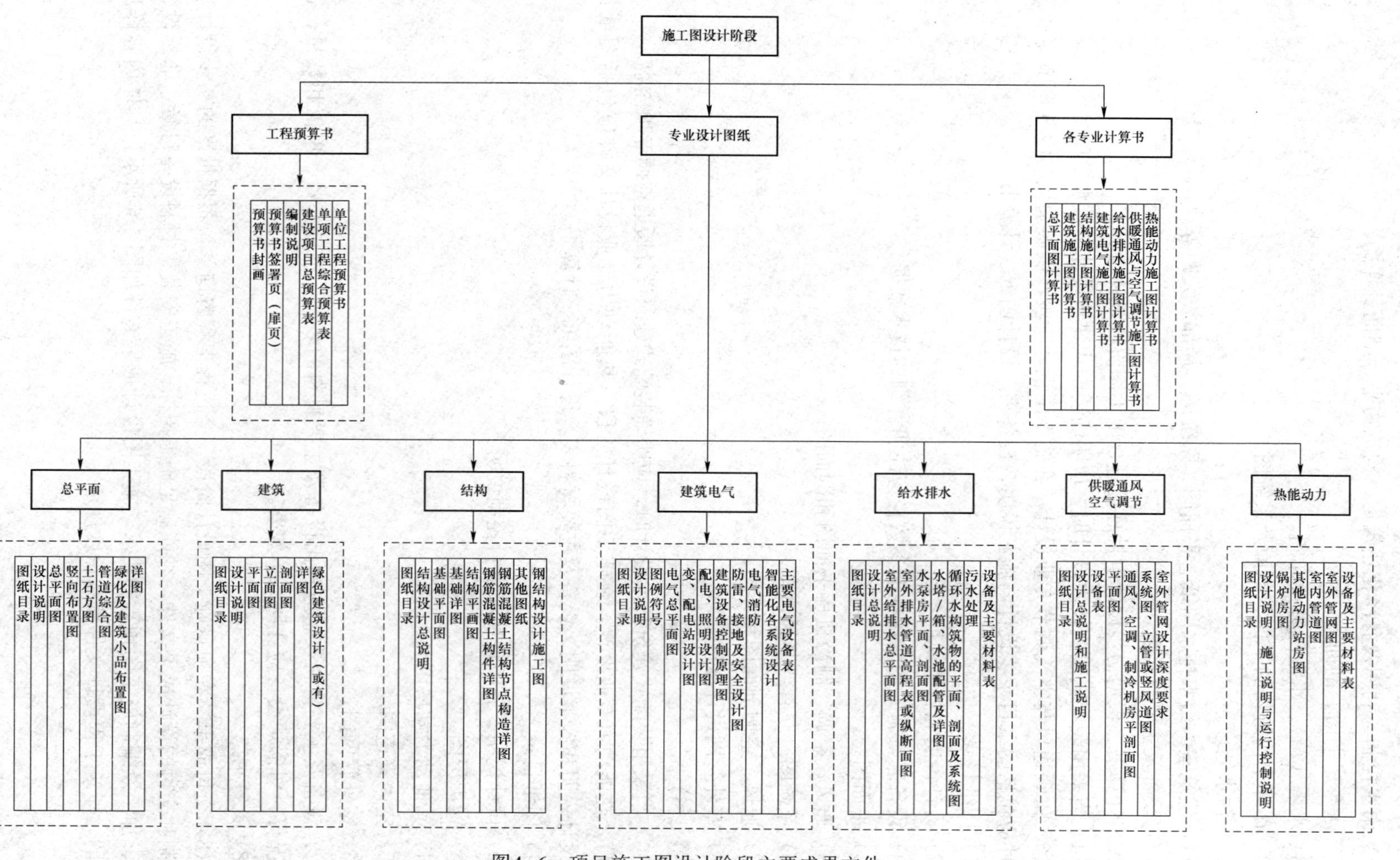

图4-6 项目施工图设计阶段主要成果文件

2. 施工图设计文件审查

施工图设计阶段，全过程工程咨询单位需要对施工图设计文件进行审查，施工图设计文件包括合同要求所涉及的所有专业的设计图纸（含图纸目录、说明和必要的设备、材料表及图纸总封面）、合同要求的工程预算书、各专业计算书。本章主要介绍施工图设计审查和施工图预算审查。

施工图设计审查分为全过程工程咨询单位自行组织的技术性及符合性审查以及建设行政主管部门认定的施工图审查机构实施的工程建设强制性标准及其他规定内容的审查，完成审查后的施工图文件应到建设行政主管部门进行备案。

（1）审查依据。

1）全过程工程咨询单位进行的施工图设计审查应以下列文件为依据。

a. 设计依据；

b. 国家政策、法规及设计规范；

c. 设计任务书或协议书；

d. 批准的初步设计；

e. 详细的勘察资料；

f. 关于初步设计审查意见；

g. 关于初步设计工程所在地建设行政主管部门的批复意见；

h. 其他资料。

2）此外，施工图审查机构进行的施工图设计审查，主要依据如下。

a.《实施工程建设强制性标准监督规定》（建设部令第 81 号）（2015 年修订）。

b.《房屋建筑和市政基础设施工程施工图设计文件审查管理办法》（住房城乡建设部令第 13 号）。

（2）审查内容。

1）全过程工程咨询单位对施工图设计及审查。在施工图出图后及送行政审查前，全过程工程咨询单位应组织投资人、造价工程师等对施工图的设计内容进行内部审查，如：造价工程师应从工程量清单编制过程中发现的技术问题，或从造价控制的角度提出意见、建议；而专业咨询工程师（监理）应结合施工现场（如技术的可靠性、施工的便利性、施工的安全性等方面）提出意见、建议；全过程工程咨询单位应从施工图是否满足投资人需求等方面进行审查。

全过程工程咨询单位对各单位审查意见进行汇总，并召开专题会议共同讨论，由专业咨询工程师（设计）对施工图进行修改、完善，最后形成正式的施工图。

施工图设计文件应正确、完整和详尽，并确定具体的定位和结构尺寸、构造措施，材料、质量标准、技术细节等，还应满足设备、材料的采购需求，满足各种非标准设备的制作需求，满足招标及指导施工的需要。全过程工程咨询单位对施工图设计审查的主要内容应包括如下。

a. 建筑专业。

（a）建筑面积是否符合政府主管部门批准意见和设计任务书的要求，特别是计入容积率的面积是否核算准确；

（b）建筑装饰用料标准是否合理、先进、经济、美观，特别是外立面是否体现了方案设计的特色，内装修标准是否符合投资人的意图；

（c）总平面设计是否充分考虑了交通组织、园林景观，竖向设计是否合理；

（d）立面、剖面、详图是否表达清楚；

（e）门窗表是否能与平面图对应，其统计数量有无差错，分隔形式是否合理；

（f）消防设计是否符合消防规范，包括防火分区是否超过规定面积，防火分隔是否达到耐火时限，消防疏散通道是否具有足够宽度和数量，消防电梯设置是否符合要求；

（g）地下室防水、屋面防水、外墙防渗水、卫生间防水、门窗防水等重要位置渗漏的处理是否合理；

（h）楼地面做法是否满足投资人要求。

b. 结构专业。

（a）结构设计总说明是内容否准确全面，结构构造要求是否交代清楚；

（b）基础设计是否符合初步设计确定的技术方案；

（c）主体结构中的结构布置选型是否符合初步设计及其审查意见，楼层结构平面梁、板、墙、柱的标注是否全面，配筋是否合理；

（d）结构设计是否满足施工要求；

（e）基坑开挖及基坑围护方案的推荐是否合理；

（f）钢筋含量、节点处理等问题是否合理；

（g）土建与各专业的矛盾问题是否解决。

c. 设备专业。

（a）系统是否按照初步设计的审查意见进行布置；

（b）与建筑结构专业是否矛盾；

（c）消防工程设计是否满足消防规范的要求，包括火灾报警系统、防排烟系统、消火栓系统、喷淋系统以及疏散广播系统等；

（d）给水管供水量及管道走向、管径是否满足最不利点供水压力需要，是否满足美观需要；

（e）排水管的走向及布置是否合理；

（f）管材及器具选择是否符合规范及投资人要求；

（g）水、电、煤、消防等设备、管线安装位置设计是否合理、美观且与土建图纸不相矛盾；

（h）煤气工程是否满足煤气公司的审图要求；

（i）室内电器布置是否合理、规范，强、弱电室内外接口是否满足电话局、供电局及设计要求；

（j）用电设计容量和供电方式是否符合供电局规定要求；

（k）完成内部审查后，应及时送至相关的施工图审查机构审查，并取得施工图审查合格书。

2）施工图审查机构对施工图设计的审查。审查内容主要包括如下。

a. 是否符合工程建设强制性标准；

b. 地基基础和主体结构的安全性；

c. 是否符合民用建筑节能强制性标准，对执行绿色建筑标准的项目，还应当审查是否符合绿色建筑标准；

d. 勘察设计企业和注册执业人员以及相关人员是否按规定在施工图上加盖相应的图章和签字；

e. 法律、法规、规章规定必须审查的其他内容。

第三节　设　计　评　审

所谓设计评审，是指对相关设计成果所做的正式的、综合性的和系统性的审查，并写成文件，以评定设计要求与设计能力是否满足要求，识别其中的问题，提出解决办法。设计评审的作用主要包括如下。

(1) 评价工程设计是否满足功能需求，是否符合设计规范及有关标准、准则。

(2) 发现和确定工程项目的薄弱环节和可靠性风险较高的区域，研讨并提出改进意见。

(3) 减少后续设计更改，缩短建设周期，降低寿命建设成本。

通常设计评审内容主要包括：初步设计评审、施工图审查、抗震设计审查、消防评审，以及根据需要开展的其他相关评审。

在设计评审工作中，咨询机构的角色主要体现在两方面：①协助编制相关的设计评审文件；②满足条件的可接受委托作为评审单位协助组织开展设计评审工作。

由于设计评审工作由建设行政主管部门或相关管理机构负责与监督管理，评审工作开展已趋于规范化和成熟化，相关的评审流程、所需提供文件资料等内容在相关的条例规定中都已明文确定，故本书在此不做赘述。本节内容将侧重阐述各项设计评审工作的主要关注要点，为提供相关评审服务的咨询机构以参考。

一、初步设计评审

1. 评审范围

需要开展初步设计评审的项目根据各地相关法规文件规定确定。

2. 评审要点

初步设计评审要点可分为行政审查和技术审查两方面内容，最后提出总体评价意见。

(1) 行政审查。项目初步设计的行政审查主要包括建设程序、资质资格、市场管理三大类内容，是对初步设计文件的合规合法性进行的一般性评估。各项评审要点见表 4-2。

表 4-2　　项目初步设计行政审查评审要点

项目		审查内容
建设程序	报批要件	是否齐全
	审批权限	是否符合审批管理权限规定
	初步设计	（1）建设目标、规模、内容、性质和概算投资额是否符合发改部门批复文件要求； （2）是否符合经审查通过的规划方案； （3）是否符合经审查通过的消防方案设计； （4）是否符合人防设置要求； （5）是否符合经审批的环评报告； （6）上述内容存在变化是否按规定进行了相关报批手续，并取得有关部门的同意和批准
资质资格	资质	设计单位资质是否符合响应标准
	资格	执业人员是否符合注册建筑师、勘察设计注册工程师执业范围
市场管理	文件编制	（1）初步设计文件签署是否齐全、规范； （2）初步设计文件格式是否符合相应规定
	市场行为	勘察设计单位和执业人员的市场行为是否合法规范
	合同	勘察设计合同是否合法、有效
	收费	勘察设计收费是否符合国家和地区的相关规定
	工作周期	勘察设计周期是否合理
	承发包	勘察设计承发包是否符合有关规定

（2）技术审查。项目初步设计的技术审查主要包括工艺设计、总图设计、建筑设计、结构设计、设备电气、初步设计概算等方面，应主要关注以下内容。

1）初步设计内容是否完整全面，各专业设计深度是否满足相关要求。

2）各专业设计说明和设计图纸是否符合现行标准、规范、规定和规程的要求，特别是强制性规范条文的要求，设计规模和设计范围是否有所变更。

3）采用的设计方案是否体现节能、环保、确保公共安全的要求。

4）采用的设计方案是否经济、合理、可行。

5）初步设计概算编制内容是否完整，概算编制依据是否合理、准确。

具体而言，各专业技术评审要点见表 4-3。

表 4-3　　项目初步设计技术审查评审要点

项目	审查内容
工艺设计	实验室、实习场所、专业性很强的教学与民用建筑和具有特殊功能要求的建筑项目应编制工艺流程图及其文字说明，并提出相应的设备选型。此外，对于音乐厅、报告厅、礼堂等特殊场馆还需评审是否包含建筑声学计算及处理和必要的视线分析计算、音响测试等设计内容

续表

项　目	审查内容
总图设计	（1）总平面图的布置是否做到土地的合理利用及技术经济指标合理，是否满足有关主管部门对该项目批示的许可技术条件和分期建设等方面的特殊要求。 （2）总平面设计中功能定位及功能分区是否明确，人流、车流的交通组织是否合理顺畅。 （3）建设场地是否已进行了人文地质和工程地质勘查，是否已充分了解和掌握总平面设计涉及的有关自然因素和自然灾害。 （4）总平面设计中水、暖、电等各种管线设计是否合理，接口是否清楚、明确，相应构筑物在总平面的位置是否明确，是否符合有关规范要求。 （5）竖向设计的设计依据是否充分，是否满足工艺、运输、地形、排水等情况以及土方平衡的要求。 （6）停车场（库）数量是否满足要求并符合规定。各类道路的主要设计参数是否合理，宽度、结构、拐弯半径、坡度等设计是否符合有关设计规范的要求。 （7）总平面设计图纸各种标注是否符合齐全并符合相关规定要求，各项技术指标是否符合当地政府有关部门的规定
建筑设计	（1）建筑功能定位及功能分区是否明确，建筑平面布局、各功能分区层数、层高等是否满足功能要求。 （2）人流、物流组织是否合理顺畅，并满足疏散要求，垂直交通设施的选型是否满足要求且经济合理。 （3）消防设计中对防火、防烟、防有毒气体、防辐射等分类、分区划分是否合理、是否符合规定。 （4）建筑方案中各种建筑做法、装饰装修标准及采用的材料，是否符合卫生、节能、环保要求，并与规定的投资水平一致。对于不符合要求、费用过大或过低、标准过高或过低且与功能不符的项目提出修改建议，并作为投资调整的依据。 （5）建筑设计图纸是否齐全，是否按设计深度规定要求。立面设计是否美观，是否与周围的环境空间相适应，是否符合建筑节能要求。 （6）对建筑方案中合理选用的新技术、新材料应予以肯定，对不合理和存在的问题提出修改意见。 （7）建筑项目主要特征表、门窗表是否齐全、清楚、经济实用
结构设计	（1）设计依据是否合理，采用标准、规范是否是现行最新版本，设计要求和设计条件是否完备。 （2）结构设计使用年限、抗震烈度、防裂度和设防类别是否正确。 （3）地基基础设计等级、地基处理方案及基础形式、基础埋置深度等是否合理。 （4）设计荷载选用是否全面合理。 （5）上部结构造型、各种缝的设置宽度、结构处理是否经济合理，是否符合设计规范及特殊使用要求。 （6）采用的新技术、新结构、新材料是否安全、可靠。 （7）结构设计图纸是否齐全标准，并满足编制概算的深度要求
设备电气设计	（1）给水排水、强电、弱电、采暖通风空调等专业设计依据是否正确，内容是否全面，系统设置是否能保证使用功能的实现及安全可靠。 （2）各种设备选型是否恰当，建设标准是否适度，各类指标的计算是否准确（如用水量、用电量等），并是否考虑了各项因素的影响。 （3）设计图纸是否齐全，是否满足设计深度规定的要求。 （4）是否编制了主要材料用量表，其数量是否准确。对于设计中存在的问题、错误及不合理的部分提出修改意见

续表

项　目	审查内容
初步设计概算	(1) 对概算编制依据的评审。概算的编制依据是否符合国家有关建设和造价管理的法律、法规和方针政策，是否依据了项目立项批复文件或设计任务书等有效文件，依据文件、资料是否齐全、完整和正确。 (2) 对初步设计总概算的评审。概算编制内容是否完整，是否有漏项，是否与项目建设内容图纸一致；编制的方法、项目归类是否符合有关规定的要求，计算依据是否满足国家及当地定额部门的有关规定；设计总概算的编制是否与单项工程综合概算表中的数据一致。初步设计总概算不能超过可行性研究报告批复投资的10%。初步设计概算应通过限额设计的方式进行控制，当投资超过规定的限额时，在满足功能要求的条件下，采取调整建筑面积，优化结构设计、调整材料标准等方式予以解决。评审中应就此提出解决措施，并返回业主对投资进行调整。 (3) 对单位工程概算书和单项工程综合概算表的评审。各专业是否按规定编制了单位工程概算书，工程量计算规则是否正确，数量是否准确无误，工程取费是否合理。单项工程综合概算表是否按单位工程概算书的结果编制、汇总，数据是否一致。在评审报告中应说明对分项工程、单位工程及单项目工程审查的结果，并就影响投资的问题与编制单位进行沟通。 (4) 对仪器设备的评审。主要是对工艺设备和实验室仪器设备的价格进行评审。评审仪器设备购置清单是否在可行性研究报告或项目建议书的批复内容范围内。初步设计阶段仪器设备的审核，主要围绕拟购设备的合理性和配套性进行，审核该设备是否符合原批复范围，内容是否有调整，调整的原因是否充分；购置设备如与主管部门的批复有较大调整时，是否已向主管部门进行了申报和说明，并得到了批准（附批件）。 (5) 审查仪器设备原价及各种费用费率计算和价格组成是否合理，是否有漏项或重复。 (6) 对工程建设其他费用的评审。工程建设其他费用不属于建筑安装工程、设备购置费等其他必要的费用支出。该项费用在不同地区的计费内容基本相同，但也有部分内容因受地域、环境等方面的影响，发生一些特殊费用，主要依据国家和当地政府的有关文件，审查各项费用是否合理，计取的费率和计费基数是否正确。对于国家明文规定的内容，按统一标准核定。对于地方政府规定与国家文件规定不一致的，或国家无规定、地方官政府单独规定的收费，应附地方文件。 (7) 对预备费的评审。评审计费标准是否符合有关规定，计费内容是否合理，费率的确定是否有充分依据并充分反映物价变动情况。 (8) 评审后的工程总投资和各项工程投资是否在项目可研报告已批复范围内，投资结构是否符合批复的内容和标准；当超过批复投资时应在评审报告中说明原因和合理性。核减投资时应说明其内容和核减原因。 (9) 将评审结果编制项目投资概算调整表

(3) 总体评价。项目初步设计的总体评价是在汇总各分项评审的基础上，对拟建投资项目进行全面分析和综合评审，将其数据资料进行检验审核和整理、对比分析、归纳判断，提出最终结论意见和建议，并做出项目评审报告。

评审报告应就初步设计文件编制的依据、编制内容、建设规模、建设标准、总平面图和各专业设计方案、节能环保、设计概算等做出全面、客观、公正、科学的评价。并就设计中可能存在的重大问题以及是否需要修改提出建议。

二、施工图审查

施工图审查是对施工图涉及公共利益、公众安全和工程建设强制性标准的内容进行的审查，是政府主管部门对建筑工程勘察设计质量监督管理的重要环节，是基本建设必不可少的程序。

1. 审查范围

根据住房城乡建设部《房屋建筑和市政基础设施工程施工图设计文件审查管理办法》的规定，施工图未经审查合格的，不得使用。从事房屋建筑工程、市政基础设施工程施工、监理等活动，以及实施对房屋建筑和市政基础设施工程质量安全监督管理，应当以审查合格的施工图为依据。

建筑工程设计等级分级标准中的各类新建、改建、扩建的建筑工程项目均属施工图审查范围。省、自治区、直辖市人民政府建设行政主管部门，可结合本地的实际，确定具体的审查范围。

2. 审查要点

项目施工图设计审查针对建筑、结构、给水排水、暖通、电气、建筑节能等专业分别进行审查。施工图审查机构应当对施工图审查下列内容。

（1）是否符合工程建设强制性标准。

（2）地基基础和主体结构的安全性。

（3）是否符合民用建筑节能强制性标准，对执行绿色建筑标准的项目，还应当审查是否符合绿色建筑标准。

（4）勘察设计企业和注册执业人员以及相关人员是否按规定在施工图上加盖相应的图章和签字。

（5）是否符合公众利益。

（6）施工图是否达到规定的设计深度要求。

（7）是否符合作为设计依据的政府有关部门的批准文件要求。

（8）法律、法规、规章规定必须审查的其他内容。

具体的各专业施工图审查要点可参见住房城乡建设部《建筑工程施工图设计文件技术审查要点》文件和各地的施工图设计审查相关文件要求。施工图设计技术审查要点摘要见表4-4。

表4-4　建筑工程施工图设计文件技术审查要点（摘要）

序号	项目	审查内容
1. 建筑专业		
1.1	编制依据	建设、规划、消防、人防等主管部门对本工程的有效审批文件是否得到落实；国家及地方有关本工程建筑设计的工程建设规范、规程等是否齐全、正确，是否为有效版本
1.2	规划要求	建设工程设计是否符合规划批准的建设用地位置，建筑面积、建筑红线距离、控制高度等是否在规划许可的范围内
1.3	强制性条文	现行工程建设标准（含国家标准、行业标准、地方标准）中的强制性条文，详见相关标准
1.4	施工图深度	图纸基本要求和设计深度参考《建筑工程设计文件编制深度规定》（2008年版）“4.2.4 总平面图”“4.2.5 竖向布置图”“4.3.10 计算书”“4.3.3 设计说明”的相关规定

续表

序号	项目	审查内容
1.5	设计基本规定	无障碍设计、设计通则、地下室工程防水分别参考相关设计规范文件规定
1.6	建筑防火	建筑设计防火，高层民用建筑设计防火，汽车库、修车库、停车场防火，内部装修设计防火分别参考相关设计规范文件规定
1.7	各类建筑设计	住宅，老年人居住建筑，宿舍，托儿所、幼儿园，中小学校，办公建筑，旅馆建筑，商店建筑，饮食建筑，图书馆，博物馆，档案馆，剧场，电影院，体育建筑，综合医院，汽车库，锅炉房等，分别参考相关设计规范文件规定
1.8	法规	材料和设备的选用、安全玻璃、消防技术等分别参考相关设计规范文件规定
2. 结构专业		
2.1	强制性条文	现行工程建设标准（含国家标准、行业标准、地方标准）中的强制性条文，具体内容见相关标准
2.2	基本规定	
2.2.1	审查范围	（1）应对建筑结构施工图设计文件执行强制性条文的情况进行审查，而列入本要点的非强制性条文仅用于对地基基础和主体结构安全性的审查。 （2）钢结构应对设计图进行审查，钢结构设计图的深度应满足国家标准图集《钢结构设计制图深度和表示方法》（03G102）的要求。当报审图纸为设计图与施工详图合为一体时，也仅对其中属于设计图的内容进行审查。 （3）当采用地基处理时，应对经过处理后应达到的地基承载力及地基变形要求的正确性进行审查，可不对具体的地基处理设计文件进行审查
2.2.2	设计依据	（1）设计采用的工程建设标准和设计中引用的其他标准应为有效版本。 （2）设计所采用的地基承载力等地基土的物理力学指标、抗浮设防水位及建筑场地类别应与审查合格的《岩土工程勘察报告》一致。 （3）建筑结构设计中涉及的作用或荷载，应符合《建筑结构荷载规范》（GB 50009—2012）及其他工程建设标准的规定。当设计采用的荷载在现行工程建设标准中无具体规定时，其荷载取值应有充分的依据。 （4）一般情况下，建筑的抗震设防烈度应采用根据中国地震动参数区划图确定的地震基本烈度（设计基本地震加速度值所对应的烈度值）。我国主要城镇（县级及县级以上城镇）中心地区的抗震设防烈度、设计基本地震加速度值和所属的设计地震分组，可按《建筑抗震设计规范》（GB 50011—2010）附录A采用
2.2.3	结构计算书	（1）计算模型的建立，必要的简化计算与处理，应符合结构的实际工作情况和现行工程建设标准的规定。 （2）采用手算的结构计算书，应给出布置简图和计算简图；引用数据应有可靠依据，采用计算图表及不常用的计算公式时，应注明其来源出处，构件编号、计算结果应与图纸一致。 （3）当采用计算机程序计算时，应在计算书中注明所采用的计算程序名称、代号、版本及编制单位，计算程序必须经过鉴定。输入的总信息、计算模型、几何简图、荷载简图应符合本工程的实际情况。报审时应提供所有计算文本。当采用不常用的程序计算时，尚应提供该程序的使用说明书。 （4）复杂结构应采用不少于两个不同力学模型分析软件进行整体计算。 （5）所有计算机计算结果，应经分析判断确认其合理、有效后方可用于工程设计。如计算结果不能满足规范要求时，应重新进行计算。特殊情况下，确有依据不需要重新计算时，应说明其理由，采取相应加强措施，并在计算书的相应位置上予以注明。

续表

序号	项目	审查内容
2.2.3	结构计算书	（6）施工图中表达的内容应与计算结果相吻合。当结构设计过程中实际的荷载、布置等与计算书中采用的参数有变化时，应重新进行计算。当变化不大不需要重新计算时，应进行分析，并将分析的过程和结果写在计算书的相应位置上。 （7）计算内容应当完整，所有计算书均应装订成册，并经过校审，由有关责任人（总计不少于三人）在计算书封面上签字，设计单位和注册结构工程师应在计算书封面上盖章
2.2.4	设计总说明	参考《建筑工程设计文件编制深度规定》（2008年版）的相关规定
2.2.5	抗震设计	参考《建筑工程勘察设防分类标准》（GB 50223—2008）和《建筑抗震设计规范》（GB 50011—2010）的相关规定
2.3	地基与基础	（1）地基基础应按地方标准进行审查，各省级建设主管部门可根据需要确定审查内容，无地方标准的地区应按本要点进行审查。本要点未包括各类特殊地基基础，特殊地基基础应依据相关标准进行审查，各省级建设主管部门可结合当地特点对审查内容做出规定。 （2）包括地基基础设计等级、基础的埋置深度、地基承载力计算、地基稳定性验算、扩展基础、柱下条形基础、高层建筑筏形基础、桩基础、地基基础抗震设计等方面内容的考察
2.4	混凝土结构	参考相关规定规程规范，考察混凝土结构基本规定、混凝土结构抗震、高层建筑混凝土结构、高层建筑混凝土复杂结构、高层建筑混合结构、混凝土异形柱结构等方面的内容
2.5	砌体结构	参考相关规定规程规范，考察砌体结构基本规定、砌体结构抗震基本规定、多层砌体房屋抗震构造、底部框架～抗震墙砌体房屋抗震构造等方面的内容
2.6	钢结构	参考相关规定规程规范，考察普通钢结构、钢结构防火设计、网格结构、多高层钢结构房屋抗震等方面的内容
3. 给水排水专业		
3.1	强制性条文	现行工程建设标准（含国家标准、行业标准、地方标准）中的强制性条文，具体内容详见相关标准
3.2	消防给水	参考《建筑设计防火规范》（GB 50016—2014）、《自动喷水灭火系统设计规范》（GB 50084—2011）、《水喷雾灭火系统设计规范》（GB 50219—2014）等的相关规定
3.3	气体灭火	参考《气体灭火系统设计规范》（GB 50370—2005）的相关规定
3.4	生活水池（箱）	参考《建筑给水排水设计规范》（GB 50015—2003）（2009年版）和《二次供水工程技术规程》（CJJ 140—2010）的相关规定
3.5	给排水系统、管道及附件布置	参考《建筑给水排水设计规范》（GB 50015—2003）（2009年版）的相关规定
3.6	节约用水	参考《建筑给水排水设计规范》（GB 50015—2003）（2009年版）、《民用建筑节水设计标准》（GB 50555—2010）、《建筑中水设计规范》（GB 50336—2002）、《民用建筑设计通则》图示（06SJ813）的相关规定
3.7	减振、防噪	参考《建筑给水排水设计规范》（GB 50015—2003）（2009年版）的相关规定

续表

序号	项目	审查内容
3.8	建筑给水系统节能	参考《建筑给水排水设计标准》(GB 50015—2019) 的相关规定
3.9	法规	
3.9.1	设备选用的规定	除有特殊要求的建筑材料、专用设备、工艺生产线等外，设计单位不得指定生产厂、供应商
3.9.2	禁限使用产品	参考建设部公告《建设事业“十一五”推广应用和限制禁止技术（第一批）》的相关规定
3.9.3	设计深度	(1) 总说明中应叙述工程概况和设计范围。 (2) 在总说明中应叙述建设小区可利用的市政给水水源或自备水源的情况；小区市政引入管的根数、管径、压力。 (3) 在总说明中应叙述室内外消火栓、自动喷淋、水幕、水喷雾灭火系统等消防用水量；消防水源、消防供水保障方式及有关设计参数。 (4) 采用的标准规范应为现行有效版本
4. 暖通专业审查要点		
4.1	强制性条文	现行工程建设标准（含国家标准、行业标准、地方标准）中的强制性条文，具体内容详见相关标准
4.2	设计依据	采用的设计标准是否正确，是否为现行有效版本，是否符合工程实际情况
4.3	设计说明	应有工程总体概况及设计范围的说明；应有设计计算室内外参数及总冷热负荷、冷热源情况的说明；应有节能设计及消防设计等专项说明；应有对施工特殊要求及一般要求的说明。 注：对施工的一般说明，如相关施工验收规范已有规定时也可注明“遵照《××××施工质量验收规范》GB××××× ××××执行”即可
4.4	防火防排烟	参考相关规定规程规范，考察高层民用建筑、高层建筑、人防工程、汽车库、气体灭火等方面的内容
4.5	环保与安全	参考相关规定规程规范，考察饮食业油烟排放、消声及隔声、隔振、锅炉烟囱高度、安全等方面的内容
4.6	人防	参考《人民防空地下室设计规范》(GB 50038—2005) 的相关规定
4.7	法规	
4.7.1	设备选用的规定	(1) 设计单位在设计文件中选用的建筑材料、建筑构配件和设备，应当注明规格、型号、性能等技术指标，其质量要求必须符合国家规定的标准。 (2) 除有特殊要求的建筑材料、专用设备、工艺生产线等外，设计单位不得指定生产厂、供应商
4.7.2	禁限使用产品	参考建设部公告《建设事业“十一五”推广应用和限制禁止技术（第一批）》的相关规定
4.8	设计深度	设计文件必须完整表述所涉及的有关本审查要点的内容（图纸不能清楚表达的内容可用说明表述）

续表

序号	项目	审查内容
5. 电气专业		
5.1	强制性条文	现行工程建设标准（含国家标准、行业标准、地方标准）中的强制性条文，具体内容详见相关标准
5.2	设计依据	设计采用的工程建设标准和引用的其他标准应是有效版本
5.3	供配电系统	参考相关规定规程规范，考察配电、防雷及接地、防火等方面的内容
5.4	各类建筑电气设计	参考相关规定规程规范，考察住宅、汽车库、中小学、图书馆、档案馆、剧场、老年人建筑、体育建筑、人防、加油加气站、特殊场所用电安全及防间接触电等的电气设计内容
5.5	法规	
5.5.1	设备选用的规定	(1) 设计单位在设计文件中选用的建筑材料、建筑构配件和设备，应当注明规格、型号、性能等技术指标，其质量要求必须符合国家规定的标准。 (2) 除有特殊要求的建筑材料、专用设备、工艺生产线等外，设计单位不得指定生产厂、供应商。
5.5.2	禁限使用产品	参考《民用建筑节能条例》的相关规定
5.6	设计深度	(1) 施工图设计阶段，建筑电气专业设计文件应包括图纸目录、施工图设计说明、设计图纸、负荷计算、有代表性的场所的设计照度值及设计功率密度值。 (2) 施工图设计说明中应叙述建筑类别、性质、面积、层数、高度、用电负荷等级、各类负荷容量、供配电方案、线路敷设、防雷计算结果类别、火灾报警系统保护等级和电气节能措施等内容
6. 建筑节能		
6.1	规范性条文	现行工程建设标准（含国家标准、行业标准、地方标准）中的强制性条文，具体内容详见相关标准
6.2	设计依据	节能设计所采用的工程建设标准是否为现行有效版本、是否符合工程实际情况
6.3	建筑专业节能	参考相关规定规程规范，考察严寒和寒冷地区居住建筑节能、夏热冬冷地区居住建筑节能、公共建筑节能等方面的内容
6.4	暖通专业节能	参考相关规定规程规范，考察公共建筑节能、居住建筑节能、设计深度等方面的内容
6.5	电气节能	
6.5.1	设计说明	在设计说明中增加"节能设计"内容，用规范性语言概括地说明变配电系统、电气照明及控制系统、能源监测和建筑设备监控系统等方面遵照有关节能设计标准所采取的节能措施，以及选用的能耗低、运行可靠的产品、设备
6.5.2	照明	参考《建筑照明设计标准》(GB 50034—2013) 的相关规定
6.5.3	照度及照明功率密度计算	参考《建筑工程设计文件编制深度的规定》(2016 年版) 的相关规定
6.5.4	计量	参考住房城乡建设部《国家机关办公建筑和大型公共建筑能耗监测系统分项能耗数据采集技术导则》附件的相关规定

三、抗震设计审查

1. 审查范围

根据建设部《房屋建筑工程抗震设防管理规定》的要求，新建、扩建、改建的房屋建筑工程，应当按照国家有关规定和工程建设强制性标准进行抗震设防。

(1)《建筑工程抗震设防分类标准》中甲类和乙类建筑工程的初步设计文件应当有抗震设防专项内容。

(2) 超限高层建筑工程应当在初步设计阶段进行抗震设防专项审查。

(3) 新建、扩建、改建房屋建筑工程的抗震设计应当作为施工图审查的重要内容。

2. 审查要点

(1)《建筑工程抗震设防分类标准》中甲类和乙类建筑工程的初步设计文件抗震评审要点应参考《建筑抗震设计规范》(GB 50011—2010) 的相关规定。

(2) 新建、扩建、改建房屋建筑工程的施工图抗震设计审查要点应遵循《建筑工程施工图设计文件技术审查要点》要求，参考 GB 50011—2010 的相关规定，可参考表 3-22 所示的相关内容。

(3) 超限高层建筑工程（包括满足条件的高度超限工程、规则性超限工程、屋盖超限工程等）应依据《超限高层建筑工程抗震设防管理规定》，按照《超限高层建筑工程抗震设防专项审查技术要点》进行抗震设防专项审查。抗震设防专项审查的内容主要包括如下。

1) 建筑抗震设防依据。

2) 场地勘察成果及地基和基础的设计方案。

3) 建筑结构的抗震概念设计和性能目标。

4) 总体计算和关键部位计算的工程判断。

5) 结构薄弱部位的抗震措施。

6) 可能存在的影响结构安全的其他问题。

具体的超限高层建筑工程抗震设防专项审查要点摘要见表 4-5。

表 4-5　超限高层建筑工程抗震设防专项审查要点（摘要）

序号	项目	审查内容
1. 资料审查		
1.1	高层建筑工程超限设计可行性论证报告	应说明超限的类型和超限的程度，并提出有效控制安全的技术措施，包括抗震、抗风技术措施的适用性、可靠性，整体结构及其薄弱部位的加强措施，预期的性能目标，屋盖超限工程尚包括有效保证屋盖稳定性的技术措施
1.2	岩土工程勘察报告	应包括岩土特性参数、地基承载力、场地类别、液化评价、剪切波速测试成果及地基基础方案。当设计有要求时，应按规范规定提供结构工程时程分析所需的资料。处于抗震不利地段时，应有相应的边坡稳定评价、断裂影响和地形影响等场地抗震性能评价内容

续表

序号	项目	审查内容
1.3	结构设计计算书	应包括软件名称和版本，力学模型，电算的原始参数（设防烈度和设计地震分组或基本加速度、所计入的单向或双向水平及竖向地震作用、周期折减系数、阻尼比、输入地震时程记录的时间、地震名、记录台站名称和加速度记录编号，风荷载、雪荷载和设计温差等），结构自振特性（周期，扭转周期比，对多塔、连体类和复杂屋盖含必要的振型），整体计算结果［对高度超限、规则性超限工程，含侧移、扭转位移比、楼层受剪承载力比、结构总重力荷载代表值和地震剪力系数、楼层刚度比、结构整体稳定、墙体（或筒体）和框架承担的地震作用分配等；对屋盖超限工程，含屋盖挠度和整体稳定、下部支承结构的水平位移和扭转位移比等］，主要构件的轴压比、剪压比（钢结构构件、杆件为应力比）控制等。 对计算结果应进行分析。时程分析结果应与振型分解反应谱法计算结果进行比较。对多个软件的计算结果应加以比较，按规范的要求确认其合理、有效性。风控制时和屋盖超限工程应有风荷载效应与地震效应的比较
1.4	初步设计文件	设计深度应符合《建筑工程设计文件编制深度的规定》的要求，设计说明要有建筑安全等级、抗震设防分类、设防烈度、设计基本地震加速度、设计地震分组、结构的抗震等级等内容
1.5	其他	（1）提供抗震试验数据和研究成果。如有提供应有明确的适用范围和结论。 （2）参考使用国外有关抗震设计标准、工程实例和震害资料及计算机程序。如有应提供理由和相应的说明。 （3）进行风洞试验研究的结构工程。应提交风洞试验报告
2. 技术审查		
2.1	高度超限和规则性超限工程	应对建筑结构抗震概念设计、结构抗震性能目标、结构计算分析模型和计算结果、结构抗震加强措施、岩土工程勘察成果、地基和基础设计方案、试验研究成果和工程实例及震害经验等方面的内容进行逐一审查
2.2	屋盖超限工程	应对结构体系和布置、性能目标、结构计算分析、屋盖结构构件的抗震措施、屋盖的支座、下部支承结构和地基基础等方面的内容进行逐一审查

四、消防审查

1. 审查范围

根据公安部《关于改革建设工程消防行政审批的指导意见》的要求，施工图审查机构对新建、扩建、改建（含室内外装修、建筑保温、用途变更）建设工程的施工图进行消防设计审查。

需要进行消防设计审核的项目类型参见公安部《建设工程消防监督管理规定》第十三条和第十四条规定。

2. 审查内容和要点

施工图审查机构应当依据现行消防法规和国家工程建设消防技术标准、专家评审意见，按照《建设工程消防设计审查规则》进行审查，如实记录审查过程。

建设工程消防审查内容主要包括资料审查、技术复核和消防设计文件审查。

（1）资料审查。材料包括如下。

1）建设工程消防设计审核申报表/建设工程消防设计备案申报表。

2）建设单位的工商营业执照等合法身份证明文件。

3）消防设计文件。

4）专家评审的相关材料。

5）依法需要提供的规划许可证明文件或城乡规划主管部门批准的临时性建筑证明文件。

6）施工许可文件（备案项目）。

7）依法需要提供的施工图审查机构出具的审查合格文件（备案项目）。

（2）技术复核。复核的内容主要包括如下。

1）设计依据及国家工程建设消防技术标准的运用是否准确。

2）消防设计审查的内容是否全面。

3）建设工程消防设计存在的具体问题及其解决方案的技术依据是否准确、充分。

4）结论性意见是否正确。

（3）消防设计文件审查。审查应根据工程实际情况进行，主要审查项目包括：建筑类别和耐火等级；总平面布局和平面布置；建筑防火构造；安全疏散设施；灭火救援设施；消防给水和消防设施；供暖、通风和空气调节系统防火；消防用电及电气防火；建筑防爆；建筑装修和保温防火。各项目审查要点参考《建设工程消防设计文件审查要点》，摘要见表4-6。

表4-6　建设工程消防设计文件审查要点（摘要）

项目	审查内容
建筑类别和耐火等级	（1）根据建筑物的使用性质、火灾危险性、疏散和扑救难度、建筑高度、建筑层数、单层建筑面积等要素，审查建筑物的分类和设计依据是否准确； （2）审查建筑耐火等级确定是否准确，是否符合工程建设消防技术标准要求； （3）审查建筑构件的耐火极限和燃烧性能是否符合规范要求
总平面布局和平面布置	（1）审查火灾危险性大的石油化工企业、烟花爆竹工厂、石油天然气工程、钢铁企业、发电厂与变电站、加油加气站等工程选址是否符合规范要求； （2）审查防火间距是否符合规范要求； （3）根据建筑类别审查建筑平面布置是否符合规范要求； （4）审查建筑允许建筑层数和防火分区的面积是否符合规范要求； （5）审查消防控制室、消防水泵房的布置是否符合规范要求； （6）审查医院、学校、养老建筑、汽车库、修车库、铁路旅客车站、图书馆、旅馆、博物馆、电影院等的总平面布局和平面布置是否满足规范要求
建筑防火构造	（1）审查防火墙、防火隔墙、防火挑檐等建筑构件的防火构造是否符合规范要求； （2）审查电梯井、管道井、电缆井、排烟道、排气道、垃圾道等井道的防火构造是否符合规范要求； （3）审查屋顶、闷顶和建筑缝隙的防火构造是否符合规范要求； （4）审查建筑外墙和屋面保温、建筑幕墙的防火构造是否符合规范要求； （5）审查建筑外墙装修及户外广告牌的设置是否符合规范要求； （6）审查天桥、栈桥和管沟的防火构造是否符合规范要求

续表

项目	审查内容
安全疏散设施	（1）审查各楼层或各防火分区的安全出口数量、位置、宽度是否符合规范要求； （2）审查疏散楼梯和疏散门的设置是否符合规范要求； （3）审查疏散距离和疏散走道的宽度是否符合规范要求； （4）审查避难走道、避难层和避难间的设置是否符合规范要求灭火救援设施，包括消防车道、救援场地和入口、消防电梯、直升机停机坪等方面内容的审查
消防给水和消防设施	包括消防水源、室外消防给水及消火栓系统、室内消火栓系统、火灾自动报警系统、防烟设施、排烟设施、自动喷水灭火系统、气体灭火系统、其他消防设施和器材等方面内容的审查
供暖、通风和空气调节系统	（1）审查供暖、通风与空气调节系统机房的设置位置，建筑防火分隔措施，内部设施管道布置是否符合规范要求； （2）根据建筑物的不同用途、规模，审查场所的供暖通风与空气调节系统的形式选择是否符合规范要求； （3）审查通风系统的风机、除尘器、过滤器、导除静电等设备的选择和设置是否符合规范要求； （4）审查供暖、通风空调系统管道的设置形式，设置位置、管道材料与可燃物之间的距离、绝热材料等是否符合规范要求； （5）审查防火阀的动作温度选择、防火阀的设置位置和设置要求是否符合规范的规定； （6）审查排除有燃烧或爆炸危险气体、蒸气和粉尘的排风系统，燃油或燃气锅炉房的通风系统设置是否符合规范要求
消防用电及电气防火	（1）审查消防用电负荷等级，保护对象的消防用电负荷等级的确定是否符合规范要求； （2）审查消防电源设计是否符合规范要求； （3）审查消防配电设计是否符合规范要求； （4）审查用电系统防火设计是否符合规范要求； （5）审查应急照明及疏散指示标志的设计是否符合规范要求
建筑防爆	（1）审查有爆炸危险的甲、乙类厂房的设置是否符合规范要求，包括是否独立设置，是否采用敞开式或半敞开式，承重结构是否采用钢筋混凝土或钢框架、排架结构； （2）审查有爆炸危险的厂房或厂房内有爆炸危险的部位、有爆炸危险的仓库或仓库内有爆炸危险的部位、有粉尘爆炸危险的筒仓、燃气锅炉房是否采取防爆措施、设置泄压设施，是否符合规范要求； （3）有爆炸危险的甲、乙类生产部位、设备、总控制室、分控制室的位置是否符合规范要求； （4）散发较空气轻的可燃气体、可燃蒸气的甲类厂房是否采用轻质屋面板作为泄压面积，顶棚设计和通风是否符合规范要求； （5）散发较空气重的可燃气体、可燃蒸气的甲类厂房和有粉尘、纤维爆炸危险的乙类厂房是否采用不发火花的地面； （6）使用和生产甲、乙、丙类液体厂房，其管、沟是否与相邻厂房的管、沟相通，其下水道是否设置隔油设施； （7）甲、乙、丙类液体仓库是否设置防治液体流散的设施，遇湿会发生燃烧爆炸的物品仓库是否采取防止水浸渍的措施； （8）设置在甲、乙类厂房内的办公室、休息室，必须贴邻本厂房时，是否设置防爆墙与厂房分隔；有爆炸危险区域内的楼梯间、室外楼梯或与相邻区域连通处是否设置防护措施； （9）安装在有爆炸危险的房间的电气设备、通风装置是否具有防爆性能

续表

项目	审查内容
建筑装修和保温防火	（1）查看设计说明及相关图纸，明确装修工程的建筑类别、装修范围、装修面积； （2）审查装修工程的使用功能是否与通过审批的建筑功能相一致，不一致时，要判断是否引起整栋建筑的性质变化，是否需要重新申报土建调整； （3）审查装修工程的平面布置是否符合规范要求； （4）审查装修材料的燃烧性能等级是否符合规范要求；装修范围内是否存在装修材料的燃烧性能等级需要提高或者满足一定条件可以降低的房间部位； （5）审查各类消防设施的设计和点位是否与原建筑设计一致，是否符合规范要求； （6）审查建筑内部装修是否遮挡消防设施，是否妨碍消防设施和疏散走道的正常使用； （7）审查照明灯具及配电箱的防火隔热措施是否符合规范要求； （8）审查建筑保温是否符合规范要求

五、其他设计评审

对于不同功能类型、不同地区、不同设计要求的建设工程项目，根据具体设计内容可能涉及诸如人防、安全、卫生防疫、幕墙光污染等其他专项设计评审需要。而涉及航空管制、地铁、风景名胜、通航等方面的项目，亦须提供相关部门的审查意见。其设计评审工作要求请参阅国家和地区的各相关规定文件。

第四节　工程项目勘察设计咨询案例

一、某综合体项目设计管理

1. 项目概况

上海某综合体项目，地下四层，地上由两幢办公商业楼、一幢五星级酒店，三幢相对独立的高层组成。规划用地总面积约 1.7 万 m^2。总建筑面积为 11.8 万 m^2，其中地上建筑面积 6.2 万 m^2，地下建筑面积约 5.6 万 m^2。

该项目由外方设计方案，国内设计院进行施工图设计，设计咨询单位全程参与项目。

2. 该项目中设计咨询公司提供的设计管理服务

（1）设计优化。

1）组织院内各专业的专家对图纸进行综合性的分析论证（包括平面布置、空间组织、交通动线、环境布局、配套设施标准等），提出一般合规性意见、存在的问题、建议的解决方案。

2）组织召开与业主委托的各顾问单位的研讨会，如餐饮厨房顾问、灯光顾问、室内顾问等，对设计的优化提出建议。

3）协助业主进行方案选择。根据总体规划、相关规范、项目定位等，对设计院及各深化设计单位提供的可行方案，进行技术及经济的分析与评价。

4）对于业主就项目提交的有关问题，出具全面、准确、专业的意见，对业主要求引起的造价变化进行评估，并相应提供建议。

5）组织召开设计协调会，与设计人员进行沟通，对上述所提意见、问题、解决方案及优化建议进行交流，达成一致方案，并配合业主督促设计院修改存在的问题及落实优化方案。

6）提供必要的阶段性工作汇报或总结。

（2）相关手册的制定（以机电系统为例）。

1）深化设计标准的制定。在机电系统总体规划的基础上，针对后续深化设计系统，制定了相关设计标准与要求，做好与建筑、结构专业有关的机电用房、各系统井道的科学、合理设置，以及室内装饰标高的协调工作。

2）技术规格说明书的编制。为各机电系统编制技术规格说明书，作为工程招标文件的一部分。包括设备的选型、功能、技术参数、布置要求、工艺、产品标准等。

3）材料、设备品牌表的建议。

4）各机电分包工程的界面划分。为了便于业主对各机电工程的发包，也便于后续的管理，结合项目的实际情况以及业主管理的实际设想，有针对性地提供各机电分包工程的分工界面建议。

（3）招标采购、合同签订的技术支持。

1）编制招标策划、进度安排。

2）协助业主进行资格预审工作，并对供应商进行评价。

3）协助业主编制招标文件及合同文本。

4）参加招标答疑会。

5）组织编写询标问卷，并组织询标答疑，编写回标分析报告。

6）协助业主签订合同。

（4）解决施工阶段的重大技术疑难问题。

1）审核施工单位提供的有关图纸，并对施工阶段出现的技术问题提供解决方法。

2）协助现场监理审核施工单位自行采购的材料、设备，已确保施工单位所采购的材料、设备满足本项目的技术规格要求。

3）对施工阶段的设计变更、施工单位提出的技术联系单，从技术角度提出专业意见。

3. 该项目设计管理的难点及应对措施分析

（1）项目难点。

1）功能综合性。有多个功能区域：裙房、办公标准层、酒店客房标准层、设备转换层等。

2）系统复杂性。建筑的楼层数较多，且至少有两个不同的业态以上，与业态单一的高层建筑相比，其机电的给水排水系统、通风空调系统、电梯系统就需要布置转换层。各类区域竖向沟通的井道等布置难度大大增加。

（2）设计过程中出现的问题。

1）专业理解的局限性。例如，设计院对酒店餐饮等具体专业的理解上存在一定的局限。

2）设计思路的单一性。例如，对项目多个不同区域的电梯，吨位设置均按1t考虑。

3）中外设计的差异性。建筑、室外景观、内装修等方案均由外方设计，外方对国内规范和市场的情况了解存在一定的不足之处，国内设计院完成方案落地的过程中存在较多需要沟通及调整的问题。

4）空间设计的协同性。二维的平面图对于高层综合体的组织设计空间管理不力且各设计专业协同性差，尤其在多次图纸更新修改后。

（3）设计管理应对措施举例及分析。

1）引入专业顾问团队。本项目中的酒店作为一个设计管理重点，设计咨询公司向业主提出在项目前期就需要植入酒店管理理念，即根据酒店经营管理的需要在前期向设计方提出具体的要求和建议，避免后期介入引发较多的设计变更，进而导致工期的延误和成本费用的无谓增加。

考虑到若聘用世界一流品牌的酒店管理公司，业主方会不可避免地在设计、用材、管理等各方面均受到一系列严格的制约而造成费用成本的剧增，因此设计咨询公司建议采取的方式是组建一个具有酒店管理经验的专业顾问组成的筹备小组，以较少的费用完成了以下工作，实现了较高的收益。

a. 首先通过市场调研，做好市场分析结论，确定酒店的市场定位，做出科学合理的总体功能配比面积，及各区域内的详细配置。

b. 与设计单位协调，说明各类客房、餐厅、大堂、商务中心、娱乐设施、公共区域、办公室、后勤地区、厨房、洗衣房、更衣室及其他员工设施等设计要求。

c. 结合酒店运营管理的需要，与业主、设计单位和各专业顾问讨论酒店管理服务理念，各项系统设计的具体使用要求需同时考虑项目运营期的适用性和经济性。

2）运用价值工程理念对设计进行优化。

a. 电梯设置。对项目酒店、办公、商业等各区域的多台电梯的数量及吨位设置分别予以优化，使电梯的运输效率大大提高，减少了宾客的往返时间，提升了楼宇的品质和形象，同时减少了电梯的直接投资费用约300万元。此外，建筑有效使用面积增加200m^2以上，以目前本地区市场的保守估计为3万元/m^2的单价估值，有效建筑面积增加而产生的费用效应就高达600万元以上。

b. 酒店制冰间设置。外方设计在酒店客房层每层均设置5m^2以上的制冰间一间。外方设计方案更多考虑西方的人文环境因素，按照西方顾客需求量较大的情况处理，根据中国的人文环境因素，冰块的需求并不大，只需在酒店客房层的中间层设置一间制冰间即可，虽然响应时间略微增加，若在人员数量上配备齐全则本质上不影响服务质量。

虽然，制冰机设备的价格每台近1.5万，在9个客房层面每层设置一个，合计约为13.5万元，就制冰机问题展开讨论是否是小题大做呢？其实不然，制冰间的设置与运行、管理和投资费用都有关联，而其关联所导致的费用问题却可能高达百万元以上，见表4-7。

表4-7　制冰机设置方案改进前后投资费用对比

项目比较	现有方案	改进方案	费用节约
初期投资费用合计	63万元	7.8万元	55.2万元

续表

项目比较		现有方案	改进方案	费用节约
其中	占地面积的土建费用	酒店9层客房层制冰间面积合计45m²，土建建造费用按1万/m²估，共45万元	仅客房层的中间层有一个制冰间，面积为5m²，共5万元	40万元
	设备购置及安装费用	每台制冰机的设备价格和安装费用按1.5万元估，共13.5万元	9层客房层仅有一台制冰机，设备和安装费用可以稍高，按2万元估	11.5万元
	电气、给水排水安装费用	每台制冰机的电气、给水排水安装费用按0.5万元估，共4.5万元	该台设备的电气、给水排水安装可以按照0.8万元估	3.7万元
长期费用合计		33.75万元/年	7.4万元/年	26.35万元/年
其中	服务人员工资	酒店9层客房层的制冰间按照每层一个服务员配备，共计9人，每个员工工资按照3000元/月估，共32.4万元/年	仅在客房中间层设置一间制冰间，可以配备两个人服务，工资共计7.2万元/年	25.2万元/年
	设备运行及维护费用	每台制冰机年运行及维护的费用按照设备的10%估，则每台估1500元，共计1.35万元/年	客房层仅设置的一台制冰机可按0.2万元/年	1.15万元/年

由此可以看出，通过改进设计方案，初期投入方面，节省了8台制冰机及附件设备的费用，以及40m² 的制冰间的使用面积；管理方面，避免了多层多头管理，通过集中管理降低了人力成本；运维方面，则大大减少了长期的运行维护成本。

3）运用信息技术。考虑到二维的平面图对于高层综合体的组织设计空间管理不力且各设计专业协同性差，业主方计划后续聘请BIM团队进行辅助设计，对此，设计咨询公司提出先前设计院的二维图纸不是在三维BIM中建模，BIM设计后置，未在前期最需要纵横空间布置的关键时刻起到BIM的引领作用，后期的BIM冲突过多，协调效率大大降低，最终经碰撞冲突后施工图出图时间也会一拖再拖；且外聘的BIM团队多数不是专业设计单位，尤其对项目的了解程度有限，因此发现及解决问题的能力有限。

设计咨询公司认为项目正确导入BIM辅助设计的方式应该为：设计单位应在统一的建筑结构BIM模型中各专业设计（装饰、给水排水、电气、弱电、空调等专业）同步协作设计，这样很多冲突在制图过程中及时发现及避免，日后的施工图即是BIM框架下所输出的二维图，这样BIM的作用才能真正得以体现。

4. 项目设计管理的启示

设计管理须进行综合性管理。设计管理的对象及各个环节不仅是设计单位及其设计人员，还涉及业主、项目管理单位、政府主管部门和施工单位以及材料设备供货商等众多项目参与方的共同参与，需要跨越多个组织的合作；大量的组织部署、计划决策、目标控制、沟通协调等工作界面综合，交叉复杂。再者，建设项目生命周期存在多个阶段，阶段与阶段之间存在交叉，每个阶段各环节之间和专业要素之间又互相影响。为保证项目建设能协调和连贯，必须对项目进行综合管理，以提高项目的效率和效益。

二、某超高层项目

1. 项目概况

（1）项目名称。某超高层项目。

（2）项目规模。用地面积 30 380m²，建筑面积 52.3 万 m²，结构高度 580m，124 层。

（3）幕墙设计概况。采用独特的分区双层幕墙体系，外幕墙轮廓由三段圆弧构成的圆导角三边形（其中之一切角）作为基本构形，平面三边形逐渐旋转上升并均匀缩小，形成一个平滑扭曲面。结构设计中尤为复杂的是外幕墙支撑结构体系，采用柔性分区吊挂系统，自下至上分为 3 个区域，分别为大堂区、塔楼典型区（二区至八区）和塔冠区域，典型区外幕墙每区跨越 12～15 楼层，43～65m 不等（见图 4-7）。

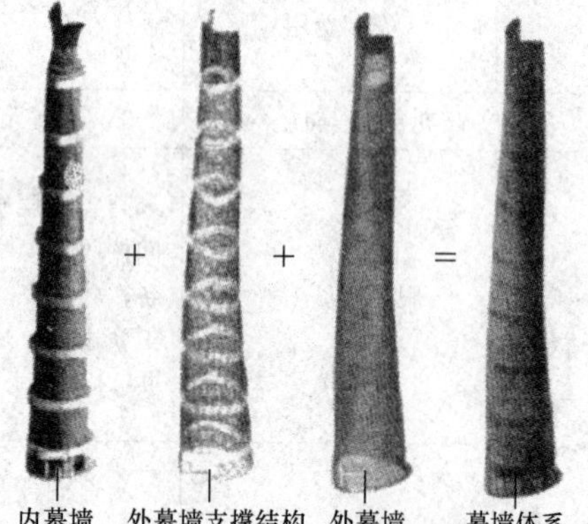

图 4-7 某超高层项目幕墙体系

2. 外幕墙支撑结构体系

典型区幕墙采用单层曲梁吊挂系统，典型层的结构布置如图 4-8 所示。在水平向，环梁通过径向支撑与塔楼主体结构相连，塔楼通过三个侧向约束有效地约束支撑结构的扭转；在竖向，由 25 对吊杆在径向支撑与环梁连接处及 V 槽口将环梁吊挂于各区的机电层（见图 4-9）。

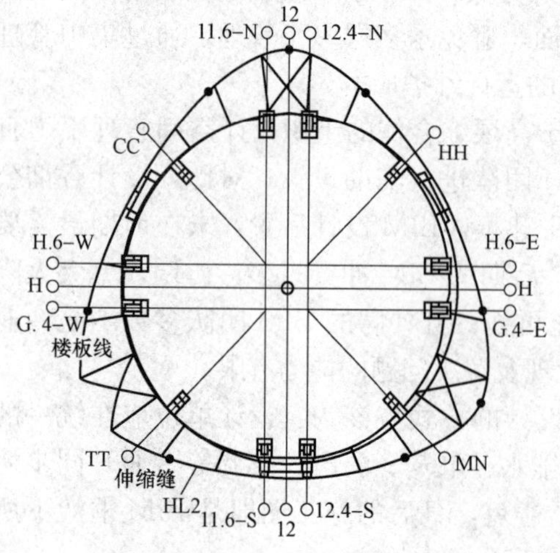

图 4-8 典型层支撑结构布置图

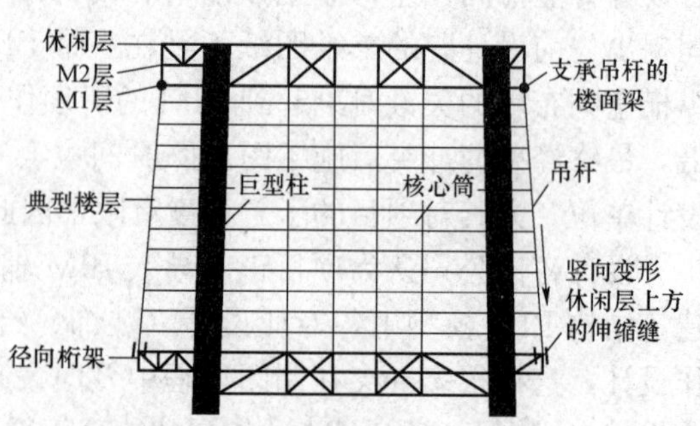

图 4-9 幕墙支撑结构剖面图

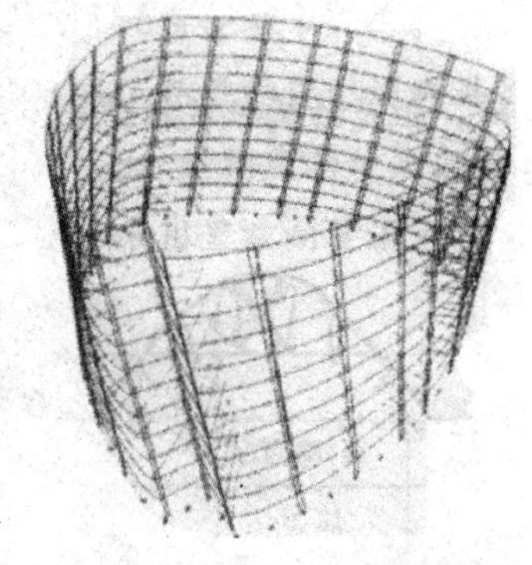
图 4-10 二区模型三维视图

由于休闲层的层高为 5.3m，而周边环梁竖向间距为 4.5m，故底层的环梁将位于休闲层楼板之上，休闲层的楼板无法为底层环梁提供径向支撑。取代径向支撑的是一些较小的圆形立柱，套在立柱的竖向轴衬（见图 4-10）可允许水平周边曲梁上下活动。这些竖向轴衬置于每对吊杆以及每跨环梁中点之下。

吊杆要提供竖向约束以避免周边曲梁在竖向平面失稳。为了防止吊杆出现净压力，位于休闲层以上第一道水平周边曲梁内灌混凝土，以保证其有足够的重量使吊杆保持受拉，从而避免吊杆受压，曲梁失稳。

3. 荷载与作用

考虑到该工程幕墙支撑结构的重要性，采用等同主体结构的设计方法。设计使用年限为 50 年，结构安全等级为一级，结构重要性系数 $\gamma_0=1.1$。

幕墙单元自重按 1.2kN/m^2 考虑，恒载取 $q_g=1.2\text{kN/m}^2\times$层高；风荷载基于重现期 100 年，由 RWDI 风洞试验顾问有限公司对该项目进行了结构风致内力响应研究试验，确定相关结构设计风荷载；温度作用考虑与主楼±30℃温差；根据《建筑抗震设防分类标准》和《建筑抗震设计规范》，本项目幕墙支撑结构设防类别为乙类，设防烈度为 7 度，设计基本地震加速度为 0.1g，设计地震分组第一组。幕墙设计的地震作用按非结构构件的规定进行计算。采用等效侧力法，经计算取 $q_{Ek}=0.40\times G_k/A$，单位为 kN/m^2。

4. 结构方案分析

由于幕墙环梁构件超长，其温度作用引起的应力比重很大，成为结构设计的主要控制荷载。因此在结构设计中考虑在各层环梁设置伸缩节点，以期优化结构温度作用下的受力。然而设置伸缩节点对结构体系将带来多种不利影响。咨询团队从结构的温度敏感性、整体抗扭性能、变形特性、振动特性等方面考察二者的利弊。

方案 A 为无伸缩节点方案，方案 B 为伸缩节点方案。方案 B 中伸缩节点的具体设置如下：典型的中间层各层 8 个（见图 4-8），位于两个角部所在跨的中点和两角部及 V 形支撑隔跨，底层和顶层则分别为 50 个、25 个。伸缩节点释放环梁轴力和扭矩。环梁伸缩节点构造见图 4-11。

（1）结构分析模型。取典型区进行单独建模，结构分析软件采用 SAP 2000 V14.1.0。以 2 区为例，它的三维轴测图如图 4-10 所示。环梁伸缩节点释放轴力与扭矩。需要注意的是，由于底部竖向轴衬有一定的长度（见图 4-12），它对支撑结构水平向的约束并非刚性。

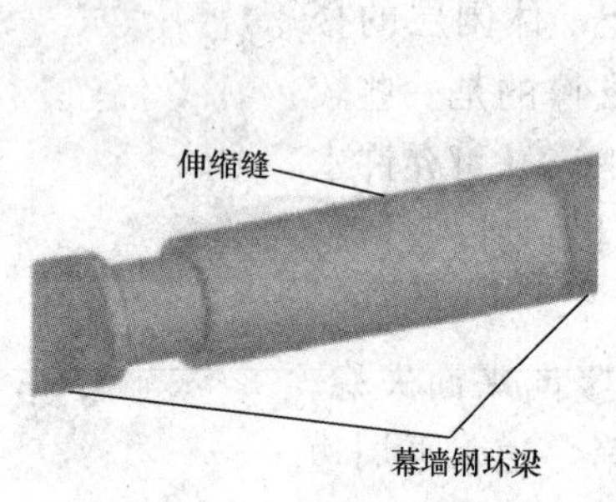

图 4-11 环梁伸缩节点构造图

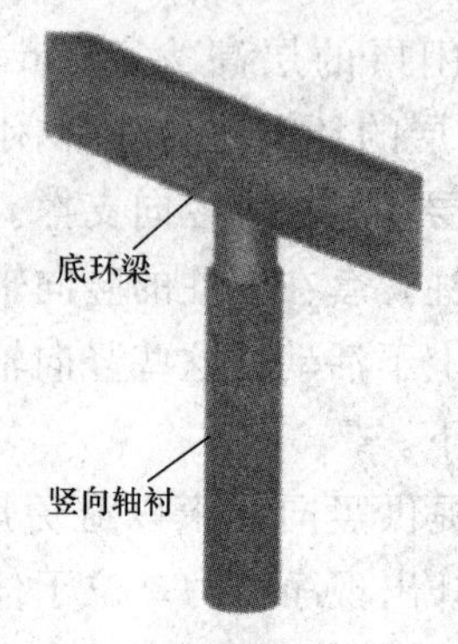

图 4-12 竖向轴衬构造图

（2）结构温度敏感性分析。幕墙各层构件受力特性一致，两方案典型层（以 2 层为例）构件受力见表 4-8。

表 4-8 温度作用下方案受力对比

方案	环梁		径向支撑	
	最大轴力（kN）	最大弯矩（kN/m）	最大轴力（kN）	最大弯矩（kN/m）
A	536	249	522	137
B	2	8	3	1

从表 4-8 可知：在温度作用下，A 方案结构受力明显，而 B 方案（采用伸缩节点后）无论是环梁，还是径向支撑，所有构件受力很小，可以忽略不计。可见从结构在温度作用下的表现看，设置伸缩节点可极大地消除温度内力，对结构非常有利。

（3）构件抗扭性能分析。出于简化考虑，将与幕墙自重等效的水平惯性力，沿环梁轴线方向加于径向支撑与环梁连接节点处，如图 4-13 所示。选取 2 区第 2 层环梁，对 A、B 方案进行对比。

从表 4-9 和图 4-14、图 4-15 所示的两方案的对比可知：在假定的环向扭转作用下，B 方案相对 A 方案，环梁轴力从 363kN 下降到 279kN，弯矩从 124kN・m 到 68kN・m，可见由于伸缩节点对环梁轴力、扭矩的释放，一定程度上改善了环梁的受力；A、B 两方案径向支撑轴力均为 546kN，弯矩均为 117kN・m，是否采用伸缩节点对径向支撑受力没有影响。

表 4-9 方案受力与变形对比

方案	环梁		长支撑		环梁位移
	最大轴力（kN）	最大弯矩（kN/m）	最大轴力（kN）	最大弯矩（kN/m）	最大切向位移（mm）
A	363	124	546	117	4.4
B	279	68	546	117	19.3

在假定的环向扭转作用下，A 方案最大环向位移 4.4mm，B 方案最大环向位移 19.3mm，A 方案变形小，抗扭刚度优于 B 方案。

从结构的抗扭性能看，设置伸缩节点后，环梁受力水平下降，但是结构抵抗扭转变形的能力大幅下降，结构整体性较差。

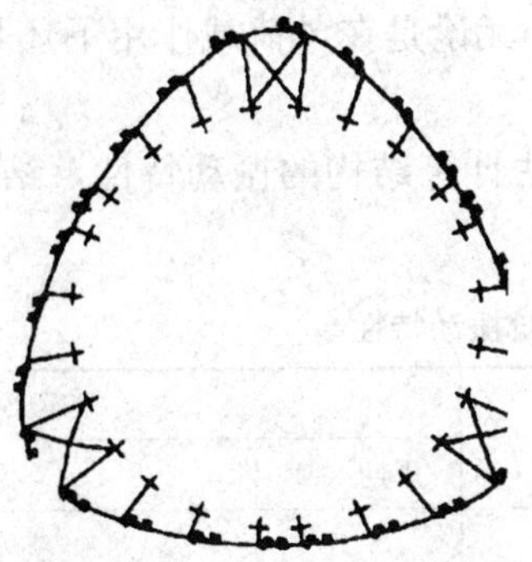

图 4-13　环梁扭转力的施加

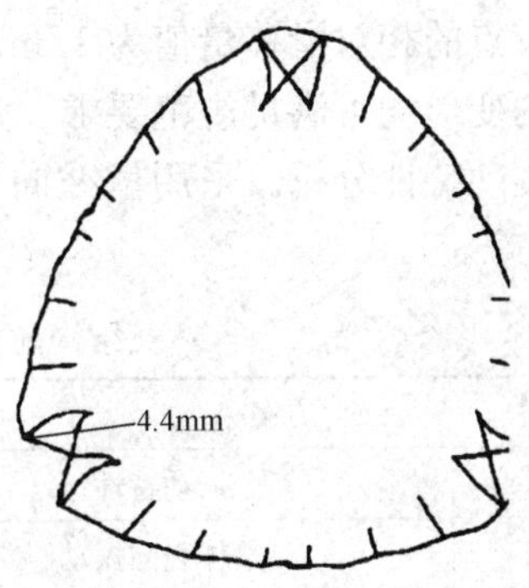

图 4-14　方案 A 扭转变形
（1∶200）

（4）结构变形特性分析。风荷载、温度作用下，环梁将发生平面内的鼓曲变形，如图 4-16 所示为其变形的示意图。表 4-10 和表 4-11 分别列出了风荷载、温度作用下两种方案 2 区曲梁的变形值，它们都能满足钢结构规范对主梁在可变荷载作用下 1/500 位移的控制要求。

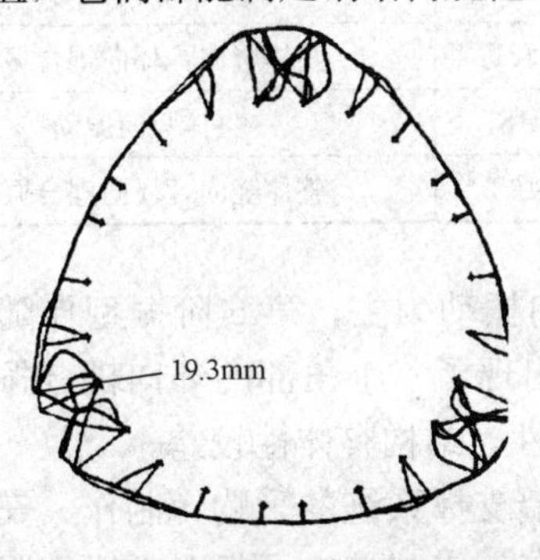

图 4-15　方案 B 扭转变形
（1∶200）

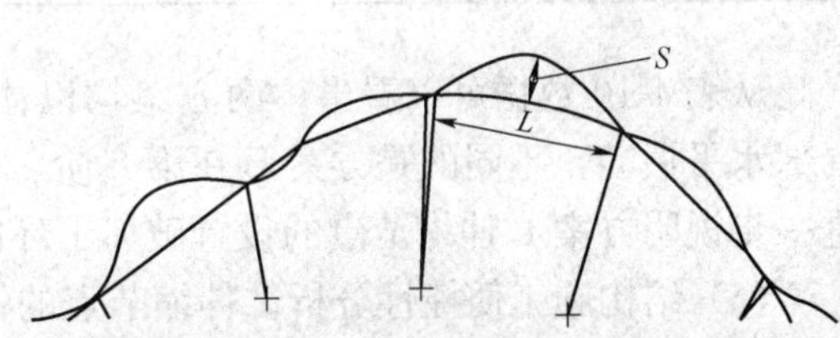

图 4-16　水平环梁相对变形示意图

表 4-10　风荷载下 2 区环梁最大位移比

A 方案			B 方案		
相对变形	跨度（m）	位移比	相对变形	跨度（m）	位移比
11.3	12.6	1/1115	12.8	12.6	1/984

表 4-11　温度作用下 2 区环梁最大位移比

A 方案			B 方案		
相对变形	跨度（m）	挠跨比	相对变形	跨度（m）	挠跨比
18.1	12.4	1/685	1	8.4	1/8396

由表 4-10 和表 4-11 可知，在风荷载作用下，A 方案环梁最大相对变形值为 11.3mm，B 方案为 12.8mm，二者相差不大，说明伸缩节点的设置与否对风荷载下环梁的鼓曲变形无决定性影响；在温度作用下，A 方案环梁发生了较大的鼓曲变形，相对变形值为 18.1mm，B 方案几乎没有鼓曲变形，这是由于伸缩节点吸收了环梁的膨胀（或收缩）变形，此时伸缩节点的相对滑移量值为 17mm。无论是在风荷载作用下还是温度作用下，两种方案下环梁的变形均可满足规范要求。

（5）结构震动特性分析。采用里兹向量法计算结构的振动特性，结构的前 10 阶振型见表 4-12。

表 4-12　结构前 10 阶振动特性

阶数	方案 A		方案 B	
	周期（s）	振动特性	周期（s）	振动特性
1	0.31	整体竖向振动	0.31	整体竖向振动
2	0.307	整体竖向振动	0.308	整体竖向振动
3	0.28	整体竖向振动	0.283	整体竖向振动
4	0.271	整体竖向振动	0.272	整体竖向振动
5	0.267	整体竖向振动	0.267	整体竖向振动
6	0.25	整体竖向，局部环梁水平耦合振动	0.254	整体竖向，局部环梁水平耦合振动
7	0.227	角部竖向振动	0.229	角部竖向振动
8	0.2	整体竖向振动	0.221	整体竖向，环向耦合振动
9	0.175	整体竖向振动	0.18	整体竖向振动
10	0.149	整体竖向振动	0.162	整体竖向，环向耦合振动

从表 4-10 数据可以看出，两方案均以体系的竖向振动为主，第 6 阶振型伴随环梁的局部水平振动，不同的是方案 B 在第 8 阶、第 10 阶出现了三个角部的环向耦合振动。这进一步说明方案 B 伸缩节点的设置破坏了环向的连续性，结构整体性较差。

（6）结构施工便捷性分析。伸缩节点的构造给幕墙支撑系统的采购、制作、安装与幕墙系统深化设计、正常使用，以及主体结构深化、加工、安装带来了很多难以克服的瓶颈问题：一是幕墙支撑结构安装过程中，由于环境温度变化，伸缩节点将发生变形，使幕墙连接件发生位移，从而导致幕墙板块安装定位困难；二是滑动轴衬造价高，采购、深化、加工难度大，其设计制造过程费时费力，对结构正常的施工过程与进度影响较大。

（7）结构评价与选择。虽然伸缩节点的设置有利于降低幕墙结构在温度作用下的受力，但同时会带来以下问题。

1）环梁刚度不连续、结构整体性削弱，并导致结构的抗扭性能变差。

2）伸缩节点在安装过程中由于温差产生滑移，由此引起幕墙连接件发生位移，并导致安装定位的困难。

3）伸缩节点的构造不利于幕墙系统的深化设计、制作、施工，并且该节点成本很高，不利于控制幕墙体系的造价。

从控制结构抗扭的整体性，设计、施工、安装的便捷性，结构设计的经济性出发，本项目幕墙支撑体系采用无伸缩节点方案。

5. 项目点评

超高层工程项目的幕墙体系往往上下跨度大、形体较为复杂，导致支承玻璃幕墙的钢环梁构件超长，从优化结构温度作用下受力性能的角度出发，可以提出有伸缩节点方案备选。

对于是否选择采用伸缩节点作为项目的幕墙支撑体系，应全面考虑伸缩节点对结构受力、变形与抗扭性能、设计制作安装以及工程经济性等方面带来的利弊进行综合分析选择确定。

三、某项目初步设计评审

1. 项目背景

上海市某道路大修工程全长约 3.35km，可研批复总投资 14 967 万元。

受上海市某区市政和水务管理事务中心委托，由我方对本项目开展初步设计评审。收到建设单位提供资料后，评估方即成立项目评审小组，邀请专家开展评审工作。

与会专家和各政府部门代表听取了项目建设单位和设计单位对本项目初步设计情况的介绍，对工程设计方案、技术经济等进行了认真的分析和讨论，提出诸多宝贵意见和建议。会后评估方根据专家组评估意见及设计单位提供的补充资料，经过综合研究分析，编制了《某道路大修工程初步设计文件评审报告》。

2. 主要评审内容

本道路大修工程初步设计评审工作主要包括初步设计文件的总体评审、与可行性研究报告批复的符合性评审、各专业技术评审三方面内容，见表 4-13。

表 4-13　　上海市某道路大修工程初步设计评审内容（摘要）

项目	内容摘要
初步设计文件的总体评审	（1）项目设计单位拥有建筑工程设计甲级资质（A131000017），满足相应的资质条件。 （2）项目的设计贯彻了国家政策、法规。 （3）初步设计文件中设计说明书、设计图纸、概算书等文件基本完整齐全，深度基本符合规定要求
与可行性研究报告批复的符合性评审	（1）工程建设范围与可研批复的一致性。 （2）工程内容与可研批复的一致性。 （3）工程投资估算与可研批复的符合性
各专业技术评审	（1）道路专业。包括工程范围及内容、道路功能定位、与可研评估报告的响应、编制依据、道路现状评价、路面结构层调查评价与对策、技术标准与规范、道路工程、附属工程、景观设计、交通组织、新工艺新材料等。 （2）给水排水专业。包括道路下排水管道运行、雨水连管连接等。 （3）造价专业。包括概算依据、建安工程费调整、工程建设其他费调整、预备费调整等

3. 评审结论及建议

在专家组全面审核及设计单位补充说明基础上，经研究，提出本项目初步设计评审结论如下。

(1) 本项目初步设计文件及各项补充资料基本满足初步设计文件编制的内容和深度要求。设计依据合理，工程建设规模、建设标准、总体方案和各专业设计基本满足要求。

(2) 本次上报初步设计文件中工程范围、建设内容、设计方案等内容与批复基本相符。本次上报总投资 15 067.93 万元，核定后总投资 15 463.63 万元，核增 395.70 万元，见表 4-14。

表 4-14　某超限高层项目抗震设防专项审查审核咨询内容（摘要）

项目	内容摘要
结构设计准则及参数	(1) 设计准则及控制指标。 (2) 设计参数。结构材料、荷载取值、嵌固层的确定。 (3) 结构超限判别及设计内力调整。结构超限的判别、弹性（小震）设计构件内力调整
结构计算	(1) 整体结构的弹性分析：计算模型及采用的假定、整体结构弹性计算指标。 (2) 罕遇地震动力弹塑性分析：分析软件、地震输入、分析模型、计算结果。 (3) 结构舒适度分析。 (4) 非荷载作用变形分析
结构构件及节点设计	(1) 基于性能的构件抗震设计目标。 (2) 结构设计荷载组合。 (3) 核心筒剪力墙设计及验算。轴压比验算、正截面承载力验算、抗剪截面限制条件验算。 (4) 连梁设计及验算结果。 (5) 巨柱设计及验算结果。巨柱含钢率及轴压比验算、巨柱正截面承载力验算、巨柱抗剪截面限制条件验算、巨柱受拉开裂验算。 (6) 外伸臂桁架设计及验算结果。 (7) 环形桁架设计及验算结果。 (8) 径向桁架设计及验算结果。 (9) 楼面设计及验算结果。 (10) 节点分析。巨柱～伸臂桁架—环带桁架节点分析、核心筒—伸臂桁架节点分析。 (11) 塔冠结构设计

4. 审核咨询结论及建议

对某超高层项目的超限审查资料进行审核咨询，得出如下结论。

(1) 该项目塔楼结构采用了巨型空间框架—核心筒—外伸臂桁架的结构体系，结构体系合理。

(2) 结构设计中采用的设计准则和控制指标，包括设计使用年限、建筑安全等级、构件重要性划分、抗震设防类别、抗震设防烈度、场地类别及液化判别、构件抗震等级、层间位移角变形限值、构件挠度限值及结构舒适度控制指标等均满足我国规范要求。

(3) 采用恒荷载、附加恒荷载及活荷载参数基本合理，其中钢筋混凝土容重（2.4t/m^3）数值小于工程常规采用值（2.5t/m^3）；地震作用参数取值符合我国规范要求；主体结构温度作用的考虑方法及温度变化范围取值可行；风荷载采用风洞试验值，取值方法可行，但风洞试验结果的合理性应由专家专题论证。

(4)《超限报告一》中对该项目结构的超限情况判定正确。

(5) 设计中剪力墙、梁、伸臂桁架、箱型空间桁架及塔冠构件内力调整方法及系数取值符合规范要求。巨型柱的内力调整方法及调整系数前后不一致。

(6) 结构弹性计算采用的假定合理。

(7) 结构设计中对于不同构件采用的抗震性能化指标合理，且符合专家建议。

(8) 整体结构的弹性分析表明，周期比、层刚度比及层抗剪承载力比满足规范要求，无竖向不规则及平面不规则。

(9) 小震作用下，结构楼层最大层间位移角满足规范要求。

(10) 设计中采用重现期为100年的风荷载用于构件强度设计；采用重现期为50年的风荷载进行整体结构的位移及变形计算，计算方法可行。

经验算，结构剪力墙、巨柱、环形桁架、径向桁架等基本满足规范及所设定的抗震性能目标要求；仅环形桁架有个别构件验算结果略为不满足性能目标要求，建议设计单位采取相应改进措施。

整体结构动力弹塑性分析中，计算模型及采用的参数合理。其中Y为输入主方向时七组地震波作用下两个单位给出的结构基底剪重比平均值、结构最大层间位移角平均值结果接近，且均满足我国规范罕遇地震作用下楼层层间位移角不超过1/100的要求；整体结构动力弹塑性分析缺少X为输入主方向时罕遇地震作用下的动力弹塑性分析及结果。

结构舒适度风洞试验表明，本结构在重现期为10年的风荷载作用下结构顶部加速度满足规范对于舒适度的限值要求；计算分析表明，楼面舒适度满足要求。

塔楼结构施工过程分析表明，施工过程对于结构核心筒与巨柱差异沉降有重要影响，且对结构关键构件（巨柱、剪力墙、伸臂桁架等）内力有较大影响，设计单位提出在构件强度设计中考虑施工过程的影响是必要的。

报告中未给出巨柱计算长度的取值及依据。

节点分析中材料性能及分析工况应结合整体分析结果补充论述。

报告中提出的整体模型振动台试验及关键部位节点试验是必要的。

综合来看，本项目结构可满足我国抗震规范中提出的“小震不坏、中震可修、大震不倒”的设防目标，结构主要构件的抗震性能可满足规范要求及提出的抗震性能目标要求，拟提交的本项目超限审查送审资料基本完整，按以下建议内容作出相应补充或修改后，可报送专家审查。

(1) 适当增大钢筋混凝土容重和型钢容重，以正确反映本工程混凝土构件中高配筋率、钢构件内加劲肋和节点板的特点。

(2) 补充风洞试验结果的专家专题论证结论。

(3) 小震弹性分析结果应取规范与安评报告的不利值。

（4）补充楼层层间位移角最大值与平均值的比值。

（5）分析论证巨柱计算长度的取值。

（6）明确巨柱内力调整方法，建议采用框架部分承担剪力不小于基底剪力的20%进行调整。

（7）补充大震作用下巨柱的抗剪截面限制条件验算，可采用动力弹塑性分析结果进行。

（8）补充整体结构 X 为输入主方向罕遇地震作用下的动力弹塑性分析结果。从计算结果看，混凝土是否考虑约束效应对计算结果有重要影响，TT 及 CABRTECH 应协同确定参数取值。

（9）节点分析中，建议调整材料强度取值及杆件施加荷载，采用与设计一致的荷载。

（10）对送审报告文字表达进行完善，确认、修正前后不一致的文字表述，并反映本评审报告正文中的修改意见及《超限报告评审详细记录》中的评审意见。

5. 项目点评

在进行设计评审工作的过程中，根据需要聘请相关的咨询顾问介入，可以辅助相关评审材料的编制，或对已经初步完成的报审材料进行审核咨询，提出相应的优化建议，从而有效帮助项目尽早顺利地通过评审。对于设计复杂的工程项目，设计评审咨询的作用和价值将得到明显的发挥。

四、某市体育场项目

1. 项目概况

某体育场项目，项目基地位于市中轴线北端。项目定位于能满足举办地区级和全国单项比赛的要求、满足全民健身活动的要求、成为对外交流的重要窗口和城市建设的标志性建筑，具有先进水平和现代化气息的综合体育场。

经多方案征集，本项目最终确定三个备选方案，效果图分别如图 4-17 所示。

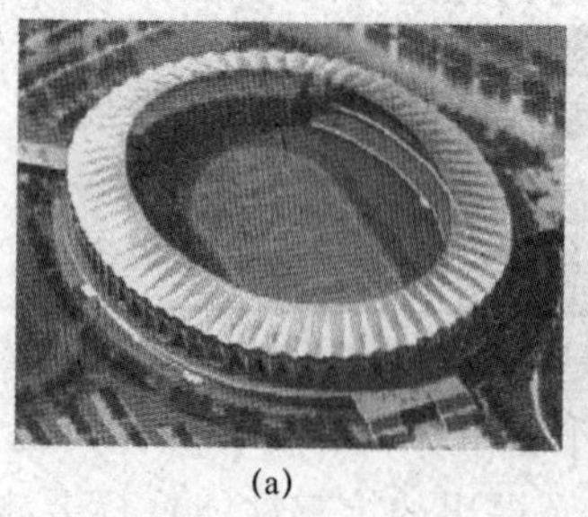
(a)

(b)

(c)

图 4-17　某体育场项目备选方案效果图

（a）方案一；（b）方案二；（c）方案三

2. 方案综合评价体系

大型体育场项目具有建设规模场、时间长、参与人员众多，与建设有关的因素多等特点。包括建筑、结构方面的技术性因素，经济性因素，还涉及社会、政治、生态环境及资源等诸多风险因素，其影响重大、深远。由于对方案选择的影响因素众多，要选择重要的项目进行评价，才能保证评价本身的可靠性。本项目经咨询团队研究分析后确定了方案比选的综合评价指标体系，如图 4-18 所示。

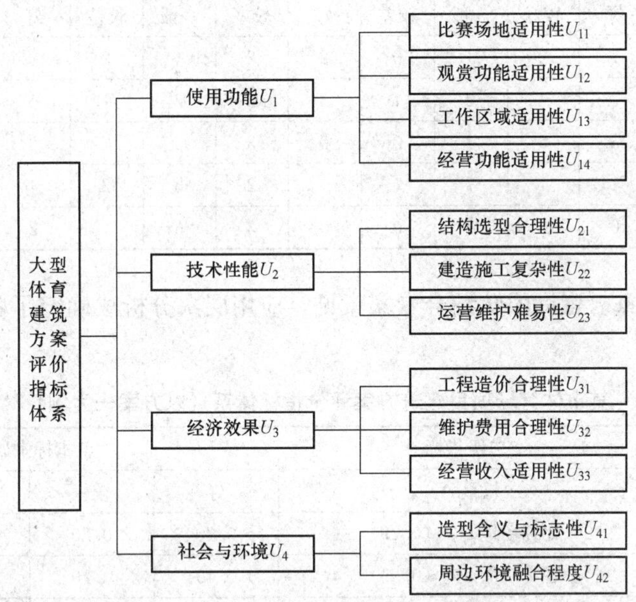

图 4-18　本项目建筑方案综合评价指标体系

3. 方案比选过程

（1）确定因素集和评语集。本项目咨询团队邀请了 10 位业界专家组成评价小组，针对评价指标体系中的各评价要素对三个备选方案进行逐一评价，见表 4-15。即本项目因素集为$U=\{U_1, U_2, U_3, U_4\}$＝｛使用功能，技术性能，经济效果，社会与环境｝。评价各因素优劣等级分为 4 个等级，即评语集为$V=\{v_1, v_2, v_3, v_4\}$＝｛好、较好、一般、差｝。对评语等级赋值，得$F=\{95, 82, 67, 50\}^T$。

表 4-15　　专家对某市体育场项目备选方案评价结果统计

评价指标		统计结果											
		方案一				方案二				方案三			
		好	较好	一般	较差	好	较好	一般	较差	好	较好	一般	较差
使用功能	比赛场地	7	2	1	0	7	2	1	0	5	3	2	0
	观赏功能	4	2	3	1	4	2	3	1	6	3	1	0
	工作区域	5	2	2	1	3	3	2	2	7	2	1	0
	经营功能	6	2	2	0	1	2	3	4	1	5	4	0
技术性能	结构选型	5	3	2	0	3	3	2	2	4	3	2	1
	建造施工	6	1	3	0	3	1	3	3	0	2	4	4
	运营维护	6	1	2	1	3	2	2	3	0	2	5	3

续表

评价指标		统计结果											
		方案一				方案二				方案三			
		好	较好	一般	较差	好	较好	一般	较差	好	较好	一般	较差
经济效果	工程造价	7	2	1	0	2	2	4	2	0	1	4	5
	维护费用	3	4	2	1	3	3	3	1	0	3	4	3
	经营收入	3	5	2	0	0	3	3	4	0	4	4	2
社会环境	意义标志	1	1	7	1	1	2	5	2	4	4	2	0
	环境融合	0	3	7	0	0	3	6	1	2	3	3	2

(2) 各因素权重。咨询团队结合专家意见，应用层次分析法确定了各级评价指标的权重，见表 4-16。

表 4-16　某市体育场项目建筑方案评价指标体系（以方案一为例）

一级指标	二级指标	各指标隶属度			
权重 A	权重 A_i	好	较好	一般	较差
使用功能 U_1（0.48）	比赛场地 U_{11}（0.29）	0.70	0.20	0.10	0.00
	观赏功能 U_{12}（0.29）	0.40	0.20	0.30	0.10
	工作区域 U_{13}（0.24）	0.50	0.20	0.20	0.10
	经营功能 U_{14}（0.18）	0.60	0.20	0.20	0.00
技术性能 U_2（0.12）	结构选型 U_{21}（0.42）	0.50	0.30	0.20	0.00
	建造施工 U_{22}（0.33）	0.60	0.10	0.30	0.00
	运营维护 U_{23}（0.25）	0.60	0.10	0.20	0.10
经济效果 U_3（0.22）	工程造价 U_{31}（0.50）	0.70	0.20	0.10	0.00
	维护费用 U_{32}（0.33）	0.30	0.40	0.20	0.10
	经营收入 U_{33}（0.17）	0.30	0.50	0.20	0.00
社会环境 U_4（0.18）	意义标志 U_{41}（0.54）	0.10	0.10	0.70	0.10
	环境融合 U_{42}（0.46）	0.00	0.30	0.70	0.00

(3) 建立评价矩阵并进行模糊综合评价。以方案一的计算为例，结合专家评分结果，建立各因素的评价矩阵 $\boldsymbol{R}_k$，由 $\boldsymbol{B}_k=\boldsymbol{A}_k\times\boldsymbol{R}_k$，可逐一计算得到各级评价因素的评分集：

$$\boldsymbol{B}_1=\boldsymbol{A}_1\times\boldsymbol{R}_1=\{0.29, 0.29, 0.24, 0.18\}\begin{bmatrix}0.7 & 0.2 & 0.2 & 0.1\\0.4 & 0.2 & 0.3 & 0.1\\0.5 & 0.2 & 0.2 & 0.1\\0.6 & 0.2 & 0.2 & 0.0\end{bmatrix}$$

$$=\{0.547, 0.200, 0.200, 0.053\}$$

同理可计算得出 $\boldsymbol{B}_2$、$\boldsymbol{B}_3$、$\boldsymbol{B}_4$，得到综合评价矩阵 $\boldsymbol{R}$，由 $\boldsymbol{B}=\boldsymbol{A}\times\boldsymbol{R}$，得到方案一的总评分集：

$$B = A \times R = \{0.48,\ 0.12,\ 0.22,\ 0.18\}\begin{bmatrix} 0.547 & 0.200 & 0.200 & 0.053 \\ 0.558 & 0.184 & 0.233 & 0.025 \\ 0.500 & 0.317 & 0.150 & 0.033 \\ 0.054 & 0.192 & 0.700 & 0.054 \end{bmatrix}$$

$$= \{0.449,\ 0.222,\ 0.283,\ 0.045\}$$

最后由 $Z=B\times F$ 计算得到方案的最终评价分值：

$$Z=B\times F= \{0.449,\ 0.222,\ 0.283,\ 0.045\}\{95,\ 82,\ 67,\ 50\}^{T}=82.1$$

由此，方案一的综合评价得分为 82.1 分。同理可计算方案二的综合评价得分为 76.7 分，方案三的综合评价得分为 78.0 分。

在三个备选方案中，方案一的得分最高，可作为推荐方案。

4. 项目点评

目前体育建筑项目的方案比选方法过多依靠主观经验判断，对于项目方案的评价内容不完善，技术与经济因素分析不全面，决策方法不科学，往往不能如实反映项目的实际情况。

在本项目建筑方案的比选中，咨询团队总结提出了大型体育场方案比选的综合评价指标体系，能够较好地代表影响此类项目方案选择的重要影响因素。在比选过程中将定性与定量的评价结果综合量化，采用层次分析法科学合理地确定各个评价因素权重，通过模糊综合评价法将专家组对各备选方案的评价意见转化为量化评价，最终得出综合评价结果。据此将综合评价值最高的方案作为推荐方案，有利于保障方案比选决策过程的科学化、规范化。在本项目中，咨询团队为推荐的备选方案一最终被业主所认可采纳。

五、某剧院项目

1. 项目概况

项目名称：某省大剧院。

建设单位：省文化厅、省社会公益项目建设管理中心。

建设内容与规模：总建筑面积 73 000m^2，包括 1600 座歌剧厅、1200 座音乐厅、600 座小剧场及地下停车场、人防工程、地面广场等相关配套设施和设备。

投资规模：批复项目估算总投资 11 亿元。

目标定位：“国内一流”水平的文化演出场所。

2. 设计任务书编制工作路径

咨询团队根据建设单位对大剧院功能的基本需求和城市规划对本项目的约束条件，分析了用地环境的总体状况，重点研究了国内外歌剧院、音乐厅的经验数据，针对建筑声学、舞台工艺等领域进行了专项咨询研究，结合观演建筑领域设计专家的意见，综合提出本项目方案设计任务书。

3. 本项目设计任务书成果摘要

经过咨询研究分析，形成本项目设计任务书成果摘要见表 4-17。该设计任务书成果亦同时成为本项目招标文件技术部分的核心内容。

表 4-17　　某省大剧院项目设计任务书成果摘要

任务书模块	内容摘要
项目概况	项目背景、设计周期、建设地点、建设内容及规模、投资估算及资金筹措
基础条件	选址范围和面积、气候条件、地貌与工程地质、水资源条件、交通条件、其他
规划设计条件	用地性质和面积、规划原则、建设控制、停车率、用地退界、日照要求、市政管线
设计理念	建设目标、核心设计理念、设计原则
功能空间的分配及要求	(1) 功能定位。综合性大型甲级剧院。 (2) 运营要求。 (3) 主要功能面积分配。按功能分区分为歌剧厅、音乐厅、小剧场、公共剧务用房、文化配套用房、管理及保障用房、其他用房七类分区，合计建筑面积约 73 000m^2。 (4) 歌剧厅。建筑面积 16 800m^2，包含前厅和休息厅、观众厅、舞台、后台演出用房、演出技术用房、道具装卸区等。 (5) 音乐厅。建筑面积 8400m^2，包含前厅及休息厅、演奏厅、后台演出用房、演出技术用房、管风琴机房等。 (6) 小剧场。建筑面积 4800m^2，包含前厅、休息厅、观众厅、舞台、后台演出用房、演出技术用房、道具装卸区等。 (7) 公共剧务用房。建筑面积 6600m^2，包含排练厅、琴房、声部排练室、票务中心、技术用房与库房等。 (8) 文化服务用房。建筑面积 8500m^2，用于宣传、展示、销售当地特色文化产品、演出文化衍生品等。 (9) 管理及保障用房。建筑面积 5500m^2，包含行政管理用房、行政服务用房、物业管理用房等。 (10) 其他用房。建筑面积 22 400m^2，含专业设备用房及地下车库
建筑设计要求	(1) 设计依据。 (2) 城市设计要求。 (3) 总体设计要求。建筑类型及等级、总平面布置、交通流线。 (4) 建筑设计要求。边界控制、高度控制、建筑风格、出入口与交通流线组织、无障碍设计、装饰设计、标识设计、安全设计及防火设计、节能环保设计
建筑声学设计	(1) 观众厅形体要求。 (2) 混响时间和背景噪声。背景噪声允许值、室内声学要求。 (3) 建筑隔声。 (4) 噪声与振动控制
舞台工艺设计	(1) 歌剧厅。舞台要求、舞台台口、舞台机械系统、舞台灯光系统、舞台音频系统、舞台视频系统。 (2) 音乐厅。舞台要求、舞台机械、舞台灯光、舞台音响。 (3) 小剧场。舞台要求、舞台机械、舞台灯光、舞台音响、放映系统

续表

任务书模块	内容摘要
其他设计要求	（1）安全设计：交通流线、消防安全、安检技术、地下室安全。 （2）消防设计：消防设计等级、总平面消防设计、平面消防设计、消防设备设计。 （3）绿色建筑设计：设计依据、设计原则、设计要求。 （4）结构设计：设计标准、设计原则、荷载取值、抗震要求、结构设计要求。 （5）给排水设计：给水系统、排水系统、热水及饮水供应、消防系统。 （6）暖通设计：空调系统、冷热源及动力、防排烟系统、室外空气计算参数、室内设计参数。 （7）强电设计。设计标准、供配电系统、消防及保安系统供电。 （8）弱电设计。设计标准、智能化子系统设计。 （9）景观设计。 （10）室内设计。 （11）人防设计。 （12）标识设计。 （13）环境保护。 （14）工程经济
设计文件内容及深度要求	总则；提交文件的规格数量；设计说明书主要内容；设计图纸主要内容；表现图主要内容；建筑设计模型规格；电子文件；封装要求和提交时间

4. 项目点评

由于剧场剧院类项目功能复杂、专业性极强，同时受舞台工艺等特殊要求的限制，设计任务书的编制者除应具有一定的建筑学专业背景外，还应了解观演建筑运行使用的基本要求。对于剧场剧院类项目的设计工作，聘请专业咨询团队共同讨论编制设计任务书，将有助于从专业角度辅助声学设计、舞台工艺等专项设计要求的明确，提高设计任务书的质量和准确性，保障项目外形与内涵兼备，为后续项目设计乃至建设工作的开展奠定良好基础。同时，咨询方的介入将更好联系起建设方和使用方，使建设者在项目谋划建设初期就关注剧场后期的运营问题，从而提出更为精确合理的剧场定位和设施设备配置等要求，共同努力建造“理想的剧场”。

第五章

全过程工程咨询典型案例

一、某基于 PMC 新城建设项目

1. 项目基本概况

该项目的工程建设区域面积约为 17km^2。主要建设内容为拆迁、开发及市政基础建设和公共设施建设、可耕化复垦等。项目总投资额约为 160 亿元。该项目法人单位（某市某新城建设投资有限公司）于 2013 年 3 月初成立，作为该项目的项目法人和投融资平台，承担项目的投融资、土地整理、建设开发等工作。县委、县政府成立了新城工程指挥部，由一位副县长作为总指挥，负责推动项目实施、协调解决建设过程中存在的问题，对项目的质量安全生产进行监督、协调，解决村民宅基地置换等工作。

该项目是由 20 多个单项工程组成的总体规模较大的群体工程，每个单项工程包括住宅工程、公建配套工程、市政道路及绿化工程的勘察、设计、招标、施工、材料设备采购、施工管理、竣工验收等将在不同的时间与空间点上独立实施。面对如此复杂的工作局面，作为建设单位的新城公司又是刚刚组建，经验不足，为解决此问题，2013 年 7 月，县委、县政府与项目管理启动团队所属的招标公司的上级主管机构——某“咨询公司”协商，由该咨询公司组建大型项目管理团队与新城公司建立合作平台，尝试对该项目的建设实施全面的专业化项目管理。为此，该咨询公司成立了新城项目经理部，公司领导为项目经理部制订了“竭智尽力、缜密管理、协同高效、服务新城”工作方针，并要求项目经理部在为公司取得良好经济效益的同时，也为公司未来的战略发展总结管理经验、积累管理成果，创新制订包括项目策划、规划设计、前期工作、项目投融资服务、工程实施管理等全程项目开发政策与项目化战略管理咨询等的（5＋2）PMC 管理流程、标准、方法和制度体系等。整体项目管理模式采用：业主＋PMC＋监理公司的管理模式。新城项目经理部于 2013 年 9 月底进驻项目建设现场。

2. 咨询服务范围及组织模式

（1）咨询服务的业务范围和工作职责。在 PMC 项目经理部成立初期，PMC 总经理就向建设方提出签署包括由 PMC 参与管理整个新城项目管理的战略框架协议，将 PMC 作为某新城整体项目的重要管理成员来考虑，确定 PMC 的权利与地位，这样做可以使 PMC 更好地发挥作用。但因受建设方背景限制，这要求一直没有能够实现。实际上是以某新城开工建设的第一个单项工程为起点，形成了《某新城示范镇 A 地块一期村民还迁经济适用房项目工程项目管理咨询服务合同》，以此作为 PMC 为本项目所有单项工程提供咨询服务的蓝本，界定了 PMC 的服务内容与范围，包括工程前期管理、设计管理及设计优化管理、招标与采购管理、造价控制管理、合同管理、工程进度管理、施工质量保证与质量控制管理、安全生产与文明施工管理、沟通与信息管理、项目验收管理 10 个方面，并对 PMC 的义务、权利及授权做出了约定。

（2）咨询服务的组织模式。

1）项目管理公司的管理组织模式（图 5-1）。在该项目中，PMC 的项目管理组织模式，经历了从单项工程的组织到群体工程组织的改变。针对该项目的建设按群体单项工程实施的特殊情况，考虑到 PMC 和建设单位的管理资源配置与组织，在项目中 PMC 采用了直线参谋职能制的组织结构，如图 5-1 所示。

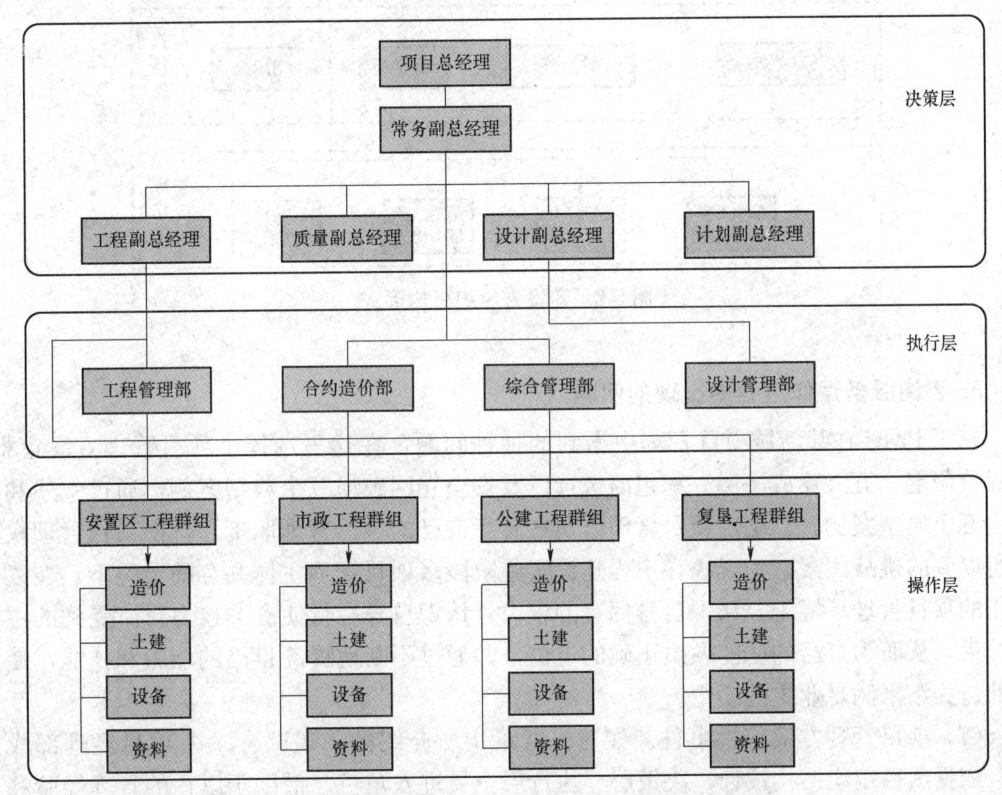

图 5-1　PMC 公司某新城组织模式

在这样的运作模式下，PMC 针对项目现场发生事件的决策效率因管理流程过长会有所降低，但考虑到 PMC 现场经理人员在经验与水平上的差异、建设单位当时的管理组织情况以及项目的安置区住宅建设有许多相似的共性问题等因素，建立这样的组织，可通过组织集体学习和共享在先期实施的项目中所获得和形成的新知识，来更好地发挥组织效能，从而能在整体上提高效率。

2）建设方组织机构与管理模式。如建设背景中所介绍的，该项目得到了项目所在的市、县两级政府的高度关注。县里成立了某新城建设指挥部，从而形成了由指挥部和建设单位共同组成的建设方。建设方的组织机构形式见图 5-2。

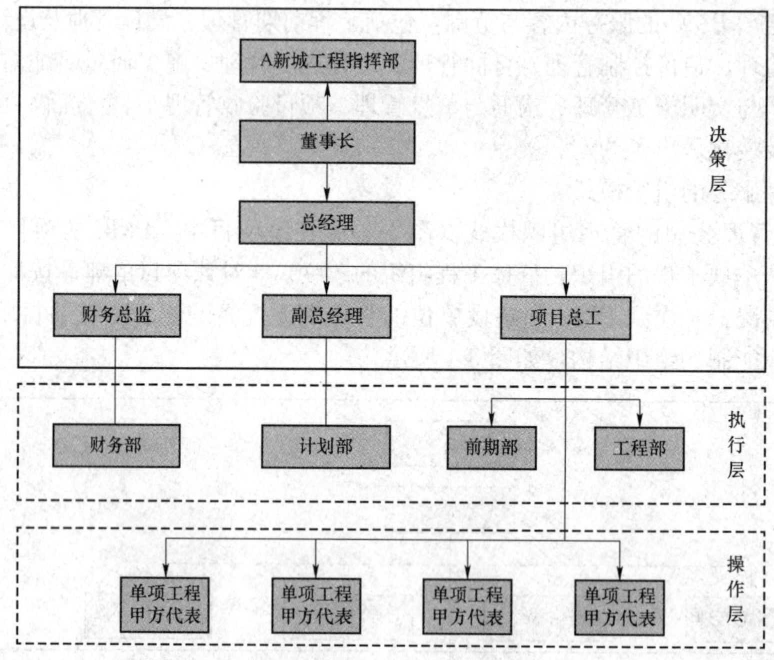

图 5-2 建设方组织机构形式

3. 咨询服务运作过程中出现的问题

基于 PMC 在某新城项目管理中遇到的种种问题，在这里选择了项目管理方案审批、拦标价确定、五天建成一层、承包商遴选以及安全立网破损五个典型案例，通过叙述和描述这五个典型案例，归纳出项目管理公司在履行自己的项目管理职责、行使项目管理权力时所遇到的挑战因素。为解决在工程建设实施阶段多项目管理主体并存的情况下，在复杂变化的项目管理环境中，认识自身拥有的权力，认识自身在行使有关权力时所受到的主客观约束，从而为自己的职能做出正确的定位，并通过不断地提高自己的能力和技能，使自己的行为结果满足业主的期望。

（1）项目管理方案审批事件。如建设背景中所介绍的，2011 年 9 月项目经理部成立后，依据项目组织结构设计，决策层、执行层全员进入角色。借助于以往的管理经验和项目资源，项目经理部充分考虑该项目的实际情况，于 10 月中旬编制完成了项目管理方案、工程管理制度等项目管理文件，提交给建设单位。

根据工程项目管理咨询服务合同的有关规定，建设单位应在 3 个工作日内对 PMC 书面提交并要求决定的事宜做出书面答复，重大事项应在 15 个工作日内做出书面答复，合同还约定，项目管理方在委托方委托的工程范围内，有权按项目管理方案对本项目进行项目管理。因此，项目管理方案、工程管理制度作为重要的管理工具和手段，需要建设单位做出决策。

在项目经理部将项目管理方案等提交给建设单位后，按合同约定应在 15 天内得到建设单位的回复，但到了 12 月下旬建设单位也没有给出任何正式反馈。为此，项目经理多次与建设单位的总经理进行磋商，向其说明建设单位审批项目管理方案及对 PMC 的管理授权工作，对PMC履行职责的必要性和重要性。该总经理表示，管理方案已经分配到建设单位正在组建的各个部门有关人员手中，稍后会给出答复，另外PMC全力协调好启动项目的运行、抓好规划设计工作和资料分析整理即可。

此后，建设单位的决策人一直没有对项目管理方案给予回复。在PMC的一再催促下，该项目管理方案提交2个月后，项目经理部与建设单位的总经理再次沟通，要求就项目管理方案向建设单位决策层做出专题汇报。并且强调，项目的一次性特点就项目管理方案的比较特性而言，应在于内容而不在于形式，尽管许多管理方案的篇幅章节貌似一致，但良好的方案不仅涉及处理、解决问题的方式，还涉及项目管理方的资源规划、整合与配置能力。PMC所做的管理方案是近半年来在充分了解了工程地域特点、当地建筑市场状况和项目管理环境下做出的。但真实情况是，项目经理部无法左右建设单位总经理的认知，PMC提出做出的进行专题汇报的要求也未被接受，项目管理方案的审批问题从此搁置。此时已启动的安置区住宅建设项目已在进行，建设区内的市政设施规划、各项未开工项目的建筑规划设计、房屋拆迁、土地整理、工地的临时道路水电等建设工作都交织在一起，建设单位也就无暇再关注项目管理方案的审核。

2014年初，建设单位内部会议部署了编制建设期工程进度安排、建设成本估算和工程资金筹措计划的工作，以应对3月初召开的公司董事会会议。按照项目管理合同，进行该项目的工程进度管理和全过程造价控制是PMC职责的一部分，也是项目管理方案中规划的工作。内部会议决定该任务的建设方负责人是新来的总工程师。

在此之前，也就是项目经理部成立之初的2011年10月底，建设单位总经理根据建设单位财务部门、董事会等各方的要求，安排项目经理部做过同样的工作，强调所编制的建设期工程进度安排、建设成本估算和工程资金筹措计划，将用于建设单位的资金安排和运作，要求精确细致，符合工程实际情况。但本工程项目的客观条件是，项目未进行初步设计，更多的市政建设方案、住宅区建设方案还在不断地修改编制中，许多设计的经济技术指标都存在缺失，而项目经理部全员也刚刚进入，全面熟悉工作还需要时间，加之项目的可行性研究对项目的实施方案并未做出符合实际的安排，要做出较为准确的计划编制和资金预测缺乏相关依据和基础资料。为此，PMC的项目经理向建设单位总经理做出了解释，并指出向PMC提供与工程有关的为进行项目管理工作所需要的工程资料是委托方的应尽义务，提出已有资料的缺陷与不足，建设方相关部门应提供的资料和配合问题等，建设单位总经理表示PMC可以和建设方相关人员联系解决。但建设方相关部门中的大部分人员缺乏房地产开发业务经验，在准备资料时他们往往无从下手，只能靠PMC前期人员带领建设方相关人员到相关部门和单位一个个落实，致使这项工作有所拖延，在两个月内没能全面开展，相关工作拖到了2012年初还未完成。

重新启动这一工作，建设方总工还是没有同PMC项目经理做出任何沟通，而是直接将上述计划编制任务安排给项目经理部的人员。他之所以这样去做，源于对其在处理项目管理方案审批问题上和日常的工程事宜中表现的非专业性能力时，PMC的项目经理对其所做过的负面评价。

成果出来后，建设方总工不同意将PMC编制文件的人员名字出现在成果上，而是要在成果编制说明中直接参与计划编制的PMC的人员名单和项目经理部的落款上加以套牌交给自己的领导，亦即删除PMC的名字和参与编制的人员名单，直接送到业主单位的总经理手中。表面上看，文件编制是由以建设单位总工为负责人的建设方人员编制的，对参与文件编制的PMC有关人员来说，建设单位人员的这种做法，一方面是对PMC劳动成果的极大不尊重，另一方面也随之带来了不少问题。比如，建设单位的财务与资金管理部门，在就计划编制向该总工提出问题时，该总工无以作答，还得需要PMC的相关人员一次又一次地做出解释，导致工作效率低下。这些对PMC的管理人员来说真是五味杂陈，而给业主领导的印象是PMC无作为。在这个问题上，PMC项目经理没能采取有效的手段制止类似事件的发生。

（2）拦标价编制事件。

1）废标投诉。根据PMC和建设单位签订的咨询服务合同，招标过程中，PMC将负责编制该项目所有招标工程的工程量清单和拦标价，并报建设单位进行审批，经批准后，在该项目采用上限、明示拦标价的方式进行工程招标。

2014年3月中旬，项目上进行5条市政道路和给排水工程的工程施工承包招标。该工程道路总长度6.78km，施工承包范围包括土建工程和安装工程。合同工期自2012年4月24日开工到2012年7月30日竣工，历时98个日历日。由于这5条道路在空间上贯穿了正在实施的安置区住宅工程的施工区域，也是项目区域内重要的交通和景观通道，道路按计划建设完成并投入使用对后续的住宅区建设有重要的意义，因而顺利做好招投标工作就显得至关重要。

该工程的地质报告表明，其技术数据与已经在施工的邻近区域的安置区住宅项目区域有极大的相似性。在已在施的邻近项目上，PMC所做的地下工程基槽开挖工程量，是在分析地质报告所提供的技术数据的基础上，专门设计了对应的基坑保护处理方案后计算得出的。而在实践中，对该安置区住宅工程大部分基坑的施工，可以采用更为经济的方式来极大地减少土方工程量，并可对施工进度产生积极的影响。因而，PMC提出按经济性好的方案编制这5条道路的工程量清单，设定了遇到工程地质条件不利的情况，可通过工程签证方法进行工程量变更的招标原则。该方法得到了建设单位的认同，工程的拦标价最终确认在3370万元。

通过公开招标程序，一共有5家是施工单位确定参与投标，确定的中标单位的中标价格是3310万元左右，其中一家投标单位是在当地承担了若干类似工程，并有十几年经营经验的某国有企业。开标前为了能够保证进度，指挥部和建设单位已决策，将该工程中的某些前期工作，包括一些材料的准备等交由上述国有企业实施。开标时该企业报出5280多万元的价格，超出拦标价有56%之多，被当场废标。招标结束后该单位对废其投标不服，开始上访，找指挥部领导投诉，主要理由是PMC编制的工程量清单不合理、工程造价不合理、工程安全与质量不能保证，诬陷PMC和建设单位这样做的目的是操纵中标单位进入。为此，当地政府组织了专门的监察小组开始调查，约谈了建设单位和PMC的主要负责人、有关员工等进行调查，一时间气氛紧张。中标公示期过后，中标通知书迟迟未能发出。县有关领导表态，如果发现建设单位和PMC有违法行为将做严肃处理，为了保证工程进度，可以让中标单位进场，至此，项目开工已经推迟了十几天。项目开工之后，投诉单位派人进入施工现场，专门拍摄一些施工过程中的监管缺陷、质量瑕疵等，以点带面，夸大其词，吹毛求疵，剑指该次招标的“不合理性”和PMC的能力。PMC不得不花费一定的精力，应对解决一个又一个挑战。好在当地政府的调查结论排除了投诉单位对此次招标“违规”的指控，这才平息了事态，工程由中标的施工单位正常实施，结算时也未出现不合理的大额变更事宜等。

2）流标导致工期延期。在本项目中，拦标价的问题还有其他形式的反应。在该项目的某个桩基施工招标中，PMC按照有关规定，协同建设单位办理了招标备案手续，有十几家当地和市内的施工单位报名投标。PMC根据有关计价规范计算出的拦标价在提交建设单位审批时，被建设单位砍掉10%。双方的分歧是，PMC对有关材料价格是按照工程造价主管部门每月发布的指导信息价格计算得出的结果，而建设单位强调项目所在地有较充分的建筑材料，要通过就地取材节约工程造价。

一般而言，在当地经营多年的承包商，会与当地有限的供应商存在较稳定的商业信用联系，可以通过赊购商品等形式获得供货，长期客户一般也会得到比较优惠的供货价格，而外地承包商获得供货往往需要现金交易，并可能难于获得建设单位和本地企业所能获得的价格。市建设工程造价主管部门公布的有关建筑材料的指导信息价格，是可被市场中众多的内外地承包企业接受的，考虑了市场价格波动的综合性价格，在招标文件中使用当地市场价来代替综合价，有可能导致外地企业无法承受而使项目流标等。可惜在建设单位的强势坚持下，导致拦标价公布后只留下当地两家企业确认参与投标会，不符合法定投标人数量，招标搁浅。只能按PMC确定的拦标价重新招标。

(3)“五天一层”事件。2013年6月7日，该项目的工程建设以一期一号地块内住宅的桩基工程施工启动为标志正式展开。该地块内共有18个单体高层建筑，每个高层建筑基地面积在360～380m^{2}之间，建筑风格基本一致，层数不同，总建筑面积12.7万m^{2}余。均有一层地下结构。该地块，经过招投标后确定了两个承包商。标段划分见表5-1。

表5-1　　标段划分表

标号	标段内楼号（括号内为层数）								
一标	1号楼（17）	2号楼（17）	3号楼（17）	4号楼（15）	5号楼（17）	6号楼（24）	7号楼（17）	8号楼（17）	9号楼（24）
二标	10号楼（24）	11号楼（17）	12号楼（17）	13号楼（24）	14号楼（17）	15号楼（17）	16号楼（17）	17号楼（17）	18号楼（15）

按照前置工作完成时间，主体工程计划于2013年10月7日开工。作为整体项目中的第一个单项工程，涉及1380户，约5200人的还迁居民用地的腾迁、后续工程建设用地的整理和拆迁补偿等，自然得到了县领导、指挥部、建设单位等多方面的高度关注。建设单位和当地政府对项目的工期安排提出了基本约束：2015年春节该单项工程要达到入住要求。为此，PMC做出了控制性进度计划安排。该计划是以花费时间最长的24层建筑为基准制订，根据每层工作面不大的特点，按建筑工程施工的技术约束，主体结构施工排定5天建设一层。按照这样的安排，工程的竣工日期为2012年11月15日，可以满足2013年春节前入住的要求。

2014年初，根据市、县政府的安排，在2014年7月27日，本项目要迎接市委、市政府组织的有关区县经济发展情况的大检查（简称“迎检”），希望届时项目主体结构全部实现封顶。项目指挥部为此召开了由建设单位、PMC和众多有关部门参加的动员会。根据之前所做的工期分析，结合当时项目主体建设的实际进度，PMC负责人表态，按五天一层计算可以达到这一目标。为了促进这一目标的实现，指挥部和建设单位领导会同PMC商定采用冬期施工措施，同施工单位协商在2014年春节前争取主体建设到2～3层，以求在冬期施工期过后进入正常施工期时，项目可以按五天一层的节律进行施工，以便更有把握地达到7月27日主体结构封顶的节点目标，并做出了增加措施费、在春节前达到2～3层目标给予施工单位一定物质奖励的承诺，可见建设单位及相关领导对迎检这一活动的重视。面对这样的安排，施工单位也有一定的积极性，最终实现了春节前的目标节点。

新春过后项目重新开工，主体建设到第8层之前工程进展还算顺利。根据指挥部和县有关领导的要求，建设单位指示PMC做出形象进度计划。“五天一层”成为PMC工期管理的一个“紧箍咒”。关注迎检进度的政府有关部门、指挥部、建设单位的负责人安排专人每天检查项目的形象部位。半个月过去了，期许的新建3层见到的只是2层；一个月过去了，期盼的新建6层却只有4层，以“五天一层”作为尺子的观望形象进度不再能够实现，一切都在混乱之中。

事实上，工程项目主体结构“五天一层”的计划是PMC按照独立单体建筑、顺序施工的方案考虑制订的。对建筑群体施工而言，做出这样的计划所隐含的假设是，单栋楼与楼之间按平行作业施工，施工单位有足够的人力资源，愿意增加资金投入使用，以减少类似施工模板等工具的周转、增加措施费用为代价才能达成。春节前，由于有建设单位承诺，在完成规定节点，可获得一定的物质奖励，施工单位在激励之下进行了较充分的资源投入，“五天一层”的建设节律得到实现。春节过后，项目的主体施工始终没有实现“五天一层”计划的情况与：PMC编制的招标文件和施工合同有重要的关系。在PMC所编制的招标文件与合同条件中，其对承包商提出了该工程的开工、竣工时间和总工期的要求，这样在固定上限拦标价的情况下，施工单位就可以根据自身的技术和管理能力、资源运作情况编制和实施自己认为最为经济合理的施工方案，包括满足竣工、总工期要求的合理的分部分项工程进度组织方式等，而做出可获得最大利润的施工方式决策。因而不同的承包商在投标文件和施工组织设计中，会做出不同的、可以满足总工期和竣工要求的施工方案和进度节点计划，但不一定会做出“五天一层”的计划安排。如果PMC将那份按“五天一层”工期计算作为控制性的进度计划编入招标文件，或者将主体结构框架“五天一层”的要求作为计划的基准落实在招标文件和合同的要求中，并规定出达不到这一要求时的违约惩罚条款，就会对施工单位的进度计划的编制实施产生刚性约束。该项目的实际运作方式是，总包单位将主体结构施工，按3个楼座为一组流水进行。按技术衔接和组织，安排主体结构建设“七天一层”。监理公司和PMC在工程开工前已经确认了施工单位交付的施工组织设计和进度计划的合理性，即可以达到合同工期要求。

在工程开工后，建设方提出2014年7月17日迎检节点要求，而PMC负责人在相关会议上做出的，可以实现“五天一层”的表态，相当于对合同做出一项变更指令，为此也会干扰施工单位的计划安排，改变有关工程的施工时间和顺序，从批准的施工单位的“七天一层”施工组织设计变成“五天一层”，一定会增加相应的措施费用。PMC负责人显然忽视了这一情况对 PMC 带来的风险与难题。

(4) 承包商遴选事件。该项目历史性的项目规模对当地的建筑市场来说是一块看得见的大蛋糕。为满足当地经济发展的诉求和解决政府投资项目历史上的工程款欠账问题，当地政府在承包商遴选问题上更多倾向于为当地管辖的施工单位赢得中标机会。具体做法上，建设单位听从县有关方面的安排，在投标单位资格选择上，要求 PMC 将“参加本工程投标的县域外施工企业中标后应在本县设立子公司”的要求写在招标文件上；在成本计划方面，对主要建筑生产材料和设备，比如土方、混凝土、装饰砖、门窗、散热器等，以当地有限的供方资源询价代替市里统一的综合市场信息，从而形成的拦标价格，对当地的承包单位有较强的成本优势，造成了项目建筑承包商的竞争性不足，流标事件多有发生。

随着启动项目进行，在 2013～2015 年底的 3 年间，同时在项目区域实施的安置住宅工程合同有 13 个，共计有 142 栋 15～26 层的建筑单体。其中的 4 个合同由与该县无历史联系的 4 家施工单位承包，承担 44 栋建筑；而 3 家与本地有千丝万缕联系的总承包单位承担 9 个合同，98 栋建筑，涉及工程建筑面积达 59.5 万 m^2，合同金额 13.57 亿元，这几家承揽的建筑工程面积与合同额均占安置区建筑工程总量的 73%。

按该县建筑市场的实施规模总计不过 200 万 m^2 的事实去分析，在较高的工程建筑强度下，当地的建筑企业难有充足的人力、机械、材料、资金资源和管理资源，也缺乏相应的运作能力。为此，对相关项目管理工作的有效性提出了挑战。

2014 年初，二期项目开始，其建设规模、形式与一期相当。招投标后确定了两个承包商，仍然是负责启动项目（一期）的甲和乙。

承包商甲是早期在项目所在地从事过重要基础设施建设，随后长期留有项目班子，承揽当地工程项目的、拥有某项专业总承包特级资质，房屋建筑工程、市政公用工程及公路工程施工总承包一级资质的企业。承包商乙是有 30 多年历史的、主要在当地从事民用建筑建设、具有房屋建筑工程施工总承包一级资质的企业，曾为当地的政府投资的公共事业项目建设做出过重要的贡献，也是一个集团性公司。甲、乙这样具有高资质的施工总承包单位，一定会获得不少类似建筑业优质工程、安全生产先进单位等称号。这样的两个企业分别组织管理两个合计十几万平方米的单项工程项目，应该不是什么问题。可现场出现的实际现象是：①乙项目管理班子人员不整；②为甲、乙俩承包商具体干活的队伍，分别都是由若干个私人合伙的大小组合体，各组合体分别承揽几栋建筑单体的部分分部工程的施工；③队伍中的工人有相当大的一部分是在当地临时雇佣的劳动力，难有组织性、纪律性可言。

为此，PMC 所面临的问题可见一斑。2014 年 5 月中，承担二期工程施工的乙承包商在达到合同约定的主体 8 层完工付款节点后，监理公司和 PMC 完成了工程量的确认和审核上报到了建设单位。但在工程主体建设到 12、13 层左右，也就是按合同约定，距下一次工程款支付还差一个多月时，工程进度开始不断减慢，与计划进度要求出现的偏差逐步扩大。由于该二期工程毗邻一期迎检地块，其形象进度也必须每天上报，因而备受关注。进度出现问题自然首先责问的是 PMC。而 PMC、监理公司在每天早上的工程碰头会上都会向总承包单位的项目经理指出所看到的诸如材料不足、人员不足等问题，要求承包单位提出切实可行的解决办法。承包商为此也拿出过有关方案，但就是不落实。经 PMC 确认后知道，乙承包商作为县里的企业，县里累计欠付该承包集团的工程款一直在9位数字以上。对于本项目，在所有工程款进入集团后，由集团公司统一调动。在本工程的项目经理做出工程材料计划、向下支付分包单位的工程款计划后，集团会根据自己的情况做出运作决策，利用在本工程中得到的工程款项来拆东墙补西墙的事不可避免。据此，PMC联合建设单位董事长一同约谈承包商最高领导，处理所了解到的合同执行问题，所看到是承包商法人代表比建设单位董事长更加强势。面对这样的承包商，现实的工程项目管理环境，建设单位是否应该使用合同法力与承包商去进行角逐，PMC无法做出这样的建议，建设单位也难于这样去实施。最终，推动该事件向良好方向发展的是，县最高领导出面说服了乙承包商，建设单位又额外提前对该承包商支付了一部分工程款。

PMC作为建设单位的代理人，对发生的不合理现象和潜在风险有所判断，但不是决策者，通常只能按合同约定提出自己的意见。有些建议经反复申诉，逐步得到了建设各方不同程度上的认可。其中包括从2014年开始，建设单位取消了要求外地承包单位在本县建立子公司的做法。

PMC从中也认识到了自身项目人员的业务能力对推动项目进展的重要性。并尝试：①对能力较差的分包队伍和承包商的技术管理还不到位，要给予更多的关注和明确的技术指导；②发现施工中普遍存在的影响工期和质量的问题，首先做好自己的判断形成可行的意见，协同、培训促进施工队伍提高效率等措施，取得了一定的效果。

（5）安全立网破损事件。2014年八九月间，新城项目达到了第一个建设高峰，总面积为56.8万m^2的建筑工程同时在施，单体建筑数量达82个，相当于2013年本项目开始前的近十年当地建筑工程实施规模的1/4，又时值大秋季节，各工地的劳动力稳定性都出现了问题。其中，在项目区域内出现争抢架子工现象，稀缺的架子工游走于各单项工程用地、各单体组团之间。由于架子工紧张和承包商在管理方面的行为缺失所产生的，劳动力组织压力、工期压力等与安全问题交织在一起，本着“安全第一”的原则，PMC组织监理公司、建设单位代表和施工单位专门召开了多次安全生产与文明施工会议，进行现场联合检查；督促施工单位按安全文明施工规范处理破损的安全网，并坚决阻止和杜绝施工层在未设安全网情形下施工的现象。

8月，建设单位总经理视察安置区三期住宅工程的B承包商工地，一眼就看到了不少破损的安全立网，同时看到了备料区材料码放杂乱的情况，随即将施工单位、监理公司、PMC现场经理和建设单位的代表召集在一起，对PMC现场经理发起质问，在面对建设单位总经理的强势质问下，PMC的这位现场经理没有能控制自己的情绪，与建设单位总经理发生一些争执，当场背向而去，这种无视建设单位领导的行为，最终由PMC买了单，在那位总经理的过问下，PMC的这位项目经理离开了该工程。

在安排调离该事件中的PMC现场经理之前，PMC经理部对这一事件进行了认真的调查：查看了当事人事件发生前三天的工作联系单和工程例会会议纪要及审核了当事人自2012年2月项目开工以来近半年的管理日志及由PMC、建设单位、施工单位的代表共同参加的工地现场工程会会议纪要工程，以及以PMC的名义给施工单位、监理单位的工作联系单等。其中对工地安全与文明施工的问题作为现场管理的一部分多有涉及，同时附及图片资料。

在具体实施中，PMC 和监理公司无论是在日常巡查时，还是在工程例会上，对所发现的问题都会做出要求承包商及时处理敦促；但根据各方面情况进行权衡分析，监理公司判别是否需要发出停工令，根据所发生的情形判断会不会真的对工程质量和安全，对各方，尤其是对监理公司本身造成必须承担法律责任的影响。日常工地管理的安全状况，应以国家的《建筑施工安全检查标准》为依据而不是靠感觉来评判。在这个标准中包括涉及有安全管理、文明工地、脚手架安装与使用等十项分项检查评分内容，并且综合得分在 70 分以上、单项保证项目不低于 40 分时即为合格；有关统计资料表明，按上述标准评判，仅当汇总得分不足 70 分时，才可被认为施工现场存在出现重大的、诸如人身伤亡事故等发生的隐患，如仅因为工地暂时不整齐、部分安全网的暂时脱落就下停工令，那么本项目的将无法进行。

4. 对咨询服务运作过程中出现问题的思考

(1) PMC 履行自己的管理职责、行使项目管理权力的分析。在本项目中，PMC 为建设单位提供的是工程实施阶段的项目管理服务，在双方签订的项目管理合同中，规定了 PMC 和建设单位各自的责、权、利，也就是在一定法律形式上形成了业主方和 PMC 在项目的权力与地位。

1）在涉及有多方利益相关者的建设项目管理组织中，PMC 以正确的方式和时间向业主和被监督方提供有价值的信息，可以促进多方之间的协作、沟通和信任。通过从 PMC 了解到有价值的及时信息，各方可以有共同利益存在的项目目标来调整自身的行为，从提高项目管理的系统绩效，增加各方对 PMC 工作的认同。

2）对于缺乏项目管理经验的业主来说，PMC 作为专家，应比业主更能理解和体会在项目的具体实施过程中存在的问题，应更具有解决这些问题的知识、经验和技能。PMC 若能在服务业主的项目中有效地行使其专家权力，针对项目中出现的问题，向业主能提供可行的决策建议或意见，表明 PMC 为业主的利益提供了有价值的服务，当然会赢得业主对 PMC 工作的认同和信任。

3）PMC 拥有并运用好自己的参照权，可以获得其管理对象对自己的敬佩和赞誉、模仿和服从，增强其服务对象及业主对自己的认同和信任。

4）PMC 可以按与业主签订的项目管理合同赋予的权利和义务，对项目中出现的问题，建议业主有所作为或不作为，对此业主可理解为，PMC 在努力地按合同办事而值得信赖；然而 PMC 若利用其禀赋的权利，遵循公平公正的原则，去断然处理业主方与其他管理对象之间存在的矛盾和问题，可能会让业主感到不自在，或感到缺乏应受到的 PMC 对其地位的尊重，从而有可能会对 PMC 的服务产生不与合作的情绪。

5）在工程项目管理中，对于业主和其他管理监督对象，PMC 往往是奖励资源和能力的缺乏者，仅仅在不计报酬而能为业主和施工队伍提供一些非职务性工作方面体现。更多的是，PMC 可依自己的经验对业主和其他项目参与方提供一些有益于项目顺利进展的建议，避免其遭受质量、工期或成本等方面的损失，据此，PMC 会得到受益者的感激与信任。

6）PMC 为了遵循生存法则，有时往往不得不接受业主并非合理的惩罚，从而会对业主产生怨恨情绪，导致管理的低效率，同时 PMC 若将这样的情绪或申诉哪怕仅仅用口头表达出来，也会影响其与业主之间的合作。PMC 对业主之外的第三方行使惩罚权力有赖业主的支持和决策。

（2）从案例中归纳出 PMC 在履行自己的项目管理职责、行使项目管理权力时所遇到的影响因素。

1）从项目管理方案审批事件可知，建设单位决策人和执行人的项目管理水平与 PMC 的管理存在相关性。在对 PMC 的能力做出评价时只是主观臆断，而没有采用客观的评价方法和充分的沟通来解决问题。同时，PMC 项目经理在应对该事件时展示自己项目管理能力和说服对方的沟通能力都有欠缺。

2）从拦标价编制事件可知，业主决策层对事件的客观决策方法、项目参与各方的沟通机制与 PMC 的管理存在相关性。业主决策层的决策：尽管 PMC 尽责计算出正确的拦标价，但业主执行层人员将其错误决策归因于 PMC，从而导致决策层决策的失误。

3）从“五天一层”事件可知，PMC 在使用建议权时，应考虑其建议对相关各方的利益造成的影响；PMC 在代表业主执行承包合同时，在超出其监督权之外，向承包商提出依靠承包商自己的能力无法实现的技术建议，往往因其与承包商之间存在的信息不对称而无法取得应有的效果，造成自我毁誉。

4）从承包商遴选事件可知，在政府的行政干预下，诸如建设方有意选择与其过往和现实利益密切相关的承包商的倾向、关系承包商的组织能力、承包商与项目管理方的信息不对称、甲乙双方在执行合同过程各自存在的过失，以及项目所在的建筑市场的资源情况等，都会对 PMC 的管理形成挑战。

5）安全立网破损事件。基于该案例中描述的基本事实和 PMC 的自身反省，相关管理方的各自行为决策，对 PMC 的管理也提出了挑战。PMC 有义务，采取进一步的措施，达到客户理性上的满意。因此从该事件可以认识到，业主方领导者的理解与支持行为与 PMC 的管理存在相关性；承包商的履约能力与 PMC 指令的执行力正相关；PMC 项目经理的沟通能力与 PMC 指令的执行力正相关。

通过某新城项目的五个案例，做好全过程工程咨询的主要因素应包括：建设单位决策人和执行人的项目管理水平、决策层对事件的客观决策方法、项目参与各方的沟通机制、承包商的违约行为和 PMC 的有效应对、地方政府对项目管理的行政干预行为、业主方领导者的理解与支持、承包商的履约能力、PMC 项目经理的沟通能力等。

以某新城的典型案例分析为借鉴，不断发现新的、潜在的影响项目管理公司行使权利的因素，找出恰当的策略来应对项目管理中面临的挑战，对提高项目管理公司的专业化水平会产生积极的影响。

二、某文化旅游区新建博物馆项目

1. 项目基本概况

（1）基本信息。

项目名称：某文化旅游区新建博物馆、附属及配套工程。

建筑面积：新建博物馆 17 093.63m^2。

工程类别：新建博物馆，Ⅰ类工程。

合同类型：施工总承包固定单价合同。

(2) 项目特点。该建设项目位于市南郊 6km 处，是在原博物院建设的基础上，新增建设用地约 380 亩，按照国家 5A 级旅游景区标准进行景区升级改造，是自治区成立 70 周年的重点献礼工程。新建博物馆工程为两个近似的正四棱台体量，由中央连廊连接组成。两个体量分别作为匈奴与昭君两个主题馆连接并置，虽有各自的出入口，但是在二层连廊互通，形成既自有体系又连通共生的模式，同时隐喻“和”的内涵，是桥梁是纽带，形成建筑的“功能之和”。

新建博物馆工程，地下一层，地上二层，建筑高度 14.5m，该项目主要功能为展厅、互动厅、接待厅、车库、票务大厅、景观平台及连廊等。主体框架结构、钢结构；斜面直立锁边体系，外立面为仿夯混凝土艺术挂板，直观上为一对像青冢的石头金字塔；连廊区域大雨篷为重组竹结构，与仿夯混凝土艺术挂板交相辉映，象征着土木结构自汉代至今 2000 多年的传承；该项目结构复杂，斜面较多，建筑新结构、新工艺及新材料使用较多，施工难度大，工艺复杂，全过程造价控制重点、难点较多。

机电安装工程：该项目由两路 10kV 电源引入高、低压配电室，配电系统电源引自该项目的配电室，电压等级 220V/380V。配电系统采用放射式和树干式相结合的方式进行供电；照明系统光源采用节能型光源及灯具；防雷接地系统由屋面避雷带、引下线、结构筏板基础接地极组成，室外设有测试点；该项目设有通信网络系统、信息化网络系统、综合布线系统、有线电视系统、移动通信覆盖系统等智能化系统；该项目设有消火栓系统、自动喷淋灭火系统、火灾自动报警系统、消防联动控制系统、电气火灾监测系统等消防水电系统；该项目设有生活给水系统、排水系统、屋面雨水排水系统；该项目设有空调、采暖、防排烟系统；电梯安装等。

该项目综合了其他附属及配套工程：景观大道建设工程、园区智能化工程、电力线路改迁工程、外电接入工程、一体化泵站工程、临时水电、园区标识标牌、电动观光电瓶车采购等配套工程。

2. 全过程造价咨询服务范围及组织模式

(1) 造价咨询服务的业务范围。前期建设阶段参与建设项目可行性研究经济评价、投资估算、项目后评价报告的编制和审核；承发包阶段负责建设项目招标文件的编制、合同主要条款的起草和审核、工程量清单及招标控制价的编制；建设工程实施阶段负责工程计量与进度款审核、施工合同价款的调整及工程变更、索赔、签证费用的审核；竣工阶段的竣工结算审核；提供工程造价经济纠纷的鉴定服务；提供建设工程项目全过程的造价监控与服务；提供工程造价信息服务等。

(2) 全过程造价咨询服务的组织模式。为适应全过程咨询的要求，公司成立了全过程咨询服务领导小组，抽调业务能力、技术水平高的骨干人员组成审核组。成立了建筑及装饰、机电安装、市政工程、园林绿化工程、通信工程、智能化弱电工程审核小组，审核组成员 15 人。组织充足的人力、物力进驻施工现场，由技术负责人和总工程师负责业务协调和分配，分工明确，密切配合，确保造价咨询业务有序、合理地进行，确保造价咨询业务高质量地完成，确保业主的资金使用合理。组织结构如图 5-3 所示。

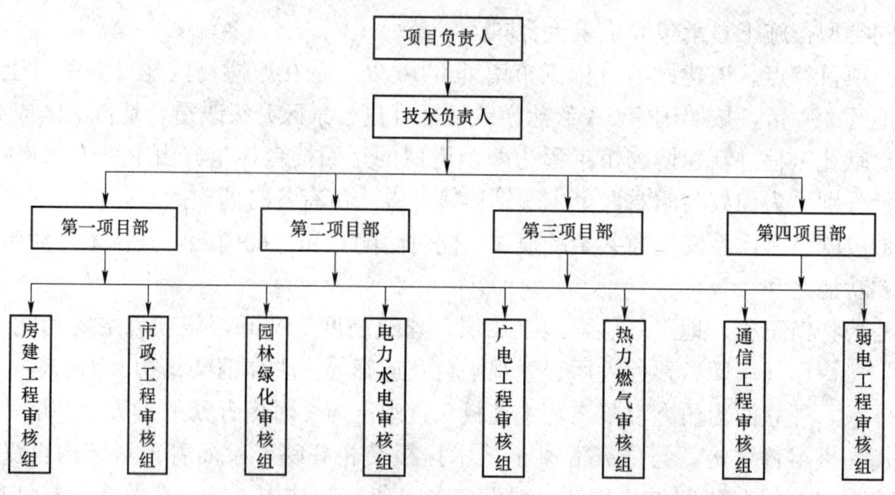

图 5-3 全过程咨询组织机构图

3. 全过程造价咨询服务工作职责

（1）前期及招投标阶段。

1）通过查阅相类似工程资料及去外地现场考察和问询，配合及帮助项目前期工作单位完成项目的可研及概算的编制工作，提供合理化建议并审核成果文件。

2）认真研究项目施工图纸，通过查阅相类似工程资料及去外地现场考察和询问，去生产厂家求证新材料、新工艺的做法，对材料和设备价格进行了大量的市场询价，依据现行计价文件，完善、周密、准确地编制了该项目的工程量清单及最高投标限价，遵循客观、公正、诚实、信用的原则，出具了符合国家有关法律、行政法规、规章、规范性文件要求的造价咨询成果文件，维护项目业主的合法权益，同时也不侵害投标单位的合法权益。

3）协助完成招投标的后续工作和中标后的合同签订工作。

（2）项目的施工阶段。

1）明确项目人员的任务和管理职能分工，编制投资控制工作流程。

2）建立合同管理台账，实施对工程建设各项合同的全过程监控管理。

3）协助业主确定市政配套和其他专业管线配套工程的造价或费用。

4）参与工程建设资金的计划管理工作，协助业主加强建设资金的使用和管理。

5）参与材料、设备采购等经济合同的谈判、签订工作（主要是甲供材料、设备）。

6）提供询价服务，对合同中有关经济条款进行专业的审核，并提供意见或建议。

7）计量并审核施工单位每月已完工程量，签署支付工程款意见书（包括预付款），协助业主做好中间结算和工程进度款支付工作。

8）实施对施工过程中出现的设计变更事宜的造价确定与控制工作。

9）实施对施工过程中出现的现场签证事宜的造价确定与控制工作。

10）实施对施工过程中出现的索赔事宜的造价确定与控制工作。

11）实施对施工过程中出现的价格调整的确定与控制工作。

12）建立投资上限（目标值）投资控制情况的动态分析和报告制度，及时报告已完工程的造价情况和偏差程度，并动态预测未完工程造价数据，综合分析整个工程建设投资支出的状况，从专业的角度提供切实可行的意见或建议。

13）在造价咨询全过程中为业主提供与工程建设相关的造价信息服务。

（3）项目的竣工结算阶段。

1）完成竣工结算审核或合同清算工作。

2）协助业主正确编制工程竣工结算报表等资料文件，协助业主完成财务竣工决算的审核工作。

3）提供造价咨询的最终总结报告。

工程竣工验收合格之后，表明业主或其代理人对承包商的工作接受，承包商除了保修期外的义务全部完成。此时造价工程师应该根据合同中关于工程价款的规定及施工中出现的增减情况，依据现行计价文件，进行竣工结算及未付尾款的计算，同时编制竣工结算和合同清算报告，最终提供造价咨询的总结报告。

（4）其他。完成业主提出的其他有关的造价控制全过程服务工作。

4. 全过程造价咨询服务的运作过程

（1）工程招投标阶段。经过前期的辅助工作和图纸的设计完善，进入工程招投标阶段，这个阶段的造价咨询工作主要是依据现行计价文件编制工程量清单及招标控制价，对招标范围内的施工图进行全面的量价核算，保证预算结果准确度。由于该阶段设计审查已经通过，因此要根据预算结果及预算指标分析，达到施工时修改设计的可能性较小。但预算的精度也会直接影响工程造价的结果，因此招投标阶段的造价咨询工作也是工程造价全过程咨询工作的重中之重，这个阶段的关键工作是编制工程预算、做出预算指标分析，为招投标阶段的各方提供极为重要的投标报价及评标依据。

编制工程预算的主要依据是招标文件、施工图、工程量清单规范、现行工程预算定额及有关预算调整文件。工作的专业性很强，工作量大而复杂，时间短，公司抽调专业技术水平过硬，工作认真、细致的造价人员进行工程量计算和工程量清单编制，确保清单项目特征描述完善、细致、全面、合理，对每一个清单项的定额子目使用反复推敲，确保每一个综合单价能够真实地反映工艺和做法要求，做到准确、合理、有效。新工艺、新材料清单项目的综合单价的确定，造价人员更不能有一点马虎，必须弄清工艺做法和合理的材料价格才能给定合理的综合单价。比如该项目的竹钢雨篷，施工图中只有示意图和简单的说明，工程咨询单位没有见过，都以为是一种钢结构雨篷，暂估每平方米用量有多少千克，结合钢材的市场价格进行控制价编制，结果经过市场调研完全和想象不一致，于是公司派人去厂家学习请教，避免了错误的产生，最终形成了合理的清单综合单价。

（2）施工阶段。该阶段是工程建设全过程造价咨询的重要控制阶段之一，更是项目资金投入的主要阶段，这个阶段的造价咨询工作主要是工程造价现场跟踪管理，包括进度款支付审核、工程设计变更及工程现场签证引起工程造价变化的审核、索赔及反索赔造价咨询、咨询合同规定的其他造价咨询工作。这个阶段由于施工图设计已完成，只要控制好设计变更及工程签证，理论上这个阶段工程造价的可变因素相对较少，造价总量变化也相对较小，但实际上这个阶段却是出问题较多的阶段，如果影响造价变化的小问题不及时跟踪处理，或处置不当，也极有可能造成总造价出现较大的偏差，施工阶段的造价咨询工作也是工程造价全过程咨询工作的重要工作流程之一，虽然对总造价影响的重要性比不上决策和设计这两个工作阶段，但工作的专业性很强，咨询人员必须具备丰富的现场工作经验才能完成这项工作，工作量大而复杂且常常时间紧迫，同样必须引起高度重视。

施工阶段工程造价咨询的关键工作是审核工程进度款、索赔和反索赔、设计变更及工程签证引起的造价变化，审核进度款的关键是要事先对工程预算全面复核，确保预算准确的前提下，以预算为主要依据，结合形象进度及工程承包合同规定的付款比例及其他规定审核进度款的支付金额，必须确保不发生超付。设计变更及工程签证造价审核要及时、准确，做到对工程造价变化的动态控制。索赔和反索赔造价咨询也是全过程造价咨询中经常碰到的问题，遇到索赔或反索赔，不要惊慌，只要吃透合同，弄清事件真相，并严格按照承包合同的规定处理即可。

（3）竣工结算阶段。竣工结算的工作程序就是对竣工验收资料进行整理收集归档，依据工程承包合同条款的规定，依据现行计价文件编制审核竣工结算，并从造价咨询管理的角度对其项目建设做出准确合理的评价。工程造价全过程咨询工作，由于经过前两个工作流程，进入本流程后，一切都水到渠成，竣工结算变得简单，几乎没什么大的弹性和变量，这是全过程造价咨询工作与传统的造价审核的重要区别之一，传统的造价审核只是注重最后结算审核的一锤子买卖，从而使结算审核工作变得耗时耗力很难顺利开展，并且前面各阶段的造价咨询管理几乎失控，这也是亟待解决的问题。

竣工结算的关键工作，整理所有该工程项目建设中相关的工程资料并记录保存；按时编制审核工程结算；竣工后，对项目进行合理评价。

5. 全过程造价咨询服务的实践成效

在某市某文化旅游区建设项目指挥部的正确指导和大力支持下，紧紧围绕双方签订的全过程造价咨询合同要求及服务范围，以该地区现行计价文件及相关调整文件为依据，根据国家的法律、法规的规定以及咨询设计公司相关审计指导性文件的要求，深入细致、全程跟踪、密切配合工程管理和投资控制等各项工作，认真、严格、细致地配合各参建单位的施工工作，尽心尽力为业主做好服务，为文化旅游区建设项目的投资控制严格把关，较好地完成了该项目的跟踪审计工作目标和任务，取得了良好的社会信誉。

（1）全过程咨询服务成果。

1）新建博物馆工程。

工程规模：总建筑面积 17 093.63m^2，地上二层，建筑高度 14.7m。

投资金额（概算）：14 200 万元。

资金来源：政府投资。

建设工期：2017 年 5 月 8 日至 2018 年 7 月 30 日。

质量验收情况：已竣工验收。

项目结算情况：已结算，审核后工程结算造价 13 700 万元。

2）景观大道工程。

工程规模：总长度约 2.5km。

投资金额：3500 万元。

建设工期：2017 年 12 月至 2018 年 7 月 30 日。

质量验收情况：已竣工验收。

项目结算情况：已结算，审核后工程结算造价 43 207 万元。

3）园区智能化工程。

工程地点：某博物院园区内。

投资金额（概算）：1900 万元。

建设工期：2018 年 5 月至 2018 年 7 月 30 日。

质量验收情况：已竣工验收。

项目结算情况：已结算，审核后工程结算造价 1929 万元。

4）电力改迁及外电接入工程。

工程地点：某博物院园区内。

投资金额（概算）：3900 万元。

建设工期：2017 年 5 月至 2018 年 6 月。

质量验收情况：已竣工验收。

项目结算情况：已结算，审核后工程结算造价 3625 万元。

5）其他项目（一体化泵站工程、园区标识标牌、室内导视标识、观光电瓶车采购、临时水、电结算等）。

工程地点：新建博物馆及园区内。

投资金额（概算）：900 万元。

建设工期：2017 年 5 月至 2018 年 7 月 30 日。

项目结算情况：已结算，审核后结算造价 830 万元。

（2）开拓性地开展全过程造价咨询服务工作。公司全过程造价审计组于 2017 年 4 月开始进驻工程施工现场，开展全过程跟踪审计工作，承担建设项目全部内容（包括新建博物馆工程、景观大道工程、园区智能化工程、电力线路改迁工程、外电接入工程、一体化泵站工程、园区标识标牌系统工程、室内导视标识系统工程、观光电瓶车采购、临时水、电结算等）的全过程造价咨询任务，认真完成业主所委托的各类分包工程和新增工程的招标文件及合同主要条款的起草和审查工作，认真细致地完成该项目的工程量清单和招标控制价编制工作，完成工程材料、设备采购价格询价和定价审核工作；认真完成工程预付款审核批复、施工中工程计量、进度款审核等工作。

此外，还积极配合业主完成工程现场签证及变更的论证工作，确保变更的必要性、可行性及合理性，最终合理地完成工程变更及签证计量和审核工作；工作期间全程参加现场计量工作；参加工程方案优化比选，并提出及时跟踪审计书面意见；积极配合业主、项目管理公司主强化工程造价管理，参加隐蔽工程及重要节点验收工作，确保数据真实有效。

在进行跟踪审计过程中，设计咨询公司始终按照项目指挥部的要求，有力地配合了建设项目的投资控制和造价管理工作。为了全面了解工程施工情况和其他事项，设计咨询公司现场工作人员随时随地到工程现场巡查、记录、计量，尽量满足业主对工程造价咨询工作的要求，并及时向业主和项目管理公司进行汇报。及时对施工现场进行勘察，参加隐蔽工程及重要节点的验收，以及用文字形式做好记录和用数码相机进行拍照留存影像资料备查，掌握翔实的工程原始资料和数据，确保工程计量工作的准确性和科学性。同时，设计咨询公司将过程中发现的问题及详细情况向业主及项目管理公司进行汇报，虚心接受业主及项目管理公司的工作指导，并将全过程造价控制的工作要求和业务安排及时向业主、项目管理公司以及施工、监理单位进行通报，凝心聚力，认真落实。

(3) 及时向业主报告处理意见和解决方法。本项目投资大，工程施工条件复杂，不可预见因素多，而且有些工程项目在招投标过程中和施工图设计上也存在一些不完善因素，这些都给工程实施过程中的造价控制工作带来了一定的难度。针对上述情况，设计咨询公司充分发挥自身专业优势，通过研究合同及招投标文件，及时向业主建言献策，有效地避免了投资浪费。

(4) 全过程造价咨询工作重点、难点解析。

1) 基础工程施工：博物院新馆工程位于大黑河南岸，地下水位较浅，该项目基础工程挖土深度室外地坪下最深处 9.2m，且基础工程挖土方面积较大，根据投标文件要求投标时未考虑基础降水和边坡支护措施，但是工程施工过程中必须采取降水和边坡支护措施，且该项目时间急迫，基础施工正好赶在雨期施工，故防雨措施、排水措施都要考虑，这就给工程造价过程控制带来难题，设计咨询公司领导高度重视，现场指导，现场造价人员积极查找项目所在地相关水文地质资料，与业主、项管单位、施工单位等工程参建单位现场勘察、量测、试验取得第一手资料，本着安全、经济的原则提出合理化建议并与相关专家进行论证，经过反复测算、修改，最终确定了合理、安全、实用、经济的基坑降水方案和边坡支护方案，使建设资金得以有效的利用和控制。

本项目土方开挖招标文件要求按 15km 考虑运距，设计咨询公司造价人员进场后，通过现场勘察，对所有建设项目和场地改造的要求，提出了通过合理有效的控制各单项工程的开始时间，现场平衡土方，减少土方外运的建议，得到了业主、项目管理公司和所有参建单位的认可，土方运距从 15km 降至 1km，大大地节约了建设资金。

具体实施方案如下：根据园区规划建设的总体要求，园区扩大绿化面积、新馆东西两侧增加微地形、园区景观大道土方换填等需要大量土方，咨询公司提出新馆土方分两期开挖，第一期新馆挖方量约 44 000m^3，回填土方量约 10 000m^3，余土外运量约 34 000m^3。所有土方均存放在新馆西侧待绿化的用地内，运距约 1km，既节省了运费又增加了土方的利用率。第二期开挖南北下沉出入口和景观挡墙土方，约 25 000m^3，下一年开挖，直接用于厂区绿化和道路施工换填用土，平均运距约 1km，减少了土方外运，减少了其他项目外购土方量，大大增加了土方的利用率。整个项目通过土方平衡措施，节约建设资金 300 多万元。

图 5-4 2016 年 7 月降水施工照片

同时，要求施工单位在不增加造价的情形下加强雨期施工防护措施，加快施工进度，确保基础工程顺利完成。基础施工照片如图 5-4 所示。

2) 主体结构施工。该工程结构形式：框架结构，异形，跨度较大、层高较高（6m），工程外围为斜梁、斜柱、折柱，最大倾斜角度达 55°，内部为不规则圆弧形结构，对施工中的测量和放样、模板安装与拆除、钢筋制作及安装、混凝土浇筑及养护质量控制均不同于一般的工程项目，造价控制也不同于一般工程项目，尤其是模板的损耗量增大、周转利用率降低，施工时人工、机械严重降效，执行现有的计价依据不能真实地反映工程实际造价，我单位现场造价人员及时与造价主管部门人员沟通，提出问题的解决办法，同时设计咨询单位造价人员经过现场反复测算、分析，提出了较为合理的、业主和施工单位都能接受的数据，对原综合单价进行了合理修正。

3）外立面直立锁边系统及外墙仿夯混凝土艺术挂板施工。博物院新馆工程外立面造型系统复杂，在异形钢龙骨体系上安装特制直立锁边系统，再在直立锁边系统外安装仿夯混凝土艺术挂板。整个系统既是外墙系统，也是屋面系统，施工工序复杂。该部分投标时为暂估价。

本工程为国内首次将直立锁边系统应用于幕墙体系，并在直立锁边系统上承受混凝土艺术挂板的重力。外墙立面由 2726 块仿夯混凝土艺术挂板组成，因外立面为斜造型，所有折角均为整板，最大尺寸 1.6m×6m，单块重量达 1t，极大地加大了挂板的加工和安装难度。因外立面为倾斜立面，施工人员只能采用攀岩和跪拜的方式施工，极大地增加了施工难度。以上因素造成了人工和机械的严重降效，况且这种体系在该地区建筑工程中前所未有，这就给工程造价控制带来了极大的难度。

公司咨询人员首先对工艺所需材料，尤其是仿夯混凝土艺术挂板，进行市场考察和市场询价，在全国范围内寻找类似的工程就非常难，通过多方查询，在陕西西安、江苏南京、北京等地有类似的工艺做法的工程项目，公司造价人员和工程参与方的各个单位人员先后去上述各地考察，重点考察了陕西咸阳博物馆、陕西师范教育博物馆、大明宫国家遗址公园、汉长安城国家大遗址博物馆、北京万科等项目。通过现场勘察、量测、问询等方式，形成完整的考察记录和详细的考察数据，形成详细的考察报告。回到施工现场后经过测算和 BIM 三维演示确定了方案和材料供应要求，方案初步确定后公司造价人员又积极地投入到材料价格测算中，同时，积极地与造价主管部门人员沟通、交流，寻找科学、可行的价格，拿出切实可行的价格确定方案。通过多次的厂家考察、实地测算以及价格磋商和谈判，最终确定了仿夯混凝土艺术挂板的生产供应厂家。直立锁边体系和仿夯混凝土艺术挂板安装时，咨询单位造价人员和施工单位、自治区建设工程标准定额总站人员一起，进行现场记录、测算、整理、讨论，经过十多天的现场测算和监测，最终形成了该项目仿夯混凝土艺术挂板的补充定额子目。公司造价人员的努力工作得到了各方专家的认可。

4）重组竹悬挑雨篷结构施工。入口雨篷及连廊悬挑装饰选择重组竹为主材，该材料为竹基纤维复合材料，是一种新型高端环保材料。该雨篷结构设计新颖、材料特殊，方案深化是一项巨大的挑战，同时构件的加工精度、安装施工要求标准极高。该项目悬挑装饰和入口雨篷投标时为暂估价，造价人员也是从未接触过的新工艺、新材料，在内蒙古建筑工程中也前所未有，可想造价控制的难度之大。造价团队查找资料、多方寻找资源，先后考察了北京和浙江等地四家单位的生产车间、在建工程项目施工、设计工作室，通过各家提供的深化设计方案比选，经过专家、设计人员、业主和造价人员的研究讨论，经过多轮磋商和谈判最终确定生产和安装厂家，价格谈判过程中，造价人员发挥较大作用，确定了业主满意、施工方满意，且真实合理的价格。

6. 社会关注和成果

该博物院新馆工程在建设过程中受到了该市各级领导和群众的密切关注。

2018 年 8 月 5 日，该博物院新馆工程在人民网、新华网、央视新闻、光明网、工人日报、中华建筑报等十几家媒体的见证下，举行了盛大的工程竣工仪式。

该工程项目直立锁边金属板防水系统+开缝式混凝土挂板艺术幕墙施工工法已经获得了工法奖，该项施工技术已获得国际先进水平科技成果，且已申请两项专利技术，同时该项目正在申报自治区及国家优质工程奖。

三、某总部大厦工程 BIM 技术应用项目

1. 项目基本概况

(1) 项目概况。某总部大厦项目为商业综合体项目，含综合商业配套、眼科中心医院门诊中心、诊疗室、药房、住院部、研究所及行政办公用房。

该工程规划净用地面积 17 363.67m^2，分为南北两个地块，南北两个地块各布置有商业、商务楼。项目总建筑面积 164 094.57m^2，其中北面地块有北塔 23 层、南塔 21 层两栋塔楼，4～8 层由钢结构裙楼连接（裙楼底部为下沉广场），南面地块有 14 层塔楼一栋。项目总投资约 13.5 亿元，于 2017 年 11 月 7 日开工，计划于 2021 年 5 月 7 日竣工。

本项目建设单位采用业主自管模式，合同模式采用施工总承包及各专项工程的平行发包方式，委托天职工程咨询股份有限公司（以下简称“天职咨询”）提供包含设计、全过程造价控制、BIM 咨询并协助进行工程项目建设管理的全过程工程咨询服务。

(2) 项目特点。该项目的主要特点如下。

1) 基础深，局部深度超过±0.000 以下 16m。

2) 施工场地狭窄，局部基础投影面积（不考虑施工预留工作面）与用地面积比值达到了 0.85。

3) 项目周边情况复杂，项目东面紧邻正在运营中的地铁一号线的轨行区间，南面有一座正在经营的加油站，西面地势高出±0.000 约 5m 且紧邻基坑边缘有住宅小区，北面靠近新中路立交桥。

4) 项目为商业商务综合体，不同的使用需求对空间的要求不同，且医疗使用需求对空间的要求非常高。

上述项目特点对工程设计及现场施工管理带来了难度，同时也要求咨询服务过程中综合考虑上述因素，协助建设单位有效推进项目实施。

2. 咨询服务范围及组织模式

(1) 咨询服务的业务范围及内容。某总部大厦项目的全过程工程咨询服务范围包括工程设计服务、工程造价咨询服务、BIM 应用咨询服务等，具体服务内容如下。

1) 工程设计服务。本项目设计服务工作范围包括所有地上、地下建筑物、构筑物、综合管网、道路、围墙等配套、附属工程的设计及技术服务工作；设计服务类别含方案设计、初步设计、报建图设计、施工图设计阶段的所有设计工作的内容，及其相关设计阶段的中后期服务工作，具体如下。

a. 方案设计。本项目方案设计由建设单位委托国外某设计单位实施，天职咨询提供的设计服务包含：配合国外设计院完成满足发包人要求，并符合国家及地方规定要求的报建设计深度的设计图纸及文件资料（配合方案设计院将所有方案整合成册，其中完成除建筑专业以外的各专业设计说明、管线综合图及日照分析等），对国外设计院提交的方案设计文件进行相关的检查并提出优化意见，负责通过政府职能部门要求的报规设计评审。

b. 初步设计。负责对国外设计院提供的建筑专业扩初设计成果进行复核、校对、修改完善、增加签注以及法定图则的绘制等工作，并在此基础上完成包括但不限于建筑、结构、给水排水、强弱电、水暖空调、人防、园林景观等全部专业的设计图纸和文件资料，确保达到国家规定要求的扩初设计深度，负责通过政府主管部门要求的初步设计评审，同时完成各专业工程概算。

c. 报建图设计。设计并及时提供包括但不限于建筑（平面、立面、剖面）、给水排水、强弱电、水暖空调、人防、园林景观等一切项目报建所需要的设计图纸、文件资料和相关评估报告，并确保达到国家规定要求的报建图深度，并协助发包人办理报建手续。

d. 施工图设计。设计完成施工图，并配合完成施工图审查，确保该施工图设计全面、完整、翔实，达到国家有关文件规定的设计深度和要求。

e. 其他工作内容。设计服务过程中参加政府主管部门组织的相关评审会，协助发包人进行报审、报建并提供相关的专业咨询报告、咨询意见等；负责配合精装修、幕墙、智能化等其他专业设计工作，并根据发包人要求，对设计成果进行修改、完善。

2）工程造价咨询服务。提供全过程造价管理工作，协助建设单位进行工程投资的管控，具体工作内容如下。

a. 设计阶段。编制设计概算，并根据概算金额提出成本优化建议；协助进行多方案比选，完成设计阶段的成本测算。

b. 施工准备阶段。协助进行合约策划、标段划分，确定合同模式，编制招标文件、合同文本等；编制招标工程量清单、招标控制价，协助进行清标、评标分析；协助建设单位进行合同谈判等。

c. 施工阶段。进行施工阶段的成本控制，建立动态成本控制月报，在设计团队的支持下控制变更、洽商费用；组织暂估价询价工作，进行暂估价的审核、确认；进行工程款的支付审核等工作。

d. 竣工阶段。进行竣工结算审核工作。

3）BIM 应用咨询服务。本项目 BIM 咨询服务包含两部分内容。

a. 通过 BIM 技术提供重点部位、关键区域的可视化设计方案比选、优化等工作，进行施工图的 BIM 建模，检查设计的错漏碰缺等问题，确保设计阶段的成本控制。

b. 施工阶段指导建设单位、参建单位基于 BIM 技术开展协同办公，竣工阶段建立完整的竣工模型等，具体包括 BIM 技术应用实施标准与流程制定；建筑结构模型建立与设计协调；机电设备模型建立与设计协调；幕墙模型建立与协调；重点部位装修模型建立与设计协调；多系统综合与协调；出具多系统综合协调成果图纸；搭建 BIM 技术协同工作平台（EBIM 平台）；机电设备安装施工进度筹划管理；工程变更的模型调整；建立完善的竣工模型，为项目的运维需求提供合理化建议及技术支持。

（2）咨询服务的组织模式。为确保建设单位与咨询单位之间信息沟通高效、顺畅，咨询单位内部的设计、造价、BIM、EBIM等各专业之间有效整合，确保咨询服务质量，项目实施之初，咨询服务项目组按照两个维度制订了工作开展的组织模式及管控体系。

1）建设单位的项目管理组织模式。为有效组织该项目的建设管理工作，建设单位成立了项目管理领导小组以及在领导小组下的项目管理办公室具体负责项目实施，由天职咨询成立全过程工程咨询项目组协助项目管理办公室具体实施项目的设计、造价控制及BIM应用等项目管理工作，对于项目现场的进度、质量、安全控制工作，建设单位主要借助监理单位的专业力量来进行管理，建设单位的项目管理组织模式具体如图5-5所示。

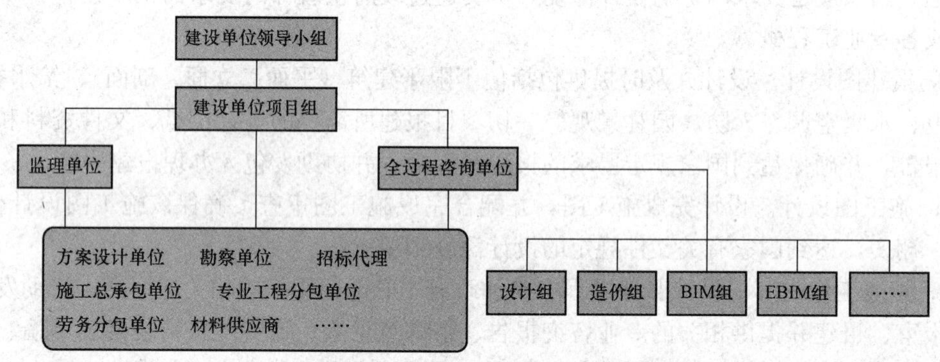

图5-5　建设单位项目管理组织模式图

2）全过程工程咨询单位内部组织架构。为有效整合公司各专业板块资源，更好地为建设单位提供集成的咨询服务，成立了“1＋*N*”模式的全过程工程咨询服务团队，其中“1”指在项目总监带领下的现场服务团队，承担计划、组织、指导、协调和控制职责，负责统筹管理各专项咨询工作小组，协助建设单位进行本项目的设计、投资、BIM应用管理等工作，根据本项目全过程工程咨询的服务范围，本项目现场服务团队成员中含设计人员、造价人员、BIM人员及项目管理工程师。“*N*”指各专项咨询工作小组，包括设计工作小组、造价工作小组、BIM工作小组、EBIM支持小组等。另外，考虑到本项目的复杂性，在项目总监岗位下设置了技术负责人岗位，协助项目总监进行咨询服务质量的控制、各专项咨询工作小组间的组织、协调等工作。本项目全过程工程咨询单位内部组织架构如图5-6所示。

（3）咨询服务团队的职责权限。在本项目全过程工程咨询服务过程中，天职咨询与建设单位组成一体化协同管理团队，协助甲方实施项目的设计、造价控制及BIM应用管理工作，同时，借助EBIM管理平台，配合建设单位完成对工程进度、质量、安全的管理工作。全过程工程咨询团队在项目管理中的职责权限具体如下。

1）设计管理由建设单位主导，天职咨询主要提供专业支持、协助、配合，并具体实施设计工作。

2）造价控制工作主要由天职咨询负责实施管理，建设单位主要进行审批、决策并提供协调、支持工作。

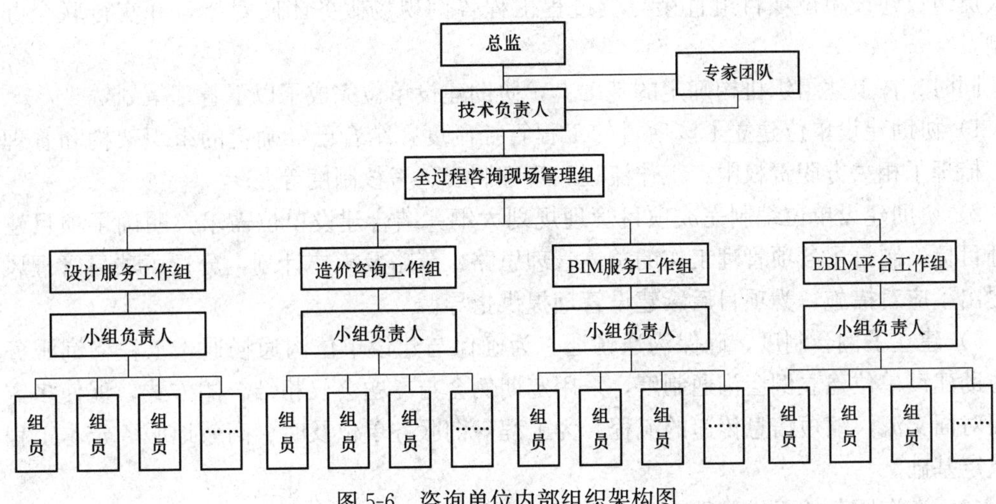

图 5-6　咨询单位内部组织架构图

3）BIM 咨询工作主要由天职咨询主导实施，建设单位在天职咨询提出的专业意见的基础上进行审批、决策。

4）EBIM 平台应用管理工作由天职主导实施，建设单位负责协调相关单位配合。

5）进度、质量安全管理等工作主要由建设单位借助监理的专业力量实施管理，天职咨询提供协助、配合等工作。

3. 咨询服务的运作过程

（1）确定咨询服务思路。本项目全过程工程咨询服务确定以下服务思路。

1）重视前期设计方案比选及设计优化工作。本项目涉及业态多且包含医疗用房，项目设计难度大，为有效地进行项目成本控制，确保设计质量，体现服务价值，在设计服务过程中引入 BIM 团队，充分利用 BIM 技术对项目关键部位或区域模拟并利用价值工程进行多方案比选，从建成后的物业运营维护、建造施工、造价控制等多角度考虑方案的比选，积极提出设计优化思路、方案等，确保设计质量和效果。

2）策划先导，重视合约管理。按照"以投资控制为重点"的服务思路，在全过程咨询服务过程中，重视项目前期策划、重视合约规划及合约管理，充分考虑项目实际情况及特点等，拟定合理适用的关键合同条款，通过有效的前期策划及合约规划的制定，规范并保障项目的顺利实施。

3）借助先进管理技术及手段提升项目管理水平。全过程工程咨询服务过程中，通过引入 EBIM 管理平台，协助建设单位建立以 BIM 模型为基础的一体化协同管理平台，通过平台有效对工程质量、进度、投资等形成有效管控，同步形成完整的工程档案，并为后续物业运行提供基础。

（2）协助建设单位确定项目管理组织架构、完善工程管控体系。站在建设单位的角度想问题，为更好地开展工程咨询工作，最大限度发挥工程咨询的价值，服务之初建议并协助建设单位成立了以总经理为组长，招标部、合约部、设计部、工程部、机电设备部、医疗管理部、信息化建设部门负责人为组员的领导小组，同时，抽调建设单位各专业、各部门人员组成建设单位项目组直接与全过程工程咨询现场服务团队对接，并实行联合办公机制。

同时，在上述组织机构确定的基础上，协助建设单位完成了以下管理策划：

1）协助建设单位建立了该项目的工程管控制度，结合已经确定的组织架构和管理模式，梳理了相关方职责权限、工作流程和管理制度、考核制度等。

2）协助建设单位编制完成项目管理规划大纲，结合建设单位需求，明确了项目建设管理目标、制订了各项管理工作的总体管理思路、策略及工作计划，分析了项目管理风险并提出了应对措施，为项目后续建设管理提供指导。

3）建立了例会制度，确保沟通畅通。为确保与建设单位沟通畅通，工程咨询服务单位协助建设单位建立例会沟通制度，采用定期例会与专题会议相结合的方式，促使多方人员面对面交流，缩短信息传递的流程，为工程咨询服务单位及时、高效地服务于本工程项目奠定基础。

（3）咨询服务的运作过程。

1）建立咨询服务的内部组织架构，确定相关职责权限。确定“1＋N”的咨询服务模式，并建立对应的组织架构及岗位权责。由项目总监带领下的“1”作为全过程工程咨询现场服务团队，负责项目的计划、组织、指导、协调和控制工作、负责统筹管理各专项咨询工作小组并协助建设单位进行本项目的设计、投资、BIM 应用管理工作。各“N”具体负责设计、造价、BIM 等各专项咨询工作实施。

2）确定咨询服务思路、编制咨询服务实施方案、建立咨询服务业务实施规范。结合项目实际情况及建设单位实际需求，提出本项目咨询服务思路、编制完成咨询服务实施方案。同时，为保证服务质量，在咨询工作开展前，制定完整、有效的全过程工程咨询服务管理制度，制定全过程工程咨询作业操作手册及标准、规范；打造一支专业实力强劲的全过程咨询服务团队，为建设单位提供优质的全过程咨询服务，实现服务价值。

3）建立了咨询服务团队内部沟通机制。为保障该总部大厦项目工程咨询服务工作沟通畅通、及时有效，建立了总监例会、月报等常态化的内部沟通机制，并通过 EBIM 协同办公平台实现信息及时传递和共享，具体如下：

总监例会制度：为了保障所有参与某总部大厦项目的工程咨询服务工作小组的信息来源的唯一性、及时性和有效性，实现工程项目信息的延续使用，咨询服务团队建立了某总部大厦项目总监例会制度，明确每月上旬召开一次项目总监例会，让会商成为一种常态。

月报制度：结合总监例会制度，制定了各工作组月报制度，要求每月最后一个工作日之前上报各工作小组当月工作开展情况，对需要协调解决的困难等重点汇报并由项目总监决定是否在总监例会上讨论解决。月报制度确保项目总监在本项目管理决策时数据真实、依据充分。

搭建 EBIM 内部沟通管理平台：搭建咨询服务团队内部协同办公平台，利用 EBIM 平台实现设计、BIM、造价等各专项咨询服务成果及相关信息的传递、共享。

4）各专项工作小组咨询服务的运作过程。本项目在提供设计服务过程中，采用了传统二维设计与 BIM 技术应用同步开展工作的方式，通过建立的三维 BIM 模型，及时发现传统设计过程中容易出现的错、漏、碰、缺等问题，将设计优化工作落到实处，提高了设计深度及质量。同时，在设计优化过程中，造价工作组积极介入，对优化方案进行经济分析，确保优化成果具有最合理的经济价值。各工作小组具体运作模式如下。

a. 设计工作小组的运作过程。

（a）建立工作岗位责任制度。对设计工作组所有的工作岗位明确责任与义务，为工作的开展提供制度保障。

（b）制订工作计划。按照合同文件的约定，结合建设单位提出的需求意见，以及工程项目设计工作控制时间节点，制订相应的工作计划。

（c）组织实施。在项目负责人的统筹安排下，由各专业设计工程师开展方案阶段、扩初设计阶段、施工图设计阶段等合同约定的设计工作。

（d）设计成果质量复核检查。由设计工作小组负责人组织，依据咨询服务的质量控制规范，结合相关法律法规、技术规范、标准、规程等，对设计成果进行质量复核，并在项目技术负责人、项目总监审核通过后，提交建设单位。

（e）设计交底。施工准备阶段，在全过程工程咨询现场管理团队、建设单位的组织下开展对施工单位的设计交底工作。

（f）与其他咨询服务工作的协同配合。在设计工作组中，确定专人负责及时将设计工作组审核通过的各阶段的设计成果上传至平台，供其他咨询服务工作组下载、使用，负责协助小组负责人接收其他咨询工作组在工作中发现并反馈的设计成果错、漏、碰、缺、设计意图不明确等问题，交由设计工程师，在出具正式的设计成果前，对设计成果文件进行优化，提高设计成果文件的质量。

b. BIM 技术应用工作小组的运作过程。从设计阶段开始建立三维 BIM 模型，与其他各咨询服务工作小组联动办公，具体运作过程如下。

（a）建立 BIM 标准及方案。工作开始前，建立 BIM 工作标准、制订了 BIM 工作工作方案，为 BIM 工作开展提供了依据，为基于 BIM 技术实现项目信息化管理奠定了基础。

（b）建立 BIM 工作管理流程。为确保工作成果质量，针对本项目 BIM 工作开展，制订了工作流程，对建模工作、管综调整工作的成果质量实行 BIM 建模工程师自检、互检，BIM 工作组负责人复核、技术负责人复核、总监审批的“三级复核”机制。

（c）基于 BIM 模型实现与工程设计联动办公，提高设计图纸的成果质量。利用 BIM 技术的碰撞检测功能，发现设计图纸的“错、漏、碰、缺”问题，同时将发现的问题通过项目现场管理团队反馈给设计工作小组，申请 BIM 工程师与二维图纸设计工程师面对面的联合办公，在 BIM 模型中实时对发现的问题进行调整、演示、优化，提高设计图纸的成果质量，具体如图 5-7 所示。

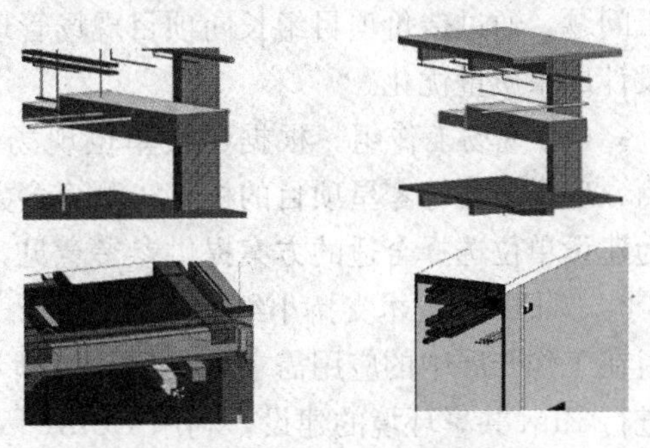

图 5-7　基于 BIM 技术深化设计示意图

（d）协助设计工作组出具深化设计图。在传统 CAD 出图模式下，一旦图纸出现修改和调整的情况，各专业所有的图纸均需要逐一进行修改，由于修改图纸工作量比较大，还有可能出现漏改的情况。BIM 技术应用后，在 BIM

模型对初步设计成果进行优化调整，通过 BIM 软件自带的 CAD 图纸导出功能，能方便、快捷地导出工程所需要的各专业、各系统、各构件，任意局部的平面图、立面图、剖面图，而且在 BIM 模型中修改和调整任意一项，相关联的所有图纸都会随之修改和调整，降低了设计图纸修改工作的强度。

c. 造价控制工作小组的运作过程。在工程造价咨询服务工作组的牵头组织下，由设计人员、技术负责人、专家团队共同讨论，提出了项目合约策划方案，确定了施工承包方式，对合同界面进行了划分，拟定了合同关键条款等关键内容，为建设单位提供了深度的造价管理服务，特别是在合同拟定过程中，基于本项目使用 EBIM 平台实现各参建单位有效协同管理的要求，协助建设单位制定了《某总部大厦项目建设工程施工总承包技术标要求之 BIM 技术要求》，为项目选择合适的施工总承包单位创造了基础。

另外，工程造价咨询服务工作小组在提供工程量清单、招标控制价编制的服务过程中，工程量计算和工程量清单编制工作均采取标准化作业的工作模式，同时对作业过程中遇到的问题，及时通过项目现场管理团队协调其他工程咨询服务工作小组进行共同处理。工程造价咨询服务工作小组提供咨询服务的运作过程如下。

(a) CAD 图纸实行标准化集中整理。工作中收到的图纸由青矩计量工作组按照分工情况，对图纸中图层、模块等按照标准流程进行处理。处理后的图纸及时分配给钢筋、土建、计价等工作组开展后续工作。

(b) 工程量计算标准化。计量工作组根据标准化作业手册，将算量工作按照专业或构件细分成不同的工作小组，各工作小组按照标准化作业规范、流程完成建模工作，在模型整合过程中同步实施算量模型完整性复核的工作；从整合的模型中提取工程量并填入标准工程量清单，填写过程中针对有项无量和有量无项的分部分项工程再次复查，实现对工程量准确性的第二次复核。

(c) 计价清单编制标准化。计价清单编制工作组根据标准化作业手册及标准化处理后的图纸，编制工作内容、项目特征描述完整，无工程量的计价清单。

(d) 工程量计算和计价清单交叉检查。工程量清单编制完成后，在将工程量逐一录入工程量清单的过程中，再一次对有项无量和有量无项分部分项工程的模型进行复查，确保工程项目招标控制价清单的完整性，确保工程项目控制价的合理性。

(e) 后台工作组长。复核后台各工作组工作成果质量，收集工作开展过程中发现的图纸问题，通过造价项目组长向项目现场管理团队汇报，经由项目现场管理团队协调、推动设计成果质量优化。

(f) 现场工作组。根据建设单位现场管理工作需求，对施工现场设计变更、技术洽商、现场签证等零星项目的核算；测算多方案设计中所有方案的成本数据，从造价的角度为建设单位选择合适的方案提供参考意见，运作过程如图 5-8 和图 5-9 所示。

d. EBIM 技术支持小组的运作过程。EBIM 技术支持小组工作开展主要以 BIM 工作组在工作开展中的应用需求为导向，以满足其应用需求为目标。基于 BIM 协同工作要求进行 BIM 共享环境的建设，利用 EBIM 私有云平台实现建设单位项目管理各个环节之间的信息共享和协同作业，支持扩展与企业信息化提供资源的整合、信息的共享以及业务的协同。建立支撑工程信息共享的 BIM 信息交换接口，实现 BIM 模型的导入、系统内模型

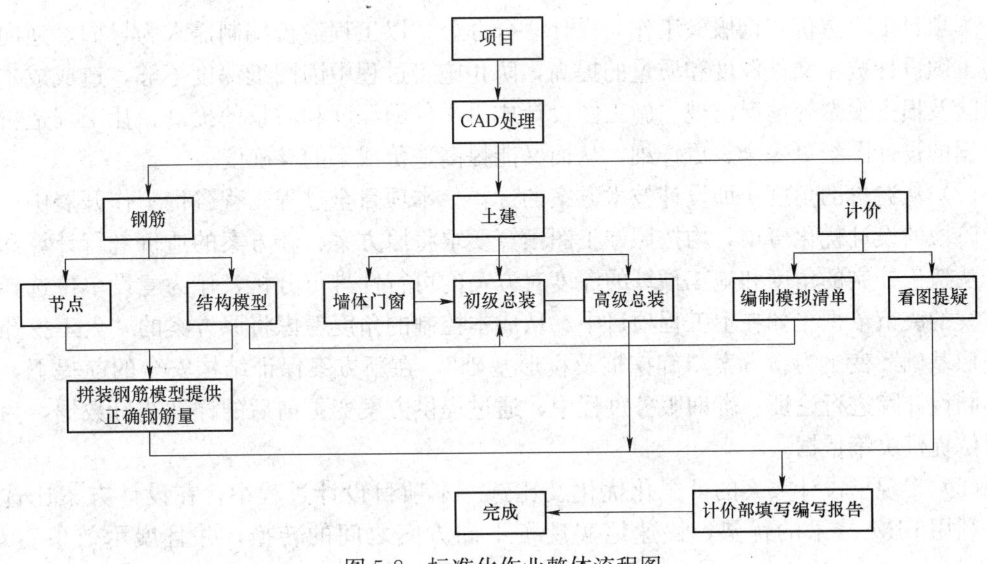

图 5-8　标准化作业整体流程图

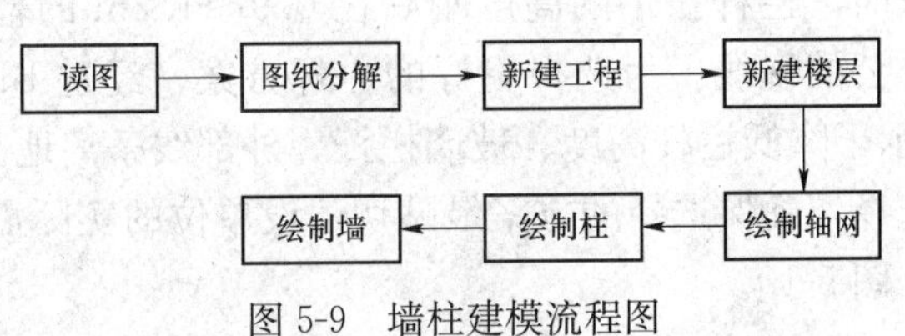

图 5-9　墙柱建模流程图

数据的整合、模型及信息的导出、模型与信息的交互浏览、全过程模型动态更新等。按照项目需求及时对 EBIM 协同管理平台的维护升级。

目前，EBIM 协同管理平台已实现施工阶段基于 EBIM 平台对成本管理及材料设备跟踪、贯穿工程项目全生命周期、全过程的 BIM 模型展示、传递与完善、基于 EBIM 平台、结合 BIM 模型实现全过程资料管理、全过程参建各方基于 EBIM 平台的实时协同功能。

4. 咨询服务已实现的实践成效

（1）以造价及 BIM 技术为推手，提高设计深度及质量。众所周知，工程项目在招标阶段所使用的施工图设计深度，往往决定了招标控制价的准确度，而招标控制价的准确度将影响中标结果的合理性以及后续的成本控制工作，甚至有些工程项目因施工图设计深度不够，导致编制招标控制价的工程量清单出现缺系统、缺工作内容、缺分部分项工程等失误的情况出现，进而造成招标控制价成果质量失控。

本项目工程咨询服务工作中，BIM 工程师与二维图纸设计工程师面对面的联合办公，使传统二维设计与 BIM 技术应用同步开展工作，通过 BIM 技术将二维图纸转换成三维 BIM 模型，基于 BIM 模型系统、直观地发现建筑、结构、机电专业在初步设计阶段相互之间存在的“错、碰、撞”等问题约 120 处，从而在设计阶段就实现了项目各构件相互零干扰、整体空间优化、管线排布整洁的目的，提高了设计深度及质量。

本项目工程造价咨询服务工作与设计联合办公，以工程造价编制需求为导向，逆向推动施工图设计成果文件深度和质量的提高，防止施工过程中因图纸深度不够，造成成本控制风险及损失浪费等情况出现。施工图设计成果文件的深度和质量的提高，让工程造价编制依据的设计图纸更齐全、更详细，从而又能提高造价成果的准确度。

(2) 从造价的角度协助设计技术方案的选择。本项目全过程工程咨询工作开展中，对设计阶段的设计优化事项，均按照施工图预算要求将原方案、新方案的造价进行计算和对比，从造价控制的角度和施工预算的深度对方案的可行性进行分析，作为建设单位选择最优方案的决策依据。如在本工程项目中，从成本控制的角度考虑将原方案的“人工挖孔桩及筏形基础”变更为新方案“旋挖桩及筏形基础”，在新方案保证结构安全的前提下，采用不同设计院进行论证。咨询服务过程中，通过提供方案变更前后的详细造价数据，为建设单位提供决策依据。

(3) 实现了设计方案的可视化优化及比选。本项目设计过程中，在设计方案比选阶段，利用 BIM 技术的优势，快速地实现了不同方案之间的转换，并且展示效果直观、形象。

为了保证整个总部大厦外观整洁，内部视野开阔，外墙外立面采用了玻璃幕墙。但在设置楼层边缘防护栏杆时，栏杆扶手的高度刚好在 0.9～1.2m 的幕墙线条位置，此位置遮挡了室内人员坐着办公的视线。为选择更好的栏杆方案，经过 BIM 工程师与设计师沟通，在 BIM 模型中演示了降低栏杆高度、玻璃栏杆、外部线条离地高度调整至 2.8m 位置三种方案供建设单位选择，确保选择的方案最贴切建设单位的实际需求，实现了设计方案的可视化比选，具体见图 5-10。

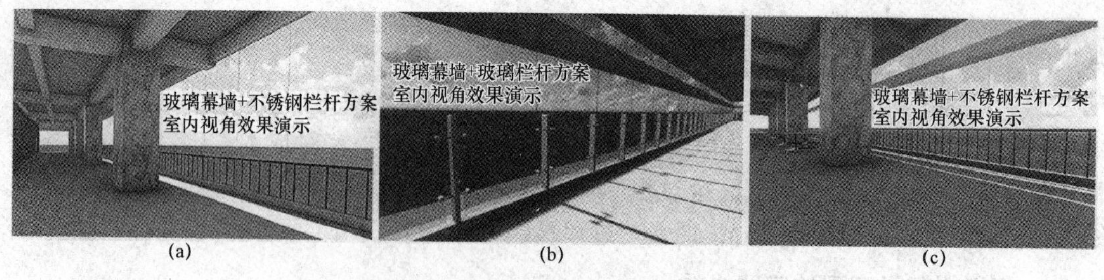

图 5-10 栏杆设计方案可视化比选示意图

(a) 原方案；(b) 优化方案一；(c) 优化方案二

(4) 形成的其他有价值的成果文件。

1) 建立 BIM 技术应用标准体系。建设单位在本项目中首次应用 BIM 技术，缺乏对应的 BIM 应用目标、应用标准、应用指南等指导性文件。基于此情况，为了更好地应用 BIM 技术，实现建设单位内部各部门联动办公，结合建设单位原有的管理流程及管理制度，制定了《设计阶段 BIM 实施指南》《施工阶段 BIM 实施指南》《整体工作计划方案》《BIM 实施标准》等文件，为建设单位建立了 BIM 技术应用标准体系。

2) 协助建设单位对施工总承包单位进行选择。本项目采用基于 BIM 模型的 EBIM 信息化管理平台实现对项目的建设管理，要求各参加单位均需要具备 BIM 技术应用能力。针对建设单位首次在项目中应用 BIM 技术，不明确施工单位应该具备什么样的 BIM 应用水平、如何开展 BIM 技术应用的联动、协调工作的情况，在全过程工程咨询服务工作开展中，协助建设单位制订了《某总部大厦项目建设工程施工总承包技术标要求之 BIM 技术要求》，为建设单位选择合适的施工总承包单位提供了条件。

5. 预计本项目后续实现的其他实践成效

（1）工程项目造价、质量、安全、进度、合同、信息集成管理的探索。

1）造价控制。以工程项目经济价值最大化为导向开展造价控制工作，实行多专业联动，尤其是与 BIM 技术应用的相互联动，提高施工图设计的深度和细度，使工程造价成果质量更优，为后续各阶段造价控制工作奠定了基础。在本项目中，对施工阶段造价控制工作中的进度款审核与工程变更审核工作做了如下的探索。

a. 进度款审核。进度款（月或季度等）审核时，传统工作模式需要根据进度款的结算周期进行阶段性的工程量计算，参建各方都需要投入较大的人力。BIM 工作模式在初期搭建模型之后不再需要周期性地计算工程量，而是在已有 BIM 模型上直接按照形象进度提取工程量作为参考。由于参建各方（施工、监理、工程造价咨询服务、建设单位等）使用的是同一套 BIM 模型，故输出的工程量都是唯一且一致的，不存在反复“报量、核量、确认”的过程，使管理效率明显提升。

b. 工程变更审核。工程变更的计量是工程造价咨询服务中更消耗时间和人力的工作，在传统工作模式下，参建各方对于某一项设计变更或洽商的工程量需要进行反复的磋商，很多情况还要进行现场测量。而在 BIM 模型上，只要对相应部位按照实际变更进行模型更新，即能可视化地反映工程量的增减。BIM 工作模式是在已有的同一 BIM 模型上进行更新，参建各方输出的工程量变化结果是一致的，没有人为操作的空间，极大地提高了变更审核的效率，减少了工程计量和各方沟通的人力成本。在进行变更决策时，BIM 模型对相应部位变更前后的可视化展示也是建设单位进行决策的有力依据。

2）质量安全控制。全过程质量和安全信息都在 EBIM 平台上储存和调用，将所有质量安全信息挂接到 BIM 模型上，让质量安全问题能在全过程、各个层面上实现高效流转，从而实现对施工过程的实时监控、溯源。

3）进度控制。结合到管理工作中的进度控制将不再局限于展示和分析，而是由各方作为使用主体，将虚拟模型作为实体模型的缩影，在计算机上开展进度的管理，将比传统进度管理模式更精细和具有时效性。

4）合同管理和信息管理。通过 BIM 模型与合同主体的挂接，从根本上解决各参与方的“信息断层”问题，有利于工作面、工作范围的划分与管理，使合同所对接的范围更加清晰，并能管理、储存如工程量统计表、进度计划等合同管理相关资料，使合同管理更加高效且有依据。

（2）BIM 模型中导出的工程量与传统计价模式下工程量符合性探索。本项目工程咨询工作开展的过程中，将工程设计、工程造价咨询服务、BIM 技术应用实行联动，通过 BIM 技术实现了二维图纸到三维可视、信息化模型的转换，在转换过程中将设计深度不够、施工工艺不明确、多专业协调后有缺陷的地方及时的与设计沟通并优化，同时根据工程计量相关规则的要求，结合 BIM 软件操作，编制了《BIM 建模与造价模型需求相结合的操作指南》。最终，基于 BIM 模型输出工程量清单，将其与造价工作编制的工程量清单中的工程量进行对比分析，找出有差异的原因，后期将通过技术手段，逐步实现 BIM 模型中导出的工程量符合传统计价模式下工程量的需求。

参 考 文 献

[1] 全国咨询工程师（投资）职业资格考试专家委员会. 工程项目组织与管理（2017 年版）[M]. 北京：中国计划出版社，2016.

[2] 周和生，尹贻林. 政府投资项目全生命周期项目管理 [M]. 天津：天津大学出版社，2010.

[3] 徐苏云，等. PPP 项目引进产业基金投融资模式探讨——以某市轨道项目为例 [J]. 建筑经济，2015，36（11）：41-44.

[4] 张步诚. 建筑工程项目设计管理模式创新探索 [J]. 中国勘察设计，2015（2）：84-89.

[5] 冯珂，王守清，等. 新型城镇化背景下的 PPP 产业基金设立及运作模式探析 [J]. 建筑经济，2015（5）：5-8.

[6] 刘振亚. 企业资产全生命周期管理 [M]. 北京：中国电力出版社，2015.

[7] 左进，韩洪云. 中国建筑业全生命周期价值链的应用研究 [J]. 价值工程，2004（6）.

[8] 宋体民. 全生命周期工程造价管理研究 [J]. 科技资讯，2005（25）.

[9] 孟宪海. 全生命周期成本管理与价值管理 [J]. 国际经济合作，2007（5）.

[10] 尹贻林，阎孝砚. 政府投资项目代建制理论与实务 [M]. 天津：天津大学出版社，2006.

[11] 王兆红，邱菀华，詹伟. 设施管理研究的进展 [J]. 建筑管理现代化，2006（3）.

[12] 全国注册咨询工程师（投资）资格考试教材编写委员会. 工程咨询概论（2017 年版）[M]. 北京：中国计划出版社，2017.

[13] 王建中，尹贻林. 代建项目管理指南 [M]. 天津：天津大学出版社，2013.

[14] 马士勇. 基于项目综合评价的港珠澳大桥投融资模式决策研究 [D]. 南京：南京大学，2013.

[15] 中华人民共和国住房和城乡建设部. 房屋建筑和市政基础设施工程施工图设计文件审查管理办法（建设部令第 13 号）[EB/OL]. 2013. http://www. mohurd. gov. cn/fgjs/jsbgz/201305/t2013007_213639. html.

[16] 王兆红，邱菀华，詹伟. 设施管理及其在中国的未来发展 [J]. 现代管理科学，2006（2）.

[17] 全国一级建造师编委会. 建设工程项目管理 [M]. 北京：中国建筑工业出版社，2017.